K. Jamin / F.J. Brenneis
PRAKTISCHES LEHRBUCH DER DATENVERARBEITUNG

Praktisches Lehrbuch der Datenverarbeitung

Prof. Klaus Jamin / Prof. Dr. Franz-Josef Brenneis

5., überarbeitete und erweiterte Auflage

 verlag
moderne industrie

CIP-Kurztitelaufnahme der Deutschen Bibliothek

Jamin, Klaus:
Praktisches Lehrbuch der Datenverarbeitung /
K. Jamin ; F.-J. Brenneis. – 5., überarb.
Aufl. – Landsberg am Lech : Verlag Moderne
Industrie, 1988.
  (mi Praktische Lehrbücher)
  ISBN 3-478-39415-5
NE: Brenneis, Franz-Josef:

1. Auflage 1975
2. Auflage 1980
3. Auflage 1983
4. Auflage 1986
5. Auflage 1988, völlig neu überarbeitet

© 1975 Alle Rechte bei verlag moderne industrie
AG & Co. Buchverlag, 8910 Landsberg
Satz: Fotosatz H. Buck, 8300 Kumhausen
Druck: Mittelbayerische Zeitung, Regensburg
Bindung: Thomas, Augsburg
Printed in Germany · 390415/988301
ISBN 3-478-39415-5

Inhaltsverzeichnis

Vorwort

Die elektronische Datenverarbeitung hat in den zurückliegenden Jahren eine geradezu stürmische Entwicklung genommen.

Das vorliegende Buch versucht, das derzeitige EDV-Grundwissen in verständlicher Form zusammenzufassen und unter praxisorientierten Gesichtspunkten darzustellen. Es wendet sich nicht nur an den Praktiker, sondern auch an den Personenkreis, der sich in die umfassende und komplexe Materie einarbeiten möchte. Darüber hinaus soll es Studierenden die Möglichkeit bieten, sich in einer Synthese aus Praxisbezogenheit und theoretischen Grundlagen einen Überblick über den Studieninhalt des Fachbereichs EDV zu verschaffen.

München, Mai 1986

Vorwort zur 5. Auflage

Diese Auflage wurde aufgrund der wiederum sehr schnellen Weiterentwicklung sehr gründlich überarbeitet.

Wesentliche Teile zum Personal-Computer, zur Systemanalyse und zur Programmierung sind hinzugekommen.

Eine Anzahl von neuen Abbildungen sollen das Buch leichter lesbar machen.

Auf eine kurze Darstellung der Lochkarte wurde nicht verzichtet, denn es handelt sich um ein Lehrbuch, das auch Entwicklungen aufzeigen muß.

Wir danken den Herren C. Haack, K. Hübner, N. Marx und H.J. Regier (Expertensysteme) sowie Herrn H. Urban (COBOL) für ihre Unterstützung.

München, Oktober 1988

1 Grundlegende Begriffserklärungen

Auch eine *praktische Datenverarbeitungslehre* muß mit einem grundlegenden theoretischen Teil beginnen. Sofern die Einarbeitung in die Probleme der Datenverarbeitung nicht nur oberflächlich geschehen soll, müssen die Begriffe Signal, Nachricht und Information abgegrenzt werden.

Dazu ein Beispiel:

Amateurfunker A hat sich einen Morseapparat gekauft und sitzt erstmals an diesem Gerät, um mit der Welt Kontakt aufzunehmen. Er tastet auf einer Tastatur nach dem Morsealphabet Zeichen ein. Dabei hofft er, daß der von ihm ausgewählte Zeichenvorrat (Morsealphabet), der von dem Gerät (Signalsender) übertragen wird, an einen Empfänger gelangt, der

- einen Signalempfänger auf der gleichen Frequenz benutzt,
- das Morsealphabet kennt (gleicher Zeichenvorrat) und
- sich für den Inhalt der Nachricht interessiert.

Unter *Signal* sei ,,die physikalische Darstellung von Nachrichten oder Daten" zu verstehen.

Daten sind dabei Zeichen oder kontinuierliche Funktionen, die zum Zweck der Verarbeitung Informationen aufgrund bekannter oder unterstellter Abmachungen darstellen.

Zeichen sind Elemente aus einer zur Darstellung von Informationen mit einer vereinbarten endlichen Menge von verschiedenen Elementen. Diese Menge wird Zeichenvorrat genannt.

Die von unserem Funkamateur gesendeten Signale sind eine *Nachricht*. Sie kann, wenn sie vom Funkamateur B empfangen wird, zu einer *Information* werden, muß es aber nicht[1] (Daten siehe Abb. 1).

Erst wenn der empfangenen Nachricht eine Bedeutung beigemessen wird, entsteht aus ihr eine *Information*. Im anderen Fall handelt es sich um eine *informationslose Nachricht*. Nach Steinbuch[2] besteht das Wesen der Information darin, ,,daß durch sie Empfänger zur Auswahl eines bestimmten Verhaltens (insbesondere Denkverhalten) veranlaßt werden".

---

1 Steinbuch, K., Automat und Mensch, Berlin 1973, S. 20.
2 Steinbuch, K., a.a.O., S. 20.

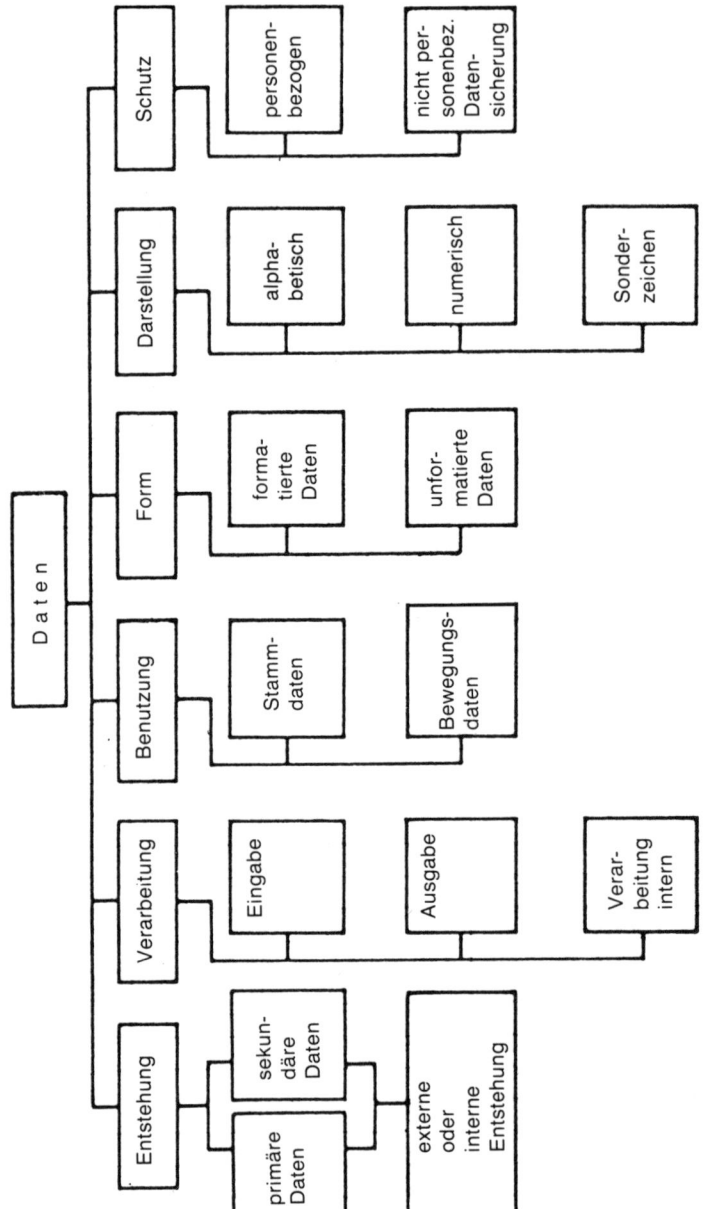

Abb. 1: Daten – Einordnungskriterien

1.1 Gehalt und Gestalt von Informationen

Informationen entstehen also dort, wo *Signale* eine Bedeutung zugeordnet bekommen. Physikalisch darstellbare Zeichen wie *Stromstöße, Magnetisierungen, Schriftzeichen, Schallwellen* sind dabei als Signale einsetzbar. Wird eine Information gespeichert oder übertragen, so geschieht das mit Hilfe des Signals, das für die Art der Information am zweckmäßigsten ist. Das bedeutet, Signale — auch Zeichenträger genannt — sind untereinander austauschbar und können verschiedene Informationen übertragen. Dabei ist es für den Sender einer Information von entscheidender Bedeutung, daß der Empfänger über das gleiche Repertoire an Zeichen verfügt.

Darum ist es schwierig, derartige Informationen richtig zu verstehen oder zu entschlüsseln, die *nicht* für einen *zufälligen* Empfänger bestimmt sind. Verfügen jedoch Sender und Empfänger über den gleichen Zeichenvorrat, dann ist eine Übertragung von Informationen ohne Schwierigkeiten möglich (vgl. Morsealphabet).

Das Beispiel eines *Geheimcodes* zeigt hier die Probleme am deutlichsten. Nur wenn Sender und Empfänger den gleichen Zeichenvorrat einsetzen, funktioniert die Übertragung von Informationen einwandfrei. Für einen Außenstehenden, für den die Informationen nicht bestimmt sind, ist eine Entschlüsselung (*Decodierung*) äußerst schwierig. Die Eindeutigkeit einer Information hängt, zusätzlich zur Absprache über den gleichen Zeichenvorrat, von der *Qualität der Übertragung* ab.

Schon eine geringe Anzahl von Signalen ermöglicht die Übertragung von Informationen. Eine Erhöhung der *Signalmenge* bringt ab einer bestimmten Grenze keine Qualitätsverbesserung und keine zusätzliche Information, kann aber eventuell aus Sicherheitsgründen notwendig sein.

Das heißt also:

- Nachrichten, die eine Bedeutung zugeordnet bekommen, werden zu Informationen;
- Signale sind mit technischen Mitteln darstellbar;
- Informationen können zwischen Sender und Empfänger dann ausgetauscht werden, wenn beide über den gleichen Zeichenvorrat verfügen.

1.2 Kommunikation im betrieblichen Bereich

Versteht man unter Kommunikation den Vorgang und die Darstellung der Informationsübertragung zwischen nachrichtenverarbeitenden Systemen, dann ist der Betrieb ein Bereich, in dem die Kommunikation besondere Bedeutung gewinnt.

Kommunikation kann zwischen

Mensch   — Mensch
Mensch   — Maschine
Maschine — Maschine
stattfinden.

Häufig klagen Mitarbeiter verschiedenster Abteilungen darüber, daß die Kommunikation mangelhaft, ungenau oder schlecht organisiert sei. Es sollte aber ein Ziel der Unternehmensleitung sein, die vielen Informationen, die fortlaufend im Betrieb anfallen, den Personen, die sie benötigen, zur Verfügung zu stellen. Dieses Ziel ist mit herkömmlichen Organisationsmitteln immer schwerer zu erreichen. Gründe dafür sind:

- das Mengen- und Raumproblem
- das Zeitproblem und
- das Problem der Qualität der Information.

Die Erklärung dafür liegt auf der Hand. In modernen Unternehmen fallen aufgrund besserer Methoden der Informationsgewinnung immer mehr Informationen an, die gespeichert und im betrieblichen Entscheidungsprozeß berücksichtigt werden müssen. Auch der Zeitfaktor spielt dabei eine Rolle. Sowohl innerbetrieblich als auch außerbetrieblich ist durch bessere technische Möglichkeiten wie Fernschreiber, Telefax, Teletex, Bildschirmtext, Telefon, Rohrpost, Vernetzung von Computern usw., die Geschwindigkeit der Informationsübertragung gestiegen. Hinzu kommt, daß Antworten heute, aufgrund der besseren Kommunikationsmethoden, schneller zur Verfügung stehen müssen als früher. Auch das Qualitätsproblem ist nicht zu vergessen. In jedem Bereich der Wirtschaft steigt die benötigte Genauigkeit der Informationen und damit die erwünschte Qualität.

Innerbetrieblicher Informationsbedarf

Unternehmensführung ist ein Prozeß, in dem Informationen nach bestimmten Entscheidungsregeln im Rahmen der Unternehmenspolitik in Entscheidungen umgesetzt werden. Dieser Prozeß der Unternehmensführung, der Aktionen in der Unternehmung auslöst, hängt von verschiedenen Faktoren ab.

Neben dem Geld- und Güterstrom wird der Informationsstrom für die Dynamik von Wirtschaftsunternehmen in der Zukunft immer wichtiger. Der Informationsbedarf ist in den einzelnen Managementebenen verschieden. Er verändert sich von unten nach oben gehend, von der operationellen Information in die Führungsinformation.

Autoren, wie z.B. Karl Steinbuch, sind der Meinung, daß wir uns in einer überinformierten Gesellschaft befinden. Sicher ist jedoch, daß viele Unternehmen nicht mehr in der Lage sind, die Informationsversorgung aufrechtzuerhalten, geschweige denn die Informationen so zu nutzen, daß sie in den betrieblichen Entscheidungsprozeß eingehen können. Nur *neue* Methoden der Datenaufbereitung, der Datenspeicherung und der Datenwiedergewinnung können dem Management in der Zukunft helfen, die einfallenden Informationen so zu verdichten, daß sie zu Entscheidungen in der Organisation verarbeitet werden können.

Informationsfluß in Unternehmungen

Informationsfluß im Unternehmen kann zunächst einmal auf dem vorgegebenen Weg in einer Organisation, also in dem hierarchischen Aufbau von oben nach unten bzw. von unten nach oben, erfolgen. Es handelt sich dann um einen vertikalen Informationsweg. Werden Informationen zwischen gleichrangigen Stellen des Betriebes ausgetauscht, dann handelt es sich um horizontale Informationen (Kommunikation). Informationen können das gesamte organisatorische System durchlaufen oder aber nur bestimmte Bereiche des Systems betreffen. Sie können also das Top-Management oder aber das gesamte Management der Unternehmung betreffen. Grundsätzlich kann dazu gesagt werden, daß Informationen nie das Top-Management allein betreffen. Vielmehr wird versucht, die gesamte operierende Ebene des Betriebes mit den Informationen zu versorgen, die sie benötigt.

Die Abbildung „Innerbetrieblicher Informationsbedarf" zeigt den Informationsfluß von unten nach oben und zwischen den einzelnen Abteilungen in horizontaler Ebene. Dabei werden die Basisdaten der ausführenden Ebene verdichtet und als abgeleitete Daten dem Management als unterem Management zugeleitet.

Dieses führt eine Datenintegration, d.h. eine Verdichtung der Daten durch und übermittelt die notwendigen Daten dem mittleren Management. Von hier aus werden die Daten weiter abgeleitet und an das Top-Management übermittelt, das nur noch Managementinformationen erhält.

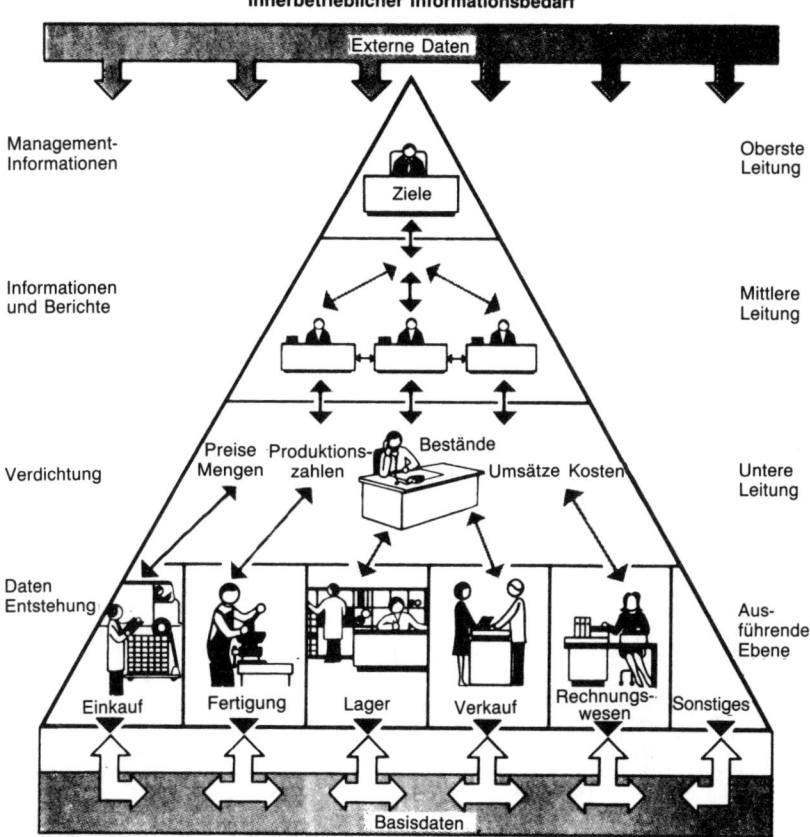

Abb. 2: Innerbetrieblicher Informationsbedarf, ESV-Arbeitstransparente, Grundlagen der Organisation, Folie 7, Erich Schmidt Verlag, Bielefeld, 1978

19

Erläuterungen der Abbildung 2:

Ausführende Ebene: Routineverfahren
Untere Leitung und mittlere Leitung: Planungsberichte
Oberste Leitung: Entscheidungshilfen
Basisdaten: Es handelt sich hier z.B. um Einkaufsmengen, Fertigungsmengen, Lagerbestände, Verkäufe, Zahlen des Rechnungswesens usw.
Externe Daten: Preise, Angebot und Nachfrage, Konkurrenz- und Verbraucherverhalten usw.

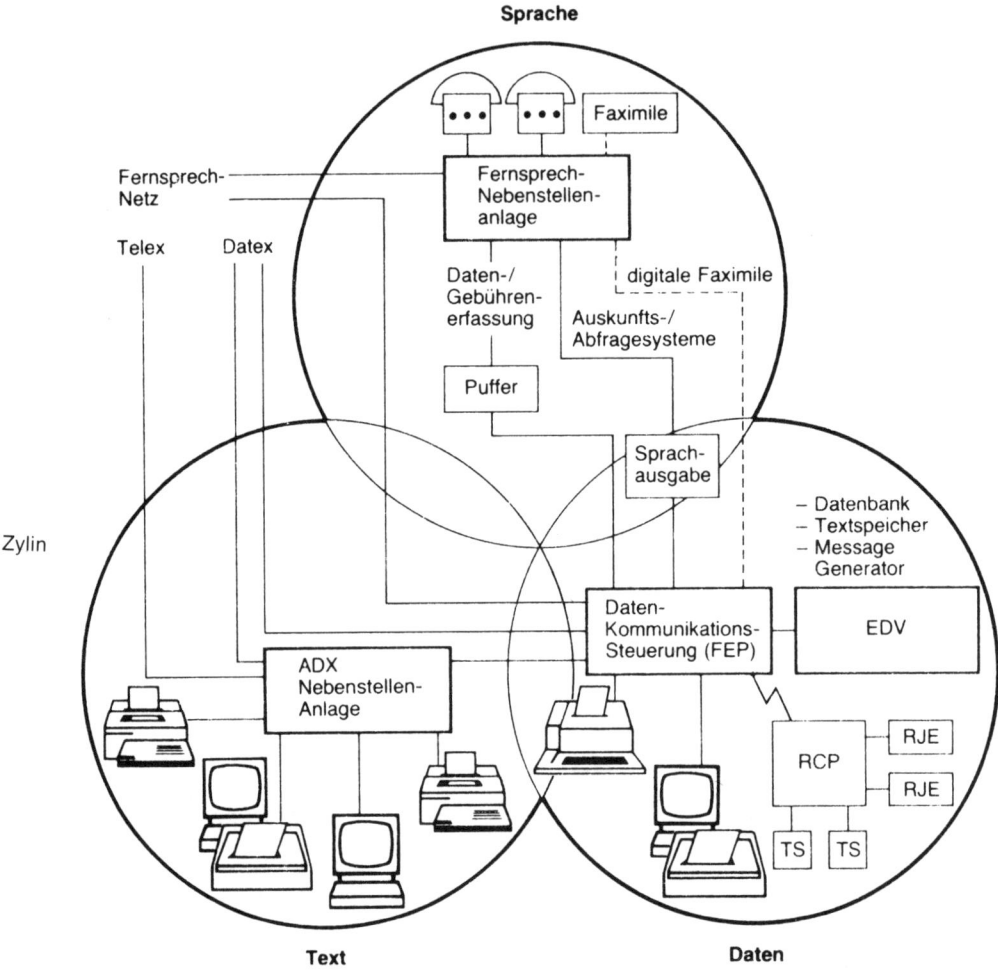

Abb. 3: Komponenten der „technischen Kommunikation" aus: Märkte im Wandel, Hamburg 1979

20

Die Kommunikation im betrieblichen Bereich kann auch als Regelkreismodell dargestellt werden. Dabei wird die Datenverarbeitung in der Zukunft eine zentrale Rolle einnehmen. Man spricht in diesem Zusammenhang von dem Büro als Schaltzentrale des Betriebes.

1.3 Stufen und Komponenten der betrieblichen Informationsverarbeitung

Mit den vier oben genannten Problemkreisen der Informationsverarbeitung (Mengen- und Raumproblem, Zeitproblem, Qualitätsproblem) muß sich heute jeder Betrieb auseinandersetzen.

Unter Informationen seien Daten (Ziffern, Buchstaben und Sonderzeichen) zu verstehen, die auf Speichermedien übertragen und verarbeitet werden. Fünf Hauptstufen der Informationsverarbeitung (Datenverarbeitung) sind im Betrieb darstellbar.

Die dargestellten Stufen erstrecken sich von der Datenverarbeitung durch den Menschen mit sehr geringen Hilfsmitteln bis zum Großcomputer, der die Steuerung von Datenverarbeitungsprozessen selbst übernimmt. Dazwischen liegt der große Bereich der in der Praxis anzutreffenden „Datenverarbeitungssysteme", mit denen der Mensch versucht, der Informationsmenge Herr zu werden, die Informationsgeschwindigkeit zu erhöhen und die Informationsqualität zu verbessern.

Stufe	Automatisierungsgrad	Hilfsmittel	Funktion des Menschen
I	nicht	Rechenschieber Bleistift	Datenverarbeitung durch den Menschen
II	gering	konventionelle Büromaschinen	Datenverarbeitung durch den Menschen mit mechanischen Hilfsmitteln
III	teilweise	Büromaschinen mit teilweise automatischen Abläufen (Buchungsmaschinen)	Der Mensch steuert das System, ist aber noch überwiegend beteiligt
IV	groß	Datenverarbeitungsanlagen	Maschinen steuern Abläufe, der Mensch hat überwiegend überwachende Funktion
V	sehr groß	Großcomputer	Vollautomatisch ablaufende Systeme; der Mensch hat nur überwachende Funktion

Tab. 1: Stufen der Informationsverarbeitung

1.4 Merkmale des Datenverarbeitungsprozesses

Datenverarbeitungsprozesse laufen grundsätzlich nach gleichen Kriterien ab, ob sie manuell oder mit Hilfe von Datenverarbeitungsanlagen = Computern durchgeführt werden. Die Reihenfolge der Verarbeitung ist meist folgende:

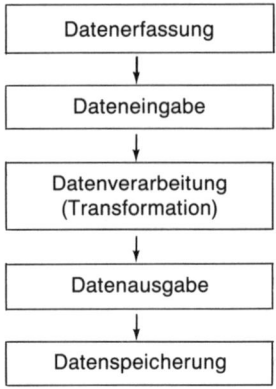

Abb. 4: Stufen des Datenverarbeitungsprozesses

Datenerfassung

Daten müssen zuerst in der Form auf einem Datenträger erfaßt werden, in der sie weiterverarbeitet werden können. Bei manuellen Systemen genügt ein Formular, eine Karteikarte oder nur einfach eine Notiz auf einem Stück Papier.

Bei konventionellen Büromaschinen waren es zum Beispiel Additionsstreifen oder Kontokarten. Zu mechanisierten Systemen gehörten unter anderem der Lochstreifen und die Lochkarte. Als Datenerfassungsmedien bei automatisierten Systemen sind z.B. Magnetbandkassette, Magnetband, Diskette und Magnetplatte zu nennen.

Dateneingabe

Die Dateneingabe erfolgt bei manuellen Systemen durch das Lesen von Daten und zum Beispiel das Eintasten in eine Rechenmaschine. Bei Datenverarbeitungsmaschinen müssen hingegen besondere Eingabegeräte zur Verfügung stehen, die die Datenträger automatisch abrufen, lesen und codieren sowie in die Zentraleinheit übertragen.

Datenverarbeitung

Die Datenverarbeitung (Datentransformation) läuft als Prozeß im menschlichen Gehirn ab. Der Mensch liest die Daten und entschlüsselt sie. Er verarbeitet sie nach einer Arbeitsvorschrift und schreibt sie auf einen Datenträger (Formular, Karteikarte). Ähnlich sind die Ab-

22

läufe im Computer. Daten müssen ihm auf *maschinenlesbaren Datenträgern* zur Verfügung gestellt werden. Sie werden *eingelesen* und nach einer Arbeitsvorschrift (Programm) verarbeitet.

Datenausgabe

Die Ausgabe erfolgt auf verschiedene Datenträger. Bei manuellen Systemen sind es schreibmaschinengeschriebene Ergebnisse oder manuelle Eintragungen. Die Datenverarbeitungsanlage druckt z.B. die Ergebnisse mit Hilfe eines Druckers aus oder macht sie auf dem Bildschirm sichtbar.

Datenspeicherung

Die Speicherung größerer Datenmengen erfolgt mit Hilfe von Aktenordnern, Karteikästen und Archiven in manuellen Systemen. Sollen große Datenmengen von Datenverarbeitungsanlagen gespeichert werden, dann sind besondere, meist magnetisierbare Datenträger einzusetzen, wie z.B. Magnetbänder oder Magnetplatten. Die verschiedenen Möglichkeiten der Verfilmung (Mikrofilm) von Dokumenten sind ebenfalls anwendbar.

1.5 Arten von elektronischen Datenverarbeitungsanlagen

In der betrieblichen Praxis wird heute eine große Zahl von verschiedenartigen elektronischen Datenverarbeitungsanlagen angeboten, so daß es schwierig geworden ist, eindeutige Unterscheidungsmerkmale herauszuarbeiten. Nachfolgend werden einige grundsätzliche Unterscheidungskriterien von elektronischen Datenverarbeitungsanlagen besprochen.

1.5.1 Analog-, Digital- und Hybridrechner

Daten können entweder *analog* oder *digital* verarbeitet werden. Analog, aus dem Griechischen abgeleitet, heißt „im richtigen Verhältnis". Digital entstand aus dem Begriff digitus und bedeutet in lateinischer Sprache „Finger". Eine analoge Verarbeitung ist mit dem Tachometer eines Autos zu vergleichen. Die Nadel bewegt sich analog zur Geschwindigkeit auf der Skala. Sinkt die Geschwindigkeit, dann bewegt sich die Nadel nach links, steigt sie, dann bewegt sie sich nach rechts.

Eine digitale Form der Datenverarbeitung ist mit einem Kilometerzähler zu vergleichen, der die gefahrenen Kilometer zählt.

Mit Hilfe von analog arbeitenden Datenverarbeitungsanlagen werden bestimmte Daten, die bei Meß-, Regel- oder Steuerungsvorgängen entstanden sind, verarbeitet. Das sind Temperaturen, Geschwindigkeiten, Bohrtiefen, Winkel, Umdrehungen usw. Im kommerziellen Bereich eingesetzte Datenverarbeitungsanlagen arbeiten nicht auf analoger Basis, da hier keine Meß- und Steuerungsvorgänge notwendig sind. Vielmehr fallen hauptsächlich *numerische* oder *alphabetische* Daten an, die es zu verarbeiten gilt. Dies ist der Grund, warum im kommerziellen Bereich digital arbeitende Datenverarbeitungsanlagen Einsatz finden. Es ist durchaus möglich, daß der überwiegende Teil der zukünftigen Datenverarbeitungsanlagen aus einer Koppelung von analogen und digitalen Bauelementen besteht. Rechner dieser Art, Hybridrechner genannt, befinden sich bereits heute im Einsatz. Diese Computer sind in der Lage, die gesamten anfallenden Daten aus allen Bereichen zu verarbeiten.

	digital	analog
Begriff	digit = Finger Ziffernrechner	im richtigen Verhältnis Stetigrechner
Darstellungsform	Binärziffern	zum Beispiel: Strom- spannungen, Stromstöße
Speicherung von Programmen und Daten	Arbeitsspeicher	nicht beabsichtigt, also meist kein Speicher
Einsatz	zum Beispiel kommerzieller Bereich; jede Art von Berechnungen	technischer Bereich; Simulation von Vorgängen wie z.B. chemische Prozesse, physikalische Prozesse, biologische Prozesse, Prozeßregelung, -steuerung und -überwachung
Genauigkeit	wesentlich größer als Analogrechner; Abrundungsfehler möglich	bis 0,01 %

Tab. 2: Vergleich digital-analog

1.5.2 Unterscheidungsmerkmale nach der Diebold-Statistik

Datenverarbeitungsanlagen wurden viele Jahre hindurch vorwiegend nach ihrem Preis eingestuft.

Es ist jedoch zu überlegen, ob nicht in der Zukunft aufgrund der gesunkenen Hardware-Preise eine andere Einteilung, z.B. nach den Einsatzbereichen oder nach der angeschlossenen Peripherie, vorgenommen werden sollte. Eine weitere Einteilungsmöglichkeit könnte sich an der Rechnerstruktur, d.h. am inneren Aufbau und dem Zusammenspiel der Systemkomponenten, orientieren.

Die Unternehmensberatung Diebold Deutschland GmbH erstellt halbjährlich eine „Diebold-Statistik der installierten elektronischen Rechenanlagen in der Bundesrepublik Deutschland". Die in dieser Statistik verwendeten Klassifikationsmerkmale geben interessante Hinweise im Hinblick auf Art und Preis der auf dem Markt angebotenen elektronischen Rechenanlagen. Die entsprechenden Klassifikationsmerkmale sind in der zurückliegenden Zeit den jeweiligen Marktgegebenheiten angepaßt worden.

Die Diebold-Statistik umfaßt die in der BRD installierten Digitalrechner mit Ein- und Ausgabeperipherie. Diese werden nach Rechnergruppen und durchschnittlichem Kaufpreis gegliedert. Folgende Produktgruppen und Größenklassen werden genannt:

Größen-klasse	Klassifizierung				
	Durchschnittlicher Kaufpreis in DM		Produktgruppen		
			alt	neu	
0	bis	1.500	D	O	**Produktgruppe neu**
1	1.501 bis	25.000	D, B	O	**G** = Große Systeme
2	25.001 bis	50.000	B, C	K	**M** = Mittlere Systeme
3	50.001 bis	100.000	B	K	**K** = Kleine Systeme
4	100.001 bis	250.000	C, B	M	**O** = Mikrocomputer
5	250.001 bis	500.000	A	M	
6	500.001 bis	1.000.000	A, B	G	**Produktgruppe alt**
7	1.000.001 bis	2.000.000	A, B	G	**A** = Standardcomputer
8	2.000.001 bis	4.000.000	A	G	**B** = Prozeßrechner
9	4.000.001 bis	8.000.000	A	G	**C** = Bürocomputer
10	ab	8.000.001	A	G	**D** = Mikrocomputer

Tab. 3: Produktgruppen

1.5.3 Stufen der Datentechnik

Als weitere Unterscheidungsmerkmale können die verschiedenen Stufen der Datentechnik genannt werden, die zur Lösung von verschiedenen Verarbeitungsaufgaben Verwendung finden können.

Grundsätzlich kann die Lösung von kommerziellen Problemen in Betrieben mit verschiedenen Stufen der Datentechnik durchgeführt werden; entscheidend für die Auswahl sind neben Wirtschaftlichkeitsfaktoren auch andere Gesichtspunkte, wie z.B. Art und Intensität der gewünschten Informationen, Datenumfang usw.

Diese Entwicklung wurde u.a. begünstigt durch:

- ständig sinkende Hardwarepreise in den letzten Jahren, bedingt durch die Entwicklung moderner technischer Bausteine;
- den Übergang zur Dialogverarbeitung;
- die Einführung bewährter Programmiersprachen, die früher fast ausschließlich bei EDV-Großanlagen verwendet wurden;
- die Möglichkeit der Verarbeitung größerer Datenmengen durch den Einsatz von Magnetbandkassetten, Magnetplatten und Floppy-Disks;
- den Einsatz leistungsfähiger Betriebssysteme;
- die Möglichkeit des Datenverbundes mit EDV-Großanlagen dergestalt, daß die Verarbeitung sog. zeitkritischer Daten, die einer ständigen Auskunftsbereitschaft bedürfen, im Hause erfolgt, während weniger zeitkritische und/oder sehr speicherintensive Datenverarbeitungsvorgänge in einem externen Rechenzentrum durchgeführt werden;
- die Realisierungsmöglichkeit des Gedankens der verteilten Intelligenz bzw. der Dezentralisation von Computerleistungen an die einzelnen Arbeitsplätze;
- die Ausbaumöglichkeiten von Arbeitsspeichern;
- das Vorhandensein umfassender Standard-Anwenderprogramme;
- die Einsatzmöglichkeit einzelner Bildschirme als sog. intelligente Terminals (Ausstattung der Bildschirme z.B. mit eigenen kleineren Rechnern und Speichern).

Die einzelnen Stufen der Datentechnik sind heute vielfach nicht mehr exakt abzugrenzen, was insbesondere für mittelgroße EDV-Systeme gilt, sondern die Unterscheidungsmerkmale gehen zum Teil ineinander über. Folgende Stufen der Datentechnik können genannt werden:

1. Manuelle Bearbeitung
2. Konventionelle Buchungs- und Abrechnungsanlagen, eventuell mit peripheren Geräten
3. Mikrocomputer (Personal-Computer)
4. Kleincomputer, Bürocomputer
5. Minicomputer
6. Elektronische Großrechenanlagen im Hause (Standardcomputer)
7. Datenverarbeitung außer Haus mit verschiedenen Formen der Belegbearbeitung und Datenträgergewinnung
8. Variative Systeme

Abb. 5: Stufen der Datentechnik

- *Manuelle Bearbeitung,* z.B. mit Hilfe der Durchschreibebuchführung.

- *Konventionelle Buchungs- und Abrechnungsanlagen,* die zum Teil mit peripheren Geräten zur Weiterverarbeitung der gewonnenen Daten ausgestattet sind. Als Beispiel kann eine Fakturiermaschine mit einem angeschlossenen Lochstreifenstanzer genannt werden. Hierbei werden die bei der Ausschreibung von Rechnungen mit Hilfe einer Fakturiermaschine gewonnenen Lochstreifen weiteren *Auswertungsmöglichkeiten* durch einen Bürocomputer oder durch eine elektronische Großrechenanlage im Hause oder außer Haus bei Service-Rechenzentren zugeführt.

– Mikrocomputer (Personal-Computer)

Mikrocomputer sind heute in vielen Variationen und Auslegungen auf dem Markt. Ihre Entwicklung ist u.a. auf Fortschritte in der Miniaturisierung von technischen Elementen zurückzuführen.

Da heute mehrere hunderttausend Schaltelemente auf wenigen Quadratmillimetern Fläche integriert werden, können es in den nächsten Jahren schon mehrere Millionen Schaltelemente sein.

Während die bisherigen Schaltungen der Datenverarbeitungsanlagen für bestimmte Einsatzbereiche entwickelt wurden, sind hoch integrierte Schaltungen (z.B. VLSI = very large scale integration) in ihrer Funktion noch nicht festgelegt. Diese neuen Bauteile der Mikroelektronik können heute bereits in sehr großen Stückzahlen mit geringen Kosten hergestellt werden. Sie haben die Eigenschaften von Datenverarbeitungsanlagen und sind frei programmierbar.

Das bedeutet, durch die Programmierung erhält der Mikrocomputer einen bestimmten Zweck. Baustein des Mikrocomputers ist der Mikroprozessor. Unter Mikroprozessor ist eine einzelne integrierte Schaltung zu verstehen. Sie enthält das Rechenwerk und die Ablaufsteuerung, also das Steuerwerk. Mikroprozessoren können programmierbar sein, oder sie enthalten bereits eine fest eingegebene Anzahl von Befehlen.

Wenn sie programmierbar sind, so können sie einer Aufgabe angepaßt werden. Der Mikroprozessor ist für sich allein nicht in der Lage zu arbeiten. Es fehlt der aus der Datenverarbeitung bekannte Arbeitsspeicher.

Außerdem ist ein Ein-/Ausgabe-Baustein zur Vervollständigung des Systems nötig sowie die Möglichkeit, die Daten innerhalb des Mikrocomputers auszutauschen bzw. über periphere Geräte ein- und auszugeben.

Weiteres Bauelement ist daher ein RAM (random access memory) oder Schreib-Lese-Speicher. Dieser Speicher wird fast ausschließlich als Datenspeicher eingesetzt. Jede Speicherstelle ist adressierbar, und der Inhalt kann beliebig oft geändert werden. Andere Aufgaben hat ein ROM (read only memory) oder Festwertspeicher. Dieser Speicher wird vom Hersteller bereits fest vorprogrammiert. Er enthält Programme und Daten, die sich nicht verändern. Selbstverständlich wird die Programmierung nach den Wünschen des Anwenders vorgenommen.

Außerdem gibt es programmierbare Festspeicher (PROM), die vom Anwender selbst mit bestimmten Geräten programmiert werden können und dann, bis sie wieder umprogrammiert werden, die Daten unverändert behalten. Die Besonderheit eines Mikrocomputers ist die sogenannte „Sammelschiene". Es handelt sich dabei um Leitungen, auf denen alle Daten, Speicheradressen und Steuersignale zwischen sämtlichen Bausteinen eines Mikrocomputers verkehren. Die Sammelschiene wird BUS genannt. Als letztes wird ein Eingabe-Ausgabe-Baustein zur vollen Funktionsfähigkeit benötigt. Diese Ein- und Ausgabebausteine entsprechen dem Ein- und Ausgabewerk der großen Datenverarbeitung. Sie sind Schnittstelle für den Datenaustausch vom Mikroprozessor zu den externen Geräten und dem Speicher.

Für Personal-Computer (Mikrocomputer) gibt es fast alle von den Großrechnern her bekannten Programmiersprachen.

Die Programmiersprache BASIC ist durch den Personal-Computer wieder aktuell geworden, andere Programmiersprachen, wie C oder PASCAL konnten durch den Personal-
Computer erst weltweit bekannt werden. In der maschinenorientierten Programmiersprache ASSEMBLER wird nur noch selten programmiert. Die Entwicklung geht dahin, flexible Standardprogramme zu benutzen, statt selbst zu programmieren.

Personal-Computer

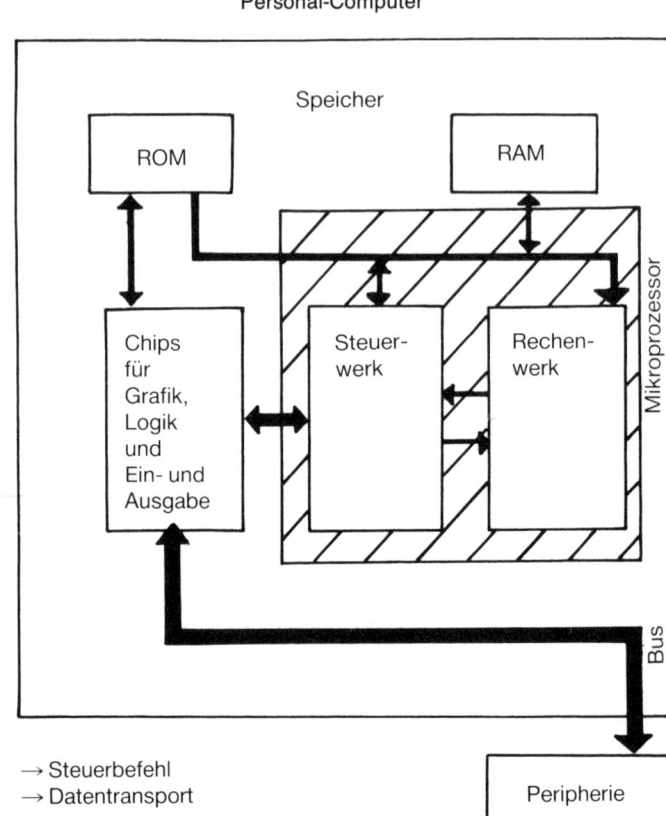

Abb. 6: Mikrocomputer

Hauptvertreter der Mikrocomputer sind die Personal-Computer (PC). Hier hat sich in den
letzten Jahren sehr deutlich ein Anbieter mit seinen Personal-Computern durchsetzen
können. Diese Geräte haben sich deshalb zu einem Standard entwickelt, an dem sich Mitanbieter wie Softwarehäuser orientieren und ihre Produkte kompatibel (verträglich) zu
diesem Standard entwickeln.

Aus diesem Standard leiten sich folgende Klassifizierungen ab:

– XT (e**X**tended **T**echnologie): 16 Bit Prozessor mit 4,77 MHz Taktfrequenz
– AT (**A**dvancced **T**echnologie): 16 Bit Prozessor mit 8 MHz Taktfrequenz
– 386 (Abkürzung der Prozessorbezeichnung 80**386**): 32 Bitprozessor mit 16 MHz

Das für diese Systeme ebenfalls als Standard entwickelte Betriebssystem heißt DOS (**D**isk

Operating System) (Kap. Betriebssysteme). Neben dieser Klassifizierung haben Mitanbieter auch Personalcomputer entwickelt, die sich nicht an diesem Standard orientieren und eigene Konzepte verfolgen.

Vor allen Dingen im Zusammenhang mit der Entwicklung der 32-Bit-Rechner ist der Begriff des Supermikrocomputer geprägt worden. In diese Gruppe können die sog. Workstations eingeordnet werden. Der Mindestumfang von Workstations kann durch die sog. 6 M-Merkmale leistungsmäßig gekennzeichnet werden. Eine Workstation sollte mindestens 1 MIPS (Mega Instruction per second) als CPU-Leistung, einen Arbeitsspeicher von mindestens 1 MByte, eine Übertragungsleistung in einem lokalen Netzwerk von mindestens 1 MByte/pro Sekunde sowie eine Bildschirmauflösung von 1 Million Bildpunkte (Pixel) aufweisen. Außerdem soll eine Workstation im Multitasking („gleichzeitiger" Ablauf von mehreren Programmteilen, sog. Tasks) und im Multiwindowing (Mehrfenstertechnik) arbeiten können. Workstations sind als leistungsfähige Anlagen mit großer Speicherkapazität, die u.a. im Netz laufen. Ein wesentliches Einsatzgebiet der Workstations ist der Grafikbereich aber auch die Programmentwicklung.

Im Jahre 1987 hat die Firma IBM ein neues Mikrocomputer-System, das sog. IBM-Personal System/2 auf den Markt gebracht. Für diese Modellreihe wurde außerdem das Betriebssystem OS/2 entwickelt. Die Modelle der Reihe IBM-PS/2 arbeiten mit 3 1/2 Zoll Disketten und zum Teil mit einem VGA-Bildschirm-Adapter (Video Graphics Array) sowie mit einem spezifischen IBM Mikro-Kanal.

Bei den bisherigen Hardwarebus-Systemen im Personalcomputer-System wird der Hauptspeicher in der Regel ausschließlich von der CPU kontrolliert und gesteuert. Entsprechende Zugriffe belasten den Prozessor und benötigen wertvolle Rechenzeit.

Mit Hilfe des Mikrokanals und eines sog. DMA-Chips (Direct Memory Acces) ist es nun – vereinfacht ausgedrückt – möglich, Daten zu übertragen und auf den Hauptspeicher zuzugreifen, ohne damit den Prozessor selbst zu belasten. Ein- und Ausgabegeräte sind ferner durch den Mikrokanal direkt verbunden.

Dadurch wird u.a. ein höherer Datendurchsatz und eine größere Rechengeschwindigkeit erreicht.

– *Kleincomputer, Bürocomputer*

Es handelt sich dabei um kompakte EDV-Systeme, die aufgrund ihrer Flexibilität häufig die neueste Technologie verwenden. Sie werden dort eingesetzt, wo begrenzte Aufgabenbereiche, die sich über die Benutzungsdauer der Systeme nicht ändern, zu lösen sind. Sie wurden anfangs nur im Bereich der Steuerung technischer Prozesse eingesetzt. Da sie jedoch meist über die einfache Programmiersprache BASIC verfügen, folgt sehr bald ein Einsatz im kommerziellen Bereich.

Auch an sie können zahlreiche periphere Geräte angeschlossen werden; außerdem stellen verschiedene Hersteller gute Betriebssysteme zur Verfügung.

Aber auch im Rahmen der dezentralen Datenverarbeitung haben sie aufgrund ihrer Leistungsfähigkeit und der Möglichkeit, sie an Datenübertragungssysteme anzuschließen, einen festen Platz innerhalb der Datenverarbeitung erhalten.

Der Begriff der Bürocomputer ist heute nicht immer exakt gegenüber anderen Anlagentypen abzugrenzen. Unter dieser Begriffsbezeichnung werden sehr unterschiedliche Konfigurationen auf dem Markt angeboten, die z.B. von einer reinen Magnetkontenausstattung bis zu Anlagen mit Magnetplatten, Magnetbandkassetten oder Floppy-Disk-Einrichtungen mit umfangreichen Peripherie-Anschlußsystemen reichen.

Viele Gründe haben dazu geführt, daß der ursprüngliche Begriffsinhalt der Bürocomputer im Sinne von Datenverarbeitungsanlagen für ein mittleres Datenvolumen bei Klein- und Mittelbetrieben heute fragwürdig geworden ist, da er dem Leistungsvermögen und dem Preis-/Leistungsverhältnis dieses eigenständigen Typs von elektronischen Rechenanlagen nicht mehr gerecht wird. Dies trifft in Grenzen auch für die Bezeichnungen, ,,direkte Datenverarbeitung oder Basis-Datenverarbeitung" zu, die manchmal an Stelle der Bezeichnung Bürocomputer gewählt werden.

Hinzu kommt noch, daß verschiedene der unter der Bezeichnung Bürocomputer angebotene Konfigurationen die untere Grenze von EDV-Großanlagen erreicht bzw. zum Teil überschritten haben. Umgekehrt bieten heute Hersteller von EDV-Großanlagen Verarbeitungssysteme an, die im traditionellen Bürocomputer-Markt angesiedelt sind.

Zusammenfassend kann angeführt werden, daß die Grenzen zwischen Bürocomputern und Groß- oder Standard-EDV nicht exakt zu ziehen sind, zumal beide Anlagentypen vielfach über die gleichen technischen Bausteine und (mit allerdings unterschiedlicher Größenauslegung) Speichermöglichkeiten verfügen. Auf andere unterschiedliche Merkmale, wie z.B. Verarbeitungsgeschwindigkeiten, Durchsatzraten usw., soll hier nicht näher eingegangen werden.

— *Minicomputer*; Minicomputer, die in den letzten Jahren ein Comeback erlebt haben, sind zwischen den Mikrocomputern und den sog. Mainframes (englischer Ausdruck für Großcomputer angesiedelt.

Minicomputer weisen ein schnelles Rechenwerk und oftmals eigene Ein- und Ausgaberechner auf.

Sie sind mit einem eigenen Betriebssystem ausgestattet, das im Echtzeitbetrieb sowie im Time-sharing arbeitet.

Minicomputer sind zum Teil sehr ausbaufähig und mit Personal-Computern, Mainframes oder anderen Minis vernetzbar.

Sie verfügen in der Regel über Datenbanksoftware und sind meist mit Ausfallschutzsystemen versehen.

Bevorzugte Einsatzgebiete für Minicomputer sind Bereiche sowohl technischer als auch kommerzieller Art im Rahmen der sog. verteilten Datenverarbeitung oder Distributed Data Processing (DDP).

— *Elektronische Großrechenanlagen* (Universalrechner/Standardcomputer); hierbei handelt es sich um Anlagen, die spezifische Leistungsmerkmale in einer umfangreichen und groß dimensionierten Ausstattung an externen Speichermedien und Peripheriegeräten aufweisen. Als Universalrechner können die EDV-Systeme bezeichnet werden, die komplexe Probleme im Bereich der Wirtschaft und Technik zu lösen haben und meist in großen Rechenzentren vorzufinden sind.

Sie verfügen über mehrere Programmiersprachen, ein qualitativ hochwertiges Steuerungs- und Überwachungssystem (vgl. Kap. Betriebssysteme) sowie über eine umfangreiche Peripherie, d.h. es werden an diese Rechner zahlreiche Ein- und Ausgabegeräte angeschlossen. Meist sind zum Betrieb von Universalrechnern mehrere Personen notwendig (Operator). Weitere Kriterien zur Unterscheidung des Universalrechners von anderen Rechnersystemen können nicht unbedingt aufrechterhalten werden. Das waren z.B. real-Time-Verarbeitung, Multiprogramming und virtuelle Speicherung.

Ein Aufgabenbereich besonders aus dem kommerziellen Bereich wird auch in der Zukunft im wesentlichen durch Universalrechner gelöst werden. Es handelt sich dabei um Probleme mit einer sehr großen Datenmenge, ihre Eingabe, ihre Verarbeitung und ihre Ausgabe und externe Speicherung.

— *Datenverarbeitung außer Haus*; diese Stufe der Datentechnik ist dadurch charakterisiert, daß Daten mit spezifischen Datenerfassungsgeräten, wie z.B. Klarschriftdrucker oder Disketten, zumeist in den Betrieben oder bei einem Steuerberater erfaßt und an ein externes Rechenzentrum zur Auswertung weitergegeben werden. Bevorzugte Anwendungsgebiete der Datenverarbeitung außer Haus sind bei Klein- und Mittelbetrieben die Finanzbuchhaltung, die Lohn- und Gehaltsbuchhaltung, die Materialbestandsrechnung sowie die Verkaufsabrechnung. Die Daten der Finanzbuchhaltung werden mit Datenerfassungsgeräten erfaßt, die gewonnenen Datenträger an ein externes Rechenzentrum weitergeleitet, von wo umfangreiche Auswertungen wie z.B. Personen- und Sachkonten, Saldenlisten, Umsatzsteuervoranmeldungen sowie sonstige betriebliche Auswertungen an die Betriebe zurückgehen.

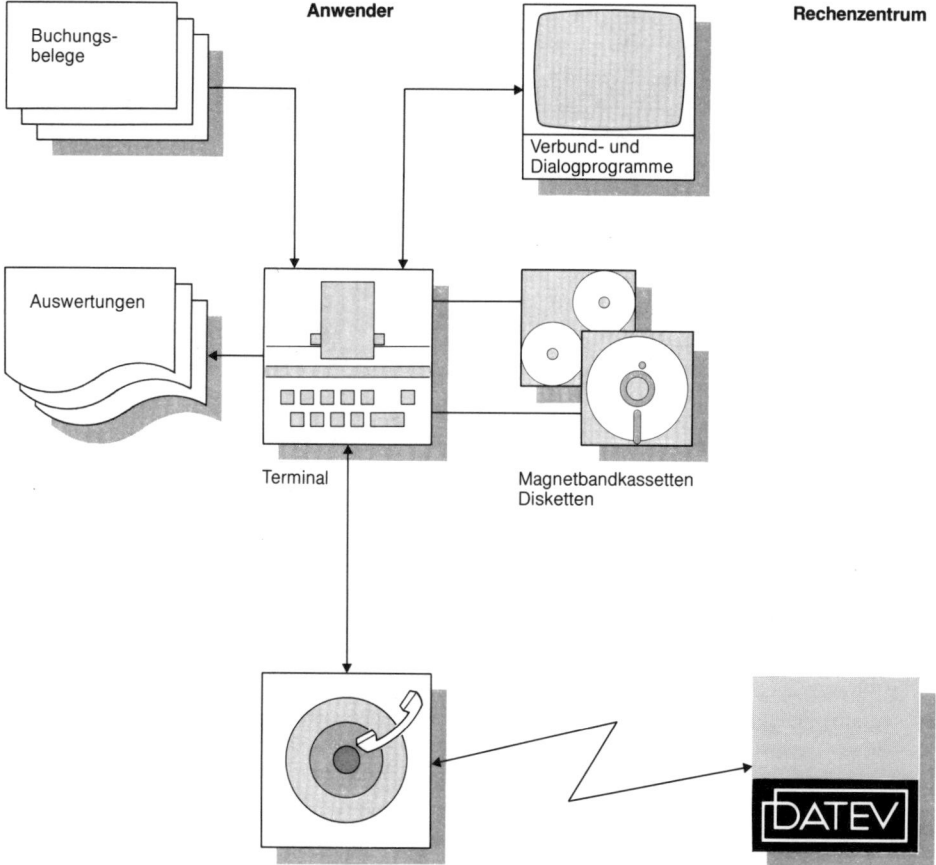

Abb. 7: Datenfernverarbeitungsablauf mit System DATEV

In Deutschland gibt es eine Reihe von Anbietern der Datenverarbeitung außer Haus. Einer der Anbieter, alle können selbstverständlich nicht genannt werden, ist die 1966 gegründete DATEV. Sie hat im Augenblick über 28 000 Mitglieder, meist Steuerberater, über die mehr als 1 Million Betriebe angeschlossen sind. Die ca. 40 000 Personal-Computer und Terminals sind über 33 Kopfstellen mit den 4 zentralen Rechnern in der Zentrale verbunden. Benutzt werden dabei die Kommunikationsdienste Bildschirmtext, Datenfernübertragung durch Datex-P/L, Telefax und Teletex sowie das Fernsprech- und Direktrufnetz. Innerhalb eines Verarbeitungsverbundes zwischen Großrechnern und Personal-Computern kann der Steuerberater zwischen verschiedenen Verarbeitungsformen – autonom, im Rechnerverbund oder nur im Rechenzentrum – wählen.

Die Abbildung 7 zeigt einen beispielhaften Ablauf der Datenfernverarbeitung über einen Steuerberater mit dem Rechenzentrum.

Moderne Formen der Datenverarbeitung außer Haus sind durch den Einsatz von Datenfernverarbeitungsverfahren gekennzeichnet. Die Daten werden in diesem Fall nicht mehr mit herkömmlichen Methoden, wie z.B. per Post, an ein Rechenzentrum transportiert, sondern nach ihrer Erfassung über Datenübertragungsleitung an das externe Rechenzentrum übermittelt, dort verarbeitet und wiederum per Datenübertragung an den Betrieb bzw. den Steuerberater in verarbeiteter Form rückübertragen.

Hierbei ist es auch möglich, die erfaßten Daten in den Abend- bzw. Nachtstunden vom Rechenzentrum aus anzufordern, zu übertragen und zu verarbeiten.

Die Praxis hat viele Verfahren der Datenverarbeitung außer Haus entwickelt. Erwähnt sei in diesem Zusammenhang auch, daß Angehörige der wirtschaftsprüfenden und steuerberatenden Berufe in zunehmendem Maße in ihren Kanzleien eigene EDV-Anlagen installieren und dort im Verfahren der Datenverarbeitung außer Haus die Daten ihrer Kunden verarbeiten.[1]

Dies kann ausschließlich mit der eigenen Anlage oder aber im Verbund zwischen eigener Anlage und externem Rechenzentrum etwa dergestalt geschehen, daß zeitkritische Arbeiten mit der eigenen Anlage und Massenarbeiten über ein externes Rechenzentrum verarbeitet werden.

— *Variative Systeme*; in diesem Zusammenhang ist besonders die Datenfernverarbeitung mit ihren verschiedenen Verfahren zu nennen. Wenn die Benutzung dieser Verfahren im Online-Betrieb[2] erfolgt, sind bei dieser Stufe der Datentechnik besondere organisatorische und maschinelle Sicherungsmaßnahmen für Daten und Programme gegen ein unbefugtes oder unabsichtliches Benutzen durch andere Teilnehmer zu treffen. Zu bemerken ist, daß für die Anwendung von sog. variativen Verfahren nur Datenverarbeitungsanlagen ab einer bestimmten Größenordnung geeignet sind.

Abschließend muß ausgeführt werden, daß der Markt für elektronische Datenverarbeitungsanlagen heute völlig unübersichtlich geworden ist. Es ist schwierig, eine exakte Abgrenzung verschiedener Anlagentypen vorzunehmen. Dementsprechend sind auch bei

---

1 Siehe hierzu: Anforderungskatalog von COLLEGA für eine dialogorientierte, voll integrierte EDV-Anlage für die steuerberatenden Berufe, München 1983.

2 On-line bedeutet in diesem Zusammenhang, daß die einzelnen Geräte eines Datenverarbeitungssystems direkt mit der Zentraleinheit verkehren.

einzelnen Autoren bzw. bei einzelnen Fachzeitschriften unterschiedliche Klassifikationsmerkmale und Einteilungen von Datenverarbeitungssystemen zu finden.

Wie in den zurückliegenden Ausführungen dargestellt, werden eine relativ große Zahl von
unterschiedlichen Hardwaretypen und -klassen auf dem Markt angeboten.

Es ist deshalb nicht verwunderlich, daß schon seit längerer Zeit von verschiedensten Seiten
der Ruf nach Vereinheitlichung der Rechnerarchitekturen laut wurde.

Durch die starke Marktstellung eines Computeranbieters hat sich im Bereich Personal-
Computer die Entwicklung eines Standards ergeben. Damit wurde bereits ein erster Schritt
in die Richtung einer Vereinheitlichung getan. Von ihm wurde auch eine einheitliche
,,System-Anwendungs-Architektur'' (SAA) entwickelt. Das bedeutet, daß durchgehend
vom Mikrocomputer bis zur Großrechenanlage eine einheitliche Hard- und Softwarenorm
entsteht.

Vorteile eines SAA-Systems sind:

- Der Entwicklungsaufwand von Software wird sich verringern.
- Schwierigkeiten eines Systemwechsels oder -ausbaues werden sinken.
- Kompatibilitätsprobleme (Verträglichkeit) können wegfallen.
- Die Einarbeitung von Anwendern wird sich vereinfachen.
- Einheitliche Bedienungs- und Programmwerkzeuge werden entstehen.

1.6 Die organisatorische Einordnung der Datenverarbeitung in den Betrieb

Die Datenverarbeitung ist ein Hilfsmittel, das den Ablauf informationeller Prozesse im Betrieb unterstützen soll. Die Datenverarbeitung bzw. die Datenverarbeitungsabteilung wirft jedoch bei der aufbauorganisatorischen Strukturierung eines Betriebes eine Reihe von Fragen
auf, die nicht einfach zu lösen sind. Wenn auch der organisatorische Grundsatz im Vordergrund steht, daß sachliche Aufgabenkomplexe zu bilden sind, so läßt sich nicht vermeiden,
daß personenbezogene Aufgabengebiete in der Praxis gebildet werden.

Die Datenverarbeitung setzt für jede bisherige Form der Organisation völlig neue Maßstäbe
und beeinflußt sowohl die Aufbau- als auch die Ablauforganisation des Betriebes entscheidend.

Mit dem zunehmenden Einsatz von Mikrocomputern ist in zunehmendem Maße eine Dezentralisation der Computerleistung unmittelbar am Arbeitsplatz verbunden. Dies bedeutet,
daß die Mitarbeiter, die über einen Personal-Computer an ihrem Arbeitsplatz verfügen, weitgehend mit den ihnen zur Verfügung gestellten Daten und Programmen arbeiten können.

Insbesondere bei Verwendung einer Großrechenanlage ist das gesamte Datenverarbeitungs-
geschehen weitgehend zentralisiert. Der gesamte Verarbeitungsprozeß wird zentral von der
Datenverarbeitungsabteilung gesteuert und überwacht.

Die zentrale Datenverarbeitungsabteilung arbeitet nicht für sich selbst, sondern sie führt
Hilfsfunktionen, wie z.B. das Operating, die Erstellung von Programmen, die Zurverfügung-
stellung von Rechenzeiten usw. aus.

In vielen Betrieben nimmt die zentrale Datenverarbeitungsabteilung eine dominierende Rolle ein. Ihre zweckorientierte Eingliederung in die Organisationsstruktur des Unternehmens ist deshalb von besonderer Bedeutung.

Für die organisatorische Einordnung einer zentralen Datenverarbeitungsabteilung ergeben sich folgende Möglichkeiten:

- Die Datenverarbeitungsabteilung ist ein Teil der Organisationsabteilung.
  Das bedeutet jedoch, daß der Datenverarbeitungsleiter dem Leiter der Organisation untergeordnet ist.
- Die Datenverarbeitungsabteilung wird einer Fachabteilung des Betriebes wie z.B. der Abteilung Rechnungswesen oder der Fertigung zugeordnet.
  Bei dieser Einordnung ist nicht in allen Fällen gewährleistet, daß die Datenverarbeitungsabteilung die ihr gestellten Aufgaben optimal erfüllen kann.
- Die Abteilung Datenverarbeitung wird − evtl. in Zusammenfassung mit der Abteilung Organisation − als Stabsstelle unmittelbar der obersten Unternehmensleitung unterstellt.

Auch bei einer weitgehenden Dezentralisierung der Datenverarbeitungsfunktionen, etwa durch den isolierten Einsatz von Personal-Computern, sind organisatorische und sonstige Maßnahmen zu ergreifen, um eine Einheitlichkeit und Kontrolle der Datenverarbeitungsfunktionen in einem Unternehmen zu gewährleisten.

Über das Informationsmanagement zum Benutzer-Service-Zentrum (BSZ)

Der immer stärkere Einsatz von Personal-Computern ändert in großen Unternehmen zwar nichts an der zentralen Speicherung von wichtigen Daten, die das gesamte Unternehmen betreffen, aber sie zwingen auch zum verstärkten Einsatz von Netzwerken, die den Informationsaustausch unter Mitarbeitern, aber auch den Anschluß an das öffentliche Kommunikationsnetz und die Verbindung zu anderen Informationstechnologien ermöglichen.

Der informationsverarbeitende Platz wird dabei an den Arbeitsplatz der Mitarbeiter verlagert, die neue Methoden und Informationstechniken benutzen.

Um ein optimales Informationssystem mit einem gut funktionierenden Informationsmanagement zu erreichen und um dieses auch stabil zu halten bzw. zu optimieren, muß eine Organisationsstruktur entwickelt werden, bei der die Informationsverarbeitung, aber auch das Systemdenken höchste Prioritäten haben.

Welches organisatorische System auch immer eingesetzt wird, es muß in der Lage sein, sich an eine schnell wandelnde Umwelt anpassen zu können. Das erfordert eine zentrale Koordination. Diese zentrale Koordinationsstelle (z.B. der Informationsmanager) muß mit besonderen Weisungs- und Entscheidungsbefugnissen ausgestattet sein.

Diese Weisungs- und Entscheidungsstelle kann selbstverständlich in den verschiedensten Organisationsformen eines Unternehmens vorhanden sein. Es hängt mehr oder weniger von der Unternehmensleitung ab, welche Kompetenzen dieser Stelle übergeben werden.

Verschiedene Konzepte sind bekannt. Dazu gehören zum Beispiel folgende Verfahren:

Fusion

Arbeitsbereiche werden zusammengefaßt. Dennoch werden die einzelnen Aufgaben von den einzelnen Mitarbeitern weiter wie bisher durchgeführt, allerdings jetzt mit Hilfe der neuen Informationstechnologien.

Ergänzung

Die vorhandene Organisation wird durch neue Stabsstellen erweitert. Diese erhalten neue Aufgaben und haben sich um die Anwendung der Informationstechnologien als koordinierende Abteilungen zu kümmern. Das ist der Grundgedanke des Benutzer-Service-Zentrums (BSZ).

Integration

Sie bedeutet, daß ganze Abteilungen eine neue Organisation erhalten. In Beziehung auf die Belange des Informationssystemes werden sie reorganisiert und eventuell zu einer neuen Abteilung integriert. Bisher vorhandene Aufgaben und Arbeiten werden dabei umgestaltet.

Addition

Vorhandene Arbeits- und Aufgabenbereiche bleiben erhalten. Entweder werden den Abteilungen einzelne weitere Personen zugeordnet oder es werden ganze Abteilungen neu in die Organisation eingefügt, die neue Aufgaben im Bereich des Informationsmanagements erhalten. Zu diesem Zweck kann auch ein eigenes Vorstandsressort gegründet werden, dem das Informationsmanagement übergeben wird.

Ist das nicht der Fall, dann sollte das Informationsmanagement unter einem neutralen (d.h. nicht Forschung, nicht Produktion, nicht Vertrieb, sondern z.B. Verwaltung) Ressort eingeordnet werden.

Jede andere Einordnung z.B. im Bereich des Vertriebes könnte dazu führen, daß hier die Informationen „kopflastig" benutzt wird.

Eine *weitere Frage*, die zu beantworten ist, dreht sich um die Dezentralisation oder Zentralisation. Es geht also um die Frage, ob eine *zentrale Abteilung* für das Informationsmanagement zu gründen ist, oder ob in mehreren Unternehmensebenen *dezentrale Abteilungen* zu gründen sind. Ideal für die Einrichtung einer dezentralen Abteilung für das Informationsmanagement ist die Matrix-Organisation. Linien- und Stabliniensysteme sprechen mehr für eine zentrale Abteilung.

Wichtig ist auch die Beachtung der Informationsstrategie, die einerseits aggressiv, andererseits aber gemäßigt oder sogar defensiv sein kann.

Das Personal im Informationsmanagement

Trotz der fehlenden betriebswirtschaftlichen Definition des Informationsmanagements sollen einige Aufgaben des Informationsmanagers aufgezählt werden.

- Anwendungsplanung und Anwendungsentwicklung
- Verantwortung für zentrale Datenverarbeitungs- und Übertragungskapazitäten
- Datenmanagement
- Beratung und Betreuung der Anwender
- Innovationsaufgaben
- Behandlung von Rechtsfragen.

Sowohl für den traditionellen EDV-Leiter als auch für den zukünftigen Informationsmanager gibt es also keine klar umrissenen Berufsbilder oder Ausbildungspläne. Beide sind Führungskräfte und sind zum größten Teil Hochschulabsolventen aus den Bereichen Informatik, Mathematik, Ingenieurwissenschaften und der Betriebswirtschaftslehre.

Die Kompetenzen des Informationsmanagers

Der Informationsmanager muß Entscheidungskompetenz in allen Fragen der Hard- und Software haben. Er ist verantwortlich für die gesamte Planung der Informationsverarbeitung und auch die Kommunikation einschließlich der Büroautomation.

Er ist weisungsbefugt für den Bereich der Information und Kommunikation, und zwar in allen Ebenen des Unternehmens.

Er hat Kompetenzen zur Erlassung von Richtlinien für Standards und für die Dokumentation.

Neben weiteren Anforderungen an die allgemeinen Fähigkeiten des Informationsmanagers, die in der allgemeinen Führungsqualifikation, also in der Fähigkeit zur Personal- und Menschenführung, Kontaktfreudigkeit, Risikobereitschaft oder Entscheidungsfreudigkeit bestehen, benötigt er auch Fähigkeiten, die es ihm erlauben, Probleme zu erkennen und Lösungen vorzuschlagen bzw. selbst zu entwickeln.

Bei den besonderen Fähigkeiten unterscheidet er sich nur in wenigen Punkten von dem bekannten EDV-Leiter. Vielleicht ist als wichtigstes hervorzuheben, daß weniger die Kenntnisse von Betriebssystemen, Hard- und Software verlangt werden als die betriebswirtschaftlichen Kenntnisse aus den Gebieten Rechnungswesen, Finanzierung, Marketing, aber auch Recht, Technik, Soziologie und Psychologie, um abgerundete, integrierte Konzepte durchsetzen zu können.

Als Manager eines neuen Dienstleistungsbereiches im Unternehmen, evtl. sogar als Vorstandsmitglied, hat der Informationsmanager den Produktionsfaktor Information so zu optimieren und so gezielt einzusetzen, daß er, wie auch die anderen Produktionsfaktoren, bei bestimmtem Einsatz den größtmöglichen Gewinn bringt oder bei einem fest definierten Ergebnis mit möglichst wenig Kosten arbeitet. Das sind betriebswirtschaftliche Grundsätze, die auch für den Informationsmanager in Zukunft gelten, denn er wird, wie seine Kollegen, nach betriebswirtschaftlichen Gesichtspunkten gemessen.

Mit der neuen Position des Informationsmanagers ist die Einrichtung einer Abteilung verbunden, die dem Anwender Hilfen gibt und die Strategien festlegt, das Benutzer-Service-Zentrum (BSZ), in den USA auch Information Center genannt.

Das *Benutzer-Service-Zentrum* ist eine zentrale Stelle in einem Unternehmen mit der Aufgabe, den Endbenutzer der Datenverarbeitung zu betreuen. Damit entsteht eine Schnittstelle zwischen Datenverarbeitung, Organisation und Fachabteilung. Die Mitarbeiter des BSZ haben die Aufgabe, die Endbenutzer zu beraten. Damit helfen sie ihm, die ihm vorgegebenen Aufgaben selbständig zu bearbeiten und seine Probleme selbst zu lösen.

Ziele und Aufgaben des Benutzer-Service-Zentrums

Die Ziele sind u.a.:

○ Selbständigkeit des Endbenutzers, also des Benutzers des Personal-Computers, seltener des Terminals
○ Einbeziehung des Endbenutzers in die bestehenden Anwendungen der Datenverarbeitung
○ Erhöhung der Produktivität der Arbeit des Mitarbeiters
○ Sicherung der Daten vor unberechtigten Zugriffen der Mitarbeiter
○ Hilfe bei der Auswahl von Hardware- und Softwareprodukten, Planung und Dispositions-hilfe für Hardware und Software
○ Betreuung der Fachabteilung bei der Anwendung der für die individuelle Datenverarbei-tung (IDV) bestehenden Software.
○ Überwachung der EDV-Inanspruchnahme durch den Endbenutzer
○ Hinweisen auf Einhaltung des Standards
○ Unterstützung des Endbenutzers bei der Ausbildung
○ Unterstützung bei der Entwicklung von Anwendungen
○ Verantwortung für die Bereitstellung von Daten
○ Kontrolle und Steuerung von Aktivitäten der Mitarbeiter
○ Hilfe bei Software-, Hardware- oder Bedienungsfehlern
○ Entwicklung und Einsatz eines Benutzerhandbuchs

1.7 Der Personal-Computer und seine Auswirkung auf die betriebliche Organisation

Der Personal-Computer hat nach seinem Erscheinen Anfang der 70er Jahre besonders star-ken Einfluß auf Ablauf- und Aufbauorganisation genommen.

In kleineren und mittelgroßen Unternehmen entstand meist eine neue Abteilung, die, wie bei Großunternehmen, Dienstleistungen für einzelne Abteilungen, hier Personen, erledigte. Aufbauorganisatorisch werden folgende Fragen u.a. berührt:

– Wie ist die Person, die den Computer bedient, organisatorisch einzuordnen?
– Ist eine neue Stellenbeschreibung notwendig?
– Sind die Kommunikations- und Informationsbeziehungen zu ändern?
– Ist der Computer zentral oder dezentral einzusetzen (mehrere Systeme)?

Ablauforganisatorisch wird der Personal-Computer zur Informationszentrale.

Bei Arbeitsabläufen wirkt sich der Computer-Einsatz wesentlich deutlicher aus. Es kann durchaus sein, daß aus einer Arbeitsgangfolge zahlreiche Tätigkeiten an den Computer über-tragen werden, so daß der Mensch kontrollierende und initiierende Aufgaben durchführt, die Maschine jedoch Routinetätigkeiten übertragen bekommt, wie z.B. das Speichern und Suchen größerer Datenbestände sowie das Sortieren, Aufbereiten und Ausgeben von Informationen. Ablauforganisatorisch macht sich auch der Geschwindigkeitsvorteil der Datenverarbeitung bemerkbar. Arbeitsprozesse, die bisher Stunden dauerten, können in Minutenschnelle erledigt werden. Auf diese Weise wird einerseits ein Mitarbeiter entlastet, andererseits kann und muß er jedoch zusätzliche Aufgaben übernehmen.

Hier entstehen neue, andere Arbeitsabläufe mit großen Auswirkungen auf die Arbeit vieler Mitarbeiter. Nicht zu vernachlässigen ist auch die Arbeitsplatzgestaltung. Die Verringerung der zu bearbeitenden Papiermenge resultiert aus dem Fortfall von Karteien und der Benutzung von bildschirmorientierten Systemen.

Bei dieser computerorientierten Arbeit darf jedoch nicht der ergonomische Aspekt vernachlässigt werden.

Ganz allgemein muß heute noch gesagt werden, daß der Computer-Einsatz zwar meist ein wirtschaftlicher Erfolg ist, da ein Rationalisierungseffekt eintritt, der organisatorische und auch menschliche Aspekt muß und wird in Zukunft jedoch mehr beachtet werden müssen.

In Großunternehmen hat der PC die Dominanz der Großrechner gebrochen.

FRAGEN ZU KAPITEL 1:

1. Was ist der Unterschied zwischen Signal und Nachricht?
2. Wann wird eine Nachricht zu einer Information?
3. Erklären Sie den Begriff „Kommunikation".
4. Was sind Daten?
5. In welche Automatisierungsstufen kann man die Informationsverarbeitung einteilen?
6. Zeigen Sie die 5 Stufen eines Datenverarbeitungsprozesses.
7. Was ist der Unterschied zwischen Analog- und Digitalverarbeitung?
8. Was ist ein Hybrid-Rechner?
9. Welche Stufen der Datentechnik kennen Sie?
10. Welche organisatorische Einordnung der EDV-Abteilung kennen Sie?

2 Anwendungsbereiche der elektronischen Datenverarbeitung

Im vorherigen Abschnitt wurde auf die *grundsätzliche* Bedeutung der Datenverarbeitung im Betrieb (Unternehmen) hingewiesen.

Bevor weitere Fakten über die Funktionsweise von Datenverarbeitungsanlagen gebracht werden, soll gezeigt werden, daß die größte technische Revolution, als die die Erfindung des Computers zuweilen bezeichnet wird, bereits in fast allen Bereichen des täglichen Lebens ihren Einzug genommen hat. Diese überaus große Bedeutung der Datenverarbeitungsmaschinen beruht auf einer sehr einfachen Erklärung. Bisher entwickelte der Mensch Maschinen, die ihm die *körperliche* Arbeit abnahmen. Dazu gehören Hilfsmittel, die schwere Lasten heben oder transportieren, Maschinen, die Gegenstände zerteilen, zersägen und miteinander befestigen. Sogar den Menschen selbst unterstützen Maschinen in seinen begrenzten Fähigkeiten der Fortbewegung, wie das Auto, der Fahrstuhl, das Flugzeug. Datenverarbeitungsmaschinen stießen seit ihrem ersten Einsatz um 1890 durch Dr. Hermann Hollerith in einen Bereich vor, von dem der Mensch glaubte, er sei ihm allein überlassen – *den Bereich des Denkens.*

Obgleich eine erschöpfende Definition des Denkens noch nicht entwickelt werden konnte, ist eine Klassifizierung zwischen

– dem streng logischen Denken
– dem Sammeln und Systematisieren von Informationen und
– dem schöpferischen Denken

möglich.

Das Faszinierende an Datenverarbeitungsmaschinen ist, daß sie in der Lage sind, aufgrund von vorbereiteten Programmen *logische Entscheidungen* zu treffen. Dabei können sie sehr *große Datenmengen speichern und abrufen.* Auf diese Weise führen sie das aus, was auch der Mensch bei seiner Arbeit und im täglichen Leben tut. Sie erledigen Tätigkeiten (Operationen), die ihnen eingegeben worden sind. Während der Mensch auf seinen Erfahrungsschatz zurückgreift, kann der Computer mit Hilfe der an ihn anschließbaren Geräte umfangreiche gespeicherte Datenmengen benutzen. Auf diesen Teil des menschlichen Denkens bezogen, wird die Grenze zwischen dem Denken des Menschen und dem „Denken" des Computers immer durchlässiger. Das wird bei Expertensystemen deutlich, die das Wissen von Experten zu einem Fachgebiet in Form von Lexikon-Wissen mit Lösungshinweisen und Problemanalyseverfahren zur Verfügung stellen. Nur im Bereich des *schöpferischen Denkens* wird der Computer auch in Zukunft dem Menschen nicht überlegen sein. In den beiden anderen Bereichen

- logische Entscheidungen zu treffen und
- sehr große Datenmengen abzurufen

ist er es bereits.

Der folgende Abschnitt zeigt verschiedene Beispiele für den Einsatz von Datenverarbeitungsanlagen. Sie sollen helfen, die Bedeutung des Computers richtig zu verstehen, sind jedoch nicht umfassend.

2.1 Einsatz der Datenverarbeitung im wissenschaftlichen Bereich

Wissenschaftler haben die Computer entwickelt. Zuerst setzten sie sie als Hilfsmittel für ihre eigenen Arbeiten, später als Maschinen, die hauptsächlich im mathematisch-technischen Bereich Anwendung finden sollten, ein. Das ist heute anders geworden: über 80 Prozent der in Deutschland installierten Computer lösen Aufgaben im kommerziellen Bereich.

Der Vorteil des Computers liegt vor allem in der unglaublichen Arbeitsgeschwindigkeit. Für die Berechnung einer Logarithmentafel, an der John Napier 20 Jahre seines Lebens arbeitete, benötigt der Computer weniger als 4 Sekunden. Mit Hilfe dieser Fähigkeit kann er, auch bei einer Vielzahl von Entscheidungen, schnell Probleme lösen, die vom Menschen nur in vielen Jahrzehnten gelöst werden könnten.

Nur hingewiesen werden kann auf:
- wissenschaftliche Datenbanken
- Berechnung von wissenschaftlichen Verfahren
- Simulation von Zusammenhängen
- Analyse von Ergebnissen
- Vergleich von Fakten, um Ähnlichkeiten zu finden.

Wer einmal darüber nachgedacht hat, wieviele wissenschaftliche Veröffentlichungen aus verschiedenen Ländern nicht oder erst sehr viel später bekannt werden, der kann sich vorstellen, daß bereits sehr früh damit begonnen wurde, *Computer als Übersetzer* einzusetzen. Versuche auf diesem Gebiet laufen seit 1954. Vor allem die Amerikaner haben versucht, Programme für Übersetzungen aus dem Russischen ins Englische zu entwickeln. Dabei ist heute schon eine 80 bis 90%ige Übersetzungsgenauigkeit möglich, die ausreicht, die zu übersetzenden Texte für den Fachmann verständlich zu machen.

Ein weiterer Bereich der wissenschaftlichen Anwendung eines Computers ist die *Medizin*. Heute ist es in großen Kliniken durchaus möglich, mit einem Zentralcomputer sowohl die routinemäßigen Arbeiten, wie die Zusammenstellung der Menüs oder Überwachungen der Patienten, als auch die Analyse von Krankheitsbildern in Laboratorien durchzuführen und eine Diagnose zu stellen. Tumore zum Beispiel können ohne Röntgenaufnahmen und Operationen auf Bildschirmen sichtbar gemacht und damit lokalisiert werden.

Auch die Entwicklung von sogenannten Expertensystemen kann als ein Einsatzgebiet der Datenverarbeitung im wissenschaftlichen Bereich angesehen werden.

Expertensysteme sind dadurch gekennzeichnet, daß Spezialwissen von hochqualifizierten Experten erfaßt und nach verschiedenen Kriterien so aufbereitet wird, daß es nicht nur abgefragt, sondern auch von vordefinierten Schlußfolgerungstechniken verarbeitet werden kann. Das zu verarbeitende Wissen muß zunächst in sogenannten Formalismen dargestellt werden, die der jeweiligen Problemstellung adäquat sind.

2.2 Einsatz der Datenverarbeitung in der Verwaltung

Behörden kommen heute nicht mehr ohne Computer aus. Selbst eine große Zahl von Angestellten und Beamten kann nicht mehr die Verwaltungsprobleme einer größeren Stadt ohne Datenverarbeitungsanlagen bewältigen. Die unterschiedlichen Aufgaben der Polizei zum Beispiel verlangen es, angeforderte Informationen möglichst schnell zu erhalten. Dazu muß ein zentraler Computer vorhanden sein, der diese Informationen gespeichert hat. Er muß außerdem in der Lage sein, auch aufgrund unvollständiger Angaben – zum Beispiel sind bei einer Kfz-Nummer ,,nur die letzten drei Stellen'' bekannt oder Personenbeschreibungen sind ungenau, genügend gute Hinweise zu liefern. Verschiedene Länder verfügen über verfilmte Fingerabdruckdateien, aus denen ein Fingerabdruck mit der dazugehörigen Personenbeschreibung in wenigen Minuten herausgesucht werden kann, wenn er bereits irgendwann einmal gespeichert wurde. Auch Einwohnermeldeämter benutzen Meldedateien, um die An-, Ab- und Ummeldungen möglichst schnell und genau erfassen zu können. Bei einem weiteren Ausbau dieser Dateien könnten sämtliche wichtigen Daten über die Einwohner der ganzen Bundesrepublik zentral gespeichert und bei Bedarf abgerufen werden. Daß dabei Probleme auftauchen, welche Daten überhaupt erfaßt werden sollen bzw. erfaßt und verarbeitet werden dürfen und wer sie abrufen darf, ist verständlich. Niemand möchte gern zulassen, daß ein beliebiger Sachbearbeiter zu wichtigen Daten über Personen Zugriff hat. Gesichtspunkte des Datenschutzes sind gerade auch in der öffentlichen Verwaltung in der letzten Zeit verstärkt in den Vordergrund der Diskussion getreten.

Der Einsatz des Computers im Verwaltungsbereich steht heute erst am Anfang. In den kommenden Jahren wird es aber selbst in kleinen Gemeinden kaum noch möglich sein, ohne einen eigenen Computer oder Computeranschluß die vielfältigen Probleme zu meistern.

Besondere Bedeutung kommt auch dem Einsatz von Datenverarbeitungsanlagen im Verwaltungsbereich von Krankenhäusern zu. Hier wurden umfassende Patientendatenverwaltungs-Systeme entwickelt und eingesetzt, die der Patientenaufnahme, Leistungserfassung, Statistik und Leistungsabrechnung in Verbindung zur Buchhaltung und Kostenrechnung dienen.

2.3 Einsatz der Datenverarbeitung in der Wirtschaft

Im Bereich der Wirtschaft sind Datenverarbeitungsanlagen heute zur Bewältigung von vielfältigen Aufgaben bei Banken und Versicherungen, Dienstleistungsunternehmen, Handel und Gewerbe sowie in der Industrie eingesetzt.

Kreditinstitute kommen heute nicht mehr ohne Datenverarbeitungsanlagen aus. Dabei benötigen die Filialen keinen eigenen Computer, sondern sie geben ihre Daten mit Übertragungsgeräten wie Fernschreibern, Bildschirmgeräten u.ä. in eine zentrale Datenverarbeitungsanlage ein.

Verfügt dabei die Filiale eines Kreditinstitutes über dauernd angeschlossene Leitungen (Standleitungen) zur Zentrale, dann zeigen die Konten der Kunden zum Beispiel bei Abhebungen sofort den neuesten Stand an. Es ist aber auch möglich, die Bewegungen eines Tages zu sammeln und am Abend gemeinsam zu übertragen.

Zur schnelleren Verarbeitung von Schecks haben Kreditinstitute Formulare geschaffen, die auf dem unteren Rand mit einer maschinell lesbaren Schrift bedruckt sind. Bei diesen Schecks werden der Betrag und die Konto-Nummer des Einreichenden mit dieser Schrift zusätzlich auf den Scheck geschrieben. Anschließend kann der Scheck automatisch dem Konto des Empfängers gutgeschrieben werden.

Für einzelne Branchen, wie z.B. Möbelindustrie, Fahrzeugbau, Kunststoffverarbeitung, Speditionen, Getränkeindustrie, Baugewerbe usw., sind Programmpakete im Einsatz, die den branchenspezifischen Gegebenheiten im besonderen Maße Rechnung tragen.

Transportunternehmen gehen heute immer mehr dazu über, Container, also Transportbehälter mit einheitlicher Größe, einzusetzen. Einer der entscheidenden Vorteile eines Containers ist, daß er in Schiffen, mit der Bahn oder auf Lastwagen transportiert werden kann, ohne daß die Ware ausgeladen werden muß. Bei diesem schnellen Gütertransport ist es nötig, daß Datenverarbeitungsanlagen die Ladungen optimal zusammenstellen, und zwar nicht nur innerhalb eines Containers, sondern auch innerhalb eines Transportmittels, zum Beispiel eines Schiffes. Gleichzeitig werden Liefertermine abgestimmt. Nach der Bearbeitung eines Versandauftrages eines Kunden kann die Versandmitteilung an den Empfänger gesandt werden. Dieser kann jetzt bereits Dispositionen über die Entgegennahme und Weiterleitung der Ware treffen.

Der Einsatz von Computern in der *Industrie* geschieht hauptsächlich in zwei Bereichen: der *Verwaltung* und der *Steuerung von Produktionsprozessen*. Zum ersten Bereich gehört die Übertragung von Büroarbeiten auf den Computer einschließlich der Entscheidungsvorbereitung für die oberen Führungsebenen. Zum zweiten Bereich gehört die Steuerung von Fertigungsprozessen, seien es vollautomatische Walzstraßen oder Tätigkeiten in einer Brauerei.

In welchem Bereich der Wirtschaft der Computer zum Einsatz kommt, spielt keine Rolle. Immer besteht das Ziel, jede wichtige Information in kürzester Zeit zur Verfügung gestellt zu bekommen.

Daher ist die letzte Ausbaustufe der Datenverarbeitung das Informationssystem mit Hilfe einer Datenbank. Es gestattet, aufgrund einer Suchfrage aus einem großen Datenbestand in sehr kurzer Zeit Daten zur Verfügung zu stellen. Die Fragen können willkürlich und ungeordnet erfolgen und völlig unterschiedliche Bereiche eines bestimmten Problemkreises betreffen. Die Aufgabe des Datenbanksystems ist es, aus vielen gespeicherten Informationen durch Verknüpfungen von Daten aus verschiedenen Datenbeständen die richtige Antwort zusammenzustellen.

Bevorzugte Funktionsbereiche des Einsatzes von Datenverarbeitungsanlagen sind das Finanz- und Rechnungswesen, der Einkaufs- und Beschaffungsbereich, der Vertrieb einschließlich Auftragsverwaltung und Verkaufsberichterstattung, Unternehmensplanung und Controlling sowie das Personalwesen.

Die Abbildung „Einsatzgebiete von Datenverarbeitungsanlagen im Rechnungswesen" gibt einen Überblick im weiteren Sinne. Die eingezeichneten Pfeile zeigen die Datenströme.

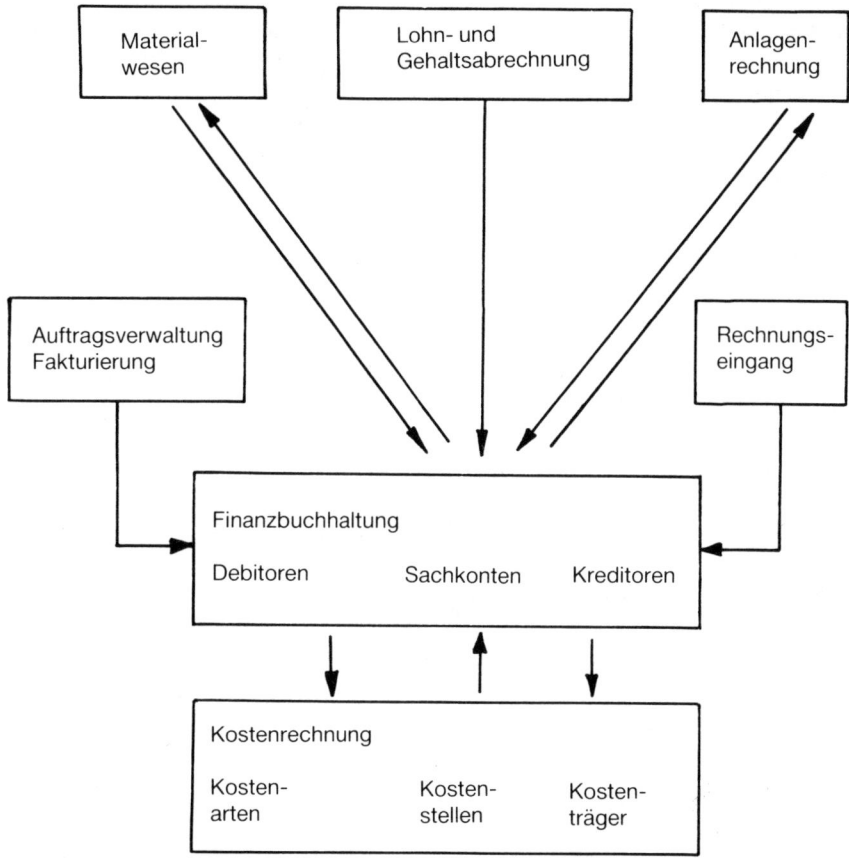

Abb. 8: Einsatzgebiete von Datenverarbeitungsanlagen im Rechnungswesen

2.4 Entwicklungstendenzen des Computereinsatzes

Über den zukünftigen Einsatz der Datenverarbeitung gibt es eine Reihe von Untersuchungen. Sofern sich diese auf den vermehrten Einsatz von Personal-Computern beziehen, dürfte dieser vor allen Dingen in den Bereichen Dienstleistung, Arbeitsvorbereitung sowie im Einsatz kostengünstiger Postnetze, z.B. Bildschirmtext, zu erwarten sein. Verschiedene Prognostiker rechnen damit, daß es sich bei rund der Hälfte der zukünftigen Personal-Computer-Einsatzgebiete um neuartige Einsatzbereiche handeln wird. Da ein Mikrocomputer auf einem Mikroprozessor aufbaut, wird ein Großteil der neuen Einsatzgebiete im Bereich der Produktion, z.B. auch in der Robotertechnik, angesiedelt sein. Hier ist das Bemühen zu erkennen, sich immer mehr von mechanischen Lösungen abzuwenden. Mikrocomputer können schon heute weitgehend mechanische Präzision ersetzen und fast alle Betriebszustände kompensieren.

Schon heute ist es nicht nur ein Wunschtraum, sondern eine Forderung vieler Datenverarbeitungsanwender, die Möglichkeit zu erhalten, verschiedene Funktionen der Datenverarbeitung mit der optimalen Büro- und Fertigungskommunikation von Bildschirmarbeitsplatz zu Bildschirmarbeitsplatz vernetzt, integrationsfähig und kompatibel als Paket einführen zu können bzw. in ein bereits vorhandenes Rechnernetz zu integrieren. Hierbei muß auch eine nahtlose Anbindung an die Postdienste sowie eine Graphik-, Sprach- und Bildverarbeitung möglich sein.

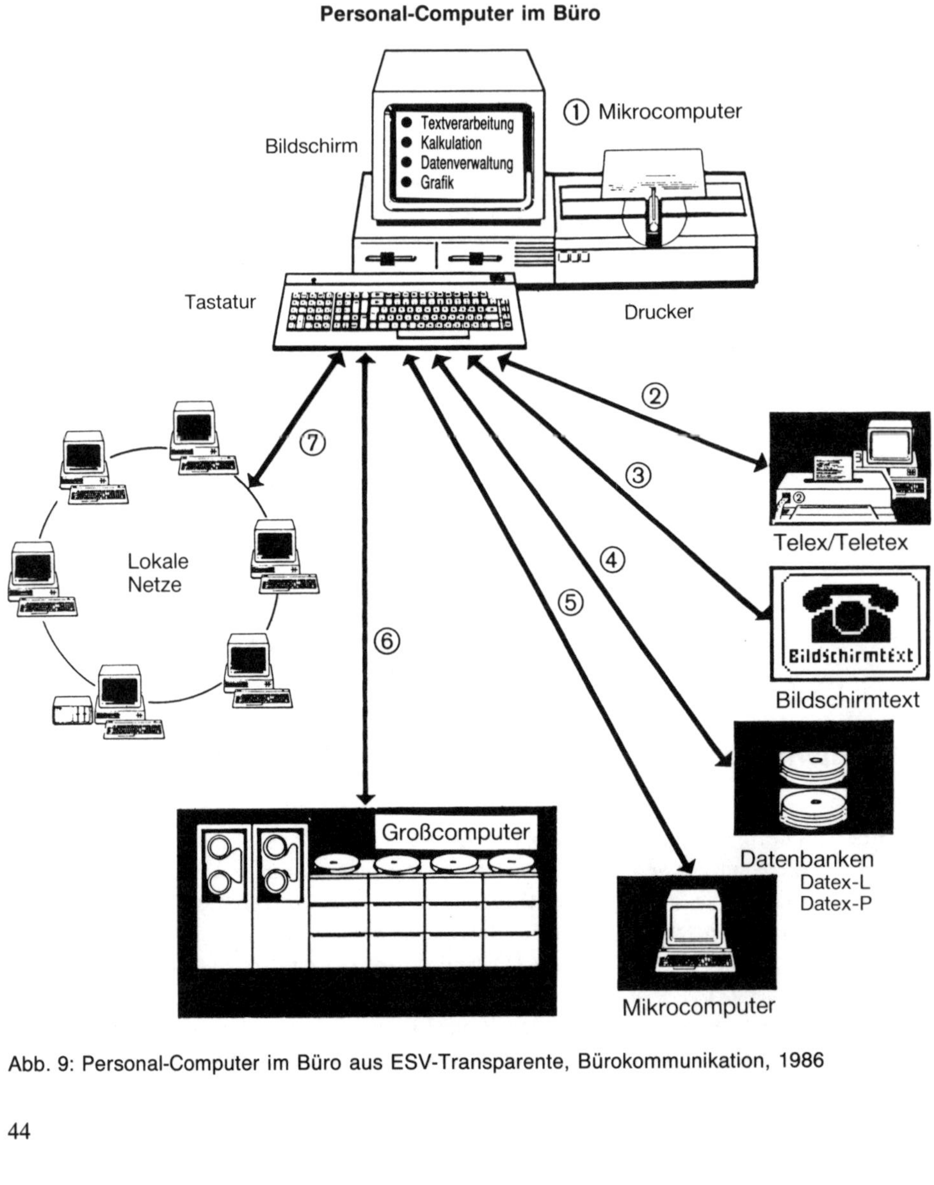

Personal-Computer im Büro

Abb. 9: Personal-Computer im Büro aus ESV-Transparente, Bürokommunikation, 1986

Als die künftig wohl umfangreichste Anwendung der Datenverarbeitung wird CAD/CAM bezeichnet.

CAD (Computer-Aided Design) kann generell als eine Anwendung der EDV zur Erzeugung, Änderung, Speicherung, Verwaltung und Reproduktion von gezeichneten Strukturen, wie z.B. Konstruktionszeichnungen, aber auch mit dem sogenannten kreativen Design umschrieben werden.

CAM (Computer-Aided Manufacturing) bedeutet computerunterstützte Fertigung.

Mit Hilfe von CAD können zeichnerische Strukturen nicht nur erzeugt und archiviert, sondern auch modifiziert und weiterverarbeitet werden. Mit Hilfe von CAM können diese Strukturen direkt in die Fertigung umgesetzt werden.

Überall dort, wo Zeichnungen erstellt, bearbeitet und verwaltet werden, kann CAD eingesetzt werden. Da sich solche Konstellationen nicht nur im Ingenieurbereich, sondern auch z.B. bei Behörden und bei den Hochschulen vorfinden lassen, besteht für die CAD-Anwendung ein sehr großer Markt.

Neben den erwähnten konstruktiv-technischen Anwendungen besteht mit CAD auch die Möglichkeit des sogenannten kreativen Gestaltens. Dies nicht nur im zweidimensionalen, sondern auch im dreidimensionalen Bereich.

CAD-Anwender können somit sowohl nach freiem Ermessen als auch nach technischen Vorschriften automatisch zeichnen, kopieren, vergrößern, verkleinern, verändern usw.

Angestrebt wird auch eine Verbindung nicht nur von CAD und CAM, sondern auch eine Integration mit anderen Bereichen, die elektronisch geführt werden wie z.B. mit der Fertigungssteuerung und dem Rechnungswesen.

Von großer Bedeutung dürfte in diesem Zusammenhang die rechnerunterstützte Fertigung ,,Computer Integrated Manufacturing'' (CIM) werden.

CIM definiert das Bundesministerium für Forschung und Technologie dabei als informationstechnische Vernetzung von mindestens zwei autonomen betriebswirtschaftlichen oder technischen Subsystemen.

Computer Integrated Manufacturing (CIM) ist also eine Entwicklung in Richtung auf die Zusammenfassung von verschiedenen Fähigkeiten der Datenverarbeitung zu einer integrierten Lösung.

CIM als Oberbegriff steht für:
1. Vernetzung von Konstruktion, Planung, Fertigung, Qualitätssicherung und kaufmännischer Verwaltung über lokale Netzwerke, auch in Verbindung mit Metropolitan Aera Network und Wide Aera Network (WAN).
2. Automatische Fertigung eines variablen Produktionsprogramms bei direkter Computer- und Robotersteuerung.
3. Kontinuierliche Optimierung der Fertigungs- und Ablaufsteuerung.
4. Direkte Regelung des Materialflusses und der Bearbeitungsoperationen.
5. Dynamisches Bereitstellen, Koordinierung und Zuweisung aller zu disponierenden Fertigungsmittel (Materialien, Werkzeuge und Werkzeugmaschinen sowie von Transport-, Spann- und Prüfmitteln).

Die Fabrik der Zukunft wird entscheidend durch eine integrierte Informationsverarbeitung gekennzeichnet sein und diese wiederum ist ohne die Einbeziehung der Daten-, Text-, Bild- und Sprachverarbeitung unmöglich.

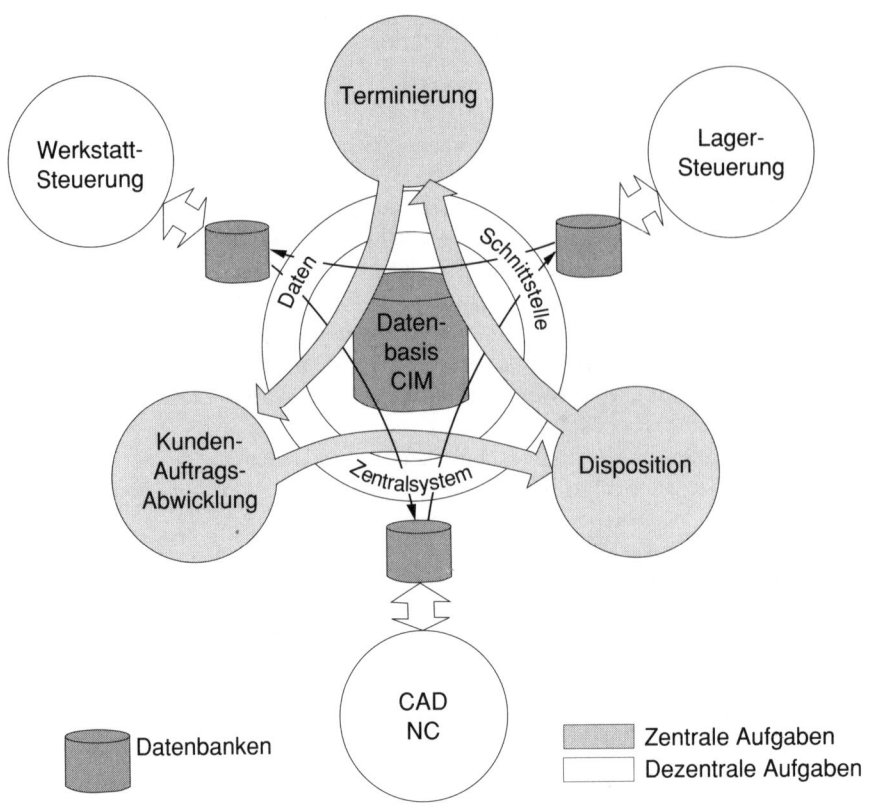

Werkstatt-Steuerung

Terminierung

Lager-Steuerung

Daten

Schnittstelle

Daten-basis CIM

Kunden-Auftrags-Abwicklung

Zentralsystem

Disposition

CAD NC

Datenbanken

Zentrale Aufgaben
Dezentrale Aufgaben

Expertensysteme

Künstliche Intelligenz (KI) und Expertensysteme

Hinter dem Schlagwort „Künstliche Intelligenz" verbirgt sich eine neue Forschungsrichtung der Informatik, die das Ziel verfolgt, Aktivitäten, die bislang dem Menschen vorbehalten sind, auf den Computer zu übertragen. Diese Forschungs- und Entwicklungsaktivitäten konzentrieren sich im wesentlichen auf die folgenden fünf Aktivitätengruppen

(1) Erkennen und Bewerten von Bildern
(2) Verstehen und Ausgeben natürlicher Sprache
(3) Beweise mathematischer Sätze
(4) Erstellen von Diagnosen
(5) Planen und Konfigurieren

Die Ergebnisse dieser Forschungen mündeten in die vier Anwendungsbereiche

(1) Bild- und Mustererkennung
(2) Natürlichsprachige Systeme
(3) Robotik
(4) Expertensysteme

Die Mehrzahl der heute verfügbaren Expertensysteme sind Diagnosesysteme. Beispiele hierfür sind die medizinischen Diagnosesysteme wie z.B. INTERNIST/CADUCEUS (Diagnoseunterstützung für die gesamte innere Medizin), das Expertensystem DENTRAL zur Bestimmung chemischer Verbindungen anhand von Massenspektrometer-Daten und PROSPECTOR, ein Expertensystem zur geologischen Lagerstättenerkundung. Es gibt auch Expertensysteme zum Konfigurieren von Computeranlagen. Sie dienen der Zusammenstellung von Computersystemen nach Kundenwünschen.

Definition eines Expertensystems

Der Begriff „Expertensysteme" steht für eine Klasse von Softwareprogrammen, deren Ziel es ist, das Wissen von Fachleuten zu speichern und Nicht-Fachleuten dieses Wissen in geeigneter Form zugänglich zu machen. Selbstverständlich enthalten auch andere Softwareprogramme Fachwissen. Dieses Wissen ist jedoch im Programm eingeschlossen und nur als Leistung insgesamt erkennbar. Ein Statistikprogramm wertet eingegebene oder gespeicherte Daten aus und liefert Ergebnisse in Form von Tabellen, Gleichungen und Schaubildern, es ist jedoch nicht in der Lage, seine Vorgehensweise dem Anwender zu erläutern und ihm damit das Statistik-Wissen zu vermitteln. Auch ein Schulungsprogramm ist noch kein Expertensystem, denn es vermittelt nur Wissen und trägt selbst nicht aktiv zur Problemlösung bei.

Expertensysteme sind Programme, die eine Problemlösungskomponente und eine Erklärungskomponente in einem Programm vereinen.

Expertensysteme werden auch als wissensbasierte Systeme bezeichnet. Dies führt zu einem weiteren Unterscheidungsmerkmal gegenüber herkömmlichen Software-Programmen: Ein Softwareprogramm beschreibt, in welcher Weise Daten eingelesen, verarbeitet und ausgegeben werden sollen. Daten und Programm sind aufeinander angewiesen und bilden eine Einheit.

Die Struktur von Expertensystemen ist anders. Der Datenteil ist zu einer Wissensbank erweitert. Sie enthält das Wissen über ein Sachgebiet in Form von Fakten und Regeln. Diese Wissensbank ist unabhängig vom Programmteil, den man im Fall der Expertensysteme als Inferenzmaschine bezeichnet. Die Inferenzmaschine ist ein Programm, welches folgende Funktionen erfüllt:

(1) Es steuert den Programmablauf.
(2) Es holt sich die benötigten Informationen aus der Wissensbank oder über eine Dialogschnittstelle vom Anwender.
(3) Es zieht Schlüsse aus dem verfügbaren Wissen.

Die Eigenschaft von Expertensystemen, selbständig Schlüsse zu ziehen und anhand dieser Schlußfolgerungen Entscheidungen zu treffen, öffnet die Möglichkeit, Lösungsstrategien zu programmieren. Ein typisches Beispiel hierfür ist das Schachspiel. Obwohl die Regeln des Schachspiels bekannt sind, scheidet eine algorithmische Lösung aus, da die Zahl der zu untersuchenden Lösungswege bei 10 exp 120 liegt.

Eine Lösung wurde nur dadurch möglich, daß das menschliche Lösungsverhalten analysiert und dem Computer in Form von Regeln eingegeben wurde.

Architektur wissensbasierter Systeme

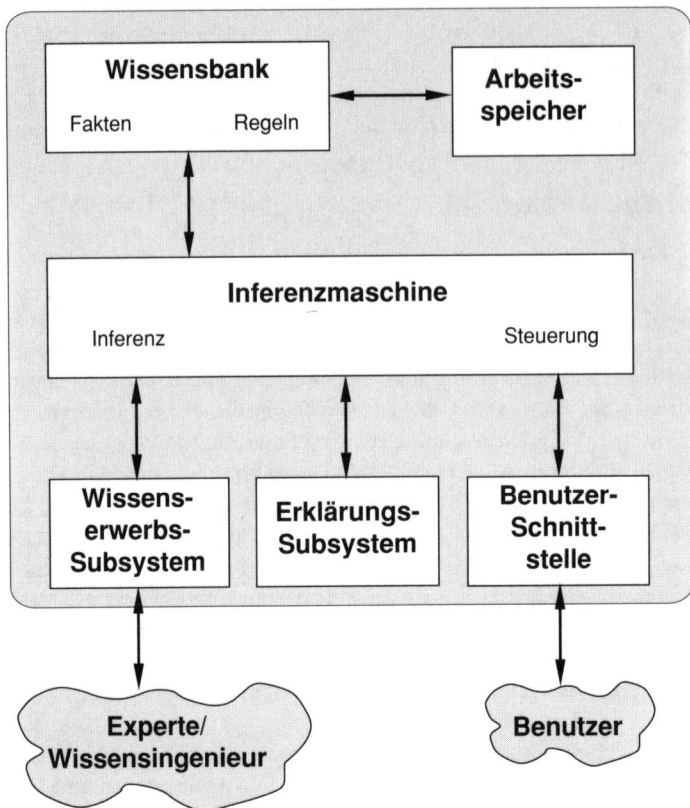

Abb.: Expertensystem

Elemente eines Expertensystems

Die Wissensbank

Die Wissensbank umfaßt Fakten und Regeln, die auch Produktionsregeln genannt werden.
   Fakten lassen sich als Relationen beschreiben, z.B. „Das Telefon ist ein Arbeitsmittel.".
   Relationen beschreiben unterschiedliche Sachverhalte. Im obigen Telefon-Beispiel wird
durch die Relation eine Klassifizierung vorgenommen: Das Telefon gehört zu der Klasse der
Arbeitsmittel.
   Grundsätzlich lassen sich alle Arten von Beziehungen in dieser Form beschreiben.

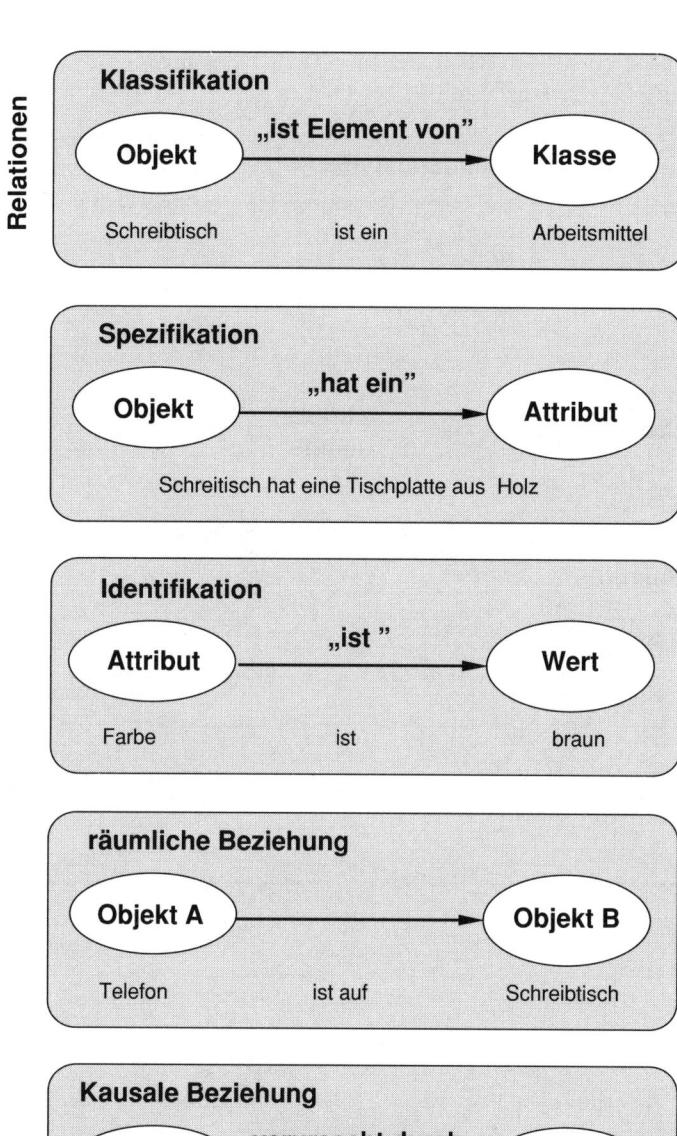

Relationen

Klassifikation

Objekt ——„ist Element von"——> Klasse

Schreibtisch   ist ein   Arbeitsmittel

Spezifikation

Objekt ——„hat ein"——> Attribut

Schreitisch hat eine Tischplatte aus Holz

Identifikation

Attribut ——„ist "——> Wert

Farbe   ist   braun

räumliche Beziehung

Objekt A ————> Objekt B

Telefon   ist auf   Schreibtisch

Kausale Beziehung

Eigen-schaft ——verursacht durch——> Ursache

Telefon ist gestört   defekte Leitung

Abb.: Relationen

Durch das Aneinanderfügen von Relationen entsteht ein *semantisches Netz*. Mit seiner Hilfe lassen sich komplexe Sachverhalte formal beschreiben.

Semantisches Netz

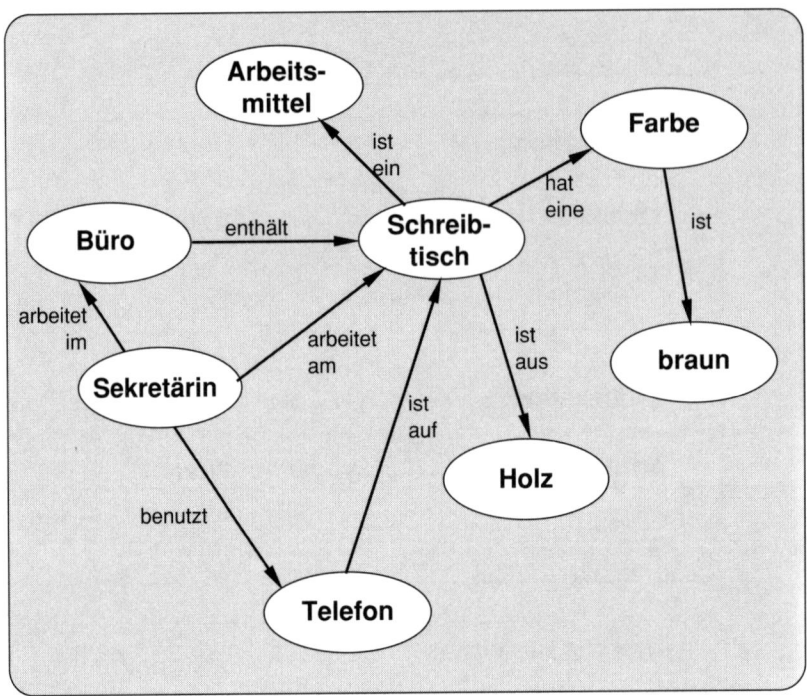

Abb.: Semantisches Netz

Diese Form der Darstellung von Faktenwissen läßt sich sehr einfach mit einer KI-Sprache wie PROLOG programmieren.

Andere Formen der Wissensdarstellung sind Objekt-Attribut-Wert Tripel (Dreierbeziehungen) und Frames. Die *OAW-Tripel* fassen spezifizierende Relationen (z.B. ,,Das Telefon hat eine Farbe.'') und identifizierende Relationen (z.B. ,,Die Farbe ist rot.'') in einer Darstellung zusammen:

50

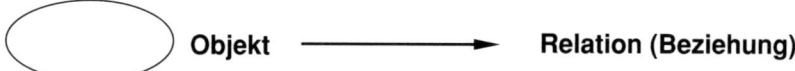

Objekt   ⟶   Relation (Beziehung)

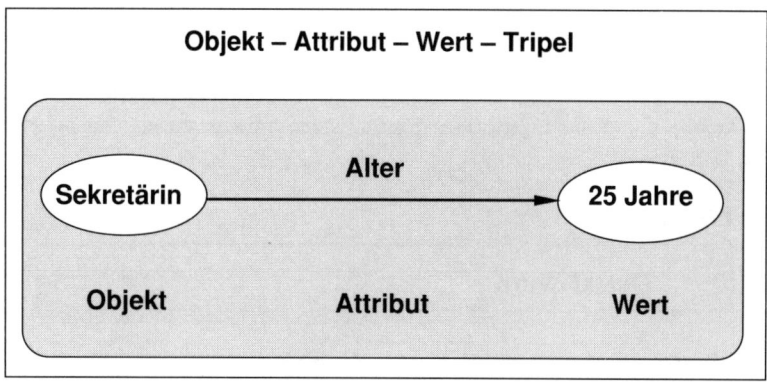

Objekt – Attribut – Wert – Tripel

| Sekretärin | Alter | 25 Jahre |

Objekt   Attribut   Wert

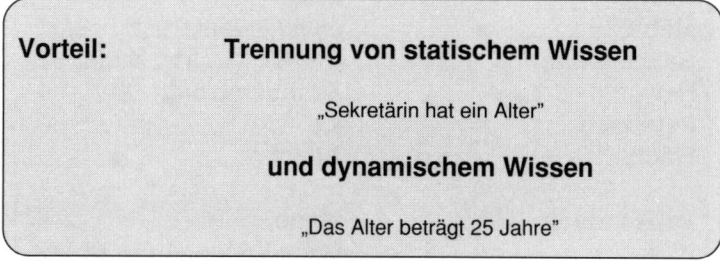

Vorteil: **Trennung von statischem Wissen**

„Sekretärin hat ein Alter"

und dynamischem Wissen

„Das Alter beträgt 25 Jahre"

Instantiation (= Wertzuweisung)
Festlegung des dynamischen Wissens

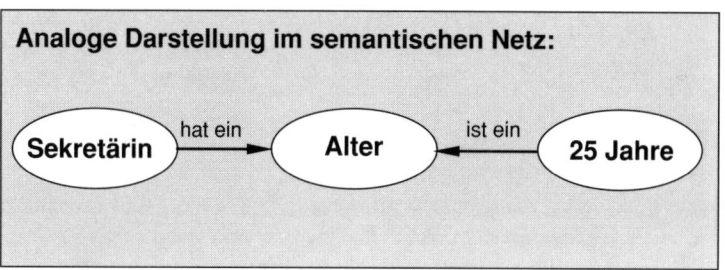

Analoge Darstellung im semantischen Netz:

Sekretärin — hat ein → Alter ← ist ein — 25 Jahre

Abb.: Objekt-Attribut-Wert

51

Mit dieser Darstellung soll die Trennung von statischem Wissen (ein Objekt hat Attribute) und dem dynamischen Wissen (ein Attribut kann verschiedene Werte annehmen) deutlich werden. Nur das statische Wissen wird in die Wissensbank aufgenommen. Das dynamische Wissen wird während einer Konsultation des Expertensystems ermittelt und in einem separaten Wissensspeicher (Arbeitsspeicher) festgehalten.

Frames sind eine neuere Form der Wissensdarstellung. Sie erlauben die Integration von Fakten und Regeln.

Ein Frame besteht aus Slots und ihnen zugeordneten Eintragungen. Die Slots enthalten Objekte oder Attribute und die zugehörigen Eintragungen können Werte, Regeln oder Zeiger auf andere Frames sein.

Frame

Objekt: Büro	
Slots	**Eintragungen**
Raum	S222
Möbel	siehe Inventarliste
Beleuchtung	Deckenleuchte, Neon
Heizung	Zentralheizung, Öl
Personen	4
Fläche	44 qm
Verwendung	Wenn ... Dann Verwendung als ...

Attribute Objekte

Werte Zeiger Regeln

Abb.: Frame

Die *Produktionsregeln* beschreiben Zusammenhänge zwischen Fakten in Form von WENN-DANN-Aussagen.

In der Prämisse sind UND- und ODER-Verknüpfungen von Fakten erlaubt, in der Schlußfolgerung können nur UND-Verknüpfungen auftreten.

Konfidenzfaktor (CF)

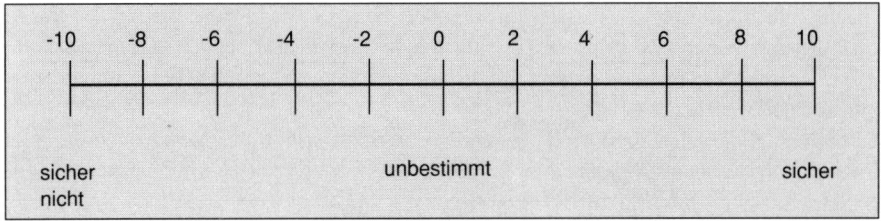

Abb.: Konfidenzfaktor

Expertensysteme erlauben die Verarbeitung unsicheren Wissens. Zur Verarbeitung von unsicheren Informationen bedient man sich eines *Konfidenzfaktors* (CF). Er kann Werte zwischen -100 und $+100$ annehmen. Ein solcher Konfidenzfaktor kann sowohl einem Attribut-Wert (Das Telefon ist wahrscheinlich grün: CF = 80), als auch einer Schlußfolgerung zugeordnet werden (Wenn die Sonne scheint und die Jahreszeit ist Sommer, dann ist es wahrscheinlich warm: CF = 75).

Regeln

Prämisse:				CF
Wenn	Material	Schreibtisch	Metall	10
Schluß: Dann		Schreibtisch	nicht brennbar	10
	Attribut	Objekt	Wert	

Abb.: Regeln

Der Arbeitsspeicher

Die Wissensbank enthält das dauerhaft und allgemein gültige Fakten- und Regelwissen über ein Sachgebiet. Bei der Anwendung dieses Wissens auf einen konkreten Fall muß dieses Wissen um die fallspezifischen Informationen ergänzt werden. Diese Informationen werden im Verlaufe einer Konsultation mit dem Expertensystem vom Anwender erfragt, aus Datenbanken abgerufen oder von Meßgeräten eingeholt und in einem Arbeitsspeicher abgelegt.

Die Verknüpfung der beiden Wissensbereiche, Wissensbank und Arbeitsspeicher, nennt man „Instanziierung". Sie unterscheidet sich von der herkömmlichen „Wertzuweisung" dadurch, daß ein Parameter in einem Programmlauf beliebig oft instanziiert werden kann.

Attribute und Werte sind unabhängig voneinander gespeichert. Durch die Instanziierung wird eine logische Verbindung zwischen Attributen und Werten hergestellt, unabhängig von der physischen Speicherbelegung.

Dadurch ist es möglich, in einer Konsultation einem Attribut gleichzeitig mehrere Werte zuzuweisen. Die hierzu notwendige dynamische Zuweisung von Speicherbereichen, setzt allerdings hohe Speicherkapazität für KI-Anwendungen voraus.

Die Inferenzmaschine

Die Inferenzmaschine, auch Problemlösungskomponente genannt, wendet die fallspezifischen Daten auf die in der Wissensbank gespeicherten Fakten und Regeln an. Sie steuert den Programmablauf indem sie

(1) nach einer vorgegebenen Suchstrategie die Regelfolge auswählt, d.h. sie sucht die Regel, die als nächste angewendet werden soll.

(2) den Dialog mit dem Anwender führt, wobei sie entscheidet, welche Informationen vom Anwender erfragt werden.

(3) dem Anwender auf Wunsch Informationen ausgibt, die ihm die Fragen des Systems erläutern (Hilfstexte) und begründen (WHY) und ihm die Schlußfolgerungen erklären (HOW).

Darüber hinaus unterstützt die Inferenzmaschine den Entwickler von Expertensystemen bei der Erfassung des Fakten- und Regelwissens durch Strukturierungshilfen, Konzistenz- und Vollständigkeitsprüfungen, Trace- und Review-Funktionen.

○ Inferenz (Schlußfolgerung)

Das Schlußfolgern durch die Inferenzmaschine basiert auf dem Logik-Kalkül des Modens-Ponens (Abtrennungsregel):

Prämisse:	1. aus P folgt Q (Implikation)
	2. es gilt P (Implikans)
Schlußfolgerung:	es gilt Q (Implikat)

Das heißt, der Implikans wird allein und vom Implikat getrennt beobachtet. Aufgrund der Implikation wird dann auf die Wahrheit des Implikat geschlossen.

Beispiel: Prämisse:	„Wenn die Sonne scheint, ist es Tag."
	„Die Sonne scheint."
Schlußfolgerung:	„Es ist Tag."

Allerdings sind die Prämissen in der Regel nicht immer mit absoluter Sicherheit wahr. Erzeugt eine Infektionskrankheit die Symptome „hohes Fieber", „Ausschlag im Gesicht" und „Anschwellen der Lymphdrüsen", so ist die daraus konstruierte Regel

„Wenn die Symptome „hohes Fieber", „roter Ausschlag im Gesicht" und „Anschwellen der Lymphdrüsen" auftreten, dann liegt die Krankheit X vor."

nur mit einer gewissen Wahrscheinlichkeit zutreffend. Die Regel erhält in diesem Fall einen Konfidenzfaktor < 100.

Das Rechnen mit Konfidenzfaktoren läuft nach dem folgenden Schema:
(1) Sind Prämissen mit UND verknüpft, so gilt insgesamt der kleinste Konfidenzfaktor.
    Regel: WENN A UND B DANN C
    A sei wahr mit CF = 30 und B sei wahr mit CF = 75, so gilt die Schlußfolgerung C ist wahr mit CF = 30!
(2) Sind Prämissen mit ODER verknüpft, so gilt insgesamt der größte Konfidenzfaktor
    Regel: WENN A ODER B DANN C
    A sei wahr mit CF = 30 und B sei wahr mit CF = 75, so gilt die Schlußfolgerung C ist wahr mit CF = 75!
(3) Hat die Regel selbst einen Konfidenzfaktor < 100, so wird dieser Konfidenzfaktor mit dem Konfidenzfaktor der Prämisse multipliziert und durch 100 dividiert
    Regel: WENN A ODER B DANN C: CF = 80
    A sei wahr mit CF = 30 und B sei wahr mit CF = 75, so gilt die Schlußfolgerung C ist wahr mit CF = 75 * 80/100 = 60

Steuerung

Die Programm-Ablaufsteuerung erfolgt durch die Inferenzmaschine anhand eines Suchalgorithmus. Der Strategie des Suchalgorithmus ist gekennzeichnet durch

(1) die Wahl der Verkettung (chaining) der Regeln
    (a) Backward-Chaining
    (b) Forward-Chaining
(2) die Entscheidung zwischen Tiefen-(depth) und Breitensuche (breadth)
    (a) Depth-First
    (b) Breadth-First
(3) Präferenzvereinbarungen für einzelne Regeln
    (a) gleichrangige Regeln
    (b) Metaregeln (andere Regeln)

Beim *Backward-Chaining* wird von dem oder den Zielparametern ausgegangen. Es werden die Parameter gesucht, die diese Zielwerte bestimmen und es wird versucht, deren Werte zu bestimmen.

Beispiel:
Der Zielparameter heißt „Freizeitgestaltung". In der Wissensbasis findet sich folgende Regel, die diesen Parameter erklärt:
    „Wenn die Sonne scheint und wenn die Jahreszeit Sommer ist, dann ist Freizeitgestaltung ‚Schwimmen gehen'."
Um eine Aussage über den Wert des Parameters Freizeitgestaltung machen zu können, muß geprüft werden, ob die Sonne scheint und ob die Jahreszeit Sommer ist. Die Inferenzmaschine wird den Anwender nach den beiden Informationen fragen. Gilt die Regel, so wird sie „gefeuert", d.h. Freizeitgestaltung erhält den Wert „Schwimmen gehen" und der Anwender einen entsprechenden Hinweis. Trifft die Regel nicht zu, so sucht die Inferenzmaschine nach weiteren Regeln, die eine Aussage über Freizeitgestaltung liefern könnten.

Beim *Forward-Chaining* wird von vorhandenen Daten ausgegangen. Die Inferenzmaschine sucht die Regeln, für die diese Daten zutreffen und zieht hieraus die entsprechenden Schlüsse. In dem oben genannten Beispiel könnte das Expertensystem aufgrund des gespeicherten Datums die Jahreszeit ermitteln und den Anwender nach dem Start des Systems fragen, ob die Sonne scheint. Bejaht der Anwender die Frage, so findet das System die passende Regel und teilt dem Anwender seinen Lösungsvorschlag zur Freizeitgestaltung mit.

Der typische Anwendungsbereich für das Backward-Chaining ist die Diagnose. Charakteristisch hierbei ist der begrenzte Lösungsraum bei unsicheren Ausgangsinformationen. Das Forward-Chaining eignet sich hingegen sehr gut bei Planungs- und Entscheidungsproblemen mit einer unüberschaubaren Zahl von Lösungsvarianten. Durch Ausgangsinformationen kann der Lösungsraum sehr schnell eingeengt und eine effiziente Lösungsfindung erreicht werden. Durch die Kombination von Forward- und Backward-Chaining kann bei komplexen Diagnoseproblemen die Lösungssuche beschleunigt werden.

Bei der *Depth-First-Strategie* werden zunächst alle Parameter einer Regel ermittelt und zwar auch dann, wenn dieser Suchprozeß über mehrere Regeln läuft. Auch hierzu ein Beispiel:

Regel 1:   A UND B $\rightarrow$ C
Regel 2:   E ODER F $\rightarrow$ A
Regel 3:   D $\rightarrow$ C

Betrachtung der Vorgehensweise bei einem Backward-Chaining mit Depth-First und dem Zielparameter C:

Als erstes wird die Regel 1 geprüft. Ist A unbekannt, so wird nach einer Regel gesucht, die A als Schlußfolgerung hat. Das ist die Regel 3. Es wird geprüft, ob E gilt. Ist dies der Fall, so gilt auch A als wahr. Es wird nun nach B gefragt und wenn auch B wahr ist, wird die Regel 1 gefeuert und C als wahr erkannt.

Nach dem Backward-Chaining mit *Breadth-First-Strategie* wird in dem obigen Beispiel ebenfalls mit der Regel 1 begonnen. Ist A unbekannt, so wird nach weiteren Regeln gesucht, die den Zielparameter C in ihrer Schlußfolgerung stehen haben. Das ist in diesem Fall die Regel 3. Ist D wahr, so wird C als wahr erkannt und die Inferenz beendet.

Beim Forward-Chaining seien D und E als Startwerte bekannt. Mit Depth-First startet die Regel 2 und setzt A auf wahr. Da der Parameter A in der Prämisse der Regel 1 auftritt, wird als nächstes die Regel 1 untersucht und nach einem Wert für B geforscht. Im Falle des Breadth-First wird, nachdem in Regel 2 A den Wert wahr erhalten hat, die Regel 3 gefeuert und C ebenfalls auf wahr gesetzt.

Die Reihenfolge, in der ,,gleichwertige Regeln'' (d.h. Regeln mit gleichen Zielparametern bzw. gleichen Prämissen) verarbeitet werden, hängt von der Reihenfolge ihrer Speicherung im System ab. Diese Reihenfolge kann durch Metaregeln aufgehoben werden.

Benutzerschnittstelle

Durch die Wahl einer Expertensystem-Shell erspart sich der Entwickler die Gestaltung der Dialogsteuerung, die einen großen Teil des üblichen Programmieraufwandes ausmacht. Allerdings sind damit oftmals störende Beschränkungen (z.B. parameterweise Eingabe) in Kauf zu nehmen. Genügt dieser Rahmen nicht, so kann die Benutzerschnittstellen durch ergänzende Prozeduren in der jeweiligen KI-Sprache angepaßt werden, was allerdings fundierte Kenntnisse dieser Sprachen (PROLOG, LISP) voraussetzt.

Erklärungskomponente

Der Programmablauf ist nicht fest vorgegeben, sondern wird durch die Inferenzmaschine gesteuert, wobei der Weg je nach Suchstrategie, Reihenfolge der Regeln und verfügbaren fallspezifischen Informationen variieren kann. Deshalb ist es für den Entwickler, aber auch für den Anwender wichtig zu erfahren
- warum das System eine bestimmte Information wissen will
- wie das System zu einer bestimmten Schlußfolgerung gelangt ist.

Sogenannte Expertensystem-Shells dienen der Erleichterung der Expertensystem-Erstellung und sind Entwicklungswerkzeuge.

Wissenserwerbskomponente

Es ist leicht einzusehen, daß die Erstellung komplexer Expertensysteme nur mit Hilfe von Strukturierungs- und Testhilfen effizient durchgeführt werden kann. Hierin liegt eine der wesentlichen Leistungen von Expertensystem-Shells. Je nach System bieten sie dem Entwickler Hilfen bei
- der Wissensrepräsentation
- der Wissensstrukturierung
- der Gestaltung der Benutzerschnittstelle
- der Beschreibung von Kontrollstrukturen, d.h. Manipulation der Suchstrategie sowie der Bearbeitungsreihenfolge der Regeln
- Konzistenz- und Vollständigkeitstests
- den Funktionstests.

Entwicklung von Expertensystemen

Entgegen früherer Vorstellungen hat sich heute die Einsicht durchgesetzt, daß die Entwicklung von Expertensystemen nicht durch den Experten selbst erfolgen kann. Vielmehr bedarf es hierzu eines mit der Entwicklung solcher Systeme vertrauten Experten, dem man den Titel ,,Wissensingenieur'' verliehen hat.

Die Aufgaben des Wissensingenieurs umfassen im wesentlichen
(1) Wissenserwerb (Wissensakquisition)
    Verstehen und Formalisieren des Expertenwissens
(2) Wissensrepräsentation
    Darstellung des Expertenwissens mit Hilfe der oben beschriebenen Repräsentationstechniken und Speicherung in die Wissensbank
(3) Auswahl der KI-Sprache bzw. der Shell
(4) Festlegen von Kontrollstrukturen
    Strukturieren der Wissensbank, Auswahl der Suchstrategie der Inferenzmaschine, Erstellen von Metaregeln

Das folgende Vorgehensmodell zeigt grob die Reihenfolge und Inhalte der einzelnen Schritte auf dem Weg zu einem funktionsfähigen Expertensystem.

1. Phase: Erfassen des Problemfeldes

Jedes Expertensystem konzentriert sich auf Lösungen für einen konkreten Problembereich. Dieser Problembereich ist zu ermitteln und die Ziele des Expertensystems sind zu definieren.

2. Phase: Auswahl der geeigneten KI-Sprache/Shell

Eine effiziente und finanziell angemessene Problemlösung setzt die Auswahl des geeigneten Instrumentes voraus. Die Leistungen und Eigenschaften der verschiedenen KI-Sprachen und der verfügbaren Shells sowie die personelle und Hardware-Voraussetzungen für ihren Einsatz sind sehr unterschiedlich. Die richtige Auswahl setzt Kenntnisse des Problemfeldes und Erfahrungen mit den verschiedenen KI-Systemen voraus.

3. Phase: Beschreibung des Expertenwissens

Durch Interviews, Workshops und ,,Lautes Denken" wird das Expertenverhalten transparent und beschreibbar. Anhand der oben dargestellten Wissensrepräsentationstechniken werden Fakten und Regeln beschrieben und strukturiert.

4. Phase: Erstellung eines Prototypen

Für das ermittelte Wissen eines abgegrenzten Teilbereiches wird ein Expertensystem-Prototyp entwickelt. An ihm kann der Wissensingenieur die prinzipielle Machbarkeit nachweisen und der Anwender erhält einen Eindruck von der Leistung des späteren Systems.

5. Phase: Ausbau des Prototypen

Der Prototyp wird sukzessive erweitert und ergänzt.

6. Phase: Test und Systemoptimierung

Die Leistung des Expertensystems wird an Fällen getestet, die bereits dokumentiert sind oder im Wettbewerb mit dem Expertensystem von Experten gelöst werden. Unzureichende Lösungen durch das System werden so erkannt. Die Erklärungskomponente sowie zusätzliche systemabhängige Testhilfen (Trace, Review) führen schnell zu den Fehlerquellen.

7. Phase: Einsatz und Wartung

Auch Expertensysteme können nur dann aktuell sein, wenn sie mit dem Zuwachs an Expertenwissen und -erfahrung Schritt halten.

Eine Möglichkeit, die Wissensaktualisierung mit der Anwendung des Expertensystems zu koppeln und so die Anwendungserfahrungen direkt zu nutzen, bietet das ,,maschinelle Lernen". Dieses reicht von der erfahrungsabhängigen automatischen Anpassung der Kontrollstrukturen bis hin zur Generierung von Fakten und Regeln. Allerdings läßt sich nur ein Teil der erforderlichen Systemwartung und -erweiterung auf diese Weise erledigen. Die meisten Änderungen müssen noch immer von Wissensingenieuren oder von den Anwendern selbst ausgeführt werden. Hierzu müssen die Expertensysteme transparent und modular strukturiert sein.

KI-Sprachen und Werkzeuge

Die beiden bedeutendsten KI-Sprachen sind PROLOG (für programmierte Logik) und LISP (Listen-verarbeitende Programmiersprache), von denen es in der Zwischenzeit zahlreiche Dialekte gibt.

LISP wurde 1958 von McCarthy entwickelt und ist folglich genauso alt wie ALGOL, eine der frühen höheren Programmiersprachen. Im Gegensatz zu herkömmlichen Programmiersprachen werden in LISP symbolische Ausdrücke und nicht nur Zahlen verarbeitet. Die Darstellung von Daten und von Kontrollstrukturen erfolgt durch mehrdimensionale Listen.

Ausschnitt aus einem LISP-Programm (Regeln aus der Wissensbank):

```
(RULE002 ACTION (DO-ALL (MPRINTT ,,Ihr Problem'' (VAL1 FRAME PROBLEM ())
TALLY 100)) PREMISE ($ AND (KNOWN FRAME PROBLEM) (SAME FRAME TRAG-
WEITE MITTEL) (
SAME FRAME PROBLEMWAHRSCHEINLICHKEIT NIEDRIG)) SUBJECT APP-
RULES) (RULE003 ACTION (DO-ALL (CONCLUDE FRAME URSACHE_SUCHEN
YES TALLY 100)) PREMISE (
$ AND (KNOWN FRAME PROBLEM) (SAME FRAME TRAGWEITE MITTEL) ($ OR
(SAME FRAME
PROBLEMWAHRSCHEINLICHKEIT MITTEL) (SAME FRAME PROBLEMWAHR-
SCHEINLICHKEIT HOCH)))
SUBJECT APP-RULES)
(RULE004 ACTION (DO-ALL (CONCLUDE FRAME URSACHE_SUCHEN YES TAL-
LY 100)) PREMISE (
$ AND (KNOWN FRAME PROBLEM) (SAME FRAME TRAGWEITE HOCH)) SUB-
JECT APP-RULES)
```

PROLOG wurde 1972 von A. Colmerauer und P. Roussel an der Universität von Marseille entwickelt. PROLOG ist eine einfache Form der Prädikatenlogik. Sie erlaubt die Spezifikation von Fakten und Regeln über Objekte und Relationen in einer leicht lesbaren Form und beantwortet Fragen zu diesen Objekten und Relationen.

Beispiel:

    spielt (Hans, Schach)
    spielt (Klaus, Fußball)
    spielt (Susanne, Tennis)

Die Frage:

    ? spielt (Klaus, Fußball)
wird mit Ja beantwortet.

Ein Vergleich beider Programmiersprachen zeigt, daß PROLOG zahlreiche Strukturierungs- und Gestaltungshilfen bietet und die Wissensdarstellung sich an der bekannten Logik-Syntax orientiert. Dadurch lassen sich viele KI-Probleme mit PROLOG elegant lösen. Allerdings ist hierfür die Kenntnis der Programmiersprache notwendig.

LISP ist leistungsfähiger als PROLOG, bietet aber kaum Strukturierungshilfen und stellt damit hohe Anforderung an den Programmierer.

Zur Erleichterung der Expertensystem-Erstellung wurden Entwicklungswerkzeuge, sogenannte Shells, entwickelt. Hierbei handelt es sich um ,,Rahmen-Systeme'', in die das Wissen der Experten eingebracht werden muß. Bei einfachen Problemen kann die Programmierung in LISP oder PROLOG entfallen oder sich auf wenige Ergänzungen beschränken.

Diese Werkzeuge sind sowohl für Personal-Computer verfügbar – hierzu zählen u.a. Personal Consultant Plus, Med2, 1st. Class, XI, ADEPT, Nexpert-Object – als auch für Großrechner und Workstations.

2.5 Telekommunikation

Die sogenannte Telekommunikation ist in den letzten Jahren nicht zuletzt durch die Bemühungen internationaler Organisationen wie ISO (International Standard Organisation) und CCITT (Comité Consultatif International Télégraphique et Téléfonique) um weltweite Kommunikationsstandards von großer Bedeutung geworden.

Die Telekommunikation umfaßt folgende Bereiche:

- Sprachkommunikation, wie Telefon, Sprechfunk, Fernsehen und Rundfunk
- Textkommunikation, wie Telex, Teletex, Telebox, Bildschirmtext
- Bildkommunikation, wie Bildtelefon
- Datenkommunikation im Rahmen der Datenfernverarbeitung als Dialog zwischen Rechner und Terminal

---

Abb.: Bereiche der Telekommunikation

Für die Durchführung der Telekommunikation werden u.a. Endgeräte und Übertragungswege notwendig.

Derzeit gibt es für die verschiedenen Dienste auf dem Gebiet der Telekommunikation noch getrennte Kommunikationsnetze. Neben dem analogen Fernsprechnetz (Fernsprechen, Datenübertragung, Telefax und Bildschirmtext) gibt es das digitale integrierte Text- und Datennetz (IDN) für die sog. Dateldienste und Teletex. Derzeit benötigt der Anwender von Telekommunikationsdiensten für die einzelnen Dienste außerdem noch spezifische Anschlüsse.

Mit der Einführung von ISDN (Integrated Services Digital Network) werden zukünftig die Dienste in einem einheitlichen digitalen Netz integriert. Mit ISDN können in der Endausbaustufe Sprache, Text, Daten und Bild übertragen werden.

Am 1. Januar 1988 ist die neue Telekommunikationsordnung (TKO) in Kraft getreten. Sie regelt die Geschäftsbeziehungen der DBP mit ihren Kunden auf dem Gebiet der Telekommunikation.

Die TKO löst die Fernmeldeordnung, die Verordnung für den Fernschreib- und Datexdienst, die Verordnung über das öffentliche Direktrufnetz sowie die Telegrammordnung ab.

In der TKO sind nicht nur neue Gebührenregelungen enthalten. Erstmals wird auch ISDN einbezogen und auf die benutzungsrechtlichen Regelungen eines einheitlichen Telekommunikationsnetzes eingegangen.

Die TKO enthält auch zumindest Eckdaten der Gebühren für die zukünftigen ISDN-Anwendungen.

ISDN-Anschlüsse werden in der TKO als Universalanschlüsse bezeichnet. Sie können sowohl für Wähl- als auch für Festverbindungen genutzt werden.

2.5.1 Textkommunikation

- *Telex;* die derzeit häufigste Art der Textkommunikation ist Telex (Fernschreibdienst).
  Telex ist ein weltweites Kommunikationsverfahren zur Übermittlung von formlosen Mitteilungen.
  Telex ist dialogfähig, in seinen Funktionen ausgereift und daher zuverlässig.
  Telexmitteilungen sind als rechtsförmliche Zustellungen anerkannt.
  Zur Durchführung von Telex wird ein Fernschreiber, eine Telexnebenstellenanlage oder ein Personal-Computer bzw. eine Textverarbeitungsanlage benötigt, die eine telexfähige Einrichtung aufweisen.
  Verwendet werden lateinische Schriftzeichen auf der Grundlage eines standardisierten Telegraphenalphabets. Die zu übermittelnden Daten werden sowohl auf dem Fernschreiber des Empfängers als auch auf dem Fernschreiber des Absenders dargestellt.
  Die modernen Fernschreiber bieten einen hohen Bedienungskomfort und lassen auch die Speicherung von Texten zu.
  Der Nachteil von Telex liegt in der langsamen Übermittlung der Daten sowie in dem geringen Zeichenvorrat.
  Die Übertragung erfolgt mit 400 Zeichen pro Minute. Der Zeichenvorrat beträgt 56 Zeichen.
  Eine DIN A 4 Seite kann in etwa 5 Minuten übertragen werden.
  Mit einer Telexeinrichtung hat man auch Zugang zu Teletex sowie zum BTX-Mitteilungsdienst.

- *Teletex;* Teletex wurde entwickelt, um weltweit CCITT-standardisierte Dienste mit der lokalen Textverarbeitung zu verbinden.
  Es baut auf dem ISO-Referenzmodell für Open Systems Interconnection (OSI) auf.
  Mit Hilfe von Teletex können interner oder externer Schriftverkehr, wie z.B. Briefe, Berichte, Formulare, Tabellen, Dokumente in Schreibmaschinenqualität schnell und zuverlässig übertragen werden.
  Teletex weist einen relativ großen Zeichenvorrat (309 Zeichen) sowie eine einfache Liniengraphik auf. Die Übertragungsgeschwindigkeit beträgt 2 400 Bit/s, was ungefähr 6 DIN A 4 Seiten pro Minute darstellt.
  Dank entsprechender CCITT-Standards garantiert Teletex eine große Kompatibilität und Dienstgüte.
  Als Hardware wird ein von der Post zugelassenes teletexfähiges Endgerät benötigt. Dies kann ein PC, eine Textverarbeitungsanlage oder sogar eine Speicherschreibmaschine sein.
  Der Anwender kann derzeit aus einer großen Zahl von Endgeräten auswählen, die alle miteinander kompatibel sind und weltweit miteinander kommunizieren können.
  Die teletex-fähigen Endgeräte müssen einen entsprechenden Speicher aufweisen, da die

Übertragung der Texte vollautomatisch von Speicher zu Speicher erfolgt. Vorher sind entsprechende Textbearbeitungsvorgänge möglich.

Teletex stellt eine rechtsverbindliche Zustellungsform dar.

Über die hergestellte Verbindung sowie über den Übermittlungsvorgang wird ein Sendejournal erstellt.

Die übertragenen Texte werden bei ihrem Eingang automatisch mit Nummer, Datum und Uhrzeit versehen.

Die Endgeräte weisen einen Empfangsspeicher auf, der gegen Löschen und Überschreiben gesichert ist. Dies zumindest solange, bis der Text ausgedruckt ist oder die ersten Zeilen einer Nachricht aufgezeigt wurden. Der Empfänger erhält außerdem eine Meldung, daß ein Text im Speicher vorhanden ist. Ferner wird er von einem eventuellen Speicherüberlauf informiert.

Zwischen Telex und Teletex besteht eine Querverbindung. Die Umsetzung zwischen den beiden Diensten erfolgt zuverlässig, so daß hierbei keine Daten verloren gehen.

- *Telefax;* mit Hilfe von Telefax (Fernkopieren) können Originalvorlagen, wie z.B. Konstruktionspläne, Zeichnungen, Graphiken, Urkunden aber auch Briefe originalgetreu als Kopien von einem Ort zu einem anderen übermittelt werden.

  Das Format der Vorlagen kann in der Regel höchstens DIN A4 betragen.

  Ein wesentlicher Vorteil von Telefax liegt in der authentischen und originalgetreuen Übermittlung der Vorlagen.

  Bei der Übertragung von Texten fällt − im Gegensatz zum Telex − der Erfassungsvorgang weg.

  Als Endgerät ist ein Fernkopierer sowie ein Telefonanschluß notwendig. Übertragen wird durch das öffentliche Fernsprechnetz.

  Die derzeit auf dem Markt befindlichen Fernkopierer werden in Gruppen eingeteilt.

  Die Übertragungsgeschwindigkeit von Telefax ist u.a. davon abhängig, welcher Gerätegruppe der verwendete Fernkopierer angehört.

- *Telebox;* unter dem Begriff Telebox (Message Handling) versteht man ein elektronisches Briefkastensystem, das in der BRD als öffentlicher Dienst der DBP angeboten wird.

  Es sind aber auch mehrere private Anbieter auf dem Markt. Außerdem werden entsprechende Terminals für den Telebox-Dienst in verschiedenen Variationen und Ausstattungen angeboten.

  Jeder Telebox-Teilnehmer verfügt quasi über ein „Brieffach“, in dem er Nachrichten empfangen und aus dem er Nachrichten versenden kann. Das Fach ist immer erreichbar. Telebox kann z.B. dann eine geeignete Form der Kommunikation darstellen, wenn von Außendienstmitarbeitern von ständig wechselnden Orten Meldungen verschickt oder von ihnen empfangen werden sollen.

  Der Zugang zum Teleboxdienst setzt einen Telefonanschluß sowie ein entsprechendes Endgerät voraus. Dies kann z.B. ein stationärer oder auch ein portabler Personal-Computer sein.

- *Bildschirmtext (BTX);* Bildschirmtext ist ein Informations- und Kommunikationsmedium, mit dessen Hilfe die Teilnehmer verschiedene Dienstleistungen in Anspruch nehmen können.

62

Zur Grundausstattung eines Btx-Teilnehmers gehören:

Fernsehmonitor
Btx-Decoder
Eingabetastatur
Modem
Telefon.

Verwendbar für den Btx-Betrieb sind auch Btx-fähige Personalcomputer oder sog. multifunktionale Terminals von Computersystemen.

Die Leistungen des Btx-Dienstes umfassen einmal Abrufinformationen, die von Anbietern als spezifische Informationen zur Verfügung gestellt wurden und die von einem großen Teilnehmerkreis abgerufen werden können.

Der Anbieter wirbt dadurch, indem er auf jeweiligen Bildschirmseiten Informationen anbietet.

Von den Btx-Teilnehmern können auf diese Weise z.B. Sonderangebote von Kaufhäusern, Reisebüros und Hotels, Aktienkurse, Nachrichten, Veranstaltungen, Kochrezepte usw., insgesamt eine Vielzahl von Informationen abgerufen werden.

Die Btx-Programme sind in Rechnern der DBP gespeichert. Beim Btx-Teilnehmer wird eine Anschlußbox installiert.

Dadurch wird vom Btx-Gerät eine Telefonverbindung zum Btx-Rechner hergestellt und die Kenn-Nummer des Teilnehmers übertragen. Nach deren Überprüfung muß noch ein zusätzlicher Code eingegeben werden, damit die gewünschten Dienstleistungen zur Verfügung stehen.

Die Anbieter von Informationen können entscheiden, ob sie regional oder bundesweit anbieten wollen.

Es besteht ferner die Möglichkeit, Informationen nur geschlossenen Benutzergruppen (GBG) anzubieten.

Der Btx-Teilnehmer kann aber auch selbst Transaktionen vornehmen. Er kann z.B. Bestellungen ausführen, Reservierungen vornehmen oder Überweisungen von seinem Konto durchführen.

Ferner können Nachrichten an andere Btx-Teilnehmer versandt werden, auf die der Empfänger beim Einschalten des Btx-Gerätes aufmerksam gemacht wird.

Im Rahmen des Btx-Dienstes ist auch ein Zugriff auf private Computersysteme, sog. externe Rechner, möglich.

Der Verkehr zwischen dem Btx-Endgerät und dem privaten Rechner erfolgt nach Konventionen der DBP.

Der Btx-Teilnehmer kann Programme des externen Rechners nutzen, sofern er dazu berechtigt ist und die Programme an die Btx-Schnittstelle angepaßt sind.

Auf dem externen Rechner können auch Btx-Seiten erstellt und verwaltet werden.

Die DBP bietet auch ein sog. Multitel an. Beim Multitel sind Telefon und Btx-Gerät kombiniert. Die etwas umständliche Nutzung eines Fernsehgerätes im Btx-Betrieb wird dadurch vermieden.

2.5.2 ISDN (Integrated Services Digital Network)

Die DBP will nach der Durchführung von ISDN-Pilotprojekten etwa Ende 1988 den ISDN-Wirkbetrieb in mehreren Großstädten aufnehmen.

Die Einführung von ISDN bedeutet, daß die bisher getrennt arbeitenden öffentlichen Netze in ein einheitliches Netz zusammengefaßt werden. Sprach-, Daten-, Text- und Bildkommunikation werden dadurch besser, effizienter und schneller.

Basis von ISDN ist das Telefonnetz, das von der analogen auf die digitale Vermittlungs- und Übertragungsweise stufenweise umgestellt wird.

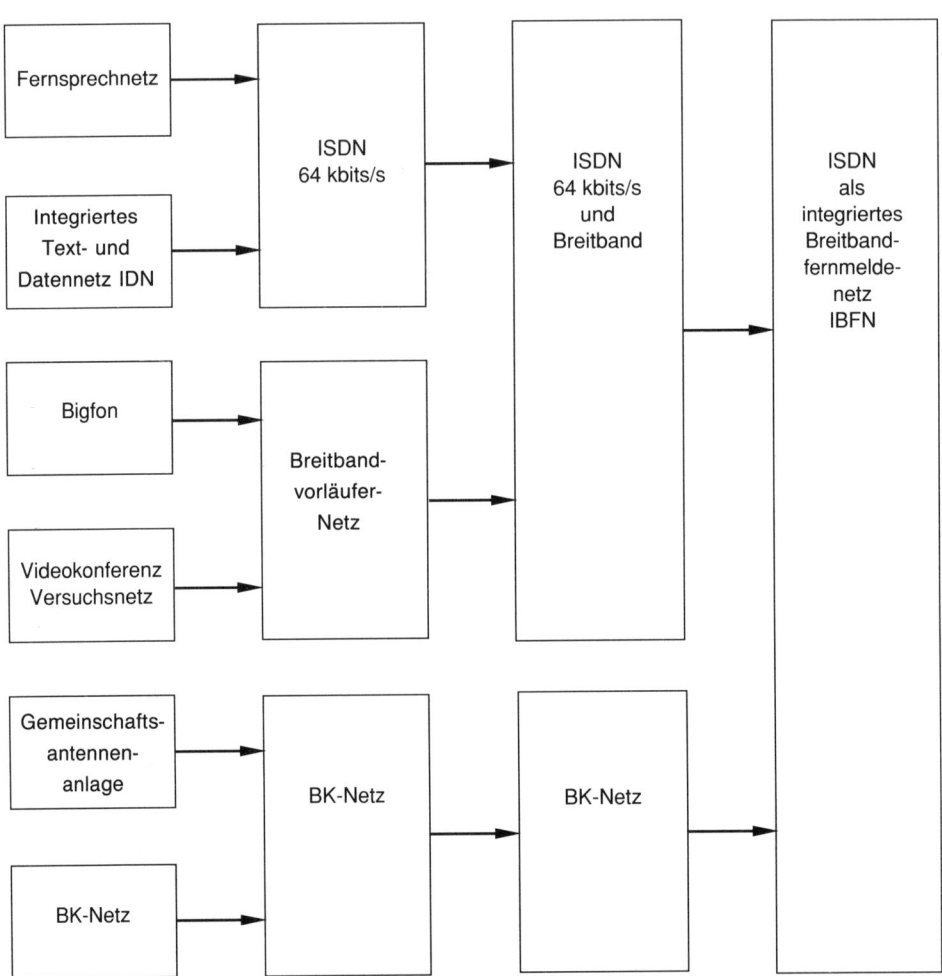

In Zukunft sollen alle Dienste aus dem Bereich der Telekommunikation über dieses digitalisierte Telefonnetz abgewickelt werden. Außerdem sollen neue und verbesserte Dienste zukünftig angeboten werden.

Wesentliche Merkmale des öffentlichen ISDN-Netzes – übersetzt als „dienst-integrierendes, digitales Fernmeldenetz – sind u.a. schnellere Verbindungen, höhere Geschwindigkeit und verbesserte Sprachqualität.

Wie die Abbildung zeigt, ist ab etwa 1992/93 als letzte Entwicklungsstufe ein integriertes Breitbandfernmeldenetz auf der Basis von Glasfaserkabeln geplant, über das neben den Telekommunikationsdiensten auch Fernseh- und Hörfunkprogramme verteilt werden sollen.

Grundlage zum ISDN-Betrieb ist ein Basisanschluß. Über die heute übliche Kupferdoppelader des Telefonanschlusses werden zwei in digitaler Weise arbeitende Datenleitungen, die sog. Basiskreise B 1 und B 2 sowie ein sog. D-Kanal angeboten.

Die beiden Basiskreise übertragen jeweils 64 kbits/s und arbeiten unabhängig voneinander, d.h. man kann z.B. auf der einen Leitung Telefongespräche führen und auf der anderen Daten übertragen. Der sog. D-Kanal dient der Steuerung und Signalisierung und arbeitet mit 16 kbits/s.

Der ISDN-Basisanschluß weist eine genormte Anwenderschnittstelle für den Anschluß von verschiedenen Endgeräten zur Telekommunikation auf.

An einen Anschluß können bis zu 8 Endgeräte angeschlossen werden. So ist es z.B. möglich, einen Fernsprechapparat, einen Fernkopierer, ein Teletex-Gerät, ein Mehrdienst-Gerät usw. über die Anwenderschnittstelle an den ISDN-Netzanschluß anzuschließen. Die entsprechenden Daten werden über die beiden Basiskanäle und über den Steuerkanal dann zur ISDN-Vermittlung weitergeleitet.

Telekommunikation kann und soll nicht auf Ländergrenzen beschränkt werden.

Eine die Ländergrenzen überschreitende Kommunikation setzt jedoch die Entwicklung und Einführung von weltweit gültigen Standards hauptsächlich im Bereich der Schnittstellen- und Protokollregelungen voraus. Nur weltweite Standards und Normen ermöglichen die Durchführungen einer weltweiten Kommunikation.

Von den internationalen Standardisierungsgremien für Kommunikation, hauptsächlich ISO und CCITT, wurden bereits mehrere internationale Standards entwickelt und eingeführt. Der Rahmen, in dem sich diese Standardisierungsbemühungen bewegen, wird OSI (Open Systems Interconnection) genannt.

Hauptziel von OSI ist die Verständigung von heterogenen Netzen. OSI-Protokolle sind demnach ein Mittel für einheitliche Systemkommunikationen.

OSI ist auch im Zusammenhang mit dem ISO-7-Schichtenmodell zu sehen. Dieses Referenzmodell ordnet und gliedert die Kommunikationsaufgaben und ihre Verbindungen miteinander.

Es weist 7 unterschiedliche Ebenen auf. Die Ebenen 1 – 4 beschäftigen sich mit den Transportfunktionen. Die Ebenen 5 – 7 beschreiben die Standards der anwendungsorientierten Funktionen.

Das ISO-7-Schichtenmodell bildet die Grundlage für die Protokolle der B- sowie des D-Kanales bei ISDN.

Ebene 7 VERARBEITUNG	In der Schicht 7 werden die System- und Anwendungssteuerung durchgeführt.
Ebene 6 DARSTELLUNG	Das in der Schicht 6 enthaltene Darstellungsprotokoll legt fest, wie Informationen in einer gemeinsamen Sprache auszutauschen und darzustellen sind.
Ebene 5 KOMMUNIKATIONS-STEUERUNG	Schicht 5 dient der Eröffnung einer Kommunikation, ihrer Durchführung und Beendigung.
Ebene 4 TRANSPORT	Schicht 4 errichtet, steuert und beendet die von einer Stelle zur anderen führenden Transportverbindungen.
Ebene 3 VERMITTLUNG	Schicht 3 legt fest, wie eine Netzverbindung zwischen den Endsystemen aufzubauen ist.
Ebene 2 SICHERUNG	Die ungesicherte Übertragung aus der Schicht 1 wird in der Schicht 2 gesichert.
Ebene 1 BITÜBERTRAGUNG	Schicht 1 stellt die ungesicherte Übertragung einer Information auf der Übertragungsstrecke bereit.

Abb.: ISO-7-Schichtenmodell

FRAGEN ZU KAPITEL 2:

1. Warum sind Datenverarbeitungsmaschinen nicht mit bisher vom Menschen entwickelten Maschinen vergleichbar?
2. Welche Bereiche des ,,Denkens'' kann eine Datenverarbeitungsanlage dem Menschen abnehmen?
3. Was sind die entscheidenden Vorteile der Datenverarbeitung?
4. In welchem Bereich wurden Computer erstmals in größerem Umfang eingesetzt?
5. Nennen Sie Einsatzbereiche der Datenverarbeitung. In welchem dieser Bereiche sind die meisten EDV-Anlagen anzutreffen?
6. Welche Arten der Telekommunikation kennen Sie?
7. Wodurch unterscheiden sich Telex und Teletex?
8. Welche Hardware wird benötigt, um an Bildschirmtext (Btx) teilnehmen zu können?
9. Was bedeutet die Bezeichnung ISDN; wodurch ist ISDN gekennzeichnet?

3 Mathematische Grundlagen der Datenverarbeitung

Computer benutzen in der Regel nicht das vertraute dezimale Zahlensystem – weder bei *Berechnungen* noch für die *Darstellung* von Daten im Computer oder auf Datenträgern.

Die wesentlichen Gründe hierfür sind:

– die *Darstellung* im dezimalen Zahlensystem ist kompliziert, da für jeden Stellenwert 10 Schalter zur Verfügung stehen müßten;

– ein *Rechenvorgang* im Computer, der nach dem Zehnersystem arbeitet, ist technisch schwer realisierbar.

Gottfried Wilhelm von Leibnitz – ein großer Mathematiker und Philosoph – wies erstmals 1679 in einer handschriftlichen Notiz darauf hin, daß ein besonderes Zahlensystem, das nur aus den Werten 0 und 1 bestehe, also ein *Binärsystem*, in Maschinen einsetzbar sei. Er selbst konstruierte zwar auch Rechenmaschinen, konnte aber dabei diese Idee nicht mehr verwirklichen.

Erst *John von Neumann* entdeckte diese bis 1946 vergessene Möglichkeit der Benutzung des Binärsystems wieder. Er stellte sie in einer Schrift vor, die weltweit Beachtung errang. Darin schrieb er (frei übersetzt): ,,. . . . in der Diskussion über die arithmetischen Teile des Computers ist man natürlicherweise zu der Ansicht gelangt, das Dezimalsystem zu benutzen. Das Gedächtnis eines Computers aber könnte in viel natürlicherer Weise das binäre System benutzen, da, wie in magnetischen Drähten oder Bändern, der Inhalt durch die Anwesenheit oder Abwesenheit von Impulsen festgestellt werden kann.

Wenn jemand mit dem Dezimalsystem rechnen will, dann gebraucht er ein *binär codiertes System*, bei dem jede dezimale Ziffer durch *vier binäre Zeichen* repräsentiert wird. Auf diese Weise werden für zehn Ziffern 40 binäre Speicher benötigt.

In einer reinen binären Darstellungsform können 33 binäre Stellen bereits eine Zahl mit 10^{10} Stellen speichern!"[1]

Neumann löste damit eine Entwicklung von rein binär rechnenden Computern aus, die zusätzlich nach dem von ihm entwickelten Prinzip der maschineninternen Programmsteuerung arbeiten.

---

1 Crawford, F.R., Introduction to data processing, Englewood Cliffs 1968, S. 35.

3.1 Codierung von Informationen

Die Idee von Neumann war nichts anderes als eine Codierung von Informationen. Ein Code ist eine Vorschrift für die eindeutige Zuordnung (Codierung) der Zeichen eines Zeichenvorrates zu denen eines anderen Zeichenvorrates (Bildmenge) (DIN 44 300).

Beispiel:

Ein Zeichenvorrat besteht aus drei Zeichen. Es kann z.B. folgende Zuordnung festgelegt werden:

Zeichenvorrat 1	Zeichenvorrat 2
A	OL[1]
B	LO
C	LL

Da jedes Zeichen des *Zeichenvorrats 1* im *Zeichenvorrat 2* darstellbar ist und dieser aus O und L besteht, spricht man von einem *Binärcode*. Das binäre Zeichen erhält die Bezeichnung Bit (binary digit). Wichtig ist, daß eine eindeutige Zuordnung der verschiedenen Zeichenvorräte vorgenommen wird. Das ist vor allem deshalb notwendig, weil eine Rückkehr von dem Zeichenvorrat 2 in den Zeichenvorrat 1 problemlos möglich sein muß.

Die Darstellung von *binären Codes* ist unabhängig von der Datenverarbeitung mit verschiedenen Hilfsmitteln möglich wie z.B.:
– ein Schalter ist ein- oder ausgeschaltet;
– eine Lampe brennt oder brennt nicht;
– ein Signal ist lang oder kurz (Morsealphabet).

Innerhalb von Datenverarbeitungsanlagen gibt es z.B. folgende Möglichkeiten der Darstellung:
– ein Strom fließt oder fließt nicht;
– ein Magnet ist positiv oder negativ magnetisiert;
– ein Transistor ist leitend oder leitet nicht.

Datenverarbeitungsanlagen benutzen sogenannte Code-Tabellen. Diese Codes werden *Interncodes* genannt. Jeder Computer könnte einen eigenen Code benutzen. In der Praxis haben sich allerdings bestimmte Codes durchgesetzt.

3.2 Codesicherung und Redundanz

Von besonderer Bedeutung ist die Sicherheit der Übertragung eines Codes z.B. über Leitungen. Das können sowohl interne Leitungen im Computer als auch Leitungen vom Computer zu den an sie angeschlossenen Geräten oder zu entfernt eingesetzten Datenstationen sein.

Ein Code sollte so sicher sein, daß bei fehlerhafter Übertragung entweder der Fehler entdeckt oder sogar korrigiert wird.

---

1 L – im Unterschied zu später dargestellten Codes.

Beispiel 1:

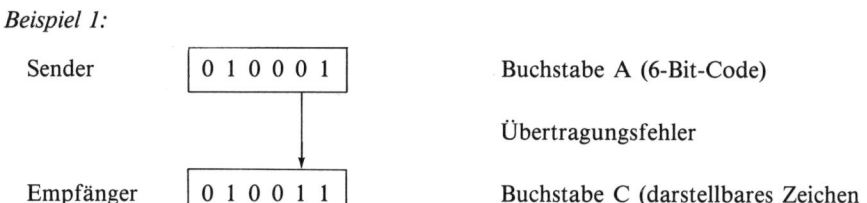

Sender | 0 1 0 0 0 1 | Buchstabe A (6-Bit-Code)

Übertragungsfehler

Empfänger | 0 1 0 0 1 1 | Buchstabe C (darstellbares Zeichen
im 6-Bit-Code)

In diesem Fall wird ein Übertragungsfehler nicht erkannt. Besser ist die Möglichkeit der Fehlererkennung bei einem Code mit vielen ,,überflüssigen'' Kombinationsmöglichkeiten, die keine Anwendung finden.

Beispiel 2:

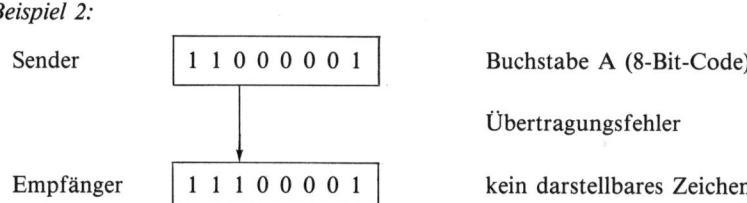

Sender | 1 1 0 0 0 0 0 1 | Buchstabe A (8-Bit-Code)

Übertragungsfehler

Empfänger | 1 1 1 0 0 0 0 1 | kein darstellbares Zeichen

Im dargestellten Beispiel 1 soll der Buchstabe A im 6-Bit-Code übertragen werden. Wenn ein Fehler auftritt, dann wird er nicht erkannt, da das beim Empfänger ankommende Zeichen ebenfalls ein gültiges, darstellbares Zeichen ist. Bei der Übertragung desselben Buchstabens im 8-Bit-Code kann dagegen ein Fehler festgestellt werden, da das ankommende Zeichen dem Empfänger unbekannt ist.

Die Begründung liegt auf der Hand. Mit 6 Bits sind 2^6 = 64 Zeichen darstellbar. Diese Zahl entspricht genau dem in der Datenverarbeitung üblichen Zeichenvorrat von 26 Buchstaben, 10 Ziffern und 27 Sonderzeichen sowie dem Leerzeichen. Dieser Code ist daher voll ausgenutzt.

Bei Anwendung des 8-Bit-Codes sind dagegen 2^8 = 256 Zeichen darstellbar. Somit werden 256 − 64 = 192 Zeichen nicht benutzt. Wie das oben dargestellte Beispiel zeigt, ist es in dem zuletzt genannten Code viel einfacher, eine fehlerhafte Übertragung zu erkennen als im 6-Bit-Code.

Der 8-Bit-Code besitzt *Redundanz/(R)*.

Der 6-Bit-Code hat keine Redundanz (R = 0), der 8-Bit-Code hat eine hohe Redundanz, weil der Signalvorrat (256 Zeichen) größer ist als der Informationsvorrat (64 Zeichen).

Ein Vergleich mit der deutschen Sprache zeigt, daß sie *große Redundanz* besitzt. Selbst wenn Worte nur in Bruchstücken übermittelt werden, wie es z.B. bei Telefonverbindungen der Fall sein kann, sind sie meist verständlich.

Beispiel 3:

Sender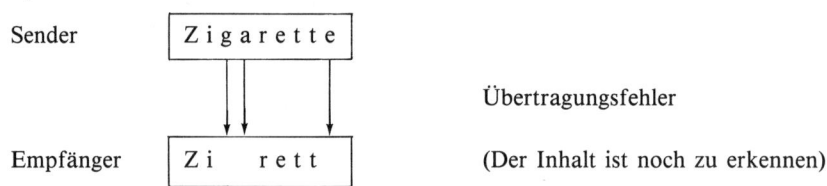

Übertragungsfehler

Empfänger

(Der Inhalt ist noch zu erkennen)

Die Redundanz eines Codes kann mit folgender Formel gemessen werden:

$$R = \frac{\text{Anzahl der unbenutzten Codewörter}}{\text{Gesamtzahl der Codewörter}}$$

R sollte größer als Null, aber kleiner als Eins sein.

Beispiel: $R = \frac{192}{256}$

$\underline{\underline{R = 0,75}}$

Die Redundanz kann durch ein *Prüfbit* erhöht werden. Dabei handelt es sich um ein weiteres Bit im Code, das nur zur *Datensicherung* angewendet wird, das aber keine zusätzliche Erweiterung des Codes mit sich bringt.

Prüfbits (parity bits) sind ein fester Bestandteil fast sämtlicher Datenverarbeitungsanlagen. Auch auf den meisten magnetisierbaren Datenträgern finden sie Anwendung.

Beispiel:

Dezimal-zeichen	Code	Summe der auf L gesetzten Bits	Prüfbit
0	0 0 0 0	gerade	L
1	0 0 0 L	ungerade	0
2	0 0 L 0	ungerade	0
3	0 0 L L	gerade	L
4	0 L 0 0	ungerade	0
5	0 L 0 L	gerade	L
	usw.		

Bei dem hier dargestellten Beispiel ist vom Computer dann ein Prüfbit auf L zu setzen, wenn die *Anzahl* der auf L gesetzten Bits im Code gerade ist.

Soll ein Fehler bei der Verarbeitung im Computer automatisch erkannt werden, dann muß die Redundanz sehr groß sein.

Bedingungen für eine Fehlerkorrektur sind:
- Erkennen des Fehlers;
- Lokalisieren des Fehlers.

3.3 Codearten

3.3.1 Tetradenverschlüsselung

Würde ein darzustellender Zeichenvorrat nur aus den Ziffern 0 – 9 bestehen, dann könnte ein Code aus vier Bits, d.h. einer Tetrade, bestehen. Das wird aus der dargestellten Abbildung deutlich:

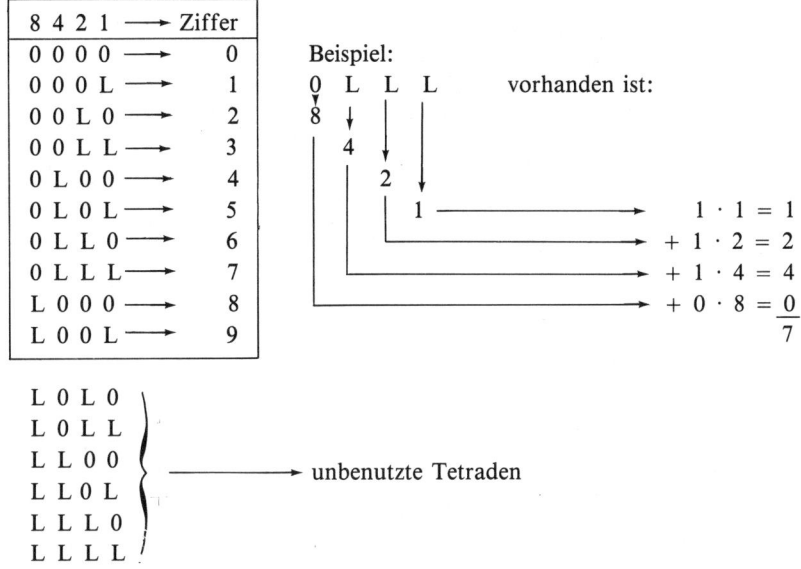

Abb. 10: Tetradenverschlüsselung

Die restlichen unbenutzten Tetraden erhalten die Bezeichnung ,,Pseudo-Tetrade''. Dieser Code reicht allerdings nur bei rein numerisch arbeitenden Datenverarbeitungsanlagen aus, wie sie im Bereich der Minicomputer anzutreffen sind. Die restlichen sechs Tetraden werden in diesem Fall zum Beispiel für Sonderzeichen eingesetzt.

3.3.2 BCD-Code = Binary-Coded-Decimal

In der Praxis der Datenverarbeitung hat sich jedoch – wie bereits erwähnt – ein Zeichenvorrat von 64 Zeichen als notwendig erwiesen. Mit der reinen Tetradendarstellung ist diese Zahl nicht zu erreichen. Erst die Erweiterung dieser Darstellung um zwei Bits ermöglichte es, jedes benötigte Zeichen darzustellen.

Dabei wird der linke Teil dieser 6-Bit-Einheit *Zonenteil* und der rechte Teil *Zifferteil* genannt.

Beispiel:

Zonenteil	Zifferntteil	Zeichen
L L	0 0 0 L	A
L L	0 0 L 0	B
0 0	0 0 0 L	1

Mit diesem oder einem ähnlichen Code arbeiteten die meisten Rechner zwischen den Jahren 1957/58 bis 1964 (zweite Generation)[1].

Aber auch heute sind Rechner im Einsatz, die diesen BCD-Code benutzen. Um die Redundanz zu erhöhen, wird dabei häufig ein Prüfbit hinzugefügt, das die Anzahl der auf L gesetzten Bits auf eine ungerade Anzahl ergänzt.

Beispiel:

L L ¦ 0 0 L L | L   Buchstabe
                       C

Prüfbit

3.3.3 EBCDI-Code

Dieser 8-Bit-Code entstand aus der Forderung heraus, die Redundanz zu erhöhen. Da er eine Erweiterung des BCD-Codes ist, erhielt er die Bezeichnung *E*xtented *B*inary *C*oded *D*ecimal *I*nterchange = EBCDI-Code.

Acht Bits zusammen tragen die Bezeichnung *Byte*. Zeichen werden in diesem Code folgendermaßen dargestellt.

Buchstabe	Zonenteil	Zifferntteil
A	L L 0 0	0 0 0 L
B	L L 0 0	0 0 L 0
C	L L 0 0	0 0 L L

Der Zonenteil wird dabei in der Weise verwendet, daß

L L 0 0 für die Buchstaben A bis I benutzt wird,
L L 0 L für die Buchstaben J bis R benutzt wird,
L L L 0 für die Buchstaben S bis Z benutzt wird.

Abb. 11: Buchstaben im EBCDI-Code

---

1 Erste Generation bis ca. 1957; zweite Generation bis ca. 1964; dritte Generation bis ca. 1975, vierte Generation bis heute.

Der Zifferteil wird nach der gezeigten Tetradendarstellung verschlüsselt. Die einzige Ausnahme bildet dabei das S = (L L L 0 0 0 L 0), da bei diesem Buchstaben mit der 2 im Zifferteil begonnen wird.

Für die Darstellung von Ziffern ergeben sich zwei Möglichkeiten:

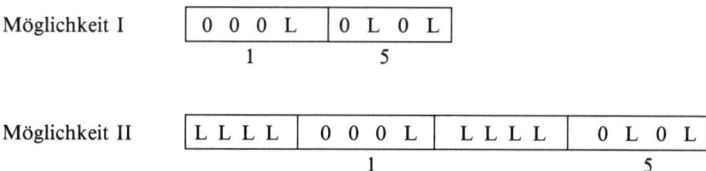

Abb. 12: Ziffern-Darstellung

Die Darstellung I nutzt das Byte voll aus, denn es speichert zwei Ziffern und erhält daher die Bezeichnung „gepackt". Die zweite Darstellung erhält die Bezeichnung „ungepackt". In dieser Darstellungsform sind für zwei Ziffern zwei Bytes notwendig.

Bei der gepackten Darstellung im Computer ist zu beachten, daß der Zifferteil des ersten Bytes rechts ein *Vorzeichen* enthalten muß.

Beispiel:

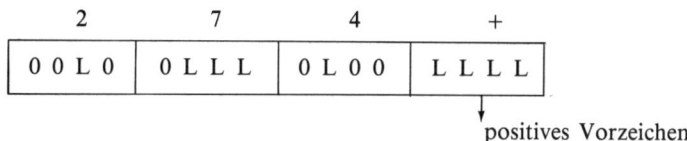

positives Vorzeichen

3.4 Zahlensysteme

Datenverarbeitungsanlagen arbeiten nach einem streng logischen Konzept. Dieses Konzept ist auf die binäre Darstellungsform von Daten zurückzuführen. Wird eine binär codierte Information in den Computer eingegeben, dann soll sie nach festgelegten Regeln verarbeitet, z.B. mit einer anderen Information multipliziert werden.

3.4.1 Dualsystem

Das Dualsystem (Zweiersystem) als eine der möglichen Darstellungsformen von binären Systemen wird in Rechenanlagen nach festgelegten Regeln angewandt.

dezimal	8 4 2 1
0	0 0 0 0
1	0 0 0 1
2	0 0 1 0
3	0 0 1 1
4	0 1 0 0
5	0 1 0 1
6	0 1 1 0
7	0 1 1 1
8	1 0 0 0
9	1 0 0 1

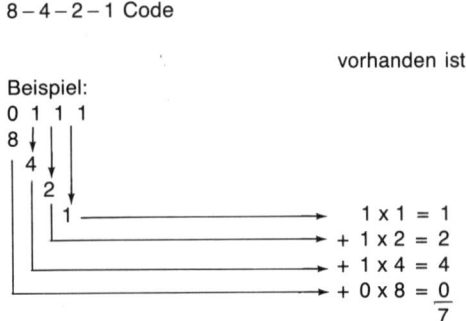

Abb. 13: Dualsystem

3.4.1.1 Umwandlung Dual- in Dezimalzahl

Zwei ist die Basis für das Dualsystem. Höchste Ziffer des Dualsystems ist die 1. Die einzelnen Stellenwerte ergeben sich aus den Potenzen von 2.

Ein Wert aus sechs Dualstellen kann auf folgende Weise berechnet werden:

$$1 \cdot 32 + 0 \cdot 16 + 1 \cdot 8 + 1 \cdot 4 + 0 \cdot 2 + 1 \cdot 1$$

Nach der Umrechnung ergibt die Dualzahl

$1\,0\,1\,1\,0\,1_2$, die Dezimalzahl 45_{10}.

Wie aus dem oben dargestellten Beispiel zu erkennen ist, wird eine Zahl durch das Hintereinanderschreiben der Koeffizienten und Zuordnung der Wertigkeit aufgrund der Position gebildet. Dieses Verfahren ist aus dem Dezimalsystem bekannt.

3.4.1.2 Umwandlung Dezimal- in Dualzahl

Beispiel:

Es sei die Dezimalzahl 109_{10} in eine Dualzahl umzuwandeln.

Rechenvorgang:

$$109:2 = 54 \text{ Rest } 1$$
$$54:2 = 27 \text{ Rest } 0$$
$$27:2 = 13 \text{ Rest } 1$$
$$13:2 = 6 \text{ Rest } 1$$
$$6:2 = 3 \text{ Rest } 0$$
$$3:2 = 1 \text{ Rest } 1$$
$$1:2 = 0 \text{ Rest } 1$$

Leserichtung

Die als Rest bei jeder Division übriggebliebenen Werte werden von unten nach oben als Dualzahl gelesen.

$$1\ 1\ 0\ 1\ 1\ 0\ 1_2 = 109_{10}$$

3.4.1.3 Addition im Dualsystem

Rechenregeln:

$$0 + 0 = 0 \text{ (Null)}$$
$$0 + 1 = 1 \text{ (Eins)}$$
$$1 + 0 = 1 \text{ (Eins)}$$
$$1 + 1 = 10 \text{ (Eins/Null)}$$

Beispiele:

```
    0 1          0 1             0 1
  + 1 0        + 0 1        +    1 1
  -----        -----        ---------
  = 1 1        = 1 0        = 1 0 0
```

Jede Addition erfolgt im Rechenwerk (Arithmetik und Logik) des Computers.

Beträgt die Dualzahl mehrere Stellen, dann wird, wie auch im Dezimalsystem, mit der rechten, niedrigen Stelle begonnen und Addition für Addition nach links fortschreitend durchgeführt. Der Übertrag, der sich bei dem Zusammentreffen zweier Einsen ergibt, wird auf die nächst höhere Stelle übertragen.

3.4.1.4 Subtraktion im Dualsystem

Rechenregeln:

$$0 - 0 = 0 \text{ (Null)}$$
$$1 - 0 = 1 \text{ (Eins)}$$
$$1 - 1 = 0 \text{ (Null)}$$
$$1\ 0 - 1 = 1 \text{ (Eins)}$$

die nächsthöhere
Stelle wird um 1
erniedrigt.

Moderne Rechenanlagen arbeiten nach dieser prinzipiellen Regel; das Ergebnis erhält der Rechner allerdings über einen Umweg. Er bildet das Komplement der Subtrahenden und addiert dieses – nach einem bestimmten Verfahren – auf den Minuenden.

Komplementäre Arithmetik

Eine Subtraktion könnte auch im Dezimalsystem mit Hilfe des Komplements durchgeführt werden.

Beispiel 1:

```
803 – 347 = ?

   803                                                        803
 – 347 →  | bis zum nächsthöheren Stellenwert |            + 653
          | ergänzen (Zehnerkomplement)       |           ⎡1⎤ 456
```

Der letzte Zehnerübertrag wird gestrichen. Das Ergebnis ist 456.

Beispiel 2:

```
725 – 240 = ?

   725                                                        725
 – 240 →  | bis zum höchsten Stellenwert |                  + 759
          | ergänzen (Neuner-Komplement) |                  – 1 484
                                                          +  └──→ 1
                                                          =    485
```

Der letzte Zehnerübertrag wird zu dem entstandenen Wert addiert.

Bei Subtraktionen im Dualsystem gelten die gleichen Regeln.
Das Rechenwerk eines Computers arbeitet meist mit Komplementierschaltungen. Eine Subtraktion wird also in der Regel auf eine Addition des Komplements zurückgeführt.

Beispiel 1: Einerkomplement

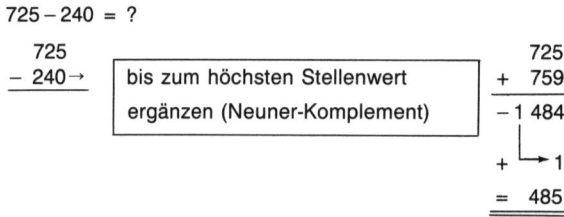

```
                  0 1 0 1                          0 1 0 1
Einer-
Komplement     – 0 0 1 1  → Komplement →        + 1 1 0 0
                                             = ⎡1⎤ 0 0 0 1
                                             +   └──→ 1
                                             =   0 0 1 0
```

Um das Einerkomplement der Zahl 3 zu erhalten, sind alle Nullen in 1 und Einsen in Null umzudrehen. Das Zweierkomplement ergibt sich aus der Addition einer 1 zum Einerkomplement.

76

Beispiel 2: Zweierkomplement

```
0 0 1 1  ───▶  Einerkomplement  ───▶  1 1 0 0
                dazu wird eine
                1 addiert              +      1
                ergibt Zweier-        = 1 1 0 1
                komplement
```

```
      0 1 0 1
  +   1 1 0 1
= [1] 0 0 1 0    die überlaufende 1 wird fortgelassen.
```

Welche Möglichkeit (Einer- oder Zweierkomplement) in der Praxis eingesetzt wird, hängt von den unterschiedlichen Rechnertypen und damit verschiedenen Rechenwerken ab.

3.4.1.5 Multiplikation – Division

In jedem Zahlensystem kann eine Multiplikation auf eine mehrfache Addition zurückgeführt werden. Dabei sind Teilprodukte zu bilden, die mit dem vorherigen Teilprodukt addiert werden. Zusätzlich ist eine Stellenverschiebung notwendig, damit eine Addition mit der richtigen Stelle erfolgt (vgl. Dezimalsystem).

Auch die Division ist auf eine Addition zurückzuführen. Dabei wird das Komplement solange addiert (und damit der Subtrahend subtrahiert), bis eine negative Differenz entsteht. Ein Beispiel soll dies verdeutlichen:

Beispiel:

(aus Vereinfachungsgründen am Dezimalsystem dargestellt)

```
    360 : 15 = ?              Ergebnis:        2 4
  — 15| ─▶ 1                  Zehnerstelle = 2
  ─────
    21
  — 15| ─▶ 1/2
  ─────
     6
  — 15|
  ─────
  —  9| ─▶ negatives Ergebnis
  + 15| ─▶ Korrektur durch Addition des Divisors
  ─────
    60
  — 15  ─▶ 1
  ─────
    45
  — 15  ─▶ 1
  ─────                       Einerstelle = 4
    30
  — 15  ─▶ 1
  ─────
    15
  — 15  ─▶ 1/4
  ─────
     0
  Resultat:   24
```

3.4.2 Hexadezimales Zahlensystem

Datenverarbeitungsanlagen, die mit Bytestruktur arbeiten, bei denen also acht Bits zur Darstellung z.B. eines Buchstabens oder vier Bits für eine Ziffer notwendig sind, brachten es mit sich, daß ein neues Zahlensystem für die Datenverarbeitung bedeutsam wurde – das 16-er-System (Hexadezimal- oder Sedezimalsystem).

Die Forderung nach diesem System entstand, als Programmierer den Speicherinhalt eines Computers analysieren wollten, um Fehler im Programm festzustellen. Da der Rechner nach einem Code arbeitet, der binär aufgebaut ist, kann er als Abdruck des Speichers nur 0 oder 1 darstellen, so zum Beispiel

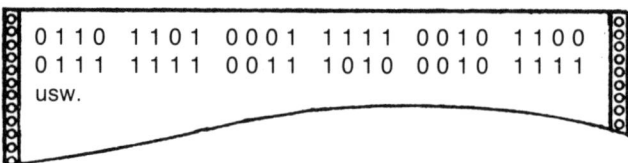

```
0110  1101  0001  1111  0010  1100
0111  1111  0011  1010  0010  1111
usw.
```

Abb. 14: Speicherinhalt

Selbst ein gut ausgebildeter Programmierer hat Schwierigkeiten, unter diesen binären Zeichen Ziffern oder Buchstaben zu erkennen. Hier hilft das Sedezimalsystem.

Sedezimalsystem:

– es enthält 16 Ziffern;
– die Stellenwerte ergeben sich aus der Potenz von 16;
– die größte Ziffer ist 15.

Jeder 0-1-Kombination innerhalb von vier Bits ist *ein* eigenes Zeichen zuzuordnen. Auf diese Weise erhalten auch die Zahlen 10 bis 15 ein eigenes Symbol, um sich von den dezimalen Werten zu unterscheiden.

Dual-darstellung	Sedezimal-darstellung	Dezimal-darstellung
0 0 0 0	0	0
0 0 0 1	1	1
0 0 1 0	2	2
0 0 1 1	3	3
0 1 0 0	4	4
0 1 0 1	5	5
0 1 1 0	6	6
0 1 1 1	7	7
1 0 0 0	8	8
1 0 0 1	9	9
1 0 1 0	A	10
1 0 1 1	B	11
1 1 0 0	C	12
1 1 0 1	D	13
1 1 1 0	E	14
1 1 1 1	F	15

Tab. 4

78

Der vorher dargestellte Speicherinhalt kann jetzt sehr einfach in eine sedezimale Form umgewandelt werden. Der Rechner gibt *nur* die sedezimalen Zeichen aus.

0 1 1 0	1 1 0 1	0 0 0 1	1 1 1 1	0 0 1 0	1 1 0 0
6	D	1	F	2	C

0 1 1 1	1 1 1 1	0 0 1 1	1 0 1 0	0 0 1 0	1 1 1 1
7	F	3	A	2	F

Abb. 15: Speicherausdruck

Ein Fachmann erkennt jetzt, daß in diesen sechs Bytes Ziffern mit unterschiedlichen Vorzeichen gespeichert sind.

Computer, die auf 8-Bit-Basis arbeiten, erkennen die sedezimalen Zeichen D und B als negativ, C, A, F und E als positiv.

In der ersten Zeile sind also eine negative 6, eine positive 1 und eine positive 2 gespeichert.

Beispiel 1:

```
          K           2              2      >              > 2        ■
2400      D2123089  3088F277  30663066  F277306E   (2410)  306EF297  307E3076

          ◆    <                    0         ◆                <
2430      98FF004C  05EF002A  1F8847F0  300E98FF   (2440)  004C05EF  00301F88

                                                  <
2460      40404040  40400000  00000015  2135774C   (2470)  40404040  40404040

          O P T     L 0 G        ▬                             Y    H     O C
2490      D6D7E30C  D3D6C70F  60A0E040  80C068A8   (24A0)  E84888C8  70B0F0C3

          3    T 1    T ·2                                              <
24C0      F310E3F1  12E3F212  031C060C  091C121C   (24D0)  152C182C  213C244C

24F0      40404040  40404040  40404040  40404040   (250C)  40404040  40404040

                                                             E  X  E  C  %
2520      40404040  40404040  40404040  40404040   (2530)  40C5E7C5  C3406C0D

2550      ★00000000  00000000  00000000·00000000   (2560)  00000000  00000000

                                                                       0
F600      00000000  00000000  00000000  00000000   (F610). 254006F0
```

Abb. 16: Speicherausdruck

Das Beispiel 1 zeigt einen Ausschnitt aus einem Speicherauszug (Dump) eines Standard-Computers.

Das Rechnen mit dem Sedezimalsystem ist nicht notwendig. Ein EDV-Fachmann sollte allerdings in der Lage sein, eine sedezimale Zahl in eine Dezimalzahl umzuwandeln. Das ist nötig, weil u.a. die Bytes innerhalb des Speichers nach diesem System numeriert sind, aber auch der Inhalt sedezimal dargestellt ist.

Der am linken Rand des Speicherauszugs erscheinende Wert 2400_{16} entspricht daher nicht einer dezimalen 2400, sondern muß umgewandelt werden.

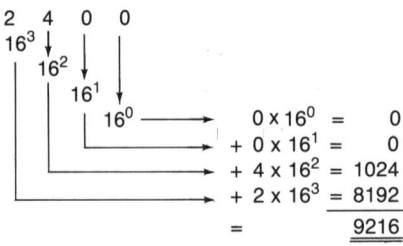

$$
\begin{array}{l}
0 \times 16^0 = 0 \\
+\ 0 \times 16^1 = 0 \\
+\ 4 \times 16^2 = 1024 \\
+\ 2 \times 16^3 = 8192 \\
\hline
= 9216
\end{array}
$$

Die sedezimale Zahl $2400_{16} = 9216_{10}$.

Abb. 17: Umwandlung: sedezimal in dezimal

Der Speicherplatz bzw. das Byte 9216_{10} enthält also den Inhalt D2, das entspricht einem K im EBCDI-Code.

Beispiel 2:

```
                  Relative sector being displayed is: 0000000

Displacement ------------------- Hex codes-------------------     ASCII value
  0000(0000)  44 69 65 73 65 20 44 61 74 65 69 20 77 75 72 64    Diese Datei wurd
  0016(0010)  65 20 6D 69 74 20 57 4F 52 44 53 54 41 52 20 67    e mit WORDSTAR g
  0032(0020)  65 73 63 68 72 69 65 62 65 6E 2E 20 20 0D 0A 45    eschrieben.     E
  0048(0030)  6E 64 65 2E 1A 1A 1A 1A 1A 1A 1A 1A 1A 1A 1A 1A    nde.
  0064(0040)  1A 1A 1A 1A 1A 1A 1A 1A 1A 1A 1A 1A 1A 1A 1A 1A
  0080(0050)  1A 1A 1A 1A 1A 1A 1A 1A 1A 1A 1A 1A 1A 1A 1A 1A
  0096(0060)  1A 1A 1A 1A 1A 1A 1A 1A 1A 1A 1A 1A 1A 1A 1A 1A
  0112(0070)  1A 1A 1A 1A 1A 1A 1A 1A 1A 1A 1A 1A 1A 1A 1A 1A
  0128(0080)  00 00 00 00 00 00 00 00 00 00 00 00 00 00 00 00
  0144(0090)  00 00 00 00 00 00 00 00 00 00 00 00 00 00 00 00
  0160(00A0)  00 00 00 00 00 00 00 00 00 00 00 00 00 00 00 00
  0176(00B0)  00 00 00 00 00 00 00 00 00 00 00 00 00 00 00 00
  0192(00C0)  00 00 00 00 00 00 00 00 00 00 00 00 00 00 00 00
  0208(00D0)  00 00 00 00 00 00 00 00 00 00 00 00 00 00 00 00
  0224(00E0)  00 00 00 00 00 00 00 00 00 00 00 00 00 00 00 00
  0240(00F0)  00 00 00 00 00 00 00 00 00 00 00 00 00 00 00 00

Home=beg of file/disk   End=end of file/disk
ESC=Exit  PgDn=forward  PgUp=back  F1=toggle mode
```

Beispiel 2 zeigt einen Ausschnitt von einem Disketten-Speicher. Mit einem bestimmten Programm wurden die gespeicherten Daten einer Datei sichtbar gemacht.

An der Stelle 0000 steht das hexadezimale Zeichen für das große D (hexadezimal 44, dezimal ist das 68). Darauf folgen die Buchstaben i = 69, e = 65, s = 73 und wieder e = 65. Das hexadezimale Zeichen für Zwischenraum ist 20. Hexadezimal 1A ist ein Steuerzeichen. 00 bedeutet, daß die Diskette ab der Position (Adresse) 0128 leer ist.

3.4.3 Oktalsystem

Während das sedezimale Zahlensystem für 8-Bit-Codes von Bedeutung ist, wird im Zusammenhang mit 6-Bit-Codes vom Programmierer das Oktalsystem benutzt. Es dient dabei dem Programmierer vor allem zur leichten Erkennung von *Speicherinhalten* und Adressen.

Die größte Ziffer in diesem Zahlensystem ist die 7; die Stellenwerte einer Zahl im Oktalsystem sind Potenzen von 8.

Beispiel:

Binärmuster →	1 1 1	0 1 1	1 0 1	0 1 0
Oktalzahl →	7	3	5	2

Wie das Beispiel deutlich zeigt, ist eine Umwandlung eines Binärmusters in eine Oktalzahl kein Problem. Da ein mit dem 6-Bit-Code arbeitender Rechner jedoch auch Adressen als Oktalzahlen ausgibt, ist eine Umwandlung in das Dezimalsystem gelegentlich notwendig.

3.5 Schaltalgebra

Die Fähigkeiten von Datenverarbeitungsanlagen beruhen im wesentlichen auf der logischen Verknüpfung von Schaltelementen. Derartige logische Verknüpfungen sind im Organismus in großer Zahl anzutreffen. Fast sämtliche Entscheidungen, die der Mensch trifft, sind zum Beispiel auf logische Verknüpfungen, die im menschlichen Gehirn ablaufen, zurückzuführen.

Steinbuch schreibt dazu: ,,Wenn wir demnach eine rationale Analyse von Denkvorgängen anstreben, so kommen wir zwangsläufig zum Schaltbild, ähnlich wie es beispielsweise in der Elektrotechnik üblich ist.''[1]

Die Schwierigkeit, ein derartiges Schaltbild des Nervensystems und damit der Denkvorgänge im Menschen zu verstehen, liegt im wesentlichen am Umfang des Netzwerkes, das Steinbuch mit ca. 15 Milliarden Schaltelementen angibt. Nervenzellen sind mit elektronischen Schaltungen zu vergleichen, die auf einen Stromimpuls reagieren.

Die verschiedenen Entwicklungsstufen der Datenverarbeitung werden nach sogenannten Generationen eingeteilt.

1. Generation

Der erste funktionsfähige programmgesteuerte Rechner der Welt, genannt Z3, wurde von Konrad Zuse 1941 gebaut. 1944 entwickelte Howard Aiken an der Harvard-Universität den Rechner Mark I. Doch erst mit dem Einsatz des Neumannschen Prinzips der maschineninternen Programmsteuerung und mit dem gleichzeitigen Einsatz von Relais und später von Röhren begann die erste Generation der EDV-Anlagen.

---

1 Steinbuch, K, a.a.O., S. 10.

Der erste Elektronenrechner wurde in Amerika entwickelt und erhielt den Namen ENIAC. Die Schaltzeiten der Rechner der ersten Generation lagen im Millisekunden (ms)-Bereich (1 ms = 1/1000 sec).

2. Generation

Datenverarbeitungsanlagen der 2. Generation waren mit Transistoren bestückt, die bereits Schaltzeiten im Mikrosekunden (μs)-Bereich (1 μs = 1/1 000 000 sec) ermöglichten (ab ca. 1958).

3. Generation

Seit ca. 1964 spricht man von der 3. Generation der Datenverarbeitung. Der Magnetkernspeicher wurde noch eingesetzt, Schaltelemente wurden jedoch auf Keramikplättchen, später auf Silizium-Scheiben aufgeätzt. Diese Plättchen können heute maschinell hergestellt werden und sind damit besonders preisgünstig. Die Vorteile dieser Schaltkreise ergeben sich u.a. aus ihrer Zuverlässigkeit, ihrer geringen Größe (1 mm^2 enthält über 10 000 Schaltelemente), ihrem geringen Preis, dem geringen Stromverbrauch und den kurzen Verbindungswegen. Die Schaltgeschwindigkeiten liegen im Bereich von Nanosekunden (ns = 1/1 000 000 000). Es gibt jedoch bereits monolithische Schaltkreise, die im Picosekunden-Bereich arbeiten (billionstel sec).

4. Generation

Verschiedene Autoren sprechen bereits von der 4. Generation der Datenverarbeitungsanlagen seit Mitte der 70er Jahre. Da es sich bei der Steigerung der Verarbeitungsgeschwindigkeit und bei der höheren Packungsdichte der Bauelemente auf den Silizium-Plättchen (Chips) jedoch nur um Fortentwicklung bestehender Bauelemente handelt, kann zumindest von technischer Seite her nicht von einer 4. Generation gesprochen werden. Anders ist jedoch die Software-Entwicklung zu beurteilen. Ihre Bedeutung hat besonders in den letzten Jahren so stark zugenommen, daß von einer 4. Generation der Datenverarbeitungsanlagen unter Berücksichtigung der Software gesprochen werden könnte.

In der Schaltalgebra werden die Schaltwerke von der mathematischen Seite her betrachtet. Dabei geht es vor allem um Verbindungen und Verknüpfungen von Schaltelementen nach den Regeln der Logik. Diese Regeln wurden von Georg Boole entwickelt (Boolesche Algebra).

3.5.1 Funktionen

Die von Boole entwickelten Funktionen haben für die mathematische Darstellung insofern Bedeutung, als mit ihrer Hilfe Schaltnetze mathematisch dargestellt, entwickelt und gegebenenfalls optimiert werden können. Mit drei Grundfunktionen sind dabei alle überhaupt möglichen Funktionen darstellbar: die *Negation*, die *Und*-Funktion und die *Oder*-Funktion; die Identität spielt eine untergeordnete Rolle.

3.5.1.1 Identität

Die Identität ist eine Grundfunktion der Booleschen Funktionen.

Boolesche Variable = x
Boolesches Ergebnis = y
Identität y = x

3.5.1.2 Negation

Die Negation hat die Funktion der Umkehr von Signalen. Das bedeutet, am Ausgang eines Schalters entsteht dann ein Impuls, wenn kein Eingangssignal vorliegt.

Negation y = x

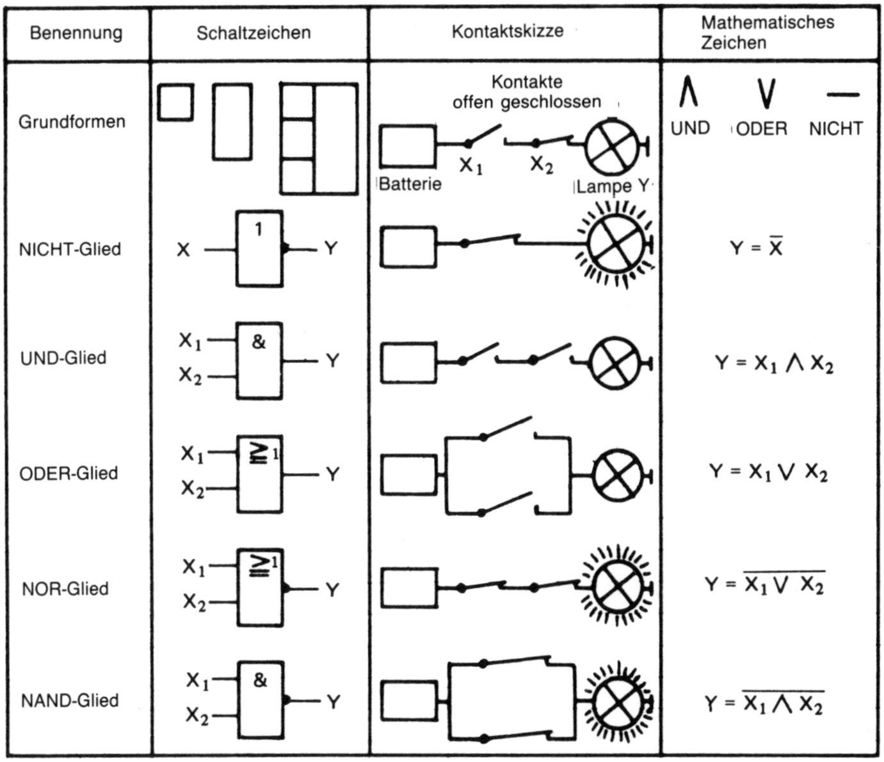

Benennung	Schaltzeichen	Kontaktskizze	Mathematisches Zeichen
Grundformen		Kontakte offen geschlossen Batterie X_1 X_2 Lampe Y	$\wedge$ $\vee$ $-$ UND ODER NICHT
NICHT-Glied	X — 1 — Y		$Y = \overline{X}$
UND-Glied	X_1 & X_2 — Y		$Y = X_1 \wedge X_2$
ODER-Glied	X_1 ≥ 1 X_2 — Y		$Y = X_1 \vee X_2$
NOR-Glied	X_1 ≥ 1 X_2 — Y		$Y = \overline{X_1 \vee X_2}$
NAND-Glied	X_1 & X_2 — Y		$Y = \overline{X_1 \wedge X_2}$

Abb. 18: Elementarfunktionen der Booleschen Algebra

3.5.1.3 Und-Verknüpfungen

Diese Funktion entspricht einer Anzahl von Schaltern, die sich hintereinander in einem Stromkreis befinden. Nur wenn sämtliche Schalter in einer bestimmten Stellung sind, brennt eine Lampe, die mit dem Stromkreis verbunden wird. Ist nur einer der beliebig vielen Schalter ausgeschaltet, dann ist der Stromkreislauf bereits unterbrochen und die Lampe brennt nicht. Das bedeutet, es müssen Schalter x1 *und* Schalter x2 *und* Schalter xn geschlossen sein, damit Strom fließen kann.

3.5.1.4 Oder-Verknüpfungen

Hier handelt es sich um eine Parallelschaltung von Schaltern. Das bedeutet, der Strom muß den einen *oder* den anderen Weg fließen. Der Strom gelangt bereits zur Lampe, wenn nur einer der theoretisch beliebig vielen Schalter geschlossen ist.

3.5.2 Logische Funktionen in der betrieblichen Praxis

In der betrieblichen Praxis lassen sich zahlreiche Beispiele finden, die nach den Prinzipien der *Und-, Oder-*Funktion ablaufen.
- Der Meldebestand ist erreicht *oder* der Preis ist niedrig – dann muß nachbestellt werden.
- Eine Bestellung liegt vor *und* die Ware ist auf Lager *und* der Besteller ist ein guter Kunde – dann wird geliefert.
- Eine Leistungssteigerung ist notwendig *und* bessere Maschinen sind auf dem Markt *und* die Finanzlage gestattet die Anschaffung einer Maschine – dann wird eine Maschine gekauft.
- Die Auskünfte über den neuen Kunden sind positiv *oder* der Kunde ist als kreditwürdig bekannt *und* die eigene Liquidität ist gesichert – dann kann die Ware auf Ziel geliefert werden.

Die Abbildung auf S. 83 zeigt die drei Elementarfunktionen der Booleschen Algebra in einer Übersicht.

3.5.3 Darstellungsformen von Schaltfunktionen

3.5.3.1 Funktionsdarstellung

Die vorangegangene Abbildung zeigt eine Auswahl der wichtigsten Zeichen zur Darstellung von Schaltfunktionen. Diese Zeichen werden in der Literatur nicht einheitlich gebraucht. Die hier dargestellten Zeichen entsprechen den Vorschriften DIN 66000.

Eine *Und*-Funktion (auch Konjunktion genannt) aus fünf Eingangsvariablen wird mit diesen Zeichen folgendermaßen dargestellt.

84

$$y = x_1 \quad x_2 \quad x_3 \quad x_4 \quad x_5$$

Nur wenn die Schalter X1 bis X5 eingeschaltet sind, brennt die Lampe y. Eine *Oder*-Funktion (auch Disjunktion genannt) müßte mit drei Eingangsvariablen so aussehen:

$$y = x_1 \quad x_2 \quad x_3$$

Wenn der Schalter X1 *oder* X2 *oder* X3 eingeschaltet ist, brennt die Lampe y.

Übertragen auf Binärzeichen kann entweder 0 oder L folgende Bedeutung zugeordnet werden:

0 Lampe brennt *nicht*
L Lampe brennt
0 Schalter ist *nicht* geschaltet
L Schalter ist geschaltet.

Um die verschiedenen möglichen Schalterstellungen zusammenzufassen, benutzt der Mathematiker eine tabellarische Darstellung.

UND			ODER		
x_1	x_2	y	x_1	x_2	y
0	0	0	0	0	0
L	0	0	L	0	L
0	L	0	0	L	L
L	L	L	L	L	L

Tab. 5: Tabellarische Darstellung von Schaltungen

Eine Analyse der zweiten Zeile der *Und*-Tabelle zeigt, daß zwar der Schalter X1 geschaltet ist, aber nicht Schalter X2. Daher brennt die Lampe nicht (es fließt kein Strom).

In der zweiten Zeile der *Oder*-Tabelle reicht es schon aus, wenn der Schalter X1 eingeschaltet ist, um die Lampe zum Brennen zu veranlassen.

Unter zusätzlicher Benutzung der Negation (X 1 heißt: nicht X1) sind in ähnlicher Weise komplexe Schaltwerke darstellbar.

Es sei folgende Funktion zu analysieren:

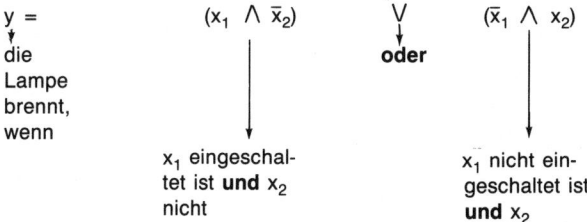

Ergebnis:

Die Schaltfunktion sagt aus, daß nur dann die Lampe y brennt, wenn beide X1 und X2 unterschiedlich eingeschaltet sind.

3.5.3.2 Symboldarstellung

Techniker benutzen *statt* der Funktionsdarstellung gern Symbole. Diese sind aus der Abb. 18 zu entnehmen. Selbstverständlich lassen sich mehrere Symbole miteinander verbinden.
Das dargestellte Beispiel sieht in Symboldarstellung folgendermaßen aus.

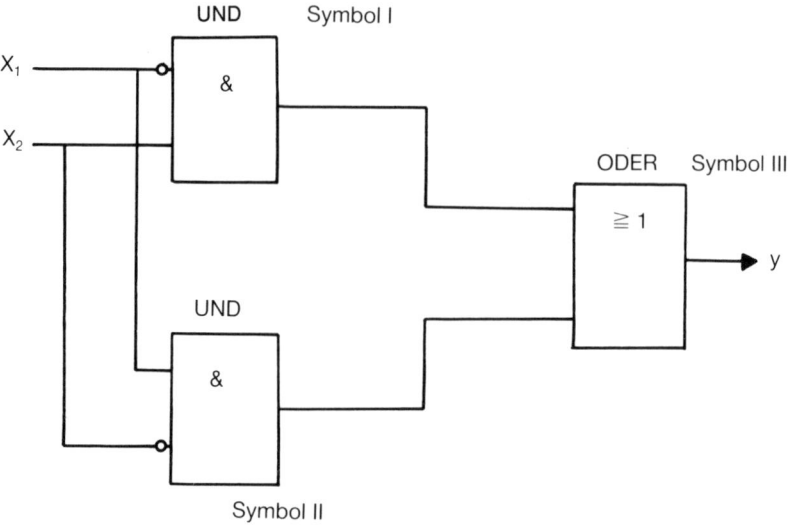

Abb. 19: Symboldarstellung

Tabellarische Analyse	Eingabewert		Ergebnis
	x_1	x_2	y
Symbol I: x_1 wird 0, x_2 bleibt 0 Symbol II: x_1 bleibt 1, x_2 wird 1	1	0	1
Symbol I: x_1 wird 1, x_2 bleibt 1 Symbol II: x_1 bleibt 0, x_2 wird 0	0	1	1
Symbol I: x_1 wird 1, x_2 bleibt 0 Symbol II: x_1 bleibt 0, x_2 wird 1	0	0	0
Symbol I: x_1 wird o, x_2 bleibt 1 Symbol II: x_1 bleibt 1, x_2 wird 0	1	1	0

Tab. 6

Symbole I und II entsprechen einer UND-Funktion. Ein Strom fließt nur, wenn beide Impulse gleich und 1 sind. Durch die Negation (dargestellt durch einen Punkt) werden sämtliche Impulse gleicher Art ungleich. Symbol III entspricht einer ODER-Funktion. Der Impuls 1 fließt immer.

Halbaddierer

Der sogenannte Halbaddierer soll zwei einstellige Dualzahlen addieren. Er braucht dazu zwei Eingänge für die beiden Summanden X_1 und X_2 und zwei Ausgänge für das Ergebnis, das zweistellig sein kann. Man bezeichnet die letzte Stelle des Ergebnisses als Summe S und die Stelle links davon als Übertrag Ü (z.B. $X_1 = 1$ und $X_2 = 1$ ergibt $1 + 1 = 10$, d.h. Ü $= 1$ und S $= 0$). Ein solcher Halbaddierer läßt sich auf verschiedene Weise durch Schaltelemente darstellen. Die Abbildung zeigt eine von vielen Möglichkeiten.

Halbaddierer zur Addition zweier einstelliger Dualzahlen

Mehrere Halbaddierer werden zu einem Volladdierer verbunden. Damit können mehrstellige Dualzahlen addiert werden.

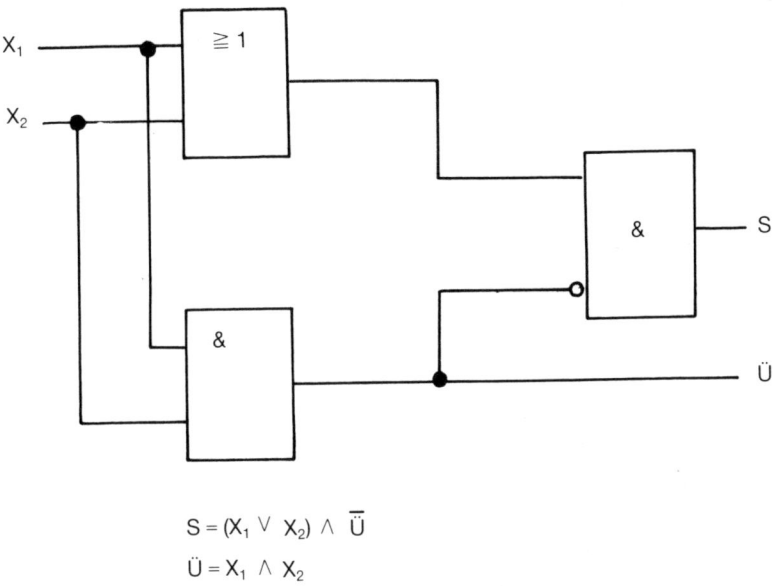

$$S = (X_1 \vee X_2) \wedge \overline{Ü}$$
$$Ü = X_1 \wedge X_2$$

Abb. 20: Halbaddierer

FRAGEN ZU KAPITEL 3:

1. Warum wird in Datenverarbeitungsanlagen das Dezimalsystem zur internen Verarbeitung *nicht* eingesetzt?
2. Wer entdeckte die Möglichkeit der Benutzung des Binär-Systems?
3. Geben Sie ein Beispiel für einen Code.
4. Was ist ein Bit?
5. Was ist ein Binär-Code?
6. Geben Sie ein Beispiel für einen Zeichenvorrat mit großer Redundanz.
7. Warum werden Prüfbits benutzt?
8. Was ist eine Tetrade?
9. Welchen Vorteil hat der EBCDI-Code gegenüber dem BCD-Code?
10. Was ist ein Byte?
11. Was ist eine gepackte Darstellung?
12. Wandeln Sie die Zahl 2512_{10} in eine Dualzahl um.
13. Auf welche Grundrechenart führt der Computer jede Berechnung zurück?
14. Warum gibt es das Sedezimal- und Oktalsystem?
15. Nennen Sie die drei Grundfunktionen der Booleschen Algebra.

4 Aufbau und Arbeitsweise eines EDV-Systems

4.1 Informationsverarbeitung im Menschen

Der Vergleich zwischen Mensch und Computer ist Gegenstand vieler Untersuchungen. So weist Steinbuch in seinem Buch ,,Automat und Mensch''[1] auf eine Reihe von Gemeinsamkeiten zwischen Mensch und Datenverarbeitungsanlage hin.

Aber auch andere Autoren, zum Beispiel Bauer und Goos[2], zeigen, daß einzelne Bestandteile der Datenverarbeitungsmaschine mit dem Menschen vergleichbar sind. Am weitesten geht dabei jedoch Helmar Frank.[3] Er bringt eine umfassende Darstellung des Informationswechsels im Menschen. Dabei wird deutlich, daß viel mehr Gemeinsamkeiten zwischen Mensch und Computer bestehen, als allgemein angenommen wird. Die dargestellte Abbildung zeigt aus Gründen der Verständlichkeit eine vereinfachte Version (nach Frank).

Informationsumsatz im Menschen:

I. Sinnesorgane nehmen Informationen von der Außenwelt auf. Dabei kann die Aufnahme durch einen oder mehrere der *sieben* Kanäle erfolgen. Sie bedeuten von links nach rechts:

    1. Optischer Kanal – Augen

    2. Akustischer Kanal – Ohren

    3. Taktiler Kanal – Tastsinn

    4. Thermischer Kanal – Wärmeempfinden

    5. Propriozeptiver Kanal – Gleichgewichtssinn

    6. Olfaktorischer Kanal – Geruchssinn

    7. Gustativer Kanal – Geschmackssinn.

II. Die Informationen, die von den Sinnesorganen aufgenommen werden, müssen *codiert* werden, um in unser Gedächtnis zu gelangen.

Dieser Vorgang ist am besten mit dem Wahrnehmen eines Gegenstands zu erklären. Nicht er selbst gelangt in unser Bewußtsein (Kurzspeicher), sondern die codierte Information.

---

1 Steinbuch, K., a.a.O. S. 195.

2 Bauer, F.L., Goos, G., Informatik, Berlin/Heidelberg/New York 1971.

3 Frank, H., Kybernetische Grundlagen der Pädagogik, Stuttgart 1971, S. 193.

III. Ist dieser Gegenstand in das Bewußtsein aufgenommen worden, dann ergeben sich zwei Möglichkeiten:

– Er ist bekannt oder
– er ist unbekannt.

Ein bekannter Gegenstand erhält seine Bedeutung, wenn er im Langgedächtnis (V) des Menschen bereits in codierter Form vorhanden ist. Ein unbekannter Gegenstand muß erst durch den Lernprozeß eine Bedeutung erlangen.

IV. Der Kurzspeicher enthält somit kurzfristig aufgenommene Informationen und zusätzlich aus dem Kurz- oder Langgedächtnis abgerufene Daten.

V. Nicht mehr benötigte Daten werden entweder gelöscht (vergessen) oder zum späteren Abruf in das Kurz- oder Langgedächtnis übertragen – also abgespeichert.

VI. Sollen Daten ausgegeben werden, dann müssen sie entweder aus dem Lang- oder Kurzgedächtnis (V) in den Kurzspeicher übertragen oder vom Kurzspeicher (Bewußtsein) direkt abgerufen werden. Der Kurzspeicher kann nur relativ wenig Informationen speichern.

Die meisten Daten und Informationen, die im Menschen gespeichert sind (die er gelernt und sich gemerkt hat), befinden sich im Kurz- oder Langgedächtnis. Im Kurzgedächtnis befinden sie sich dann, wenn sie vor kurzer Zeit gelernt worden sind, im Langgedächtnis, wenn sie dem Menschen bereits seit längerer Zeit vertraut sind, wenn sie sich ,,gesetzt'' haben oder sehr einprägsam sind.

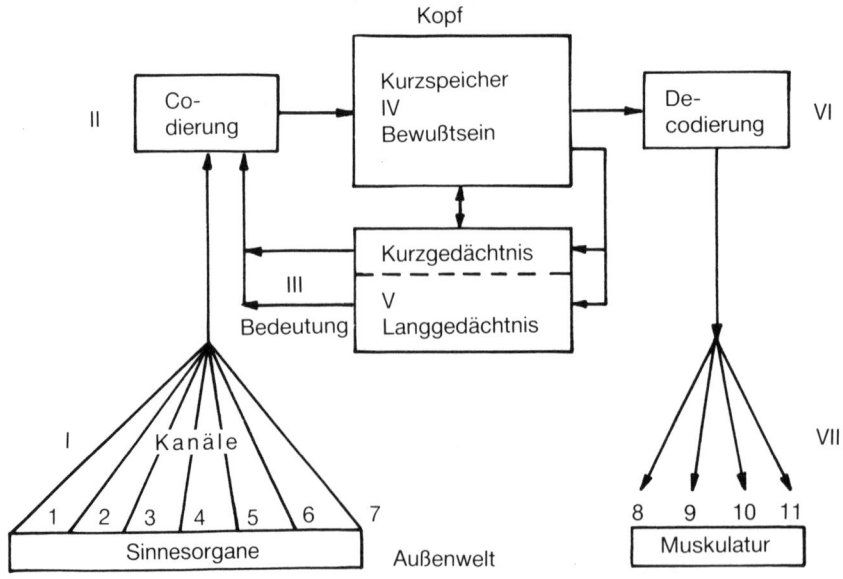

Abb. 21: Informationsumsatz im Menschen (nach Frank)

Beispiel:

Zeichnen Sie einen Baum! Bei dem Lesen des Wortes ,,Baum'' können Sie sicher nicht auf den Kurzspeicher zurückgreifen – es sei denn, Sie befänden sich in einem Wald. Vielmehr muß das *codierte Abbild* eines Baums aus dem Langgedächtnis in den Kurzspeicher (in das Bewußtsein) übertragen werden. Von dort gelangt es zur Entschlüsselung (Decodierung).

VII. Die Muskulatur wird als nächstes angesprochen und Sie zeichnen, bei entsprechender Begabung, einen Baum.

In der dargestellten Abbildung ist die Muskulatur unterteilt in:

8. Skelettmuskulatur
9. Hand
10. Sprache
11. Gesichtsmuskulatur

Diese Teile der Muskulatur können einzeln, gemeinsam oder in verschiedenen Kombinationen angesprochen werden.

4.2 Informationsverarbeitung in Datenverarbeitungsanlagen

Aus der Abbildung sind eine Reihe von Ähnlichkeiten zwischen Mensch und Computer erkennbar.

I. Die ,,Sinnesorgane'' des Computers sind seine Eingabegeräte (vgl. Datenein- und -ausgabe). Die Eingabe erfolgt u.a. mit Hilfe folgender Geräte:

Die Tastaturen setzen die Druckimpulse über Kontakte in codierte Impulse um, die über den Bildschirm in den Computer gelangen.

Die Möglichkeit des optischen Lesens wird überwiegend bei größeren DV-Systemen eingesetzt.

Dabei werden bestimmte Schriftzeichen von Formularen mit Beleglesern abgetastet. Bildschirme sind als Erfassungs- und Eingabegeräte von großer Bedeutung.

II. Die Daten müssen codiert werden, damit Informationen vom Speicher des Computers (Gehirn) aufgenommen werden können. Dabei geschieht die Codierung (evtl. auch Umcodierung vom Code des Datenträgers in den Code des Computers) meist im Eingabegerät. Die Daten gelangen anschließend über Kanäle (Übertragungssteuerungen) in den Computer.

III. Sollen die in den Speicher eingelesenen Informationen verarbeitet werden, dann ist ihre Bedeutung festzustellen. Diese Aufgabe übernimmt die Steuerung (Leitwerk).

Die auf den Datenträgern gespeicherten Zeichen können betriebliche Daten, Befehle oder Steuerinformationen sein. Die Erkennung fehlerhafter Codes geschieht hier ebenfalls.

IV. Der Speicher, auch Arbeitsspeicher genannt, ist nach DIN 44300 ,,eine Funktionseinheit innerhalb eines digitalen Rechensystems, die digitale Daten aufnimmt, aufbewahrt und abgibt''. Das dargestellte Beispiel zeigt den Vergleich mit dem Kurzspeicher des Menschen.

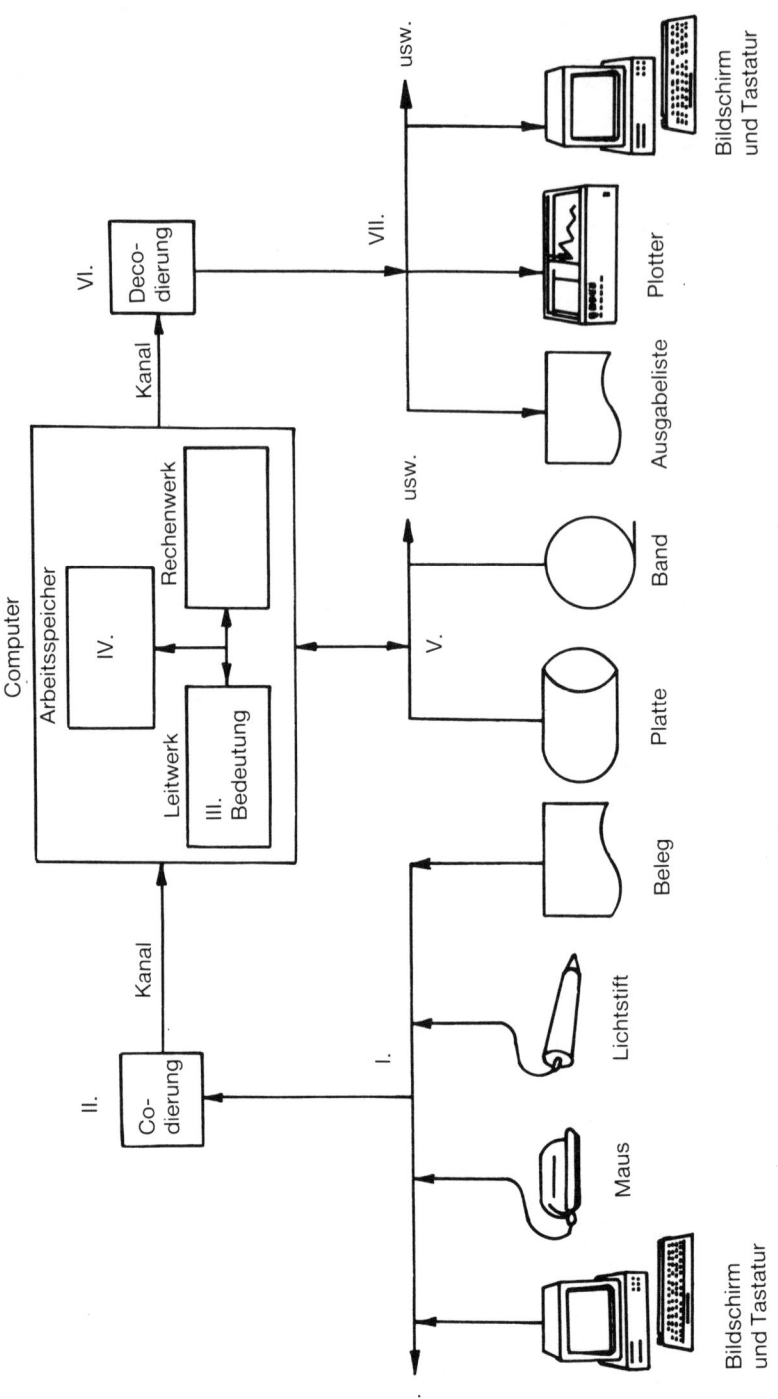

Abb. 22: Informationssatz im Computer

Im Speicher des Computers werden *die* Informationen aufbewahrt, die im *Augenblick* für die Bearbeitung einer Aufgabe notwendig sind. Alle weiteren Daten finden im Arbeitsspeicher keinen Platz und müssen auf externe Speicher (vgl. Kurzgedächtnis und Langgedächtnis des Menschen) ausgelagert werden.

V. Die Trennung zwischen Kurzspeicher und Kurzgedächtnis bzw. Langgedächtnis ist schwierig. Wird als Ausgangspunkt für eine Abgrenzung die Speicherdauer gewählt, dann kann die folgende Übersicht dabei helfen:

Bezeichnung des Speichers (Kapazität)	Speicherinhalt	Zugriffs- geschwindigkeit im Durchschnitt	Speicherdauer
Arbeitsspeicher (vgl. Kurzspeicher) Kapazität: klein	**Programme,** kurzfristig benötigte Daten, Steuer- und Überwachungsinformationen	extrem schnell im Nanosekunden- Bereich	meist extrem kurz
Magnettrommel (vgl. Kurzgedächtnis und magnetisierbare Walze) Kapazität: mittelgroß	**Programme** und Programmteile, seltener Daten	ca. 1/400 Sekunde	meist sehr kurz
Magnetplatte (vgl. Kurzgedächtnis und Platte bei Diktiergerät) Kapazität: mittelgroß bis groß Winchester-Platte Diskette	**Daten und Programme,** Dateien, große Datenmengen, zu denen, wenn sie benötigt werden, schnell zugegriffen werden muß	schnell, meist unter 1/10 Sekunde 1/30 Sekunde um 1/50 Sekunde	kurz bis lang, abhängig von der Art der Daten
Magnetband (vgl. Langgedächtnis und Tonband) Kapazität: groß	**Daten und Programme,** umfangreiche in sich geschlossene Datenmengen, Stammdateien	abhängig von der Art der Verarbeitung, meist relativ langsam	meist für lang aufzubewahrende Daten und Programme (mehrere Jahre)

Tab. 7: Kriterien verschiedener exemplarischer Speicher

VI. Sollen größere Datenmengen ausgegeben werden, dann müssen sie von einem externen Datenträger abgerufen und in den Arbeitsspeicher übertragen werden. Erst von da gelangen sie über den Ausgabekanal zu den Ausgabegeräten (vgl. beim Menschen: Muskulatur). Die Entschlüsselung geschieht meist in den Geräten. Dabei wird der auszugebende Inhalt vom Code des Computers in den Code des Datenträgers umgesetzt. Beim Drucker und Bildschirmgerät sind es lesbare Daten, beim Plotter sind es graphische Zeichnungen.

VII. Das am häufigsten benutzte Ausgabegerät ist der Drucker. Das Bildschirmgerät dient vor allem dem Dialog mit dem Computer.

Der durchgeführte Vergleich sollte die vielen Ähnlichkeiten zwischen dem Menschen und dem Computer zeigen. Das konnte nur im Überblick geschehen, denn es gibt noch eine Reihe weiterer Gemeinsamkeiten.

4.3 Zentraleinheit (Computer)

Eine Zentraleinheit ist „eine Funktionseinheit innerhalb eines digitalen Rechensystems, die Prozessoren, Eingabewerke, Ausgabewerke und Zentralspeicher umfaßt" (DIN 44300). Die Begriffe Zentraleinheit und Computer sind gleich zu setzen.

Die einzelnen Bauelemente der Zentraleinheit werden in der Literatur unterschiedlich bezeichnet. Unter Verwendung der Vorschriften DIN 44300 ergeben sich folgende Definitionen für die Elemente der Zentraleinheit:

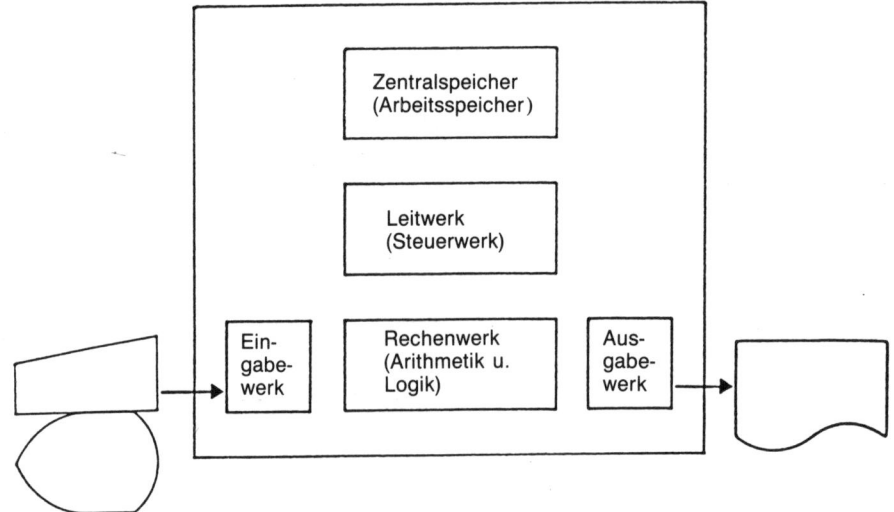

Abb. 23: Zentraleinheit

Eingabewerk

Eine Funktionseinheit innerhalb eines digitalen Rechensystems, die das Übertragen von Daten, von Eingabeeinheiten oder peripheren Speichern in die Zentraleinheit steuert und dabei die Daten gegebenenfalls modifiziert.

Ausgabewerk

Eine Funktionseinheit innerhalb eines digitalen Rechensystems die das Übertragen von Daten von der Zentraleinheit in Ausgabeeinheiten oder periphere Speicher steuert und dabei die Daten gegebenenfalls modifiziert.

94

E/A-Werk

Eine Funktionseinheit, welche die Funktionen von Eingabewerk und Ausgabewerk in sich vereinigt. Ein Prozessor, der als E/A-Werk dient, kann E/A-Prozessor genannt werden.

Zentralspeicher

Ein Speicher, zu dem Rechenwerke, Leitwerke und gegebenenfalls Eingabewerke und Ausgabewerke unmittelbar Zugang haben.

Rechenwerk

Eine Funktionseinheit innerhalb eines digitalen Rechensystems, die Rechenoperationen ausführt.

Leitwerk (Steuerwerk)

Eine Funktionseinheit innerhalb eines digitalen Rechensystems,
– die die Reihenfolge steuert, in der die Befehle eines Programms ausgeführt werden,
– die diese Befehle entschlüsselt und dabei gegebenenfalls modifiziert und
– die die für ihre Ausführung erforderlichen digitalen Signale abgibt.

Prozessor

Eine Funktionseinheit innerhalb eines digitalen Rechensystems, die Rechenwerk und Leitwerk umfaßt.

Hauptspeicher

Teil des Zentralspeichers, dessen einzelne Speicherstellen durch Maschinenadressen aufgerufen werden können.

Registerspeicher

Register sind Bestandteile einer Zentraleinheit. Sie haben die Aufgabe, diejenigen Daten zu speichern, die sofort wieder zur Verfügung stehen müssen. Sie werden z.B. benutzt, um die Adressierung von Befehlen zu ermöglichen.
Auch Zwischenergebnisse können in Registern gespeichert werden. Schieberegister bzw. Zählregister werden zur internen Steuerung des Programmablaufs benötigt.

4.3.1 Eingabewerk – Ausgabewerk (E/A-Werk)

Die Behandlung der Datenein- und Datenausgabe zum und vom Rechner ist von entscheidender Bedeutung für die Arbeitsgeschwindigkeit des gesamten EDV-Systems. Die in modernen Großcomputern eingesetzten E/A-Werke werden in der Regel so ausgelegt, daß sie verschiedene Operationen selbständig übernehmen können. In der Literatur ist daher auch oft eine vollkommene Trennung zwischen E/A-Werk und den Funktionseinheiten des Computers festzustellen. Das E/A-Werk (auch Kanal genannt) erhält vom Leitwerk häufig nur noch das Startsignal und führt dann die Ein- und Ausgabeoperationen selbständig aus. Das ist von großer Bedeutung für den internen Ablauf des Programms. Sobald nämlich der Anstoß vom E/A-Werk angenommen worden ist, kann der Rechner im Programm fortfahren und weitere interne Operationen durchführen. Währenddessen arbeitet der Kanal (E/A-Werk) selbständig (asynchrone Verarbeitung). Folgende Kontrollsignale kann zum Beispiel ein Kanal übernehmen bzw. bearbeiten:

– Daten transportieren;
– Steuerbefehle für die Übertragung von Daten vom und zum Kanal;
– Steuerbefehle, die anzeigen, daß Daten bereits im Kanal bearbeitet werden;
– Feststellen einer ungültigen Operation;
– umcodieren der Daten;
– Signale von den verschiedenen Geräten über ihren Zustand (Status);
– Signale zu den verschiedenen Geräten, um sie zu einer Funktion zu veranlassen.

4.3.1.1 Kanalarten

Nach ihren physikalischen Eigenschaften werden folgende Kanäle unterschieden:
– Selektorkanal
– Multiplexkanal
– Blockmultiplexkanal
– BUS: Kanal eines Mikrocomputers

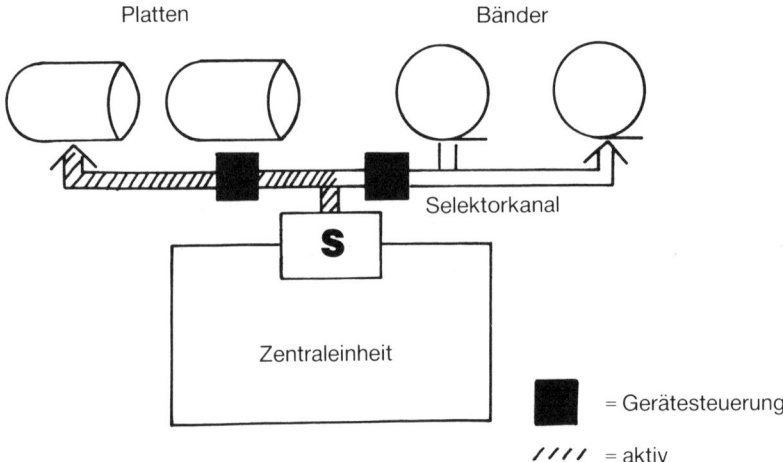

Abb. 24: Selektorkanal

Selektorkanal

Er ist für die schnelle Übertragung von Daten von und zu peripheren Geräten ausgelegt (ca. 1 Mio. Bytes/Sekunde). Darum kann dieser Kanal auch nur jeweils von einem Gerät Daten empfangen oder an das Gerät Daten senden. Nachdem ein Gerät bedient worden ist, wird die nächste Ein-/Ausgabeanforderung aus einer eventuellen Warteschlange entnommen und bearbeitet. Es ist durchaus möglich, daß ein Computer über mehrere Selektorkanäle verfügt. Diese Kanäle können gleichzeitig arbeiten.

Vergleich: Der Selektorkanal ist mit einem Fahrstuhl zu vergleichen, der Personen nur in einer Richtung befördern kann, dann aber mit hoher Geschwindigkeit.

Multiplexkanal

Bei diesem Kanal laufen mehrere Ein-/Ausgabeoperationen gleichzeitig ab.

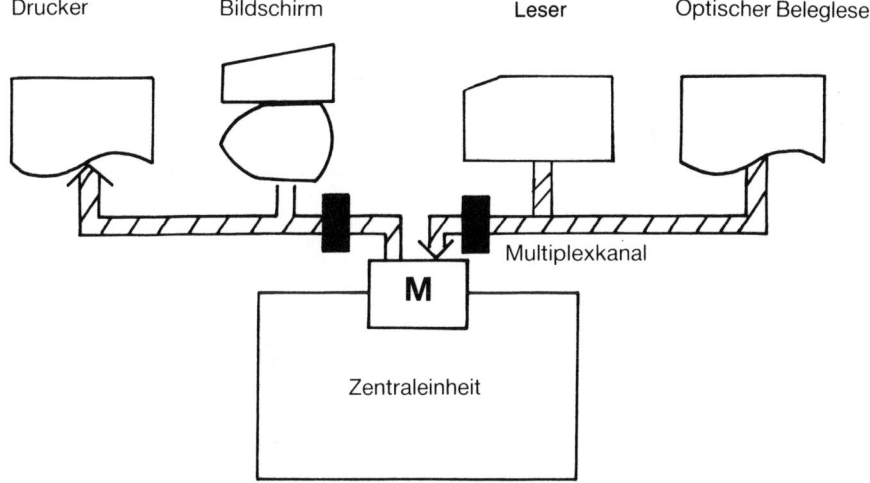

Abb. 25: Multiplexkanal

In dem dargestellten Beispiel arbeitet der optische Belegleser und gleichzeitig druckt ein Drucker Daten aus.

Dieser Kanal kann jedoch nur langsame Geräte, z.B. Lochkartengeräte, Lochstreifengeräte, optisch lesende Geräte usw., bedienen.

Bei bestimmten Datenverarbeitungsanlagen kann der Multiplexkanal auch im Stoßbetrieb arbeiten. Er arbeitet dann wie ein Selektorkanal und erreicht eine höhere Übertragungsgeschwindigkeit.

Vergleich: Der Multiplexkanal ist mit einem Paternoster zu vergleichen, bei dem Personen auf der einen Seite aufwärts, auf der anderen Seite abwärts fahren können, die Geschwindigkeit ist dabei gering.

Blockmultiplexkanal

Dieser Kanal ist eine Verbindung zwischen Selektor- und Multiplexkanal. Er ist ein schneller Kanal, der jedoch gleichzeitig mehrere schnelle Geräte bedienen kann. Die Übertragung der Daten geschieht dabei in Blöcken.

4.3.1.2 Ein-/Ausgabe-Prozessor

Die Weiterentwicklung des Ein-, Ausgabewerks brachte als Ergebnis den programmgesteuerten EA-Prozessor. An einen derartigen Prozessor sind wiederum Kanäle anschließbar. Die Hauptfunktion des EA-Prozessors ist eine Optimierung der Benutzung der Peripherie und des Programmablaufes.

4.3.1.3 Steuereinheit

Eine Steuereinheit hat die Aufgabe, die Arbeiten der angeschlossenen Geräte zu koordinieren und Daten von dem richtigen angesprochenen Gerät abzurufen bzw. an dieses zu übertragen.

4.3.2 Zentralspeicher

Ein Speicher hat die Aufgabe, Daten aufzunehmen, aufzubewahren und abzugeben. Er ist mit einem großen Regal zu vergleichen, das aus vielen numerierten Fächern besteht. Die Fächer enthalten bestimmte Gegenstände, die eingelagert, zusammengefaßt oder herausgenommen werden können. Den Speicherplatz eines bestimmten Gegenstandes findet man nur, wenn die Fachnummer bekannt ist. Es gibt auch Regale, bei denen die Fächer nicht mit Nummern, sondern mit Texten versehen sind, die auf den Inhalt hinweisen.

4.3.2.1 Wichtige Begriffe des Speichers

Der Speicher eines Computers ist, entsprechend den Fächern im Regal, mit Nummern ansprechbar. Dabei wird die Fachnummer, also die Adresse, einem Byte oder einem Wort zugeordnet. Unter einem Wort ist eine Folge von Zeichen (meist Bits) zu verstehen, die in einem bestimmten Zusammenhang als Einheit betrachtet wird. (DIN 44300). Die Wortlänge liegt im wesentlichen zwischen 4 Bits bei kleinen, numerisch arbeitenden Computern und 32 Bits. Bei Computern, die für technisch-mathematische Aufgaben eingesetzt werden, ist die Wortlänge oft festgelegt. Kommerziell genutzte Datenverarbeitungsanlagen benötigen dagegen wegen der vorkommenden variablen Informationslänge wie z.B. Kundenanschrift, Artikelbezeichnung, zusammengehöriger Text, eine unterschiedliche Wortlänge. Die bei der Verarbeitung benötigte Länge stellt der Programmierer fest. Angenommen, es seien Artikelbezeichnungen zu speichern und die längste Artikelbezeichnung sei zwanzigstellig. In diesem Fall wird der Programmierer zur Verarbeitung aller Artikel eine Wortlänge wählen, die diese zwanzig Buchstaben aufnehmen kann. In vielen Datenverarbeitungsanlagen lassen sich sowohl feste als auch variable Wortlängen verarbeiten.

Kapaziät

Die Kapazität eines Speichers wird durch die Anzahl der Bytes, Zeichen oder Wörter gekennzeichnet.

Je nach Typ des Zentralspeichers spricht man von einer Wort- oder Zeichen- bzw. Byteorientierten Adressierbarkeit.

Wort

Unter einem Wort ist eine Folge von Zeichen (meist Bytes) zu verstehen, die in einem bestimmten Zusammenhang als eine Einheit betrachtet wird (DIN 44300).

Byte

Ein 8 Bit-Zeichen (DIN 66207). In der Praxis wird häufig von Kilobyte gesprochen (kB). Ein kB entspricht 1024 Bytes.

Adresse

Ein bestimmtes Wort zur Kennzeichnung eines Speicherplatzes, eines zusammenhängenden Speicherbereiches oder einer Funktionseinheit.

Bit

Kurzform für Binärzeichen (binary digit)

Zykluszeit

Bei einer Funktionseinheit die Zeitspanne zwischen dem Beginn zweier aufeinanderfolgender gleichartiger zyklisch wiederkehrender Vorgänge. Die Zykluszeit ist bei der Auswahl von EDV-Systemen von besonderer Bedeutung, weil aus ihr die Arbeitsgeschwindigkeit eines Computers resultiert.

Sie umfaßt z.B. den Anstoß zum Lesen durch das Leitwerk, das Lesen und Übertragen von neuen Daten und deren Speicherung unter einer Adresse.

Zugriffszeit

Bei einer Funktionseinheit die Zeitspanne zwischen dem Zeitpunkt, zu dem von einem Leitwerk die Übertragung bestimmter Daten nach oder von der Funktionseinheit gefordert wird, und dem Zeitpunkt, zu dem die Übertragung beendet ist. Die Angabe der Zugriffszeit ohne Hinweis auf die Datenmenge, zu der in einer bestimmten Zeit zugegriffen wird, ist sinnlos.

Speicherstelle

Ein Teil eines Speichers zur Aufnahme eines Zeichens.

Geschützter Speicherbereich

Ein Bereich eines Speichers, der gegen unerwünschtes Lesen und/oder Überschreiben gesperrt ist.

Festwertspeicher

ROM (read only memory). Ein Speicher, dessen Inhalt betriebsmäßig nur gelesen werden kann. Zum Ändern des Inhalts sind besondere Maßnahmen wie z.b. Auswechseln des Datenträgers oder Verdrahtungsänderungen erforderlich.

Ein ROM-Speicher, auch Mikroprogrammspeicher genannt, ist heute das wesentliche Bauelement der meisten Datenverarbeitungsanlagen. Diese Speicher nehmen Mikroprogramme auf, bei denen Befehle in ihre Einzelteile zerlegt werden. Wie weit der Hersteller dabei geht, hängt vom Aufgabenbereich des EDV-Systems ab. Mikrocomputer verfügen häufig über eine Programmiersprache, die als Mikroprogramm fest eingebaut ist.

Auch Teile des Betriebssystems können vom Hersteller bereits als Mikroprogramm vorgegeben werden.

Lese- und Schreib-Speicher

RAM-Speicher (read and write memory oder random access memory) ist ein Speicher, bei dem alle Speicherplätze aufgerufen, beschrieben, gelesen oder gelöscht werden können.

Innerhalb der Mikroprozessoren haben die auf kleinstem Raum zusammengefaßten RAM-/ROM-Einheiten besondere Bedeutung gewonnen.

4.3.2.2 Speicherinhalt

Wie im Kapitel ,,Informationsverarbeitung in Datenverarbeitungsanlagen'' bereits beschrieben, enthält der Speicher *kurzfristig* benötigte Daten. Besonders wichtig ist jedoch, daß der Speicher auch das Programm aufnimmt, ohne das eine Datenverarbeitungsanlage nicht arbeiten kann. Ein Programm ist eine zur Lösung einer Aufgabe vollständige Anweisung, zusammen mit allen erforderlichen Vereinbarungen. Dabei ist unter Anweisung eine in einer beliebigen Sprache abgefaßte Arbeitsvorschrift zu verstehen. Die Anweisung kann aus mehreren Teilen bestehen. Ist sie nicht mehr zu zerlegen, dann handelt es sich um einen Befehl (DIN 44300). Verschiedene Datenverarbeitungsanlagen verfügen über einen verschiedenen Befehlsvorrat. Dieser reicht von wenigen Befehlen bei Tischcomputern bis zu über 200 Befehlen bei großen EDV-Anlagen. Beim Ablauf eines Programms wird Befehl für Befehl der Reihe nach abgearbeitet. Die dazu benötigten Daten müssen im Zeitpunkt ihrer Verarbeitung ebenfalls im Speicher bereitgestellt werden. Neben dem vom Anwender des Computers entwickelten oder eingesetzten Programm und neben den von ihm benötigten Daten stehen im Speicher das sogenannte *Betriebssystem* oder Teile davon zur Verfügung. Es hat die Aufgaben, die Eigenschaften des Computers optimal auszuschöpfen und die Abwicklung des Programms zu steuern und zu überwachen.

Abb. 26: Speicherinhalt

4.3.2.3 Speicherorganisation/Speicherkosten

Die Organisation, das heißt die Einteilung und Benutzung des Speichers, wird u.a. von

– den im Computer verwirklichten technischen Möglichkeiten,
– den gewählten Arbeitsverfahren, der Art der zu lösenden Aufgabe,
– den verschiedenen Speicherarten,
– aber auch von den Speicherkosten mitbestimmt.

Der Arbeitsspeicher ist im Vergleich zu anderen Speichermedien noch teurer als zum Beispiel Bänder, Platten und Disketten. In der Praxis wird in diesem Zusammenhang die Kapazität in Verbindung mit der Zugriffszeit gesehen. Allerdings geht die Tendenz dahin, durch neue Technologien die Kosten des Zentralspeichers und damit seine Bedeutung innerhalb der Zentraleinheit zu verringern. Zu beachten ist, daß die Zugriffszeit von der Kapazität abhängt. Je größer die Kapazität ist, desto länger sind die Zugriffszeiten. Für den Anwender gibt es verschiedene Entscheidungskriterien, die allerdings in der Zukunft an Bedeutung verlieren werden. Er muß darauf achten,

– die Speicherkapazität des Zentralspeichers nicht unnötig groß zu wählen,
– den Speicher optimal auszunutzen,
– optimale Programme einzusetzen.

Das sogenannte „Free Space Management" wurde im Laufe der Jahre in verschiedenen Betriebssystemen immer verbessert. Von der zusammenhängenden Speicherzuteilung kam man zur „Overlay-Technik" bei der der Speicher in mehrere Bereiche fest eingeteilt wird. Ein Teil ist für das Betriebssystem bestimmt, die anderen Teile werden vom Anwender in den Overlay-Bereich geladen. Das Laden ist dabei allerdings dem Anwender überlassen. Er muß bestimmen, welche Programmteile er ein- und auslagert.

Andere Betriebssysteme benutzen das Multitasking. Das Betriebssystem übernimmt dabei die Aufgabe, zum Beispiel beim Mehrbenutzer-Betrieb, an verschiedene Aufgaben (Tasks) und somit Benutzer, den freien Speicherplatz im Arbeitsspeicher zu verteilen. Werden von den Tasks nur Teile benötigt, und das ist die Regel, dann spricht man vom „paging". Eine derartige Seite ist zum Beispiel 1024 Bytes lang. Werden ganze Programme ein- und ausgelagert, dann spricht der Fachmann von „swapping".

Eine logische Fortsetzung dieser Verfahren ist die Erweiterung des Arbeitsspeichers nach außen auf schnelle Datenträger.

Um die Kapazität des Speichers zu erweitern, wurde das virtuelle Speicherkonzept eingeführt.

Die virtuelle Speicherung (virtuell = scheinbar, VSAM = virtual storage access method) ist ein Verfahren, das primär aus Gründen der Einsparung von Speicherkosten und *gleichzeitiger* „Erweiterung" des Arbeitsspeichers entwickelt wurde. – Bei der virtuellen Speicherung wird ein Arbeitsspeicher in Bereiche (Seiten) gleicher Größe eingeteilt, zum Beispiel mit einer Kapazität von 4096 Bytes je Seite. Zusätzlich steht ein externer Speicher mit sehr schnellem Zugriff (Plattenspeicher) bereit, der ebenfalls in gleich große Seiten eingeteilt wird.

Wenn ein Programm so viele Befehle und Daten umfaßte, daß es die Kapazität des Arbeitsspeichers überschritt oder im Multiprogramming-Verfahren gearbeitet wurde, dann mußte bisher ein Programmierer mit ausgeklügelten Methoden sein Programm kürzen oder im Notfall auch in verschiedene Abschnitte zerteilen. Das ist bei der virtuellen Speichertechnik nicht nötig (vgl. Kap. Betriebssystem). In diesem Verfahren werden im Augenblick nicht benötigte Programmteile auf externe Speicher ausgelagert.

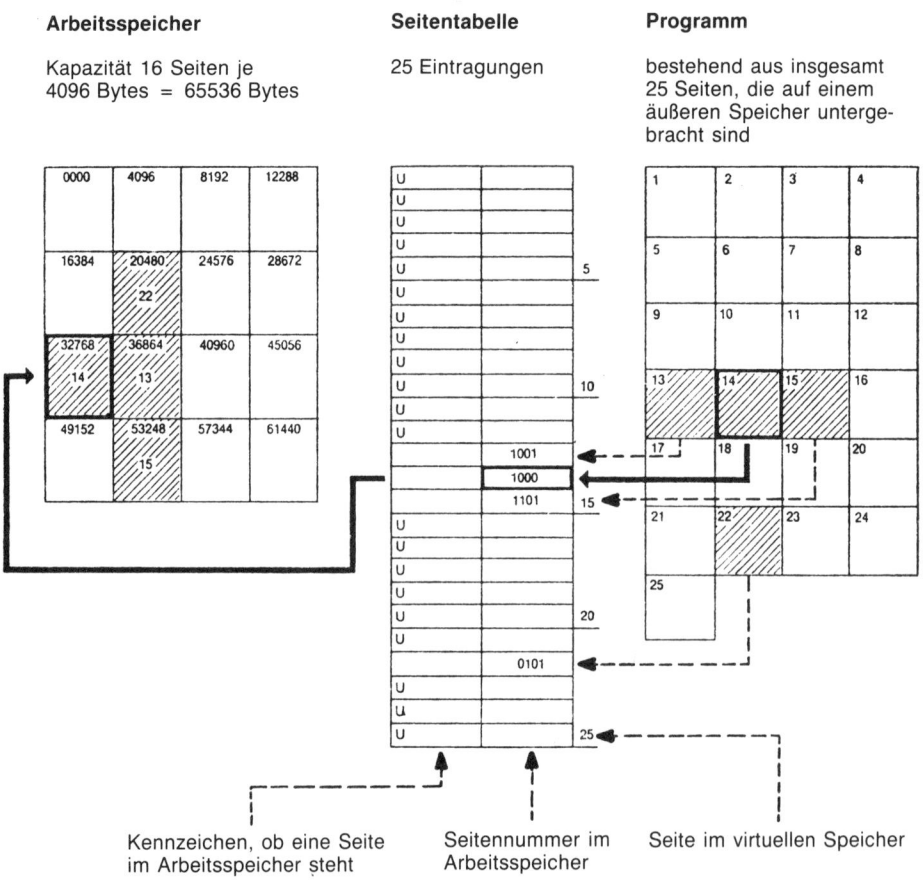

Abb. 27: Virtueller Speicher

102

4.3.2.4 Speichertechnik

Seit dem ersten Einsatz der elektronischen Datenverarbeitung bemühen sich Hersteller von EDV-Anlagen, bessere, schnellere, größere und preisgünstigere Arbeitsspeicher zu entwickeln. Die Bedeutung der Entwicklung von besseren Speichern wird bei der Betrachtung des ersten Computers *ENIAC* (1946) klar. Seine Operationszeiten bewegten sich im Millisekunden-(ms-)Bereich, *wenn* er einmal funktionierte. Das war jedoch bei 18 000 Röhren, die dazu einen Stromverbrauch von ca. 175 kW erreichten, nicht immer der Fall, denn seine Ausfallzeit betrug bis über 50%. Um eine einzige zehnstellige Zahl zu speichern, benötigte dieser Rechner 100 Röhren.

Auf der Suche nach neuen Speichermethoden entwickelten Techniker eine Anzahl verschiedener Speichermedien. Die heute eingesetzten Speicher beruhen fast nur noch auf Halbleitertechnik. Das Prinzip ist immer gleich. *Eine* festgelegte Stromrichtung erzeugt die Magnetisierung oder Ladung bzw. Spannung, die *andere* Richtung erzeugt einen entgegengesetzten Zustand.

Speichertechniken beruhen z.B. auf den Zuständen:

Magnetisiert − nicht magnetisiert;

geladen − nicht geladen;

geschlossen − offen;

hohes Potential − niedriges Potential;

positiver Impuls − negativer Impuls.

Magnetkernspeicher

Ein früher eingesetzter Speicher, der Magnetkernspeicher, bestand aus kleinen Magnetringen mit einem Außendurchmesser von 0,5 − 2 mm.

Der Aufbau eines derartigen Speichers war dreidimensional. Er erhielt aus diesem Grund auch die Bezeichnung Kernspeicherblock. Die blockartige Form war durch das Prinzip der Auswahl und der Ansteuerung von gespeicherten Daten bedingt.

Der Block bestand aus einer Vielzahl von Magnetkernen, die in Ebenen angeordnet waren (Matrix). Von der Anzahl der gleichzeitig anzusprechenden Ebenen hingen die Arbeitsgeschwindigkeit und die Art der Adressierung (pro Byte oder pro Wort) ab.

Computer wurden meist mit einer bestimmten Speichergröße installiert. Sie hing von den zu lösenden Aufgaben ab, ließ aber auch in gewissen Grenzen Erweiterungen zu. Verschiedene Computerhersteller boten Einschübe zur Erweiterung des Speichers an. Diese Einschübe konnten problemlos und minutenschnell in die vorbereiteten Halterungen gesteckt werden (Read-Write-Speicher). Waren diese Speicherteile mit einem fest verdrahteten Inhalt versehen, zum Beispiel mit zusätzlichen Befehlen oder auch Konstanten, dann trugen sie die Bezeichnung ROM (read only memory).

Halbleiter-Speicher

Die meisten der heutigen Datenverarbeitungsanlagen arbeiten mit Halbleiter-Speichern. Ein Bauelement besteht nicht mehr wie beim Kernspeicher aus einem Element (Ring), sondern aus einer Schaltung (IC − Integrated Circuits oder integrierte Schaltkreise). Sie umfaßt eine große

Anzahl von Bauelementen, die in integrierter Bauweise ausgeführt sind. Bei der Herstellung erhält ein einziges millimetergroßes Plättchen aus Silizium die Kapazität mehrerer tausend Transistoren und Dioden, z.B. gibt es 1 MBit-Chips, das sind Chips, die über eine Million Bits enthalten (Mega-Chip).

Halbleiter-Speicher, auch MOS-Speicher (metal oxide semiconductor) genannten, haben jedoch auch einen Nachteil gegenüber Magnetkernspeichern. Fällt der Strom nur eine Sekunde aus, dann verlieren die Speicherelemente die gespeicherten Daten, da sie diese in Form von Ladungen aufbewahren. Dieser Nachteil kann durch eine eigene Stromversorgung oder Batteriesysteme, die bei Stromausfall die Datenerhaltung übernehmen, ausgeglichen werden.

MOS-Speicher haben den Kernspeicher verdrängt, denn sie sind schneller als dieser, kleiner und vor allem preisgünstiger. Sie ermöglichen Arbeitsspeichergrößen von über 24 Millionen Bytes bei Zugriffszeiten von unter 0,2 Millionstel Sekunden (= 200 Nanosekunden).

Technologie, Schaltungs- und Aufbautechnik sind für Schaltwerke (Rechenwerk) und Halbleiterspeicher sehr ähnlich. Dieses erleichtert die Herstellung und senkt die Kosten der Entwicklung, Fertigung und Wartung von Datenverarbeitungsanlagen. Die Basis eines Halbleiterspeichers z.B. in MOSFET-Technologie (metal oxide semiconductor field effect transistor) ist mit logischen Schaltungen darstellbar.

Die neue Bipolar-Technik basiert auf dem Flip-Flop-Speicherelement. Das Halbleitermaterial, das zur Herstellung eines Flip-Flops benutzt wird, ist Silizium.

Die vorliegende Abbildung zeigt den prinzipiellen Aufbau eines Flip-Flops. Es muß dabei jedoch beachtet werden, daß die moderne Technik eine noch einfachere Struktur durch den Feldeffekttransistor (Änderung der elektrischen Leitfähigkeit eines Halbleiters durch ein elektrisches Feld) gefunden hat.

Arbeitsweise des Flip-Flops

Die Bestandteile sind zwei ODER- und zwei NEGATIONS-Schaltungen. Wichtig ist dabei, daß jeweils die negierten Ausgänge mit dem Eingang der ODER-Schaltung verbunden sind.

Legt man den Zustand 1 (Stromspannung) an den Eingang X_1, so hat auch der Ausgang Z_1 den Zustand 1.

Dieser Zustand bleibt jedoch auch dann erhalten, wenn man den Impuls an X_1 wieder fortnimmt. Das liegt daran, daß die NEGATIONS-Schaltung N_2 den Zustand 1 hat und mit dem Eingang des ODER-Gatters X_1 verbunden ist. ($X_2 = 0$. Impuls wird durch Negation zu 1). Der Zustand ist stabil.

Erst wenn der Zustand 1 an den Eingang X_2 gelegt wird, ändert sich der Zustand des Ausgangs Z_1. Jetzt erhält der Ausgang Z_2 einen Impuls = 1 und der negierte Ausgang der Schaltung des Gatters N_2 hat den Zustand 0. Der negierte Ausgang des Gatters N_1 hat jedoch den Ausgang 1 und hält damit auch bei Fortnahme der Spannung seinen Zustand. Der Zustand ist wieder stabil.

ODER-Gatter:

Ein ODER-Gatter leitet einen Eingangsimpuls weiter; das bedeutet, wenn ein positiver Schaltimpuls entsteht, dann leitet das Gatter.

NEGATIONS-Gatter:

Es verfügt über eine eigene Spannung und dreht einen Eingangsimpuls um. Das bedeutet: *ein* Eingangsimpuls gibt *kein* Ausgangssignal, *kein* Eingangsimpuls gibt *ein* Ausgangssignal.

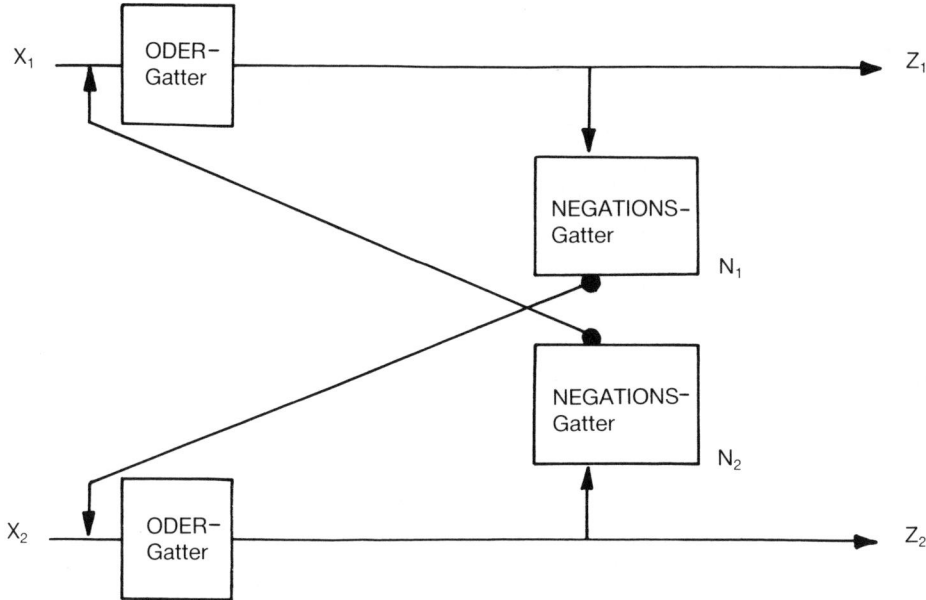

Abb. 28: Halbleiterspeicher

Die Speicherung von Daten in einem Halbleiterspeicher sieht so aus:

Zwei Transistoren befinden sich in einer Isolierwanne. Ein Stromanschluß (Emitter) führt jeweils an die Bit-Leitung, der andere an die Wortleitung. Die Basis des Transistors ist mit dem anderen Transistor und jeweils mit den Widerständen verbunden.

Durch Anlegen eines Null-Volt-Potentials an eine ausgewählte Bit-Leitung wird der Transistor über seinen Emitter leitend gesteuert. Nach diesem Einschreibvorgang wird ein Potential von Null Volt an die Wortleitung geführt. Dadurch übernimmt der Emitter 2 den Strom des leitenden Transitors und das Flip-Flop bleibt in einem dem gespeicherten Binär-Signal „1" entsprechenden Zustand.

Blasenspeicher

Von einigen DV-Anwendern werden diese Speicher eingesetzt. Bei ihnen sind in einem Festkörper blasenförmige Magnetfelder als Träger von Informationen bewegbar. Der Zugriff erfolgt dreidimensional mit Hilfe des Elektromagnetismus.

Jeder Punkt des Speichers ist ansprechbar.

Der Blasenspeicher ähnelt im Konzept der Magnetplatte, jedoch entfällt die mechanische Bewegung.

Die Kapazität dürfte bei weit über einer Million Zeichen liegen, die Zugriffsgeschwindigkeit der einer Platte entsprechen.

Der Einsatz liegt im Augenblick im Bereich von kleinsten Rechnern.

Optischer Speicher

Ob optische Speicher sich in den nächsten Jahren so entwickeln, wie es die Fachwelt vermutet, ist ungewiß. Die Möglichkeit besteht jedoch, auch völlig ohne Magnetismus, mit Laser-Strahlen auf lichtempfindlichen Schichten Zeichen festzuhalten.

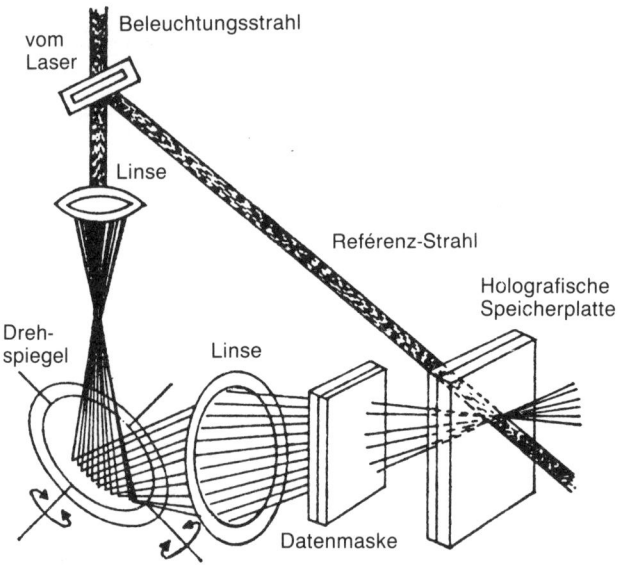

Abb. 29: Optischer Speicher

4.3.3 Rechenwerk

Das Rechenwerk trägt auch die Bezeichnung *Arithmetik und Logik*. In dieser Funktionseinheit des Computers laufen nicht nur Rechenoperationen, sondern auch Vergleichsoperationen ab.

4.3.3.1 Rechenoperationen

Obwohl das Rechenwerk jede Rechenoperation auf die Addition zurückführt, ist es in der Lage, auch Multiplikationen, Divisionen und Subtraktionen durchzuführen. Das geschieht in Mikroprogrammen, die durch Steuerbefehle des Leitwerks angestoßen werden. Nach ihrem Start laufen diese Mikroprogramme selbständig ab. Nach Beendigung der Operationen überträgt das Rechenwerk ein Signal an das Steuerwerk. Jetzt kann das bereitgestellte Ergebnis vom Steuerwerk abgerufen und an den vorgesehenen Platz im Speicher übertragen werden.

Technisch gesehen besteht das Rechenwerk aus den im Abschnitt 3.5 beschriebenen logischen Verknüpfungen von Schaltelementen.

4.3.3.2 Vergleichsoperationen

Die Fähigkeit, Vergleiche durchzuführen, hat dem Computer in weiten Kreisen der Bevölkerung das Image gebracht, ,,denken'' zu können. Dabei sind Vergleichsoperationen technisch einfacher zu verwirklichen als die meisten Rechenoperationen. *Numerische Vergleiche* führt das Rechenwerk als Subtraktion durch. Ist das Resultat 0, dann waren die beiden verglichenen Werte gleich. Bei einem anderen Resultat wird zusätzlich noch das Vorzeichen berücksichtigt und dann entweder ,,Wert 1 größer Wert 2'' oder ,,Wert 1 kleiner Wert 2'' festgestellt. *Alphanumerische Vergleiche* sind komplizierter. Da diese Daten aus Texten und Sonderzeichen bestehen, können sie nicht voneinander subtrahiert werden. Deshalb vergleicht das Rechenwerk diese Daten Bit für Bit. Bereits der erste Unterschied bringt das Resultat.

Beispiel:

```
1 1 0 0 │0│ 0 0 1 = A
1 1 0 0 │1│ 0 0 1 = I
```

Von links beginnend wird bei *Subtraktion der Bits* voneinander bis einschließlich der vierten Stelle Gleichheit festgestellt. Die fünfte Stelle zeigt Ungleichheit. Das bedeutet, der Buchstabe I ist ,,größer'' als der Buchstabe A. Er liegt im Alphabet weiter hinten.

4.3.4 Leitwerk

Das Leitwerk, auch Steuerwerk genannt, ist mit einem Dirigenten zu vergleichen.

Dirigent	Leitwerk
Liest die Partitur	Liest das Programm
Folgt dabei den vom Komponisten geschriebenen Noten, indem er diese liest und interpretiert. Gibt den Takt an.	Folgt dabei den vom Programmierer entwickelten Befehlen, indem es sie analysiert und ihre Ausführung veranlaßt. Arbeitet nach periodischen Taktsignalen.
Sorgt für den richtigen Einsatz der Instrumente, indem er den Musikern ein Zeichen zum Anfangen gibt.	Sorgt für den Einsatz der peripheren Geräte, indem es dem Kanal ein Signal gibt.
Die Musiker spielen selbständig auf ihren Instrumenten.	Der Kanal arbeitet selbständig und gibt die Impulse an die Geräte weiter.

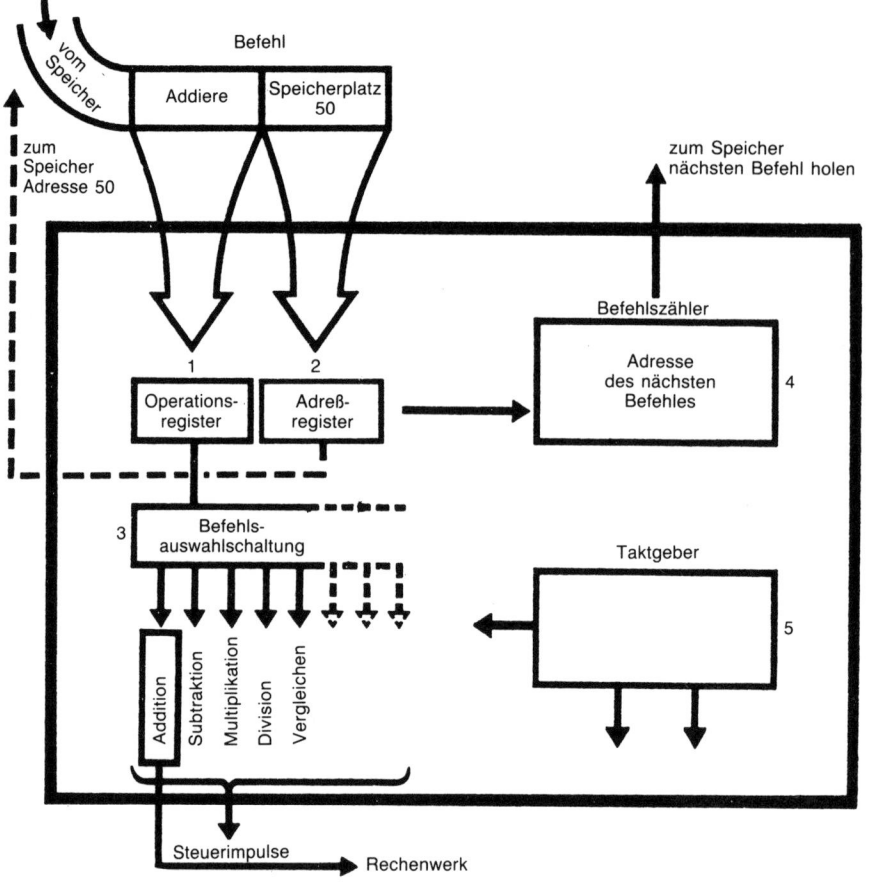

Abb. 30: Leitwerk

Quelle: Jamin, K., ESV-Unterrichtstransparente zur Einführung in die elektronische Datenverarbeitung. Bielefeld, 4. Auflage 1982.

Die *Bestandteile* des Steuerwerks sind

– Operationsregister	– zur Entschlüsselung des Befehls
– Adreßregister	– zur Entschlüsselung u. Ansteuerung der Adressen
– Befehlsauswahlschaltung	– hier werden Steuerbefehle an die Funktionseinheiten und Kanäle gegeben
– Befehlszähler	– er stellt sich auf den nächsten zu bearbeitenden Befehl ein (Steuerung der Reihenfolge)
– Taktgeber	– er entspricht einer eingebauten elektronischen Uhr, die den zeitlichen Ablauf der Operationen steuert.

4.4 Zusammenspiel der Funktionseinheiten

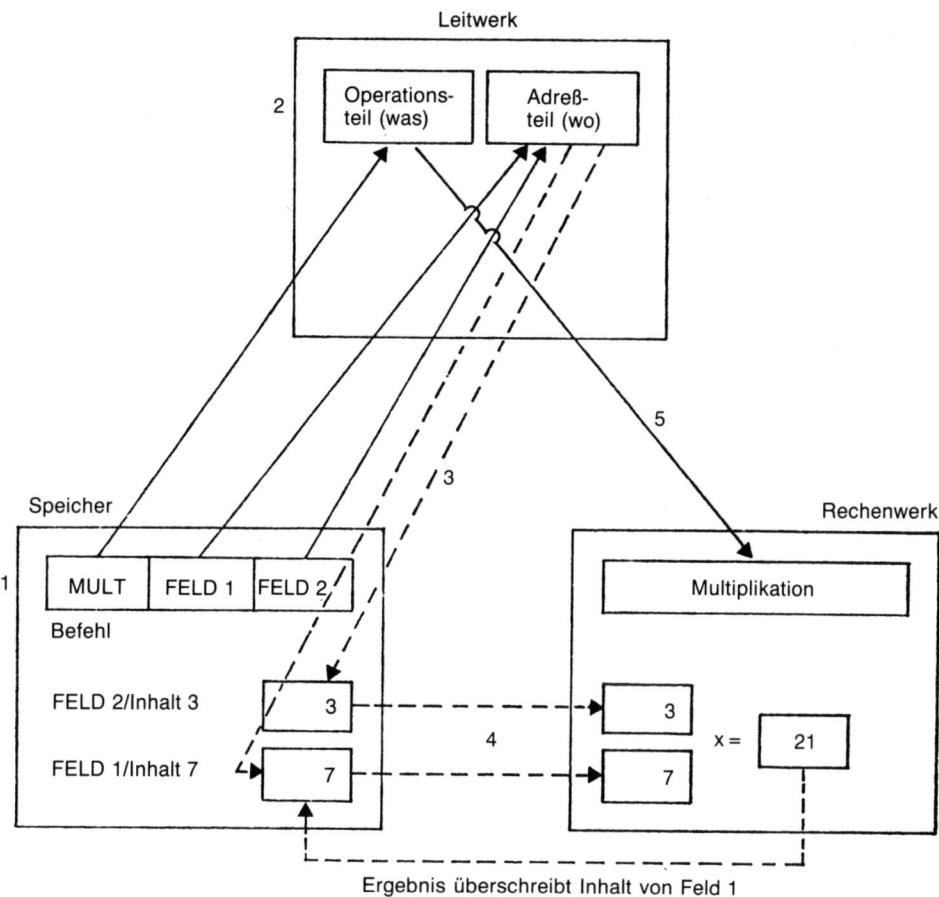

Abb. 31: Zusammenspiel der Funktionseinheiten

In stark vereinfachter Form sieht das Zusammenspiel von Speicher, Leitwerk und Rechenwerk folgendermaßen aus:

Ein Programm steht mit den benötigten Daten im Speicher. Nach dem Start ruft das Steuerwerk den ersten Befehl ab (1) und decodiert ihn (2). Handelt es sich zum Beispiel um einen Multiplikationsbefehl, dann werden die im Befehl angegebenen Speicherstellen (Adressen) angesprochen (3) und ihr Inhalt (Daten) in das Rechenwerk gebracht (4). Dieses erhält den Impuls zur Multiplikation und setzt ein Mikroprogramm in Bewegung (5). Nach Beendigung dieses Programms überträgt das Steuerwerk das vom Rechenwerk bereitgestellte Ergebnis auf eine vom Programmierer anzugebende Adresse (Empfangsadresse) (6). Der Befehlszähler hat sich bereits zu Beginn der Operation auf den nächsten auszuführenden Befehl eingestellt.

4.5 Personal-Computer

Personal-Computer sind, wie bereits erwähnt, eine Weiterentwicklung der Datenverarbeitung und ein Ergebnis der Miniaturisierung von Bauelementen. Hier werden nur noch generelle Merkmale aufgeführt. Spezifische Merkmale sind an verschiedenen Stellen des Buches aufgeführt.

Ein Personal-Computer ist ein Mikrocomputer, der am persönlichen Arbeitsplatz eines Mitarbeiters steht. Eine Trennung zwischen Personal-Computer und Hobby-Computer, Büro-Computer und anderen Bezeichnungen ist sehr schwierig und wird vorwiegend durch die eingesetzten Programme bestimmt. Folgende Zusammenstellung kann gewisse Anhaltspunkte geben:

Preis	Konfiguration	Einsatzbereich
bis 1 500,— DM	Home-Computer Computer in die Tastatur integriert Anschluß an Fernsehapparat	Spiel-Computer, Ausbildung
1 500,— bis 5 000,— DM	Personal-Computer Bildschirm, Tastatur, Computer entweder in Tastatur oder in Diskettenlaufwerk integriert häufig auch Diskettengerät	halbprofessionelle Anwendungen, begrenzte Aufgabenstellungen
5 000,— bis 25 000,— DM	Personal-Computer Bildschirm, Drucker, Tastatur, Computer mit mindestens zwei Diskettenlaufwerken, häufig auch Festplatte	professionelle Anwendung, kleines bis größeres Datenvolumen

Aufbau und Arbeitsweise eines Personal-Computers

Der Mikroprozessor bildet das Kernstück des Personal-Computers. Er umfaßt Rechenwerk und Leitwerk, d.h. die Funktionseinheit, die innerhalb eines digitalen Rechensystems Direktoperationen ausführt und die Reihenfolge steuert, in der die Befehle eines Programmes ausgeführt werden, die diese Befehle entschlüsselt und dabei ggf. modifiziert und die für ihre Ausführung erforderlichen digitalen Signale abgibt (DIN 44300 Nr. 102 und 103).

Im ROM stehen die Daten, die der Mikroprozessor für die Arbeit benötigt wie z.B. Betriebssystem, Steuerbefehle, Startroutinen, bei manchen kleineren Personal-Computern sogar eine Programmiersprache. Daneben enthält eine Zentraleinheit eines Personal-Computers freie Speicher, die RAM genannt werden. Zu diesen Speichern hat der Anwender freien Zugriff, er kann sie für die Speicherung von Programmen und Daten benutzen. Bei modernen Personal-Computern ist in diesem Speicherbereich das Betriebssystem enthalten. Dazu gehört auch die Programmiersprache.

Weitere Bausteine einer Zentraleinheit sind logische Chips, die aufgrund ihrer Funktionsweise Daten miteinander verknüpfen können, sogenannte logische Gatter.

110

Die Ein-/Ausgabe-Steuerchips haben die Aufgabe, Daten von und zu den Eingabeeinheiten und peripheren Speichern in die Zentraleinheit zu übertragen. Dabei werden die Daten auf Richtigkeit geprüft und ggf. auch umgewandelt.

Anschlußmöglichkeiten an den Computer werden Interface, auf deutsch Schnittstelle, genannt.

Es sind zwei Schnittstellen-Typen zu unterscheiden. Die serielle Schnittstelle überträgt Daten nacheinander, d.h. Bit für Bit. Vor jeder Übertragungsoperation wird ein Startsignal mitgesendet und nach der Sendung folgt ein Stop-Bit. Auf diese Weise weiß das empfangende Gerät, daß ein Zeichen übertragen worden ist. Die bekannteste serielle Schnittstelle ist die V.24-Schnittstelle. Die Datenübertragung über parallele Schnittstellen geschieht mit höherer Geschwindigkeit, weil hier z.B. 16 Bits parallel, d.h. gleichzeitig übertragen werden. Der Bus ist die Bezeichnung für Steuerungen mit ihren Leitungen, die im Mikrocomputer Daten, Adressen oder auch Signale zwischen den einzelnen Bausteinen transportieren. Der Adreß-Bus verfügt z.B. über 16 oder 32 Leitungen. Mit ihm können Speicherplätze und auch externe Geräte angesprochen werden. Der Daten-Bus verfügt z.B. über 16 parallele Leitungen, auf denen Daten von Bauelement zu Bauelement im Computer übertragen werden können. Der Steuer-Bus verfügt immer über mehrere Leitungen, die die entsprechenden Impulse an Bauelemente und Geräte übermitteln, die vom Mikroprozessor ausgegeben werden.

4.6 Rechnernetze/Rechnerverbundsysteme

Unter Rechnernetz (Rechnerverbundsystem) wird die zeitlich abgegrenzte oder dauernde Verbindung von mehreren Datenverarbeitungsanlagen unter Zuhilfenahme eines Datenübertragungssystems verstanden.

Knoten des Netzes entstehen an den Orten, an denen sich die Rechner befinden.

Übertragungswege führen zu dem Knoten des Netzes.

Aufgabenverteilung innerhalb eines Systems ist nur bei gleichartigen bzw. kompatiblen Verfahren möglich. Dadurch wird eine Überlastung der einzelnen Rechner im Knoten vermieden. Internationale Rechnernetze können dabei den Zeitunterschied ausnutzen.

Auftragsverteilung innerhalb eines Systems wird bei unterschiedlichen Rechnersystemen praktiziert. Dabei erhalten die einzelnen Rechner bestimmte Aufträge, die jedoch insgesamt einem Gesamtauftrag unterzuordnen sind.

Beispiel dazu ist das START-System, an dem u.a. Reiseveranstalter und Fluggesellschaften sowie Bundesbahn beteiligt sind. Das Rechnernetz der Lufthansa hat einen anderen Auftrag als das von einem Reiseveranstalter. Der Gesamtauftrag ist jedoch die optimale Bedienung des Kunden.

Durch die Art der verbundenen Geräte kann festgestellt werden, ob es sich um ein Terminalnetz oder ein Rechnernetz handelt.

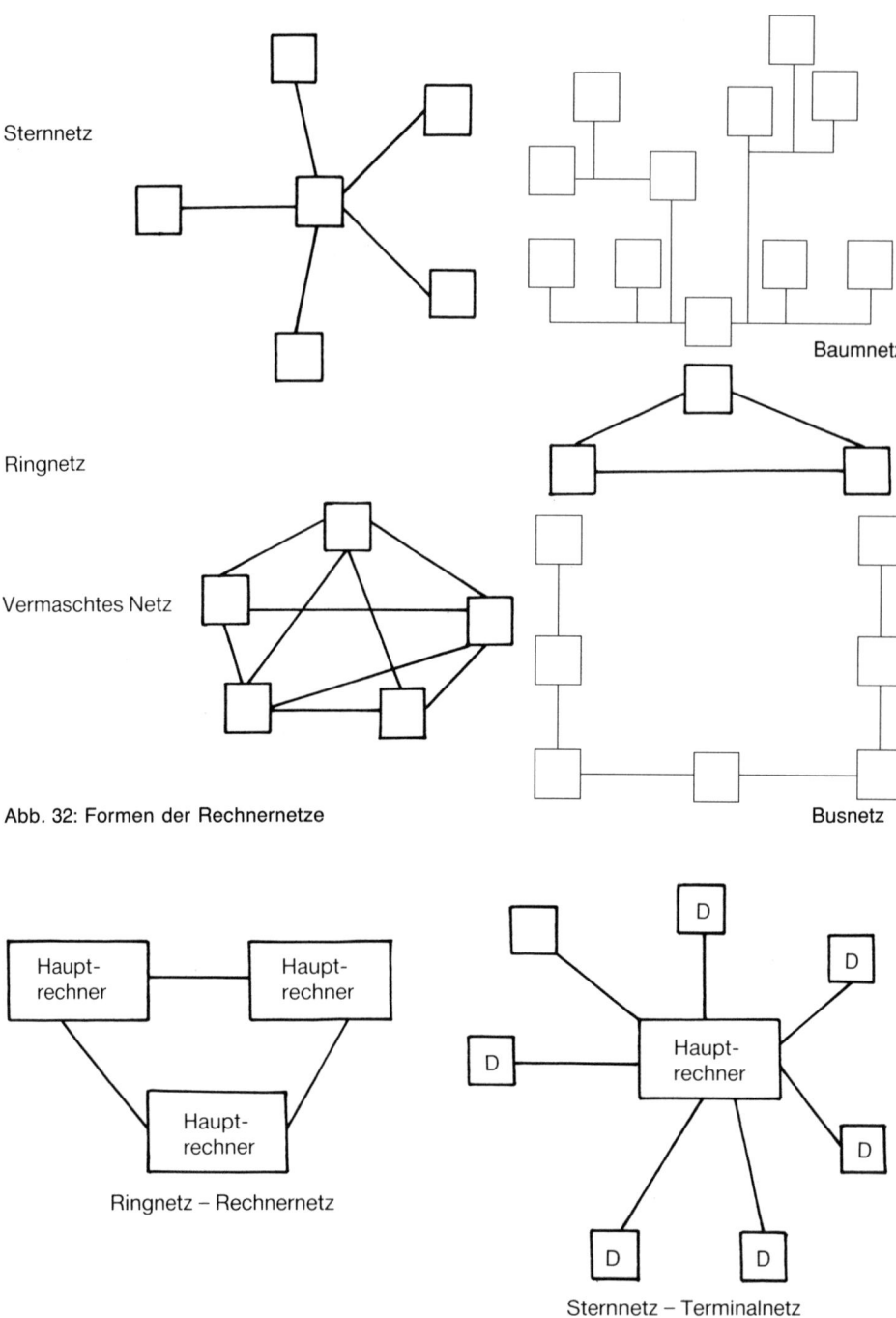

Sternnetz

Baumnetz

Ringnetz

Vermaschtes Netz

Abb. 32: Formen der Rechnernetze

Busnetz

Haupt-rechner

Haupt-rechner

Haupt-rechner

Ringnetz – Rechnernetz

D

D

D

Haupt-rechner

D

D

D

Sternnetz – Terminalnetz
D = Datenstation

Abb. 33: Rechnernetz – Terminalnetz

Wird der Hauptrechner durch Vorrechner (zur Vorverarbeitung der Daten), Konzentratoren, Netzknotenrechner sowie programmierbare Steuereinheiten ergänzt, dann erweitern sich die Leistungskriterien eines derartigen Systems.

Generell kann man zwischen internen Netzen und Fernnetzen (WAN = Wide Area Networks) unterscheiden.

Fernnetze verbinden Einrichtungen in verschiedenen Teilen eines oder mehrerer Länder oder werden als öffentliche Kommunikationsmittel benützt.

Interne oder innerbetriebliche Netze dienen der Zusammenführung von innerbetrieblicher Datenverarbeitung, Textverarbeitung und Nachrichtenübermittlung.

Interne Netze kann man wie folgt unterteilen:
- Netze mit Vermittlungszentrale
- Local Area Networks (LAN)
- DV-Netze.[1]

Fernsprech-Nebenstellenanlagen sind die älteste Form eines internen Netzes. Hier sind mehrere Nebenstellen im Telefonverkehr mit einer Vermittlungszentrale über Leitungen verbunden. Diese wiederum sind einzeln oder über die Zentrale mit dem öffentlichen Telefonnetz über Amtsleitungen verbunden.

Nebenstellenanlagen gibt es nicht nur im Telefonverkehr, sondern auch im Telex- oder Teletex-Verkehr.

Nach einer Definition von IEEE (Institution of Electrical and Electronic Engineers) und ECMA (European Computer Manufacturers Association) stellt ein ,,Local Area Network'' ein Datenkommunikationssystem dar, welches eine Kommunikation zwischen mehreren unabhängigen Geräten ermöglicht.

Solche Endgeräte, die in einem LAN zusammengefaßt werden, können z.B. Großrechenanlagen, Personal-Computer, Terminals usw. sein.

LAN ist auf ein bestimmtes geographisches Gebiet begrenzt wie z.B. ein Bürohaus.

Die Verbindung von LAN an andere Netze wird mit Hilfe von Gateways hergestellt.

Datenverarbeitungsnetze verbinden entweder mehrere innerbetriebliche Rechner miteinander oder Rechner mit Peripheriegeräten, die räumlich entfernt vom Rechner stehen.

Beispiele für Datenverarbeitungsnetze sind z.B. das von der Firma IBM im Jahre 1975 erstmals vorgestellte SNA (Systems Network Architecture), das auf einer baumartigen Struktur basiert und bei dem der Zentralrechner, auch HOST genannt, die höchste Stufe der hierarchisch unterstellten Einheiten ist.

Das von der Firma Digital Equipment Corporation entwickelte DECNET verfügt hingegen über eine vermaschte Struktur. Diese ermöglicht über einen Communications Controller und mit Hilfe eines Gateways die Verbindung von verschiedenen Netzen.

Erwähnt seien auch die Netze TRANSDATA von Siemens und NCN von Nixdorf.

---

1 Siehe hierzu: Höring/Bahr/Struif/Thiedemann: Interne Netze für die Bürokommunikation, Heidelberg 1983, S. 42.

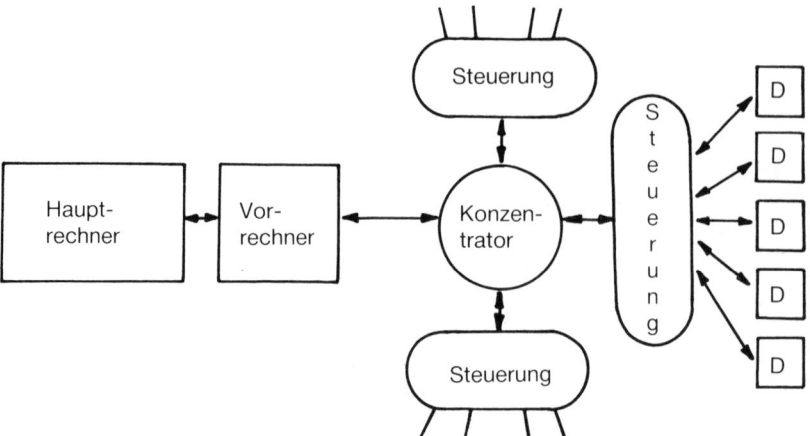

Abb. 34: Steuerung von Rechnernetzen

Datenübertragung in Netzwerken

Neue Dienste der Post werden die Kommunikationen zwischen den Menschen und zwischen den Unternehmungen national und international verbessern. Die neuen Dienste bringen den Unternehmen großen Informationsgewinn, zum Beispiel durch den Zugriff zu Informationsdatenbanken. Sie bringen den Unternehmen aber u.a. auch Zeitgewinn, zum Beispiel beim Zugriff zu den Kontenständen bei der Hausbank. Das integrierte, digitale Dienstleistungs-Netzwerk (Integrated Service Digital Network, ISDN) wird eine Verbindung von Sprache, Text und Bild in derselben Leitung ermöglichen, mit einer Geschwindigkeit, die es ermöglicht, ein Bild in Sekundenschnelle von einem zum anderen Ort zu übertragen.

Unter Datenübertragung in Netzwerken ist der Datentransport von und zu räumlich auseinanderliegenden Orten der Erfassung der Speicherung und der Ausgabe zu verstehen.

Die Übertragung geschieht auf Übertragungswegen, die aus öffentlichen oder auch privaten Leitungen bestehen können.

Sie bestehen aus den folgenden Fernmeldewegen:

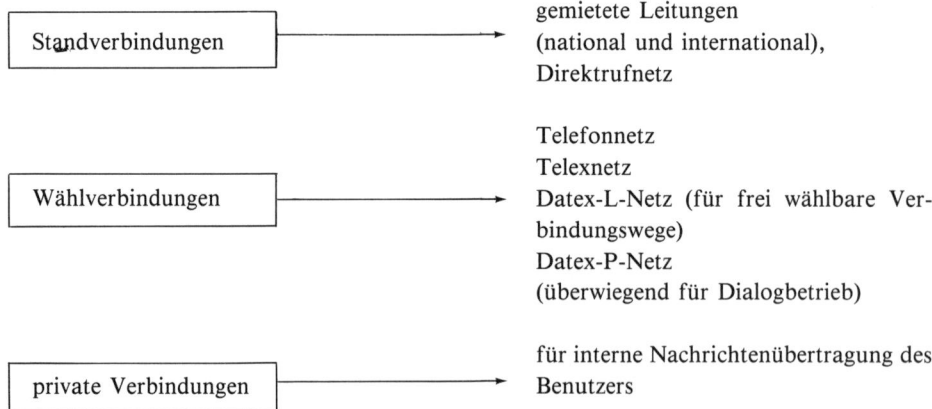

Auswahl der Verbindung

Die Auswahl einer Verbindung hängt von verschiedenen Faktoren ab. Das sind unter anderem:
- Geschwindigkeit der Datenübertragung
- Datenmenge
- Flexibilität der Datenübertragung
- Kosten
- Zeitraum der Datenübertragung
- Entfernung zwischen dem Sender und Empfänger
- Sicherheit der Datenübertragung
- benötigte Geräte
- Verfahren der Übertragung (Stapel-Übertragung oder Dialog-Betrieb).

Die wichtigsten neuen Verbindungsmöglichkeiten für Datenübertragung sind das Datex-L- und das Datex-P-Netz. Sie sollen hier kurz dargestellt werden.

Datex-L-Netz

Es besteht aus einem *Wählnetz* für digitale Datenübertragung, das von der Bundespost zur Verfügung gestellt wird.

Die Methode der Übertragung ist frei wählbar. Das Leitungsvermittlungssystem besteht aus Computern, die eine Verbindung zwischen Teilnehmern *programmtechnisch* herstellen.

Das System bietet höhere Sicherheit der Übertragung und höhere Übertragungsgeschwindigkeiten als das Fernsprechnetz, das ebenfalls für die Datenübertragung mit besonderen Geräten benutzt werden kann.

Datex-P-Netz

Dieses spezielle Netz dient der sehr schnellen Übertragung (bis 48 000 bit/s) von geringen Datenmengen.

Es wurde geschaffen, um vor allen Dingen Texte (Bildschirmtext) übertragen zu können. Es unterstützt aber auch die problemlose Kommunikation von beliebigen Teilnehmern mit Datenendeinrichtungen über ein Datennetz (offenes System).

Personal-Computer und Netzwerke

Lokale Netze (LAN = Local Area Networks) sind sicherlich für den Personal-Computer-Benutzer die interessanteste Form eines Netzes. Sie verbinden − wie der Name schon sagt − Komponenten auf räumlich relativ begrenztem Gebiet. Sie sind deshalb besonders interessant für die Vernetzung von Personal-Computern im Bürobereich. Die lokalen Netze werden auch „Inhouse-Netze" genannt, da sie innerhalb eines geschlossenen Grundstückes mit unterschiedlicher Netzarchitektur betrieben werden.

Werden Verbindungen über große Entfernungen abgewickelt − der Benutzer bemerkt aber bei seiner Arbeit diese Entfernung nicht −, so spricht man von Wide Area Network (WAN = Verbindung über große Entfernungen). Die WANs können öffentliche Netze der Deutschen Bundespost oder private Netze sein.

Die Basisfunktionen bei der Datenfernverarbeitung bestehen aus den fünf Komponenten: Mikrocomputer – Modem – Übertragungsleitung – Modem – Mikrocomputer. Neben dieser einfachen Punkt-zu-Punkt-Verbindung lassen sich aber auch komplexe Netzwerke konzipieren, die jeweils auf einem der folgenden Grundkonzepte aufbauen: sternförmig, busförmig, ringförmig oder vermascht.

Die Deutsche Bundespost hat in Feldversuchen neue Techniken installiert und getestet. Diese Tests sind die Basis für die Medien der Zukunft.

Zu den Netzen aus Kupferkabel zählt das inzwischen verbreitete Integrierte Daten-Netz (IDN), eine Vereinigung von Telex, Datex-L, Datex-P und HfD (= Hauptanschluß für Direktruf; im Gegensatz dazu die Standleitung).

Den Unterschied zwischen Datex-L und Datex-P definiert das Kürzel L für leitungsvermitteltes und P für paketvermitteltes Netzwerk.

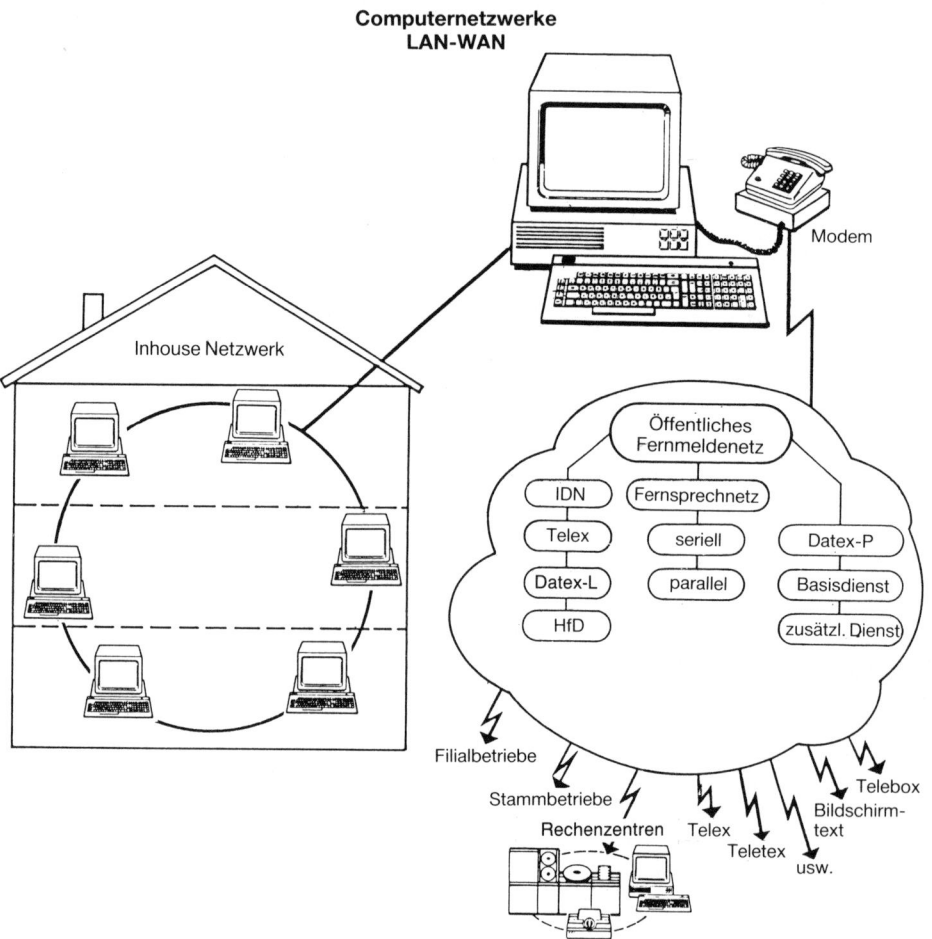

Abb. 35: Computernetzwerke, aus: ESV-Transparente, Personal-Computer, 1985

Lokale Netzwerke

Netzwerke sind Verbindungen von Computersystemen, oft unterschiedlicher Art, mit dem Ziel, Daten auszutauschen, aber auch gemeinsame Datenbestände zu benutzen und mit dem weiteren Ziel sich periphere Geräte, wie zum Beispiel Drucker, Plotter und Plattenspeicher zu teilen und so optimal auszunutzen. Diese Netzwerksysteme können Personal-Computern die Leistung von mittelgroßen bis großen Computern bringen. Sie werden daher gegenüber diesen Systemen eine direkte Konkurrenz sein.

Ein Local Area Network (LAN) ist eine leistungsfähige lokale Kommunikationsverbindung mehrerer Rechner (zum Beispiel Personal Computer, Arbeitsplatzsysteme, Server usw.).

Die einzelnen Arbeitsplätze haben dann die Möglichkeit, Daten untereinander auszutauschen. In speziellen Rechnern (Servern) werden Dienste bereitgestellt. Zum Beispiel:

— Speichermöglichkeit in der Ablageeinheit,
— zentrale Laserdrucker für Ausgaben.

Die lokalen Netze werden heute intensiv weiterentwickelt. Mit sogenannten *„offenen Netzen"* können Rechner und Peripherie unterschiedlicher Hersteller miteinander kommunizieren. Heute sind allerdings überwiegend sogenannte *„geschlossene Netze"* im Einsatz: Die Computer sind hierbei nur von einem Hersteller.

Lokale Netze, aber auch Einzelgeräte (Datenstationen) können sich öffentlicher Netze (Telefon, Telex, Datex) bedienen, um größere Entfernungen zu überbrücken.

Auswahlkriterien für ein lokales Netzwerk

Die Idee der lokalen Netzwerke geht von folgenden Grundgedanken aus:

1. Verbindung von einander unabhängigen Systemen,
2. Herbeiführung der Kommunikation zwischen unterschiedlichen Systemen und
3. Integration verschiedener, durch die Systeme des Anwenders verwendeter Kommunikationsformen in ein Kommunikationsnetz.

Richtig eingesetzt können die modernen Kommunikationssysteme den unternehmensinternen Informationsfluß und die unternehmensinterne Informationsverarbeitung dadurch verbessern, indem sie

— Mitarbeiter an ihrem Arbeitsplatz direkt oder indirekt erreichbar machen,
— im Unternehmen vorhandene Informationen allen im Netzwerk angeschlossenen Mitarbeitern zur Verfügung stellen und
— Arbeitsprozesse an völlig isoliert arbeitenden Systemen aufheben und durch im Verbund arbeitende Systemlösungen ersetzen.

Den Benutzer eines Netzwerkes interessiert, wie effektiv er im Netz arbeiten kann. Dagegen sollte der für die Auswahl eines Netzwerkes verantwortliche Manager wichtige Kriterien der unternehmensspezifischen Verkabelung, Übertragungstechnik und Topologie kennen.

Beispiel:

In einem Unternehmen sind bereits mehrere Personal-Computer als eigenständige Arbeitsplatzrechner eingesetzt. Um den Arbeitsablauf zu optimieren und Kosten einzusparen, wird nun ein lokales Netzwerk gesucht. Auch sollen in Zukunft Massenspeicher und Drucker gemeinsam genutzt werden.

Weiterhin ist in diesem Unternehmen ein Großrechner vorhanden, auf dem zentral Datenbestände vorhanden sind. Es ist geplant, daß die Personal-Computer auf diese Datenbestände zugreifen sollen.

In nächster Zukunft sollen Produktionsdaten ebenfalls auf den Personal-Computern verarbeitet werden.

Das Management ist mit der Aufgabe konfrontiert, sich für den Aufbau eines ausbaufähigen und zukunftssicheren Netzwerkes zu entscheiden. Wenn auch die Aufgaben beschrieben sind, so fangen in der Praxis die Probleme an dieser Stelle erst richtig an: Es gibt heute über 100 verschiedene Netzwerke.

Die Entscheidung für ein bestimmtes Netzwerk ist nicht einfach. Dabei gibt es in jedem Unternehmen durchaus Kriterien, die unter Berücksichtigung der unternehmensspezifischen Strukturen die Entscheidung vereinfachen könnten.

Auswahlkriterium: Übertragungsmedium

Für die *Zukunftssicherheit* eines lokalen Netzwerkes ist die physikalische Verbindung der Stationen im Netzwerk von ganz besonderer Bedeutung. Eine grobe Einteilung ist:

1. Verdrillte Leiter, zum Beispiel Telefonkabel,
2. Koaxialkabel und
3. Glasfaserkabel.

Das *Telefonkabel* zum Beispiel ist ein einfach verdrillter Leiter. Der Vorteil bei der Installation eines lokalen Netzwerkes auf dieser Basis liegt auf der Hand: Telefonkabel sind in den meisten Gebäuden schon vorhanden. Die Verkabelung verursacht somit fast keine zusätzlichen Kosten.

Dennoch: Der einfachen und preiswerten Installation steht ein entscheidender Nachteil in einer relativ niedrigen Übertragungskapazität gegenüber. Außerdem sind Telefonleitungen gegenüber elektrischen Störeinflüssen sehr anfällig.

Diese Störanfälligkeit kann durch den Einsatz mehrfach verdrillter, besonders abgeschirmter Kabel vermindert werden.

Gut geeignet für eine Übertragung in hohen Frequenzbereichen und auch für hohe Kapazitäten sind die *Kupfer- oder Koaxialkabel*. Unterschieden wird bei diesem Kabeltyp noch zwischen Basisband- und Breitbandkabeln.

Das *Basisbandkabel* überträgt die Signale unmoduliert, indem die gesamte Bandbreite des Kabels durch ein digitales Signal belegt wird. Das Basisbandkabel arbeitet außerdem nur im Wechselbetrieb – Fachausdruck: halbduplex. Das bedeutet, es können von einer angeschlossenen Station nur Daten gesendet oder nur empfangen werden. Ein gleichzeitiges Senden und Empfangen von Daten ist also nicht möglich.

Die *Breitbandkoaxialkabel* übertragen dagegen modulierte Signale. In diesem Verfahren wird die Kapazität des Kabels in mehrere einzelne unabhängig voneinander arbeitende Kanäle

118

aufgeteilt. So können beispielsweise über ein Kabel mehrere unterschiedliche Anwendungen genutzt werden.

Breitbandkoaxialkabel finden auch Verwendung in der gleichzeitigen Übertragung von Sprache, Daten und Bildern.

Die Installationskosten für diesen Kabeltyp sind höher als beim Basisband. Aber auch die Installation gestaltet sich schwieriger. Dennoch: Die Investition in diesen Kabeltyp dürfte zukunftsweisend sein. Breitbandnetze bieten sich immer dort an, wo eine flexible räumliche Ausdehnung – ein auf Wachstum ausgelegtes System und die Nutzung mehrerer Anwendungen oder Dienste verlangt wird.

Neue Netze bestehen aus *Glasfaserkabeln*. Das Glasfaserkabel ist ein sogenannter ,,Lichtwellenleiter" und bietet eine hohe Betriebssicherheit. Daten können auf jede beliebige Entfernung mit äußerst geringen Fehlerraten übertragen werden.

Die Glasfaserkabelnetze sind auch abhörsicher und haben eine sehr hohe Lebensdauer auch dann, wenn das Kabel extremen Temperaturschwankungen und der Witterung ausgesetzt ist.

Den Glasfaserkabeln dürfte die Zukunft gehören. In letzter Zeit sind die Preise für dieses Kabel gesunken.

Glasfaserkabel beinhalten außerdem neben dem geringen Gewicht und dem geringen Durchmesser alle positiven Eigenschaften des Breitbandkoaxialkabels.

Auswahlkriterium: Topologie

Netzwerktopologien basieren auf vier Grundformen, aus denen wiederum alle möglichen Varianten abgeleitet werden können:

Stern

Sternnetzwerke werden nur von wenigen Herstellern angeboten. Lokale Netzwerke in dieser Struktur werden in der Regel immer dann benutzt, wenn die bereits liegende Verkabelung der Telefonnebenstellenanlage genutzt werden kann oder soll.

Es wird die sogenannte *Data over Voice*-Lösung angeboten, die mit Hilfe von Adaptern Daten über das Telefonkabel übertragen. Dieses Verfahren ist in der Bundesrepublik Deutschland zulassungspflichtig!

Sternnetzwerke eignen sich sehr gut für Glasfaserlösungen. Obwohl der Verkabelungsaufwand relativ hoch ist, ist er doch technisch einfach durchzuführen. Jeder Teilnehmer erhält sein eigenes Kabel zum zentralen Knoten verlegt. Nachteilig ist besonders bei diesem Netzwerktyp, daß bei Totalausfall des Sternknotens auch das gesamte Netz ausfällt.

Ein in Sternnetzwerken vielfach verwendetes Übertragungsverfahren ist das *Time Division Multiplexing* (TDM-Verfahren). In diesem Verfahren wird die Übertragungskapazität des Sternknotens nur für kurze Zeitintervalle den gewünschten Verbindungen zugeordnet und damit eine ,,Gleichzeitigkeit" erreicht.

Vorteile:

– niedrige Kosten für die Installation
– Verwendung bereits verlegter Kabel
– gleichzeitige Übertragung von Sprache und Daten
– Kompatibel zu öffentlichen Netzen der Bundespost

Nachteile:

- niedrige Datenübertragungsgeschwindigkeit
- zentrale Verteilung (wenn diese ausfällt, ist der Betrieb des gesamten Netzes unterbrochen)

Bus

Der Aufwand für die Verkabelung ist bei einem Busnetzwerk besonders niedrig, da sich alle Teilnehmer auf ein einziges, den Anwenderbereich durchlaufendes Kabel einfach aufschalten können. Als Übertragungsmedium eignen sich hierbei besonders gut die Kupfer-Koaxialkabel. Sie sind breitbandig ausgelegt und bieten somit genügend Übertragungskapazität, um Information vieler Teilnehmer gleichzeitig zu übertragen.

Ein weiterer Vorteil des Busnetzes gegenüber dem Sternnetz ist auch der, daß die Teilnehmerstationen grundsätzlich als passiver Anschluß ausgelegt werden können.

Glasfaserkabel eignen sich für Busnetze nicht oder nur bedingt, da sie nicht passiv angezapft werden können.

Vorteile:

- passives Transportmedium, ein Koaxialkabel reicht aus
- die Netzwerkkontrolle ist auf alle Stationen verteilt
- Stationen können beliebig zu- und abgeschaltet werden
- der Ausfall einer Station hat keinen Einfluß auf das gesamte Netzwerk
- keine besonderen Anforderungen an das benötigte Transportmedium

Nachteile:

- Verwendung eines gemeinsamen Transportmediums
- bei Kabelbeschädigung sind alle Stationen betroffen

Baum

Die Baumstruktur geht von einem einzigen Punkt, der Kopfstation aus. Bekannt ist dieses Verfahren aus den Fernsehverteilnetzen. Die Baumtopologie wirkt logisch durch die verwendeten Zugriffsverfahren wie ein Bus- oder Ringnetz.

In Baumnetzwerken finden heute fast ausschließlich Kupfer-Koaxialkabel Verwendung, weil die Verzweig- und Abzweigelemente sämtlich passiv ausgelegt sind. Im Prinzip könnte aber auch die Glasfaser verwendet werden.

Es gibt aber auch die aktive Variante, den sogenannten *Breitbandnetzwerken*, in denen zwei Funktionen im Netz zusammenfallen: die Verteilung und die Vermittlung in einem Netz. Die Netzstruktur selbst besteht neben den passiven Elementen aus einer aktiven Kopfstation und Verstärkern.

Der Aufbau eines Breitbandnetzwerkes muß sehr sorgfältig nach eingehenden Berechnungen durchgeführt werden, da mit den einzusetzenden Verstärkern die Signal-Dämpfung durch das Kabel ausgeglichen werden muß. Es lassen sich so relativ weiträumige Installationen aufbauen. Einschränkend wirkt lediglich das Laufzeitverhalten der verwendeten Zugriffsverfahren.

120

Ring

Ringsysteme lassen sich leicht verlegen, da sie aus Segmenten zusammengesetzt werden. Das bedeutet im Falle einer Erweiterung, daß der Ring aufgetrennt und damit außer Betrieb gesetzt werden muß.

Ein Ringsystem ist betriebssicher, solange der Ring unverletzt bleibt und keine der angeschlossenen Stationen ausfällt, da die Stationen im Ring aktiv ausgelegt sind. Zur Erhöhung der Betriebssicherheit werden bei der Installation Kurzschlußmechanismen vorgesehen und/oder der Ring wird doppelt verlegt.

Vorteile:

- einfacher Zugang
- problemlose Datenübertragung
- niedrige Kosten für den Netzanschluß
- keine zentrale Überwachung erforderlich, da eine Verteilung auf einzelne Stationen möglich ist
- Netzzugang auch bei hoher Belastung gewährleistet

Nachteile:

- verschiedene Endgeräte benötigen individuelle Anpassungseinheiten
- jede Station muß immer aktiv sein, da bei Ausfall einer Station der gesamte Ring unterbrochen wird und somit nicht mehr betriebsfähig ist
- eingeschränkte Entfernung zwischen den Stationen

Auswahlkriterium: Software

Je mehr Netzwerke im Einsatz sind, umso höher ist natürlich auch der Anstieg der Standardsoftware, die sinnvoll im Netz eingesetzt werden kann. Allerdings muß eine Software netzwerkfähig sein.

Checkliste zu den Netzwerken

- Sind die Anforderungen an die Anwendung definiert?
- Ist ein Anforderungskatalog erstellt worden?
- Sind die heutigen Kommunikationskosten bekannt?
- Welche Informationsarten können kombiniert werden?
- Wo geht die Information hin, wo kommt sie her?
- Welche Datenvolumen müssen übertragen werden?
- Mit welchen Prioritäten müssen die Informationsdaten behandelt werden?
- Ist eine Vorauswahl aus verschiedenen Konzepten getroffen worden?
- Sind bei der Netzauswahl die Kosten berücksichtigt worden?
- Sind die unterschiedlichen Leistungsmerkmale der Netze untersucht worden?
- Ist der Informationsfluß im Unternehmen untersucht worden?
- Sind Telefonkabel vorhanden?
- Ist ein schneller Datenaustausch notwendig?

- Werden vertrauliche Daten übertragen?
- Sind Kabelkanäle vorhanden?
- Sind die Mitarbeiter informiert?
- Ist eine Schulung der Mitarbeiter notwendig?

FRAGEN ZU KAPITEL 4:

1. Welche Ähnlichkeiten zwischen Mensch und Computer sind erkennbar?
2. Was ist der Unterschied zwischen einem Selektor- und einem Multiplexkanal?
3. Geben Sie eine Definition des Arbeitsspeichers.
4. Nennen Sie die Funktionseinheiten einer Zentraleinheit.
5. Was ist eine Adresse?
6. Erklären Sie den Begriff Befehl.
7. Warum ist die Zugriffszeit (-geschwindigkeit) bei der Datenspeicherung besonders wichtig?
8. Wieviel Bytes sind 64 kB?
9. Was ist eine Matrix?
10. Nennen Sie moderne Speichertypen.
11. Was sind die Bestandteile des Leitwerks?
12. Geben Sie die Aufgaben des Rechenwerks an.
13. Nennen Sie zwei verschiedene Netze zur Datenübertragung.
14. Nennen Sie Auswahlkriterien für lokale Netzwerke.
15. Welche Topologien von Netzwerken kennen Sie?

5 Datenerfassung

Voraussetzung für den Einsatz einer elektronischen Datenverarbeitungsanlage ist die computergerechte Aufbereitung der zu verarbeitenden Informationen. Alle in eine EDV-Anlage einzugebenden Daten müssen in eine für den Computer geeignete Form gebracht werden, damit sie für die Anlage „lesbar" sind. Die damit zusammenhängenden Arbeiten faßt man unter dem Sammelbegriff *Datenerfassung* zusammen.

Die Datenerfassung stellt somit einen Umsetzungsvorgang von Daten in eine maschinell lesbare und verarbeitbare Form dar.

Die Datenerfassung wird als sog. *Vorschaltbereich* zur eigentlichen Datenverarbeitung bezeichnet. Sie ist das erste Glied in einem Gesamtsystem der Datenverarbeitung und damit eine der leistungsbestimmenden Komponenten überhaupt.

Hierbei ist allerdings zu berücksichtigen, daß Bildschirme vielfach sowohl der Datenerfassung als auch der Datenausgabe dienen.

Einschlägige Untersuchungen haben ergeben, daß die Datenerfassungskosten im Verhältnis zu den gesamten Datenverarbeitungskosten nach wie vor erheblich sind. Daraus kann gefolgert werden, daß ein großer Teil des Investitionskapitals für Datenverarbeitungssyteme, das in der Datenerfassung steckt, effizient eingesetzt werden muß.

Der intensive Einsatz von Personal-Computern kann eine gewisse Verminderung der Belastung von zentralen oder dezentralen Erfassungsaufgaben mit sich bringen. Die individuellen Daten, die nur für den Mitarbeiter an einem Arbeitsplatz wichtig sind, müssen nicht mehr in der zentralen EDV gespeichert werden. Es ist jedoch selbstverständlich, daß Daten, die das gesamte Unternehmen betreffen, wie Artikeldaten, Kundendaten, Personaldaten auch weiterhin zentral erfaßt und gewartet werden.

5.1 Arten der Datenerfassung

Die betriebliche Praxis kennt eine Vielzahl von Arten und Möglichkeiten der Datenerfassung, die nicht immer eindeutig voneinander abzugrenzen sind.

So kann man nach dem Erfassungsort zwischen
- zentraler und
- dezentraler Datenerfassung unterscheiden.

Bei einer dezentralen Datenerfassung werden Daten an verschiedenen Arbeitsplätzen bzw. Geräten in dezentraler Weise – meist an ihrem Entstehungsort – erfaßt. Diese dezentrale Datenerfassung geschieht an Bildschirmen, die Sachbearbeitern zur Verfügung stehen, oder wird heute immer häufiger am Personal-Computer vorgenommen, wenn der Sachbearbeiter sein eigenes Sachgebiet verwalten kann.

Bei einer zentralen Datenerfassung werden die zu verarbeitenden Daten an einer zentralen Stelle im Unternehmen erfaßt.

Im Hinblick auf die Prüfung und Aufbereitung der zu erfassenden Daten kann zwischen
– Datenerfassung mit Vorverarbeitung und
– Datenerfassung ohne Vorverarbeitung
unterschieden werden.

Bei einer Datenerfassung ohne Vorverarbeitung werden die erfaßten Daten erst nach ihrer Eingabe im EDV-System im Rahmen der Verarbeitungsläufe aufbereitet und nach verschiedenen Kriterien geprüft.

Die Datenerfassung mit Vorverarbeitung ist hingegen dadurch gekennzeichnet, daß die Datenerfassung selbst mit Prüfungs-Komprimierungs- und bestimmten Aufbereitungsvorgängen unmittelbar gekoppelt ist.

Hierbei sind nicht nur entsprechende Geräte wie z.B. programmierbare Datenstationen oder gar eigene Erfassungsanlagen, sogenannte Datensammelsysteme, sondern auch entsprechende Programme notwendig.

Eine Datenerfassung mit Vorverarbeitung der erfaßten Daten wird außerhalb und vor den eigentlichen Verarbeitungsabläufen durchgeführt. Dadurch werden dem EDV-System nur geprüfte und nach verschiedenen Merkmalen aufbereitete und zusammengefaßte Daten zugeführt und die spätere Verarbeitung von Prüf- und Aufbereitungsroutinen entlastet.

Ferner kann man zwischen
– belegloser und
– beleggebundener Datenerfassung unterscheiden.

Bei der *beleglosen* Datenerfassung werden die zu erfassenden Daten automatisch erfaßt und anschließend verarbeitet. Die beleglose Erfassung kann z.B. durch eine direkte Abspeicherung erfolgen.

Als Beispiele für die beleglose Datenerfassung können die automatische Erfassung der Telefongebühren bei der Deutschen Bundespost sowie Telefoneinheiten von Patienten in Krankenhäusern oder auch die Erfassung und Speicherung von Arbeitszeiten etwa im Rahmen der gleitenden Arbeitszeit, sofern die entsprechenden Erfassungssysteme vorhanden sind, genannt werden.

In der Fertigung ist die beleglose Datenerfassung relativ häufig in Anwendung, z.B. immer dann, wenn Meßwerte oder Zustände automatisch erfaßt und verarbeitet werden.

Im Rahmen der beleglosen Datenerfassung ist es durchaus denkbar, daß die erfaßten Daten zusätzlich für Kontrollzwecke protokolliert werden. Dies ändert jedoch nichts an der Tatsache, daß der Erfassungsvorgang als solcher automatisch erfolgt.

Die *beleggebundene* Datenerfassung ist nach wie vor im Verwaltungsbereich die vorherrschende Art der Datenerfassung, ja sie ist dort vielfach, etwa in der Finanzbuchhaltung, zur Erfüllung gesetzlicher oder dokumentarischer Vorschriften notwendig. Belege der verschiedensten Form und Art bilden hierbei die Grundlage für den Datenerfassungsvorgang. Die einzelnen Belege müssen oftmals vor ihrer Erfassung in verarbeitbarer Form nach verschiedensten Kriterien aufbereitet, ergänzt und datenerfassungsreif gestaltet werden. Hierbei spielen Faktoren wie Sicherheit, Vollständigkeit und Lesbarkeit usw. eine wichtige Rolle.

Die Wahl der zweckmäßigsten Form der Datenerfassung hängt u.a. von Aufgabenstellung in der Verarbeitung, betriebliche Besonderheiten, Anforderungen an Wirtschaftlichkeit, Schnelligkeit und Fehlersicherheit, Datenmenge, Belegart, terminlichen Anforderungen, maschineller Ausstattung von Datenerfassungs- und Dateneingabegeräten usw. ab.

Es ist relativ schwierig, die vielfältigen Möglichkeiten der beleggebundenen Datenerfassung, die in der Praxis angeboten werden, nach einheitlichen Kriterien zu klassifizieren.

Auch hier sind die Grenzen fließend, zumal man bei einem solchen Versuch von verschiedenen Ausgangsgrundlagen ausgehen kann.

Folgende Unterscheidungsmerkmale seien genannt:

- Gliederung nach der Verbindung der Datenerfassungsgeräte zum Computer (Datenträgergewinnung und Direkteingabe);
- Gliederung nach der Art der Datenträger und den entsprechenden Datenerfassungsgeräten (maschinelle Formen der Datenerfassung);
- Gliederung nach Einzelplatz – oder Sammelerfassung (Datensammelsysteme).

Auch andere Gliederungssysteme sind denkbar.

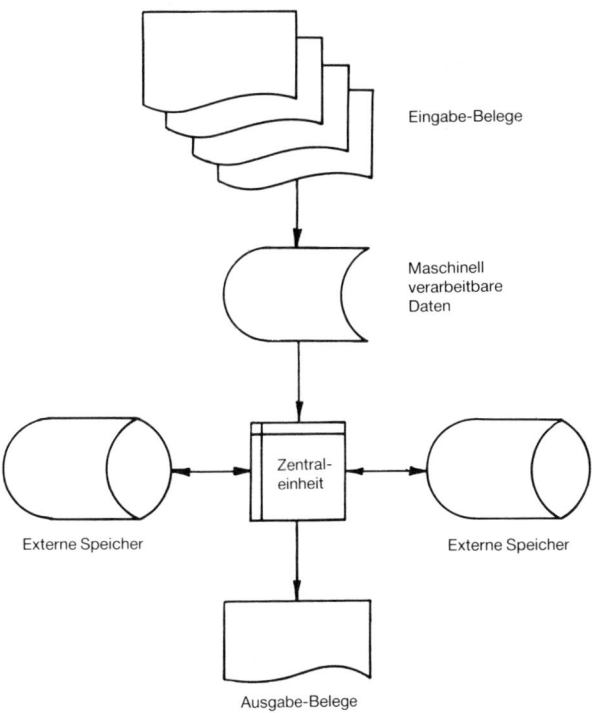

Abb. 36: Datenerfassung auf maschinenlesbaren Datenträgern

5.2 Datenträgergewinnung und Direkteingabe

Grundsätzlich kann man zwischen der Datenerfassung auf maschinenlesbaren Datenträgern und der sogenannten Direkteingabe unterscheiden.

Bei der Datenerfassung auf maschinenlesbaren Datenträgern werden die vorhandenen Daten mit Hilfe eines Datenerfassungsgerätes auf maschinenlesbare Datenträger übertragen. Die hierbei gewonnenen Datenträger werden mit Hilfe eines speziellen Eingabegerätes in die Datenverarbeitungsanlage eingelesen und weiter verarbeitet. Vorher werden die gewonnenen Datenträger, meist durch verschiedenartige Transportmittel, zum verarbeitenden System gebracht. Treten während der Gewinnung der Datenträger oder auch bei der Verarbeitung Fehler auf, so müssen diese von den zuständigen Stellen überprüft und einer erneuten Bearbeitung zugeführt werden. Wird z.B. die Materialbestandsrechnung mit Hilfe einer elektronischen Datenverarbeitungsanlage durchgeführt, so können auf der Grundlage der Materialzugangs- und Materialabgangsbelege Datenträger gewonnen werden. Sind diese Belege maschinenlesbar, dann werden sie von einem Belegleser in die Anlage eingelesen und verarbeitet.

Die Datenerfassung auf Datenträgern wird auch als off-line-Datenerfassung bezeichnet, da sich der Datenerfassungsvorgang außerhalb des eigentlichen Computers und unabhängig von den Verarbeitungsabläufen abspielt. Der Vorgang der Datenerfassung ist vom Vorgang der Dateneingabe getrennt.

Die Datenerfassung in Form einer *Direkteingabe*, die man auch als on-line-Datenerfassung bezeichnet, ist dadurch zu charakterisieren, daß die zu verarbeitenden Daten unmittelbar, d.h. ohne Zwischenschaltung eines Datenträgers, in eine Anlage z.B. mit Hilfe einer Tastatur eingegeben werden. Die on-line-Datenerfassung verbindet somit die Datenerfassung mit der Dateneingabe. Zu Kontrollzwecken wird jedoch zumeist ein *Protokoll* ausgeschrieben, auf dem alle direkt eingegebenen Daten erfaßt werden, so daß eine Nachprüfung möglich ist.

Bei der Direkteingabe über die Tastatur eines Bildschirms übernimmt diese sowohl die Funktionen eines Datenerfassungs- als auch eines Dateneingabegerätes.

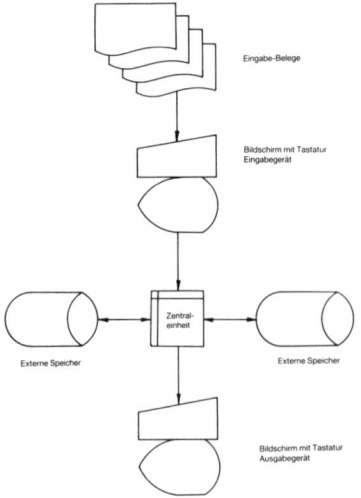

Abb. 37: on-line-Datenerfassung

126

5.3 Maschinelle Formen der Datenerfassung

Die Gewinnung von Datenträgern in spezifischen Datenerfassungsvorgängen (off-line-Datenerfassung) wird manchmal auch als klassisches Verfahren der Datenerfassung bezeichnet. Sie hat jedoch mit zunehmendem Einsatz von Bildschirmen und von Mikrocomputern stark an Bedeutung verloren. Nach wie vor wird jedoch eine breite Palette von Datenerfassungsgeräten zur Gewinnung von Datenträgern auf dem Markt angeboten.

Bezogen auf die Art der zu gewinnenden Datenträger und die hierbei eingesetzten Datenerfassungsgeräte können im wesentlichen folgende maschinelle Formen der Datenerfassung in eigenen Datenerfassungsvorgängen genannt werden:
- Klarschrifterfassung
- Magnetbanderfassung
- Magnetplattenerfassung (Diskettenerfassung)
- on-line-Erfassung

Bei der Magnetbanderfassung werden die zu verarbeitenden Daten von den Belegen mit Hilfe der Tastatur eines Magnetbanderfassungsgerätes direkt auf ein Magnetband bzw. auf Magnetbandkassette übertragen. Die meisten Magnetbanderfassungsgeräte sind mit einem *internen Datenspeicher* ausgestattet, von dem aus das Magnetband beschrieben wird. Dabei erfolgt gleichzeitig die Durchführung von verschiedenen Prüfmaßnahmen, etwa dergestalt, daß nach der Aufzeichnung der verschiedenen Datenblöcke im Datenspeicher das Band abgestoppt, der geschriebene Block zurückgesetzt und nochmals gelesen wird. Bei dieser Schreibprüfung werden die vom Magnetband eingelesenen Daten Byte für Byte mit den Daten im Datenspeicher verglichen und die Prüfbytes auf ihre Richtigkeit überprüft. Hierbei festgestellte Fehler können meist sofort berücksichtigt werden, da die meisten Magnetband-Dater zugleich auch Prüfgeräte sind.

Die *Programmierung der Magnetbanderfassungsgeräte* ist meist einfach. Haupt- und Alternativprogramme können über die Eingabetastatur in die gewünschten Speicherpositionen eingegeben werden. Alternativ kann das Einlesen der Programme auch mittels vorbereiteter Programmstreifen erfolgen.

Magnetbanderfassunggeräte können meist auch eine Reihe von anderen Funktionen ausführen wie z.B. das Übertragen von Informationssätzen von mehreren Magnetbändern auf ein Band; außerdem sind verschiedene Magnetbanderfassungsgeräte durch Kombinationen z.B. mit optischen Beleglesern, in der Lage, Daten von einem Datenträger auf einen anderen zu übertragen.

Magnetplattenerfassungsgeräte arbeiten im wesentlichen nach denselben Grundlagen wie Magnetbanderfassungsgeräte. Zum Unterschied werden die zu erfassenden Daten nicht auf Magnetbänder oder Magnetbandkassetten, sondern auf Magnetplatten oder Floppy-Disks übertragen.

Die erstellten Magnetplatten oder -bänder können dann direkt oder nach einer entsprechenden Konvertierung in einer EDV-Anlage verarbeitet werden.

Bei der Verwendung von Klarschriftdruckern werden die zu verarbeitenden Daten in *optisch* und *maschinell lesbarer* Form, z.B. in der OCR-A-Schrift, erfaßt. Diese Form der Datenerfassung wird vielfach von Rechenzentren zur Datenverarbeitung außer Haus verwendet. In einem solchen Falle werden beispielsweise Buchführungsdaten mit Hilfe von Klarschriftdruckern erfaßt. Die gewonnenen Klarschriftbelege werden an ein Service-Rechenzentrum gesandt, dort in eine Großrechenanlage eingelesen und verarbeitet. Die Buchungsergebnisse wie Konten, Saldenlisten usw. gehen an den Kunden zurück. Zur Eingabe von Klarschriftstreifen in eine Datenverarbeitungsanlage sind sog. optische Belegleser erforderlich.

Erwähnt sei in diesem Zusammenhang, daß zur Erstellung von Datenträgern nicht immer eigene Datenerfassungsabläufe erforderlich sind. Vielmehr können Datenträger auch als Abfallprodukte aus anderen Verarbeitungsläufen gewonnen werden.

Die *Auswahl* von geeigneten *Datenträgern* und *Datenerfassungsgeräten* ist von besonderer Bedeutung. Insbesondere sollte man sich hierbei auch Gedanken über die geforderte Zeitnähe der Endergebnisse machen, da diese viel eher von der Datenerfassung als von der Verarbeitung beeinflußt wird. Im Hinblick auf die Auswahl der Datenträger gelten im wesentlichen folgende Kriterien:
– Preis, Gewicht und Handlichkeit;
– Vorsortierbarkeit bzw. Sortierfähigkeit generell,
– Korrekturmöglichkeiten;
– visuelle Lesbarkeit;
– mehrfache Verwendbarkeit in Zusammenhang mit Haltbarkeit und Abnützung;
– Zugriffszeit und Lesegeschwindigkeit;
– Standardisierungsgrad.

Auch für die Auswahl der Datenerfassungsgeräte gelten eine Reihe von Faktoren, die wie folgt zusammengefaßt werden können:
– Kosten je erfaßtes Zeichen;
– Zuverlässigkeit, Geschwindigkeit und Genauigkeit;
– Umfang der Prüfungseinrichtungen;
– Ausbaufähigkeit mit der Möglichkeit des Anschlusses von Zusatzeinrichtungen;
– festgestellte Rückweisungsrate;
– Anpassungsfähigkeit an betriebsspezifische Bedürfnisse;
– Automatisierungsgrad des Erfassungsablaufes.

5.4 Datensammelsysteme

Die beleggebundene Datenerfassung kann sowohl von Einzelerfassungsplätzen aus als auch mit Hilfe von sog. Datensammelsystemen erfolgen.

Für die Erfassung von großen Datenvolumen wurden *Datensammelsysteme* entwickelt.

Die Funktionsweise von Datensammelsystemen ist dadurch gekennzeichnet, daß die über die Tastatur von mehreren Erfassungsplätzen eingegebenen Daten zu einem eigenen Rechner übertragen und dort unmittelbar verschiedenen formalen und logischen Prüfungen unterworfen werden. Die geprüften und als richtig erkannten Daten werden auf dem Bildschirm des Erfassungsplatzes dargestellt und sind somit zusätzlich visuell zu kontrollieren. Die Zwischenspeicherung der erfaßten Daten erfolgt auf einer Magnetplatte, die auch die entsprechenden Anwenderprogramme aufnimmt. Die erfaßten und geprüften Daten können dann auf Datenträger übertragen werden. Dies erfolgt meist in der für die Weiterverarbeitung gewünschten Form, so daß zusätzliche Sortier- und Prüfgänge nicht mehr erforderlich sind.

Zum Ausdruck von Daten, der neben der Datenträgerausgabe erfolgen kann, sind meist Drucker angeschlossen.

Zu beachten ist, daß Datensammelsysteme eigene Computersysteme darstellen, die hauptsächlich zur Erfassung und Prüfung von Daten und ihrer Übertragung auf Datenträger eingesetzt werden. Die ausgegebenen Daten können dann einer EDV-Anlage zur Weiterverarbeitung zugeführt werden. Dementsprechend haben Datensammelsysteme eine eigene umfangreiche Software, die die Ausführung einer Vielzahl von Datenerfassungs- und Datenprüfungsfunktionen gestattet. Die Leistungsfähigkeit von Datensammelsystemen wird im wesentlichen durch folgende Hauptanforderungen der Praxis bestimmt:

– hohe Erfassungsgeschwindigkeit und hoher Bedienungskomfort;
– leichte Korrekturmöglichkeit;
– minimale Fehlerraten durch Prüfungen nach formalen und logischen Kriterien;
– freie Programmierbarkeit und modularer Software-Aufbau;
– maximale Flexibilität, d.h. Anpassungsfähigkeit an wechselnde Organisationsformen.

Als Weiterentwicklungen von Datensammelsystemen werden heute auf dem Markt sog. Daten-Kommunikationssysteme angeboten.

Diese Systeme sind nicht ausschließlich auf Datenerfassungsvorgänge ausgerichtet, sondern verfügen über breitere und zusätzliche Einsatzmöglichkeiten als Datensammelsysteme und sind auch für Verbundarbeiten geeignet.

Daten-Kommunikationssysteme führen zunächst dezentrale Datenerfassungsvorgänge mit umfassenden Prüfungs- und Vorverarbeitungsaufgaben aus. Zusätzlich sind meist direkte oder indirekte Zugriffs- und Weiterverarbeitungsmöglichkeiten zu bzw. von Datenbanken in anderen, in der Regel zentralen Großrechenanlagen gegeben.

Stapel- und Dialogverarbeitung sind nicht nur mit den einzelnen Terminals eines Daten-Kommunikationssystems, sondern auch mit anderen gleichrangigen EDV-Anlagen sowie mit übergeordnetem Zentralrechner möglich.

Auf diese Weise wird eine dezentrale Computerleistung am Arbeitsplatz im Rahmen von Datenerfassung, Datenvorverarbeitung und Datenauskunft mit den Möglichkeiten eines Datenverbundsystems kombiniert.

Moderne Datenerfassungssysteme werden in vielen Konfigurationen angeboten, wobei die Möglichkeiten der Stapelverarbeitung mit ihren entsprechenden Einflüssen auf die Geschwindigkeiten des gesamten Verarbeitungsprozesses genutzt werden soll. Wie in anderen Bereichen der Datenverarbeitung gilt auch hier, daß Hardware-Komponenten allein wenig wirksam sind, wenn sie nicht durch eine hochwertige Software unterstützt werden.

5.5 Maschinell lesbare Belege

Die Erfassung von Daten erfolgt vielfach auch durch sog. maschinell lesbare Belege. Bei diesem Verfahren sind die sog. Urbelege, welche die zu erfassenden Daten beinhalten, bereits maschinell lesbar gestaltet. Als Beispiele können Schecks genannt werden.

Die Verwendung von Urbelegen als maschinell lesbare Datenträger wird auch als *direkte Datenerfassung* bezeichnet. Sie darf nicht mit der Direkteingabe oder on-line-Erfassung verwechselt werden. Bei der direkten Datenerfassung sind die Urbelege so ausgestaltet, daß sie ohne Veränderung von einer EDV-Anlage gelesen werden können.

Die Urbelege können entweder manuell (z.B. durch Markierungen) oder maschinell (z.B. durch Codes, Magnetschriften oder stilisierte Klarschriften) computerlesbar beschriftet werden.

Das Markierungsbelegverfahren verwendet für die Erfassung der Urdaten Formulare, die mit Markierungsfeldern mit einer jeweils vorgedruckten Bedeutung versehen sind. Bei der Erfassung der Daten wird jedes in Frage kommende Feld mit einem Strich oder Kreuz versehen, so daß der Markierungsbeleg vom Computer identifiziert und weiterverarbeitet werden kann. Eine neue Möglichkeit zeichnet sich im Bereich der Registrierkassen ab. Hier werden maschinenlesbare Artikelnummern in Form von Balken-Codes auf Verpackungen aufgedruckt. Diese europaeinheitliche Artikelnummer für den Lebensmittelhandel (EAN) ermöglicht es der Geschäftsführung u.a., eine Bestandsfortschreibung durchzuführen, aber auch Umsätze nach Warengruppen festzustellen.

Bei der sog. Klartexterfassung werden die zu erfassenden Daten etwa mit Hilfe einer Schreibmaschine, die maschinenlesbare Schriftzeichen schreiben kann, auf Belegen zusammengefaßt. Diese können direkt in den Computer eingegeben werden. Dadurch ist es beispielsweise bei einer Autoreparaturwerkstätte nicht mehr nötig, die eingehenden Reparaturaufträge auf einem Formular handschriftlich zu erfassen. Vielmehr kann auf einem standardisierten Formular nach den Angaben des Kunden sofort ein maschinenlesbarer Beleg zur umgehenden Weiterverarbeitung gewonnen werden.

Zur Verarbeitung von maschinell lesbaren Belegen stehen verschiedene Geräte wie z.B. Belegleser, Seitenleser, Zeilenleser und Ausweisleser zur Verfügung, die meist jedoch nur bestimmte Belegarten oder Beschriftungsarten verarbeiten können.

5.6 Organisation der Datenerfassung

Hardware und Software allein gewährleisten noch keine wirtschaftliche Form der Datenerfassung. Beleggestaltung, Belegaufbereitung, Beleganlieferung, Belegfluß, Terminüberwachung, Belegsicherung usw. sind weitere wichtige Aufgaben, die man unter dem Begriff der Organisation der Datenerfassung zusammenfassen kann und deren zweckmäßiger Lösung besondere Beachtung im Rahmen des gesamten Datenerfassungsvorganges geschenkt werden muß.

Die Organisation der Datenerfassung muß straff gestaltet werden. So sollte z.B. der Weg vom Entstehungsort der Daten bis zu ihrer Verarbeitung und Auswertung so kurz wie nur irgend möglich sein.

Die Organisation der Datenerfassung wird u.a. dadurch beeinflußt, welche Belegarten (Ur- oder Sekundärbelege) der eigentlichen Datenerfassung zu Grunde gelegt werden.

Beim sog. Urbelegverfahren werden die auf den einzelnen Urbelegen (z.B. Zahlungseingangsbelege oder Durchschriften der Rechnungsausgänge) enthaltenen Daten unmittelbar der Datenerfassung zu Grunde gelegt. Dies ist u.a. nur dann möglich, wenn die Urbelege alle für die Datenerfassung erforderlichen Daten enthalten bzw. dahingehend ergänzt wurden.

Beim Sekundärverfahren wird auf der Grundlage des Urbelegs ein zusätzlicher Sekundärbeleg (Datenerfassungsbeleg) erstellt, der als Unterlage für die eigentliche Datenerfassung dient.

Von besonderer Bedeutung im Rahmen der Datenerfassung insgesamt ist die organisatorische Gestaltung des Datenflusses.

Der Fluß der Daten in einem EDV-Ablauf, der von der Erfassung der Daten über ihre Verarbeitung hin bis zur Ausgabe auf entsprechenden EDV-Listen oder Formularen reicht, soll zweckmäßig, verfolgbar und überschaubar sein. Wie er im einzelnen gestaltet wird, hängt nicht nur von den betriebsindividuellen Gegebenheiten, sondern u.a. auch von dem Datenerfassungs-Organisationssystem sowie von der Art der zu gewinnenden Datenträger und den daraus resultierenden Datenerfassungsgeräten ab. Patentlösungen für die Gestaltung des Datenflusses generell sowie für Vorbereitung und Durchführung der Datenerfassung gibt es nicht.

Der Datenfluß beginnt meist mit der Sammlung und Überprüfung der zu erfassenden Belege durch die Fachabteilungen, die sich der Datenverarbeitung bedienen. Hierbei ist es zweckmäßig, Kontrollsummen nach verschiedenen Kriterien zu ermitteln, die sich je nach Bedeutung der zu erfassenden Daten entweder auf die Anzahl der zu erfassenden Belege oder auf eine Abstimmung je Belegpaket beziehen. Die Durchführung derartiger Kontrollmaßnahmen ist zeitaufwendig, aber trotzdem vielfach nötig, um beispielsweise zu vermeiden, daß zu erfassende Belege auf dem Transportweg verloren gehen oder nicht rechtzeitig angeliefert werden. Die zu erfassenden Belege sowie diejenigen Belegarten, die bereits maschinenlesbare Datenträger darstellen, sollten in entsprechenden Versandmappen oder Behältern zusammengefaßt und mit sog. *Beleg-Begleitscheinen* versehen werden.

Zusammenfassend kann ausgeführt werden, daß vor der eigentlichen Datenverarbeitung in Gestalt der Datenerfassung ein wichtiges Arbeitsfeld vorhanden ist, das einen ganz erheblichen Einfluß auf die *Wirtschaftlichkeit* und die *Wirksamkeit* von elektronischen Datenverarbeitungsabläufen hat. Es ist zu beachten, daß die in den zurückliegenden Ausführungen getroffenen Unterteilungen unter analytischen Gesichtspunkten vorgenommen wurden, so daß die Grenzen in der Praxis nicht immer exakt zu ziehen sind.

Die Zentralisierungs-Tendenzen bei Einsatz von Groß-Computern mit einer großen Zahl von Bildschirmen werden durch den Einsatz von Personal-Computern abnehmen.

Jeder Mitarbeiter führt dann in Zukunft die Erfassung der für sein Arbeitsgebiet wichtigen Daten am Arbeitsplatz selbst durch.

Sollen die erfaßten Daten in einem zentralen Rechner bearbeitet werden, dann werden z.B. Disketten ausgetauscht oder die Daten innerhalb eines Netzwerkes an den Groß-Computer übertragen.

Belegart: Zahlungseingangs-belege				Kontrollsumme:			63949

Belegart: Zahlungseingangs-
　　　　　belege

Anliefernde
Abteilung: Debitorenbuch-
　　　　　haltung

Sachbearbeiter: Müller

Beleganzahl: 4 260

Kontrollsumme:　　　　　　63949

Berichtszeit:　　　　　Juni 1986

Behälter:　　　　　　　　　　18
Datenerfassungs-
anweisung:　　　　　　　ZE 009

Laufweg	Eingang			Ausgang		
	Datum	Zeit	Sachbearbeiter	Datum	Zeit	Sachbearbeiter

Bemerkungen:

Abb. 38: Beispiel eines Beleg-Begleitscheines

FRAGEN ZU KAPITEL 5:

1. Worin besteht der Unterschied zwischen der Datenerfassung auf maschinenlesbaren Datenträgern und der sog. Direkteingabe?
2. Welche Verfahren der Gewinnung von Datenträgern sind in der Praxis üblich?
3. Warum wird die Datenerfassung als Vorschaltbereich der Datenverarbeitung bezeichnet?
4. Nach welchen Merkmalen wird die Magnetbanderfassung vorgenommen?
5. Was versteht man unter einem Markierungsbeleg?
6. Welche Funktionen führen Datensammelsysteme aus?
7. Welche Leistungsanforderungen werden an Datensammelsysteme gestellt?
8. Nach welchen Kriterien sollen Datenerfassungsgeräte ausgewählt werden?
9. Nach welchen Kriterien sollen Datenträger ausgewählt werden?
10. Was versteht man unter Sekundärdatenerfassung?

6 Datenein- und Datenausgabe

Dieser Abschnitt hat das Ziel, die bereits mehrfach erwähnten peripheren Geräte und die dazugehörigen Datenträger darzustellen. Es ist dabei der Versuch unternommen worden, nicht nur technische Daten aufzuzählen, sondern auch auf die Einsatzmöglichkeiten sowie Vor- und Nachteile einzugehen.

Dateneingabe	Einsatz
Lochkartenleser (selten)	Eingabe von Programmen und geringen Datenmengen, die vorsortiert sind
Lochstreifenleser (selten)	Eingabe von geringen Datenmengen, feste Reihenfolge
Optischer Belegleser	Eingabe von vor Ort erfaßten Daten
Meßgeräte	Eingabe von Prozeßdaten
Bildschirm	Erfassung und Eingabe von Daten und Programmen, Dialog
Telefon	Dateneingabe und Abfrage
Tastatur in einem Gerät	jede Tastatur z.B. in einer Schreibmaschine, die an ein EDV-System angeschlossen werden kann, ist zur Datenerfassung und -eingabe geeignet.
Maus	schnelles Bewegen des Cursors auf dem Bildschirm, Abrufen von Menüangeboten

Datenausgabe	Einsatz
Lochkartenstanzer (selten)	Ausgabe von übersetzten Programmen oder bearbeiteten Daten
Lochstreifenstanzer (selten)	Ausgabe von geringen Datenmengen mit einer vorgegebenen Reihenfolge
Drucker	wichtigstes Ausgabemedium zum Ausgeben von Programmen besonders aber Daten und Ergebnissen
Datensichtgerät/Bildschirm	zur schnellen Ausgabe und visuellen Überprüfung von Vorgängen, z.B. bei Informationssystemen, Dialog
Sprachausgabe	Umsetzung der Daten in Tonschwingungen z.B. bei Abfrage über Telefon
Plotter	Zeichengerät z.B. im Konstruktionsbereich

Externe Speicher	Einsatz
Magnetband	Massenspeicher für vorsortierte Daten, Datenträger zur Datensicherung (Streamer).
Magnetplatte	Massenspeicher für Daten, die schnell benötigt werden (direkter Zugriff)
Magnettrommel/Magnetkarte	externe Speicher unterschiedlicher Kapazität, die in ihrer Bedeutung jedoch zurückgehen
Magnetstreifen	direkter Zugriff

Tab. 8: Übersicht über die peripheren Geräte

6.1 Lochkarte

Lochkarten werden heute nur noch selten eingesetzt, meist bei Unternehmen, bei denen es auf Geschwindigkeit der Erfassung und Verarbeitung nicht ankommt (Behörden).

Der Lochkartencode

Dieser Code geht noch auf Hollerith zurück. Er teilte seine Karte in zwölf Zeilen und achtzig Spalten ein. Auf diese Weise ergeben sich zwölf Lochungsmöglichkeiten in einer Spalte.

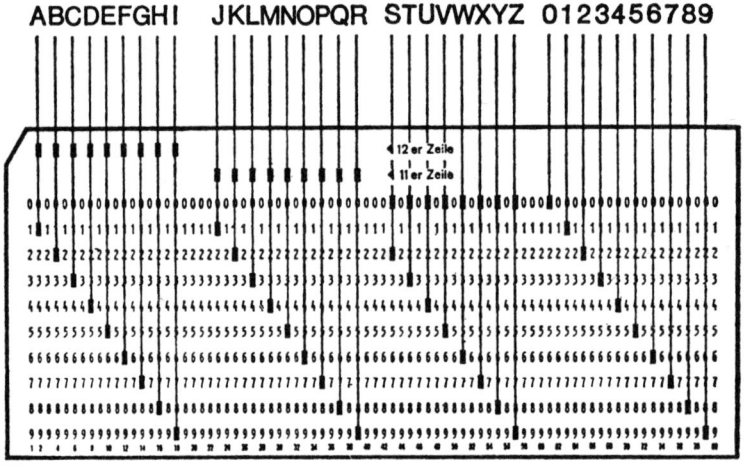

Abb. 39: Lochkartencode

Die unteren zehn Zeilen von 0 bis 9 sind den Ziffern zugeordnet. Eine Zahl ist so zu lochen, wie sie geschrieben wird. Für jede Stelle ist entsprechend dem *Dezimalsystem* eine Lochung vorzusehen. Auch Nullen werden abgelocht. Die einer Zahl zugeordneten Spalten bestimmt der Programmierer (evtl. auch der Organisator). Er legt auch später im Programm fest, aus welchen Spalten zum Beispiel ein Betrag oder ein Text entnommen werden soll.

134

Zur Unterscheidung von Ziffern bestehen Buchstaben aus zwei Lochungen in einer Spalte. Die eine Lochung befindet sich jeweils im Ziffernteil Zeile 1 – 9, die zweite Lochung in den Zeilen 12, 11 und 0 (Zonenteil oder Zone). Für Sonderzeichen stehen noch nicht benutzte Einzel- oder Mehrfachlochungen zur Verfügung.

Zum Lochen von Lochkarten ist ein Locher notwendig. Über eine Tastatur, die der Schreibmaschinentastatur ähnelt, wird der Lochvorgang ausgelöst. Neben dem Lochen kann mit dem Schreibwerk des Gerätes auch der obere Rand der Lochkarte mit den abgelochten Daten beschriftet werden.

Bei einem Vergleich der Lochkarte mit anderen Datenträgern ist festzustellen, daß sie vor allem sehr teuer ist. Sie kann nämlich nur einmal gelocht werden, im Gegensatz zu einem Magnetband, das gelöscht werden kann und so einen mehrfachen Einsatz für verschiedene Daten ermöglicht. Außerdem ist sie im Verhältnis zu den gespeicherten Informationen groß und benötigt daher viel Platz. Ihre Kapazität ist mit 80 bzw. 96 Zeichen sehr begrenzt. Die Verarbeitungsgeschwindigkeit ist für moderne Datenverarbeitungsanlagen zu gering.

Andererseits hat sie so entscheidende Vorteile, daß sie immer noch gelegentlich benutzt wird. Dazu gehört, daß sie von Mensch und Maschine gelesen werden kann, als Organisationsmittel sehr flexibel ist und gleichzeitig als Beleg anerkannt wird. Auch kann sie wie eine Karteikarte behandelt werden, also notfalls auch einmal mit der Hand herausgesucht und ausgetauscht werden.

6.2 Lochstreifen

Ein weiterer Datenträger ist der Lochstreifen. Er ist deshalb vielen bekannt, weil er auch unabhängig von Datenverarbeitungsanlagen in Fernschreibern eingesetzt wird.

Es ist erwiesen, daß schon im Jahre 1725 Stoffstreifen, die mit Löchern versehen waren, zur Steuerung von Webstühlen benutzt wurden. Auch Konrad ZUSE, der 1935 den ersten deutschen Relaisrechner entwickelte, benutzte zur Eingabe des Programms einen Lochstreifen. Die Bedeutung der Datenspeicherung auf fortlaufenden Streifen hat seither so nachgelassen, daß sie fast unbedeutend ist. Auch die folgende Darstellung dient mehr historischen Zwecken.

Lochstreifenarten

Lochstreifen bestehen heute zumeist aus pergamentähnlichem Papier. Aber auch Lochstreifen aus Kunststoff oder Metallfolie werden bei besonderen Verfahren eingesetzt. Die Breite ist genormt und beträgt entweder 1,74 cm, 2,22 cm oder 2,54 cm. In der Mitte befinden sich Transportlochungen. Der Inhalt des Lochstreifens kann zwischen diesen Transportlochungen aufgedruckt werden.

Es gibt verschiedene Lochstreifencodes, der bekannteste ist sicher der Fernschreibecode oder 5-Kanal-Code. Der Zeichendarstellung dienen 5 übereinanderliegende Lochungsmöglichkeiten. Daraus ergibt sich ein Zeichenvorrat von $2^5 = 32$ Zeichen.

Diese Zeichen reichen jedoch nicht aus, um die große Zahl der Ziffern, Buchstaben und Sonderzeichen zu erfassen.

Aus diesem Grunde gibt es ein Umschaltzeichen von Ziffern auf Buchstaben und umgekehrt. Die Anzahl der darstellbaren und im Computer benutzbaren Zeichen erhöht sich damit auf 52.

Die Herstellung des Lochstreifens kann mit einem Fernschreiber geschehen. Er ist in der Lage, mit angeschlossener Loch- und Leseeinheit den 5-Kanal-Code in den Streifen zu stanzen und auch Lochstreifen abzutasten.

In der Praxis werden außerdem 6-, 7- und 8-Kanal-Lochstreifen eingesetzt.

Je mehr Lochungsmöglichkeiten auf diesen Streifen vorhanden sind, desto sicherer ist die Datenübertragung, weil dann fehlerhafte Lochungen aufgrund der größeren Redundanz (zur Verfügung stehende, aber nicht benötigte Zeichen) erkannt werden können.

Beim 8-Kanal-Code stehen beispielsweise 2^8 Kombinationsmöglichkeiten ($= 256$ Zeichen) zur Verfügung.

Wenn es sich daher um Lochstreifenein- und -ausgabe *vom Computer* handelt, benutzt man meistens den *8-Kanal-Code*.

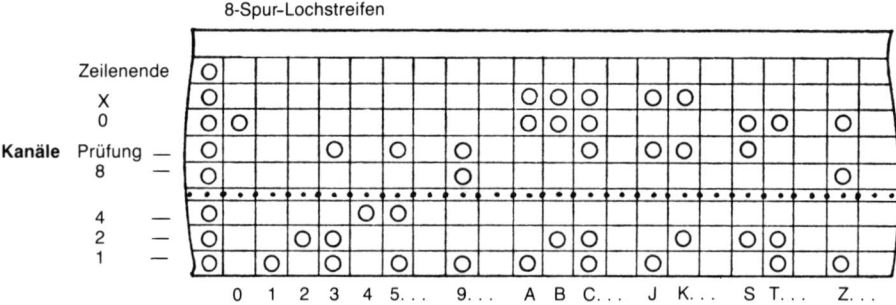

Abb. 40: 8-Spur-Lochstreifen

Der Lochstreifen als Datenträger

Der Lochstreifen war früher in kleinen Betrieben bedeutsam, weil bei seiner Benutzung keine besonderen Investitionsprobleme für Datenerfassungsmaschinen auftraten. Er wurde mit der Verarbeitung von Originaldaten automatisch „nebenher" erzeugt.

Durch den Einsatz von Personal-Computern und die Möglichkeit ihrer Vernetzung, sind die oben beschriebenen Verfahren verschwunden.

Eine nicht zu unterschätzende, wenn auch eine sinkende, Bedeutung hat der Lochstreifen noch heute bei der Steuerung von Maschinen. Ein Programm, das im Lochstreifen enthalten ist, kann dabei Maschinen beliebiger Art automatisch steuern. Wird ein Lochstreifen zu einem Endlosstreifen zusammengeklebt, so wiederholt diese Maschine die vorprogrammierten Funktionen in einem immer wiederkehrenden Rhythmus.

136

Der Lochstreifen wurde hauptsächlich dann sinnvoll eingesetzt, wenn große zusammenhängende Datenbestände verarbeitet werden sollten. Seine Bedeutung im Bereich der Datenverarbeitung ist nur noch historisch.

6.3 Maschinelle Belegverarbeitung

Die Verarbeitung von verschieden großen und unterschiedlich gestalteten Belegen geschieht bei der maschinellen Belegverarbeitung. Dies können z.B. Schecks sein. Bestimmte Belegleser verarbeiten sogar Formulare, die größer als DIN A 4 sind.

Beleglesertypen:

– Markierungsleser
– Klarschriftleser
– Magnetschriftleser
– Mehrfunktionsleser

Markierungsleser erkennen optisch handschriftliche und/oder maschinelle Markierungen auf Belegen. Zum Markieren ist meist ein weicher Bleistift notwendig, aber auch Markierungen mit Kugelschreiber (z.B. Lottoschein) sind erlaubt. Die Markierungen werden entweder waagerecht, senkrecht oder durch einen 45° geneigten kurzen Strich vorgenommen. Dabei sind hohe Anforderungen an die Genauigkeit zu stellen, denn die Rückweisungsrate von Belegen mit nicht erkennbaren Zeichen ist relativ groß (s. Abb. 41).

Klarschriftleser bilden eine weitere Möglichkeit der optischen Beleglesung. Sie werden z.B. dann benutzt, wenn der Aufbau des Formulars nicht voraussehbar ist oder zu einer komplizierten Beleggestaltung führen würde. Diese Leser werden außerdem dann eingesetzt, wenn ganze Textseiten gelesen werden sollen. Es können *maschinengeschriebene* Zahlen, Texte und Sonderzeichen (z.B. optische Schrift A = OCR – A, optische Schrift B = OCR – B)[1] und *handgeschriebene* Zahlen sowie Buchstaben gelesen werden.

Nachdem die Daten gelesen worden sind, können die Belege bei bestimmten Beleglesern in Sortierfächer gesteuert werden.

Magnetschriftleser werden immer dann eingesetzt, wenn besondere Forderungen an die Sicherheit und Genauigkeit der Datenerkennung gestellt werden. Das ist z.B. dann der Fall, wenn Verschmutzung, Unterstreichung und Überstempelung vorkommen können.

Die Magnetschrift ist ebenfalls eine Klarschrift, die jedoch nicht optisch, sondern durch Abfühlung magnetisierter eisenoxidhaltiger Farbe gelesen wird. Magnetschriftleser sind in Deutschland selten eingesetzt, mehr in den USA.

---

1 Optical Character Recognition

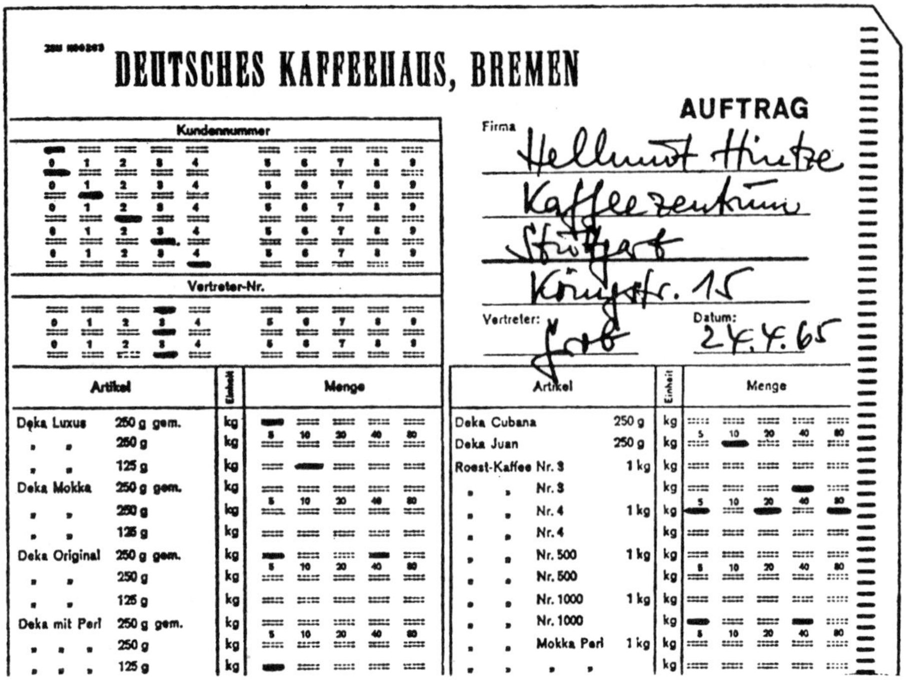

Abb. 41: Als Markierungsbeleg ausgebildeter Bestellschein

Deutsche Bank
Aktiengesellschaft   München

Zahlen Sie gegen diesen Scheck

Betrag in Buchstaben

an
oder Überbringer

Der vorgedruckte Schecktext darf nicht geändert oder gestrichen werden. Die Angabe einer Zahlungsfrist auf dem Scheck gilt als nicht geschrieben.

| Scheck-Nr. | x | Konto-Nr. | x | Betrag | x | Bankleitzahl | x | Text |

Bitte dieses Feld nicht beschriften und nicht bestempeln

Abb. 42: Beleg mit OCR-A-Schrift

138

```
 |||    | |  || |  | ||   ||||   |   | ||  | | | |  ||| |  |  ||
```

0 1 2 3 4 5 6 7 8 9

```
 |  || ||| | | | |  ||  | |   | |||| | || ||| |  | |  |||
```

Abb. 43: Darstellung der Siemag-Magnetschriftzeichen

Mehrfunktionsleser können verschiedene Schriften lesen. Sie sind meist in der Lage, Strichmarkierungen, Schreibmaschinenschriften (OCR – A, OCR – B usw.) sowie Handschrift (in begrenztem Umfang) zu erkennen.

Einige Geräte können sowohl magnetische Schriften als auch wahlweise Markierungen lesen.

Eine interessante Variante des optischen Beleglesers ist der Lesestift (auch Lesepistole), mit dem es möglich ist, einen Strichcode zu lesen. Aufgrund der Hell-Dunkel-Unterschiede wird der Code mit der Stiftspitze erkannt und an die Lese- und Erkennungslogik des Rechners weitergeleitet.

Die Einsatzmöglichkeiten sind äußerst komplex. Man kann Buchsignaturen, Preisauszeichnungen, ja sogar Speisekarten lesen und die Daten direkt in den Rechner übertragen.

6.3.1 Leseverfahren

Markierungsstriche werden durch folgende Verfahren erkannt:
- Abtastverfahren, die die Lichtdurchlässigkeit des Datenträgers ausnutzen;
- Abtastverfahren, bei denen der Hell-Dunkel-Unterschied und die Reflexion des Lichtes vom Beleg ausgenutzt werden.

Klarschriftzeichen erfordern eine aufwendige Erkennungslogik. Hier genügt nicht der Hell-Dunkel-Unterschied allein, sondern auch die Form des Zeichens ist wichtig. Sie wird abgetastet und in die Erkennungslogik des Lesers übertragen. Es besteht auch die Möglichkeit, die Impulse durch ein Programm im Computer zu entschlüsseln.

Magnetschriftzeichen bestehen aus eisenoxidhaltiger Farbe.

Kurz vor dem Lesen werden sie magnetisiert und dann anschließend von einem Lesekopf (vgl. Tonkopf beim Tonbandgerät) gelesen.

Jedes Schriftzeichen ergibt eine unregelmäßig verlaufende Impulskurve, die die Identifizierung des Zeichens ermöglicht.

6.3.2 Belegerstellung

Es gibt verschiedene Ausgabegeräte für optisch lesbare Schrift. Registrierkassen und Rechenmaschinen geben z.B. mit Klarschrift beschriebene Journalstreifen aus.

Auch die Ausgabe des an den Computer angeschlossenen Druckers kann in optisch lesbarer Schrift erfolgen. Selbstverständlich gibt es auch Schreibmaschinen, die über optisch lesbare Schriften verfügen.

Es muß bisher in bezug auf die Beleglesung festgestellt werden, daß sich (abgesehen von kleinen speziellen Beleglesern) ein Einsatz nur bei großen Datenmengen lohnt.

Eine Prüfung der geschriebenen oder markierten Daten wird oft nicht vorgenommen, so daß Eingabefehler seltener erkannt werden. Die Rückweisungsrate ist wegen der erforderlichen Genauigkeit relativ hoch. Eine Reduzierung der Fehlerrate kann durch
- zweimaliges Lesen und
- Plausibilitätskontrollen
erreicht werden.

Trotz dieser Nachteile ist der Belegleser immer häufiger in der Praxis anzutreffen. Es hat sich nämlich gezeigt, daß die aufgeführten Nachteile durch die hohen Kosteneinsparungen, die durch die Direkterfassung entstehen, leicht ausgeglichen werden.

6.4 Magnetband

Das Magnetband erinnert sehr stark an ein Tonbandgerät. Geräte für große EDV-Anlagen verfügen über
- zwei Halterungen zur Aufnahme der Spulen
- Schreib-Lese-Köpfe
- Motoren zum Antrieb der Spulen und des Magnetbandes von der Schreib-Lese-Station
- eine Steuerung, die den Anschluß an den Computer ermöglicht.

Bei den ersten Personal-Computern wurden auch Kassettenrecorder als Magnetbandgeräte benutzt.

Vor dem Arbeitsbeginn werden die beiden benötigten Spulen (abgebende und aufnehmende Bandspule) auf die *Haltevorrichtungen* gesteckt.

Bänder, die zum Überschreiben der Daten freigegeben sind, haben auf der Rückseite einen Schreibring, der die Schreib-Lese-Elektronik des Gerätes freigibt. Das geschieht durch einen kleinen Stift im Bandgerät, der vor dem Schreibring eingedrückt wird. Das *Einfädeln* der Bänder geschieht heute meist automatisch (7 – 10 Sek.). Das Band wird bei einigen Geräten nicht direkt von Spule zu Spule geführt, sondern durchläuft in einer Schlaufe eine Unterdruckkammer. Die Start- und Stoppzeiten des Bandes sind derart gering, daß diese Schlaufe als Sicherheitsfaktor vor dem Reißen des Bandes schützen soll. Bei neuen Entwicklungen entfällt durch verfeinerte Technik und elektronische, mikroprozessorgesteuerte Kontrolle die Unterdruckkammer (Vakuumkanal). Außerdem können bei diesen Geräten auch bei hoher Vor- und Rückspulgeschwindigkeit Daten gelesen werden. Dadurch wird der Zugriff wesentlich beschleunigt.

Die *Schreib-Lese-Köpfe* sind so eingerichtet, daß sie bei fast allen Geräten 7 oder 9 Spuren schreiben und lesen können. Das bedeutet, Magnetbänder sind kompatibel, es können Bänder zwischen verschiedenen Gerätemodellen ausgetauscht werden.

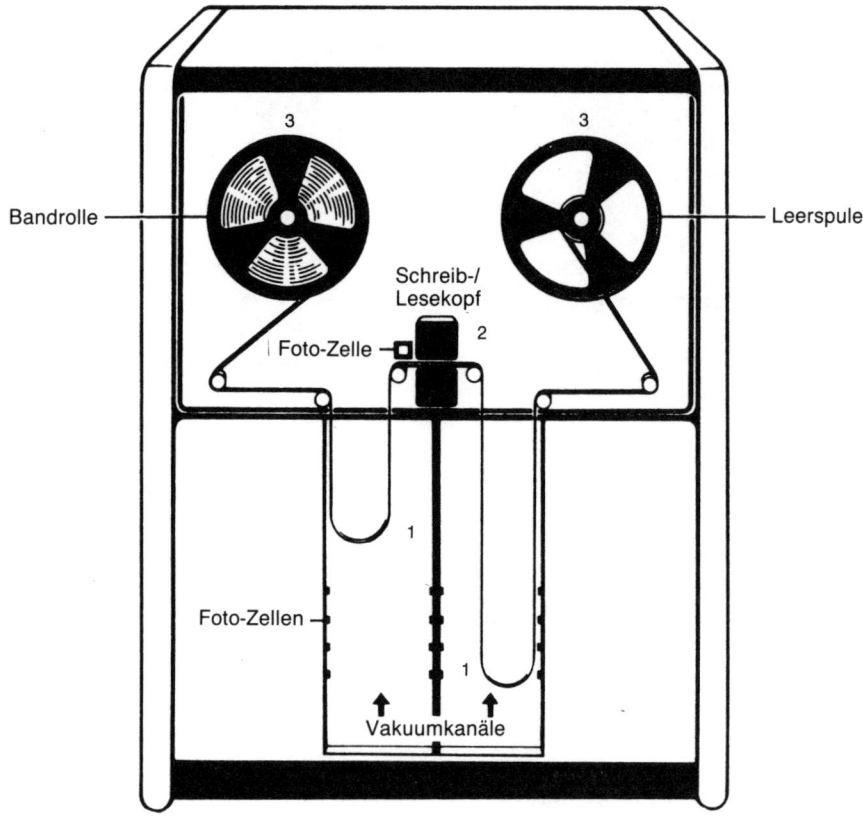

Abb. 44: Führung und Antrieb des Bandes im Magnetbandgerät

Quelle: ESV – Arbeitstransparente zur Datenein- und -ausgabe, Erich Schmidt Verlag, Bielefeld 1981

Nicht selten verfügen Bandgeräte über drei Motoren, zwei für die Spulen und einen für den Antrieb der Transportmechanik während des Schreibens und Lesens.

Um sinnvolle Arbeiten durchführen zu können, benutzt ein Anwender meist zwei, drei oder mehr Bandeinheiten. Diese müssen jedoch nicht in verschiedenen Geräten untergebracht werden, sondern es können z.B. zwei Einheiten in einem Gehäuse die gleiche Elektronik benutzen.

Magnetbandeinheiten verfügen oft nicht über eigene Steuereinheiten, da diese wegen der hohen Kosten nicht in jedes Gerät eingebaut werden, sondern sie benutzen eine gemeinsame Steuerung.

Einfache Steuerungen bedienen nur ein Gerät. Es gibt aber auch den Zweikanalbetrieb, bei dem zwei Geräte zu gleicher Zeit arbeiten können. Diese Steuerung ist natürlich viel aufwendiger und komplizierter.

6.4.1 Technische Daten

Magnetbänder sind in DIN-Normen spezifiziert. So beträgt z.B. die Bandbreite 1/2 Zoll (12,7 mm), die Anzahl der Spuren 9. Bei modernen Magnetbändern, die nicht mehr unbedingt als Magnetbandrolle, sondern auch schon in hermetisch abgeschlossenen Kassetten angeboten werden, beträgt die Zeichendichte bei 18 Spuren bis zu 38 000 Bytes pro Zoll. Das bedeutet, bei entsprechender Blockung können auf dem Band um 200 Millionen Zeichen gespeichert werden.

Die Datenübertragungsrate reicht bis über 3 Millionen Bytes in der Sekunde, sowohl beim Lesen als auch beim Schreiben.

Die Lebensdauer eines Bandes ist sehr groß, während 20 000 Lesedurchläufen darf kein Fehler in der Beschichtung auftreten. Damit ist das Magnetband ein sehr zuverlässiger Datenträger, der für die Speicherung von Massendaten bestens geeignet ist.

Als Peripheriegeräte sind besonders bei mittelgroßen Anlagen sogenannte Streamer im Einsatz. Sie dienen der Sicherung von großen Datenbeständen, z.B. von Magnetplattendateien. Magnetbandkassetten sind meist Standard-Kompakt-Kassetten mit einer Bandlänge von ca. 86 m, einer Bandbreite von 3,81 mm, einer Aufzeichnungsdichte von 800 bpi, einer Schreib-/Lesegeschwindigkeit von ca. 750 Zeichen/s und einer Bandkapazität von 2 × 250 000 Zeichen.

Die Magnetbandkassette ist für den Off-line-Verbund ein wirtschaftlicher Datenträger. Dies vor allen Dingen dann, wenn sich von der Aufgabenstellung her eine sequentielle Datenspeicherung anbietet.

6.4.2 Magnetbandaufzeichnung

Die Daten stehen in 7 oder 9 Spalten auf dem Band, das mit einer magnetisierbaren Schicht versehen ist. Zur Beschriftung des Bandes werden u.a. folgende Magnetisierungsarten eingesetzt:
− return to zero (Impulsschrift)
− Wechselschrift (non return to zero)
− Richtungstaktschrift

Wenn eine hohe Schreibdichte erreicht werden soll, dann ist die Richtungstaktschrift sinnvoll. Bei der Impulsschrift werden 0 und 1 durch die verschiedene Magnetisierungsrichtung dargestellt. Zwischen dem Richtungswechsel liegt eine kurze Zeit, in der keine Magnetisierung geschieht. Das ist bei den beiden anderen Schriften nicht der Fall. Daher ist ihre Zeichendichte auch größer. Die einzelnen Bits eines Zeichens stehen quer zur Durchlaufrichtung des Bandes untereinander. Die Aufzeichnung geschieht nach der Beschleunigung des Bandes auf eine konstante Geschwindigkeit (Start-Stop-Verfahren).

142

6.4.3 Blockung

Satz

Logisch zusammengehörige Daten werden als Satz bezeichnet. In einer Personaldatei ergeben zum Beispiel die Angaben zu einer Person einen Satz, in einer Lagerbestandsdatei wären es die Artikel.

Nach der Aufzeichnung von Daten entsteht hinter dem Datenende, bedingt durch das Abstoppen des Bandes, eine Lücke (Kluft oder gap). Auch bei dem Anlaufen des Bandes entsteht ein freier Bereich auf dem Band, da es die benötigte Arbeitsgeschwindigkeit erreichen muß. Diese Lücke ist also technisch bedingt.

Block

Soll die Anzahl der dadurch verlorenen Zwischenräume verringert werden, dann sind mehrere Sätze zu *Blöcken* zusammenzufassen.

Wieviele Sätze zu einem Block zusammengefaßt werden, entscheidet der Organisator zusammen mit dem Programmierer. Die Zahl hängt aber auch von der Art des Betriebssystems, dem Programm und der Speichergröße ab.

Das Magnetbandgerät kann immer nur blockweise arbeiten. Es überträgt daher den gesamten Block vom Band in den Speicher. Dort kann der gesuchte Satz herausgesucht und verarbeitet werden.

Angenommen, der gelesene Satz – zum Beispiel ein Personalstammsatz – soll geändert werden, da die Person umgezogen ist. In diesem Fall wird der veränderte Satz nicht auf das Band zurückgeschrieben, obwohl das technisch möglich ist, sondern ein anderes Band benutzt. Dabei sind die unveränderten Daten von dem alten Band (Vater) auf das neue Band (Sohn) zu übertragen. An der entsprechenden Stelle ist der Block mit dem veränderten Satz hinzuzufügen. Anschließend überträgt das Programm die restlichen Daten, die unverändert sind, ebenfalls auf das neue Band (Vater-Sohn-Prinzip). Diese Verarbeitungsform ist umständlich, hat aber den Vorteil, daß das Originalband (Vater) aufgehoben werden kann und als Sicherheitsfaktor solange vorhanden ist, bis wieder Veränderungen auf dem neuen Band vorgenommen werden müssen.

6.4.4 Magnetbandorganisation

Der Magnetbandspeicher hat gegenüber vielen anderen Magnetspeichern den Nachteil, keinen wahlfreien Zugriff zu haben. Die Verarbeitung der Daten erfolgt daher seriell, also nacheinander in der Folge, in der sie gespeichert wurden (SAM = sequential access method).

Aus diesem Grunde müssen Daten auf dem Magnetband grundsätzlich sortiert sein, wenn sie als Datei eingesetzt werden sollen. Wenig sinnvoll wäre es, Daten auf dem Band zu speichern, die nicht nacheinander abgearbeitet werden müssen, von denen also einmal diese, einmal andere bereitgestellt werden müssen. Das organisatorische Problem liegt also in der Ordnung (Sortierung) der Datei und der Festlegung oder Feststellung der üblichen Verarbeitungsform. Der heutige Trend, möglichst viel mit Magnetplatten, die einen sofortigen Zugriff zu den Daten ermöglichen, zu arbeiten, ist jedoch nur bedingt sinnvoll. Bei guter Organisation kann im kaufmännischen Bereich ein Großteil der Verarbeitung seriell (sequentiell) erfolgen.

Beim Einsatz von Magnetbändern für innerbetriebliche Aufgaben, die eine permanente Aktualisierung von Datenbeständen erfordern, wird die typische Magnetbandorganisation sichtbar. Sie ist dadurch charakterisiert, daß Bänder mit den vorhandenen alten Bestandsdaten und Bändern, welche die Berichtigungsdaten aufnehmen, notwendig sind. Beide Bandarten − sortiert nach auf- bzw. absteigenden Selektionsmerkmalen, z.B. Nummernfolgen − werden verarbeitet. Als Ergebnis der Verarbeitungsvorgänge entstehen Bänder mit den neuen, aktualisierten Bestandsdaten.

Übertragen auf das Arbeitsgebiet der Lagerbestandsrechnung bedeutet dies z.B., daß die Lagerzu- und Lagerabgänge auf einem sog. Bewegungsband erfaßt werden. Der bisher vorhandene Lagerbestand ist auf dem sog. ,,Lagerbestandsband alt" untergebracht. Als Produkt des Verarbeitungslaufes, bei dem die alten Lagerbestände durch die Lagerzu- und Lagerabgänge berichtigt werden, entsteht das sog. ,,Lagerbestandsband neu". Dieses wird

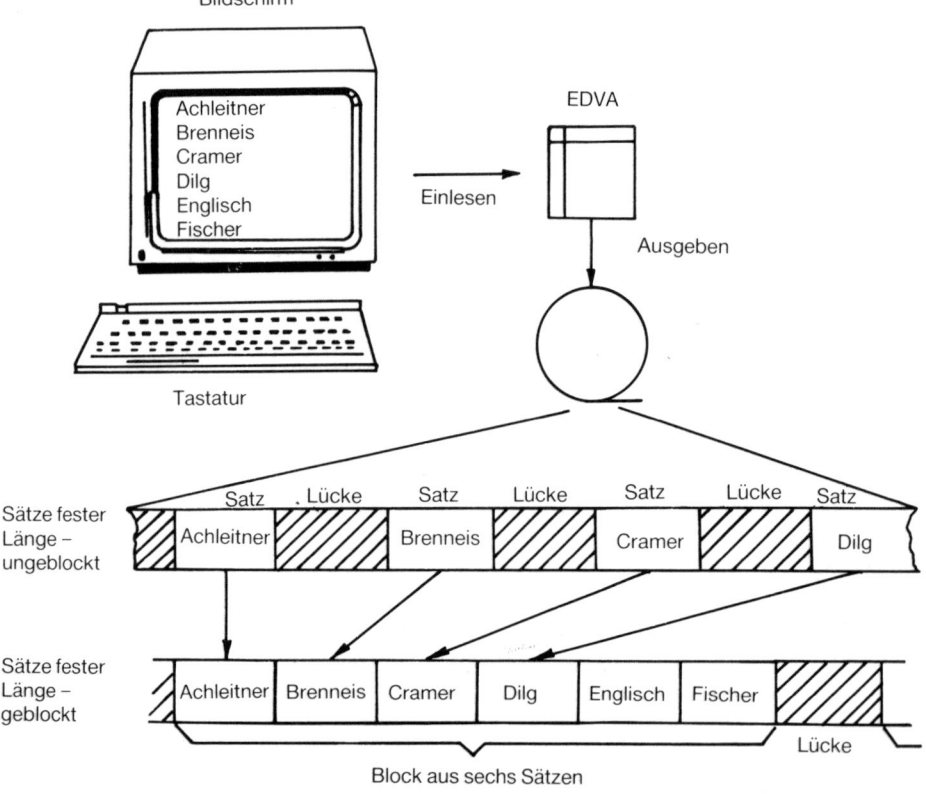

Abb. 45: Satz und Block

beim nächsten Verarbeitungslauf mit einem zwischenzeitlichen neuen Lagerbewegungsband wieder zum Lagerbestandsband alt.

Bezüglich des Dateninhaltes von Magnetbändern bei Magnetbandorganisationen kann – neben den bereits erwähnten Bewegungs- und Bestandsbändern – u.a. noch zwischen Stammdatenbändern, Stammdatenänderungsbändern und Fehlerbändern unterschieden werden.

Stammdatenbänder beinhalten Stammdaten, z.B. Artikelstammdaten. Stammdatenänderungsbänder weisen Änderungsdaten für die Stammdaten auf.

Fehlerbänder enthalten die bei der Verarbeitung festgestellten fehlerhaften Daten.

6.4.5 Anwendungsbereiche des Bandes

Da die Kosten der Speicherung auf einem Magnetband nur einen Teil der Kosten einer Speicherung auf der Platte betragen, wird das Magnetband immer dann sinnvoll eingesetzt, wenn große Datenmengen preisgünstig gespeichert werden sollen oder aber, wenn eine sequentielle Verarbeitungsform notwendig oder möglich ist. Wegen der hohen Übertragungsgeschwindigkeit ist dann auch das Magnetband dem Magnetplattenspeicher nicht unterlegen.

Die Daten müssen also gesammelt und in sortierter Folge verarbeitet werden. Auch zur Archivierung von großen Datenmengen eignen sich Bänder vorzüglich, denn sie sind besonders preisgünstig und wegen des geringen Platzbedarfs leicht zu lagern. Eine Anwendungsform wird z.B. von Kreditinstituten eingesetzt. Es ist die Datenübertragung von Band zu Band. Dabei benutzt man Fernübertragungseinrichtungen und überträgt die Daten vom Sender zum Empfänger über Telefonleitungen.

Eine weitere Anwendungsform von Magnetbändern ist im Bereich der Datensicherung zu nennen. Hierbei nehmen Magnetbänder die aus Verarbeitungsläufen z. B. mit Platten anfallenden und zu sichernden Daten auf. Die Datensicherung kann parallel zu den Verarbeitungsläufen oder nachgelagert erfolgen.

Bei geschickter und überlegter Organisation ist das preisgünstige Magnetband sicher auch in Zukunft ein besonders wichtiger Datenträger für die Dateneingabe, -ausgabe, Datenübertragung und Datenspeicherung (Archivierung).

6.5 Direktzugriffsspeicher

Bei einem Direktzugriffsspeicher ist kein serielles Durchsuchen des Datenträgers notwendig, sondern die Daten werden bei Bedarf *sofort* zur Verfügung gestellt. Der Zugriff beträgt bei einigen Speichern im Durchschnitt um 10 ms (das sind 10/1000 Sekunden).

Zu den externen Speichern mit direktem Zugriff gehört heute nur noch der Plattenspeicher.

6.5.1 Verfahren des direkten Zugriffs

Der direkte oder wahlfreie (random) Zugriff (access) ist immer dann sinnvoll, wenn Daten nicht der Reihe nach abgearbeitet werden sollen oder können.

Das ist z.B. bei Kreditinstituten der Fall, da die Kunden nicht in der alphabetischen oder nummernmäßigen Reihenfolge am Schalter erscheinen und Buchungen vornehmen lassen, sondern dann, wenn es ihnen ihre Zeit erlaubt.

Aber auch in vielen anderen Bereichen der Praxis sind Direktzugriffsspeicher im Einsatz.

Folgende Beispiele sollen zeigen, wie sehr sich diese Speicherungsform durchgesetzt hat. – Anspruch auf Vollständigkeit wird dabei nicht erhoben.

Problem	Einsatz eines Direktzugriffs- speichers für
Erzeugnisplan und Entwicklung	Auftragsdatei Kostendatei
Stücklisten und Arbeitsplanung	Arbeitsgangstammdatei Teiledatei, Erzeugnisstrukturdatei
Bedarfsrechnung	Auftragsdatei, Teiledatei
Bestellrechnung	Auftragsdatei, Partnerdatei
Wareneingang und Bestandsrechnung usw.	Teiledatei, Erzeugnisdatei, Kostendatei

Tab. 9: Einsatzbeispiele – Direktzugriffsspeicher

Unentbehrlich ist der Direktzugriffsspeicher bei Platzbuchungs- und Reservierungssystemen, bei Auskunfts- und natürlich bei Datenbanksystemen.

Mit drei Verfahren können Daten auf Direktzugriffsspeichern gespeichert und bei Bedarf abgerufen werden.
– Direkte Adressierung (Kennbegriff = Adresse)
– Benutzung eines Algorithmus (Umrechnungsmethode)
– Zugriff aufgrund von Adreßlisten (Index).

Selbstverständlich ist eine *sequentielle Speicherung* z.B. auf der Platte möglich. Die Datenbestände müssen dann – wie z.B. beim Band – seriell durchsucht werden. Der *Vorteil* gegenüber einem Band besteht darin, daß man Veränderungen innerhalb von Datensätzen durchführen kann, ohne die Daten auf einen anderen Datenträger zu übertragen. Nur bei Zu- und Abgängen benötigt man eine zweite Platte oder einen freien Bereich derselben Platte.

6.5.2 Plattenspeicher

Die Magnetplatte ist eine schallplattenähnliche Metallscheibe, die zur Datenspeicherung mit einer magnetisierbaren Schicht versehen ist. Da die Platte in einem Laufwerk mit relativ hoher Geschwindigkeit rotiert, kann auf die einzelnen Daten direkt (sofort) zugegriffen werden.

Das ist auch der große Vorteil gegenüber dem Magnetband, bei dem Suchvorgänge mehrere Minuten dauern können.

146

Die Aufzeichnung der Daten auf eine Magnetplatte geschieht meist bit-seriell, sozusagen im Kreis herum.

Daten werden im Gegensatz zu früheren Verfahren immer häufiger auf Platten und Disketten gespeichert.

Im Bereich der Personal-Computer werden sie auch Winchester-Platten genannt.

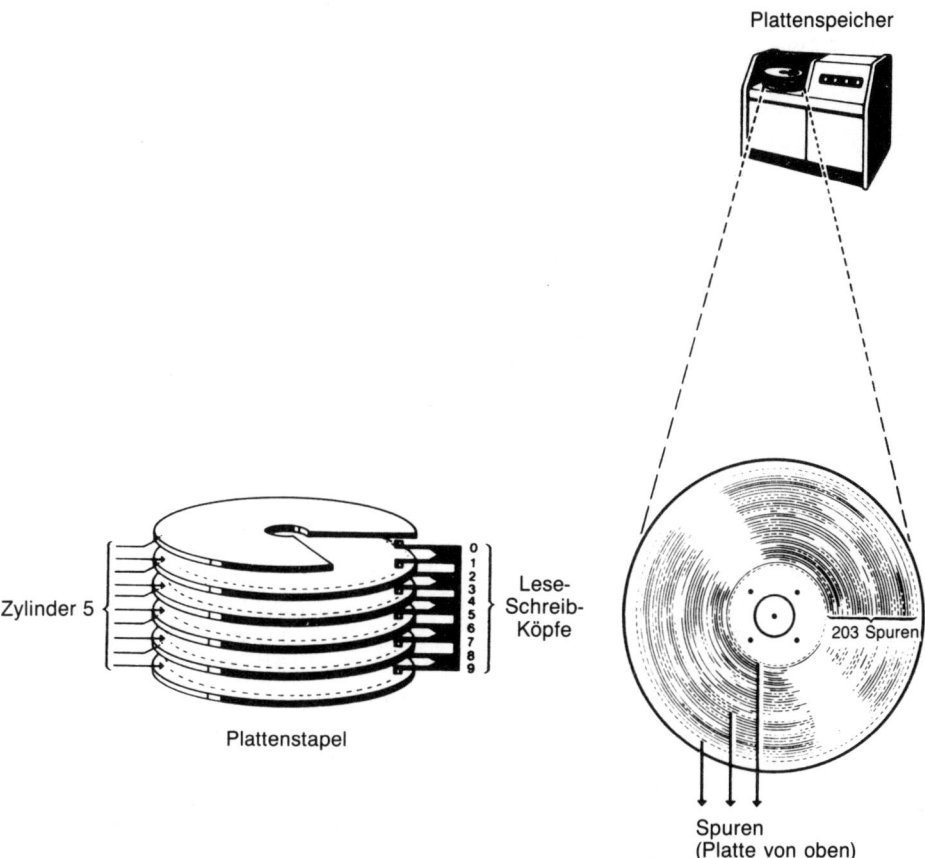

Abb. 46: Magnetplatte — ESV Arbeitstransparente, Erich Schmidt Verlag, Bielefeld, 1981

Generell kann man zwischen Fest- und Wechselplattensystemen unterscheiden. Festplatten sind in den Laufwerken fest eingebaut und somit gut gegen Verschmutzung und Beschädigung geschützt. Wechselplatten sind hingegen austauschbar. Sie können aus flexiblem Material oder aus festen oder versiegelten Scheiben bestehen. Einzelne Computer-Systeme verfügen über Plattenlaufwerke sowohl für Fix- als auch für Wechselplatten.

Im Hinblick auf Plattenkapazität, durchschnittliche Zugriffszeit und Übertragungsgeschwindigkeit bestehen zwischen den einzelnen Plattenmodellen z.T. erhebliche Unterschiede.

Betrachtet man eine Platte von oben, dann stellt man konzentrische (in sich geschlossene) Spuren fest. Die Anzahl hängt von dem Modell ab. Es gibt Platten mit 30 – 40 und Platten mit 1500 und mehr Spuren.

Mehrere Platten können zu einem Plattenstapel zusammengefaßt werden.

Platten sind fortlaufend von 0, äußere Spur, bis zur inneren Spur durchnumeriert. Um eine Markierung des Anfangspunkts der Spur zu haben, befindet sich bei großen Plattenstapeln oft auf der untersten Plattenfläche eine Markierung (Gravierung), die bei jeder Umdrehung abgetastet wird (Indexpunkt).

Zu den Spuren kann mit Schreib-/Leseköpfen zugegriffen werden, die in die Platten hineingreifen können. Die Spuren sind mit Nummern versehen. Bei Plattenstapeln bezeichnet man Spuren mit derselben Nummer übereinander als Zylinder. Diese Platte verfügt also über genauso viele Zylinder wie Spuren. Eine Adressierung kann vorgenommen werden, indem man die Zylindernummer (Spurnummer), Kopfnummer und die Nummer des Satzes in der Spur angibt.

Modernste Festplattengeräte verfügen bereits über eine Kapazität von 2,5 Milliarden Bytes pro Platteneinheit. Bei diesen Systemen arbeiten zwei Plattenstapel mit je zwei Zugriffsarmen. Dadurch beträgt die mittlere Suchzeit nur 17 ms (Millisekunden), von Spur zu Spur sogar nur 3 ms. Die Übertragungsrate liegt bei 3 Millionen Bytes pro Sekunde.

Durch die hohe Leistungsfähigkeit dieser Festplattengeräte wird die Bedeutung der Wechselplatten in Zukunft immer mehr nachlassen.

Disketten

Disketten, auch Floppy Disks oder Floppys genannt, sind seit 1973 auf dem Markt. Sie finden zunehmend Verwendung bei Kleincomputern und Textverarbeitungs-Systemen, und zwar immer dann, wenn große Mengen von Daten zur Verarbeitung und Archivierung gespeichert werden müssen. Eine Diskette kann je nach Ausführung die Datenmenge von 40 bis 400 Seiten Schreibmaschinentext (ca. 3.500 Zeichen pro Seite) speichern. Beim Lesen und Schreiben der Daten dreht sich die Diskettenscheibe zwischen 300 und 360 mal pro Minute.

Die Diskettenscheibe sitzt fest eingeschlossen in einer viereckigen Kunststoffhülle, die sie vor Kratzern, Schmutzpartikeln usw. schützt. Grundsätzlich unterscheidet man zwischen einseitig und zweiseitig beschreibbaren Disketten.

Die Aufzeichnung der Daten erfolgt in konzentrischen Kreisen, den Datenspuren. Zeichnet man Spur für Spur nebeneinander auf, so erhält man bei der 5,25 Zoll Floppy Disk bei einfacher Spurdichte rund 40 Spuren pro Diskettenoberfläche und bei doppelter Spurdichte ca. 80 Spuren. Die einzelnen Spuren sind wiederum in Sektoren unterteilt. Die zu speichernden Daten werden auf den Spuren hintereinander mit magnetischen Impulsen aufgezeichnet. Ein Bit ist nur vier tausendstel Millimeter lang. Die Datendichte, mit der die einzelnen Bits auf einer Spur hintereinander geschrieben werden, wird in ,,bpi'' angegeben, in ,,bits per inch'' oder Bits pro Zoll (1 Zoll = 2,54 cm). Herkömmliche Diskettenlaufwerke arbeiten mit 3000 bis 6000 Bits pro Zoll.[1]

Neue Diskettenformen (z.B. 3,5 Zoll) werden sich in Zukunft durchsetzen. Auf ihnen sind Kapazitäten bis 1 MByte erreichbar.

---

1 Vgl.: Die Diskette – Speichermedium für Micro-Computer, BASF-Unterrichtshilfen, I 1, Ludwigshafen 1985

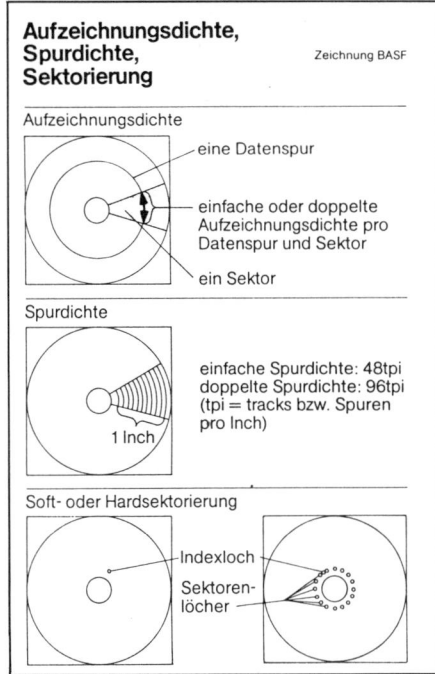

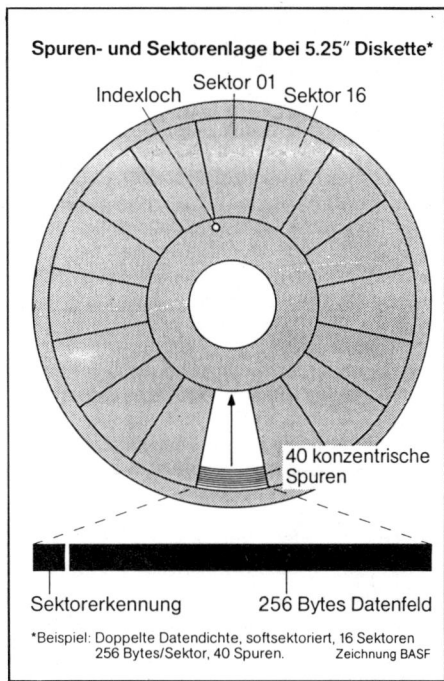

Abb. 47: Disketten-Datenaufzeichnung

6.5.2.1 Gestreute Speicherung mit direkter Adressierung

Es handelt sich bei dieser Form der Speicherung und des Zugriffs zu Daten um eine Methode, bei der häufig bereits im Betrieb vorhandene Ordnungsbegriffe in einfacher Weise in Adressen umgewandelt werden (DAM = direct access method).

Angenommen die Kundennummer 3624 sei auf einem Plattenstapel zu suchen, dann ergibt zum Beispiel die

36 den Zylinder Nr. 36
2 den Schreib-/Lesekopf 2
4 den Satz 4.

Vorteile des Verfahrens sind:
– einfache Umrechnungsmethode;
– festes Umrechnungsverfahren, das eine Rückrechnung von der Adresse auf den Ordnungsbegriff zuläßt;
– Sortierfolge bleibt erhalten;
– jeder Satz hat einen genau festgelegten Platz auf der Platte.

Nachteile sind:
– Sind Lücken in den Ordnungsbegriffen vorhanden, dann entstehen auch Lücken auf der Platte.

6.5.2.2 Gestreute Speicherung mit indirekter Adressierung – Benutzung eines Algorithmus

Bei diesem Verfahren wird in einem Programmteil der Ordnungsbegriff (Kundennummer, Artikelnummer usw.) in eine Adresse umgerechnet.

Ein häufig eingesetztes Verfahren ist das ,,Divisions-Rest''-Verfahren. Bei diesem Verfahren wird als Adresse der Rest benutzt, der bei der *Division* des *Ordnungsbegriffs* durch eine bestimmte Zahl entsteht.

Merkmale der indirekten Adressierung:
- eine Rückrechnung von der Adresse zum Ordnungsbegriff ist nicht möglich;
- eine sortierte Speicherung liegt nicht vor;
- es können Mehrfachbelegungen vorkommen.

6.5.2.3 Zugriff aufgrund von Adreßlisten – Indexsequentielle Adressierung

Einige Hersteller von Datenverarbeitungsanlagen bezeichnen diese Methode auch als ,,indizierte'' oder ,,indexsequentielle'' Zugriffsmethode.[1] Am besten ist die Methode mit dem Suchen eines Begriffs in einem Buch zu vergleichen.

Ist ein Buch umfangreich, dann verfügt es über ein Kapitelverzeichnis, aus dem nur der Inhalt und natürlich die Nummer der ersten Seite im Kapitel zu ersehen ist. Nach dem Aufschlagen des gesuchten Kapitels liegt ein zweites, genaueres Inhaltsverzeichnis vor, über das die Seitennummer des gesuchten Begriffs zu finden ist.

Bei Direktzugriffsspeichern kann ähnlich wie in dem oben angeführten Beispiel vorgegangen werden.

Nachdem der *gesuchte Ordnungsbegriff*, zum Beispiel Nr. 218, im Arbeitsspeicher bereitsteht, wird zu einer Platte, die einen *Zylinder-Index* (Kapitel) enthält, zugegriffen. Dieser Index gibt an, in welchem *Zylinder* einer anderen Platte die Daten stehen. Es wird zum Beispiel auf Zylinder 1 verwiesen, weil er alle Daten zwischen 001 und 900 enthält.

In der obersten Spur des *Zylinders Nr. 1* der Platte stehen die genaueren Angaben, wo im Zylinder die gesuchten Daten zu finden sind (Spur-Index). Wir erhalten den Hinweis auf Kopf 2, denn dort sind die Daten bis 260 gespeichert. Da die Nummer 218 zu suchen ist, muß sie sich jetzt in der Spur, die durch Kopf 2 angesprochen ist, befinden.

Eine genauere Auffindung ist durch Satz-(Sektor-)angabe möglich. Diese Methode scheint auf den ersten Blick kompliziert zu sein.

Hersteller von DV-Anlagen bieten jedoch gute Software für den Einsatz sowohl dieser als auch der anderen Speicherungsformen an.

Der Vorteil der letzten Methode gegenüber der *direkten Adressierung* und der *indirekten Adressierung* ist, daß der Platz auf dem Direktzugriffsspeicher optimal ausgenutzt ist, denn die Daten werden in sequentieller Reihenfolge lückenlos gespeichert.

Der *Nachteil* gegenüber den beiden anderen Methoden liegt darin, daß die Auffindung der Daten wegen der aufwendigen Suchmethode geringfügig länger dauert.

---

1 ISAM = indexed sequential access method

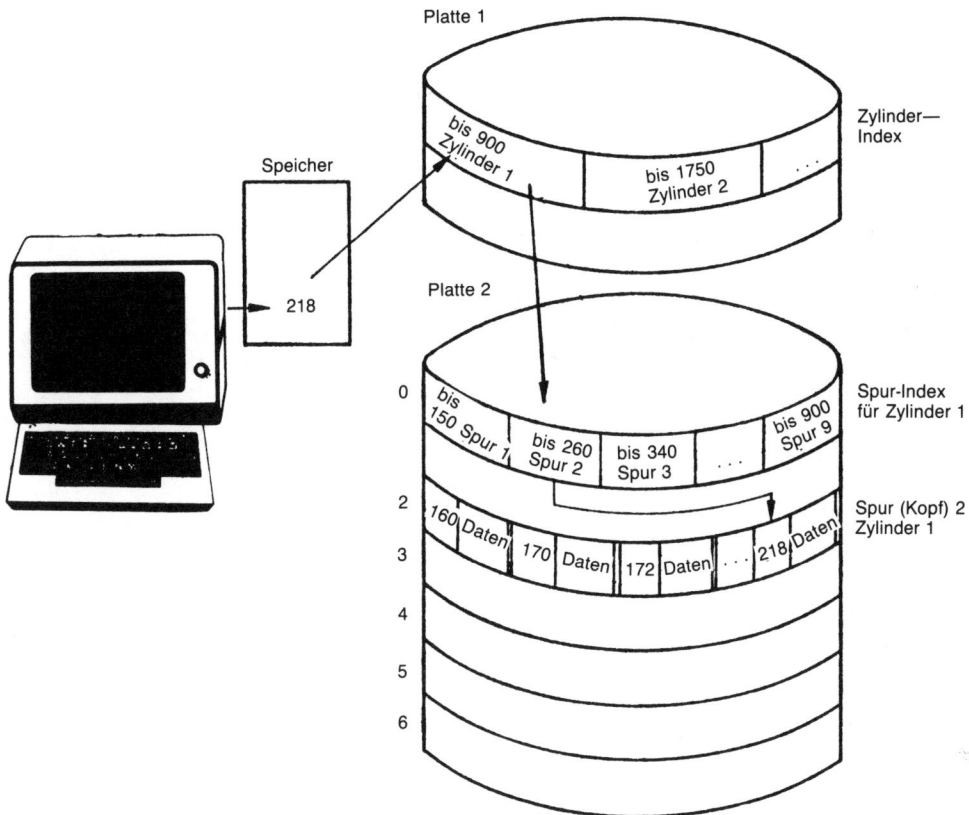

Abb. 48: Indexsequentielle Speicherung

CD-ROM (Compact Disk – Read Only Memory)

CD-ROM ist ein Datenträger äußerlich ähnlich einer Diskette. Eine CD-ROM kann lediglich gelesen, und nur mit speziellen Geräten beschrieben werden. Sie finden zunehmend Verwendung bei Personal-Computern. Das Haupteinsatzgebiet liegt dort, wo große Datenmengen in kurzer Zeit abgefragt werden sollen, wie z.B. bei einer Wirtschaftsdatenbank. Eine CD-ROM hat eine Speicherkapazität von 550 MegaByte (ca. 250 000 DIN-A4-Seiten Text). Dieses enorme Speichervolumen findet auf einer Platte mit nur 12 cm Durchmesser Platz.

Diese Platten können nur von speziellen CD-ROM-Laufwerken gelesen werden. Die Aufzeichnung erfolgt wie bei Disketten in konzentrischen Kreisen, aber statt mit 48 tpi (tracks per inch) Speicherdichte wird mit 16 000 tpi gearbeitet. Auf einer CD-ROM-Disk sind die gespeicherten Informationen in eine Metallschicht in Form von kleinen Vertiefungen (Pits) eingeprägt. Diese Metallschicht ist wiederum von einem schützenden Plastikmantel umgeben, der die CD-ROM weitgehend unempfindlich macht. So wird auf diese Weise auch verhindert, daß die gespeicherten Informationen verändert werden können. Es ist aber schon absehbar, daß auch beschreibbare Disks auf den Markt kommen werden, die dann jedoch ein CD-RAM (CD-Random Access Memory) heißen werden.

151

6.6 Bildschirmgeräte

Geräte dieser Art werden immer dort eingesetzt, wo der Mensch direkt mit der Datenverarbeitungsanlage in Verbindung stehen muß, eine schriftliche Ausgabe aber nicht – oder nicht sofort – nötig ist.

In der Praxis gibt es eine Anzahl von verschiedenen Bezeichnungen für die Geräte, so z.B. – Screen, Display, Display-Unit, Monitor, Terminal, Datensichtgerät, Analogsichtgerät.

Ein Bildschirmgerät ist einem Fernsehgerät sehr ähnlich. Verschiedene Hersteller bieten daher den Anschluß von Tastaturen an Fernsehgeräte an.

In einem Bildschirmgerät sind neben der Bildröhre und der Tastatur verschiedene Funktionseinheiten enthalten.

Dazu gehören u.a.
– der Analogteil, der die Steuerspannung für den Kathodenstrahl erzeugt
– der Digital-Analogumwandler, der die eigentliche Verbindung zum Computer herstellt, da er die digitalen Impulse in lesbare Zeichen umformt
– die Speichereinheit, die eine Zwischenspeicherung der auf dem Bildschirm erscheinenden Zeichen übernimmt
– die Ein-/Ausgabeeinheit, die u.a. die von der Tastatur ankommenden Zeichen übernimmt und umcodiert.

Nach einer in den Vereinigten Staaten veröffentlichten Studie werden allein auf dem US-Markt im Augenblick weit über 100 alphanumerische Bildschirmgeräte angeboten. Nicht ganz so groß ist die Zahl der in der BRD vorhandenen Geräte, es ist aber dennoch sinnvoll, sie nach bestimmten Kriterien zu ordnen.

Fernseh-Bildschirmgeräte

Es ist heute kein Problem, normale Fernsehgeräte an eine Tastatur anzuschließen und als Datenfernübertragungsgerät zu benutzen.

,,Nicht-intelligente Terminals''

Schwieriger ist die Unterscheidung zwischen ,,Nicht-intelligenten Terminals'' und ,,intelligenten Terminals''.

So wie im menschlichen Bereich die Intelligenz vielschichtig und schwer zu definieren ist, so ist auch die Einteilung der verschiedenen Terminals nicht einfach. Einigermaßen gesichert ist die Forderung, daß in diesen Terminals keine Programme ablaufen.

,,Intelligente Terminals''

Diese Terminals sind programmierbar oder in ihnen laufen vorprogrammierte Routinen ab. Häufig sind es speziell für das Terminal entwickelte Sprachen wie Assembler oder eine problemorientierte Sprache. Es können mit diesem Gerät Daten programmgesteuert erfaßt, aufbereitet, geprüft und übertragen werden.

Dadurch wird der Rechner entlastet, denn wichtige Arbeiten, die vor der eigentlichen Verarbeitung liegen und zeitaufwendig sind, werden vom Terminal übernommen.

152

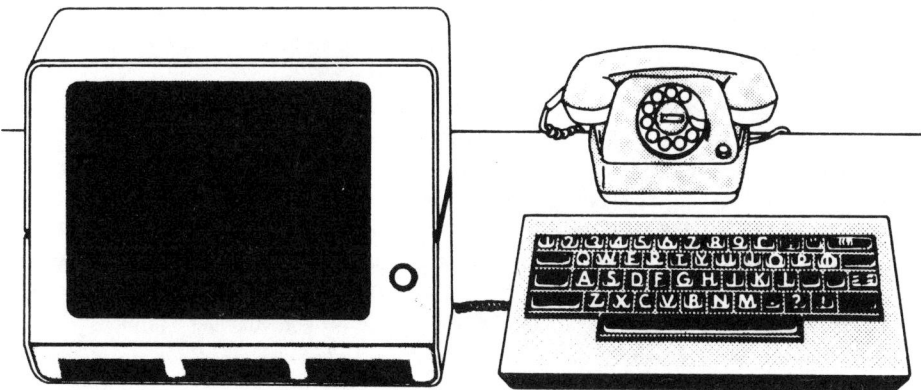

Abb. 49: Bildschirm aus: ESV-Arbeitstransparente, a.a.O., Folie 72, 1977

6.6.1 Prinzip der Zeichendarstellung

Daten, die der Computer ausgibt, werden auf einem Bildschirm mit Hilfe einer Kathodenstrahlenröhre sichtbar gemacht. Die Methoden der Zeichendarstellung hängen von der unterschiedlichen Technik der Geräte ab. Folgende Realisierungsformen sind z.B. eingesetzt:
- die Zeichen werden aus Punkten gebildet
- die Zeichen werden aus kleinen Strichen zusammengesetzt
- die Zeichen werden mit Hilfe einer Schablone in der Kathodenstrahlenröhre erzeugt
- die Zeichen können durch ein Programm, das den Kathodenstrahl führt, erzeugt werden.

Für graphische Darstellungen, wie z.B. technische Zeichnungen, Wetterkarten, geographische Karten usw. eignet sich am besten die zuletzt erwähnte Methode der Programmsteuerung des Kathodenstrahls. Bei dieser Methode wird der Bildschirm durch Koordinanten eingeteilt, so daß jeder einzelne Punkt genau definiert ist und damit angesprochen werden kann.

Auf diese Weise sind Konstruktionen kompliziertester Art und in unglaublich kurzer Zeit durchzuführen und zu berechnen.

6.6.2 Betriebsformen und Betriebsarten

Es gibt verschiedene *Betriebsformen* der Bildschirmgeräte. Relativ selten ist der *Simplex-Betrieb* (Einwegverkehr) mit dem Bildschirm.

Die Bildschirme sind hier lediglich Erfassungsplätze und können nur Daten an den Rechner übertragen (selten vom Rechner nur empfangen — receive only displays —).

Am weitesten verbreitet ist in der Praxis der *Halbduplex-Betrieb* (ungleichzeitiger Zweiwegverkehr).

Die Datenstationen können in diesem Fall Daten senden *und* empfangen. Das geschieht jedoch nicht gleichzeitig, sondern es wird jeweils die Übertragungsrichtung — vom Computer gesteuert — geändert.

Etwas seltener – auch wegen der höheren Kosten – wird der *Duplex-Betrieb* durchgeführt (gleichzeitiger Zweiweg-Verkehr). Hier handelt es sich um einen echten Dialog zwischen Menschen und Computer.

– Bildschirmgeräte können in verschiedenen Betriebsarten eingesetzt werden.
– Bei der sog. Conversational-Mode werden die in das Gerät eingegebenen und auf dem Bildschirm sichtbaren Daten in derselben Form direkt an den Rechner weitergegeben. Die Übertragung findet meist im Halbduplex-Betrieb byteweise oder wortweise statt.
– Bei der Page-Mode werden auf dem Bildschirm eingegebene und vorhandene Daten seitenweise an den Rechner weitergegeben. Dies bedeutet, daß Eingaben nicht sofort weitergegeben werden, vielmehr ist nach einer Reihe von weiteren Steueranweisungen eine teilweise, z.B. halbseitige oder aber eine ganzseitige Weitergabe an den Rechner möglich.
– Die Betriebsart Mask-Mode ist dadurch charakterisiert, daß auf dem Bildschirm eine bestimmte Maske erzeugt wird. Der Bildschirm wird entsprechend aufgeteilt, in etwa mit einem Formular vergleichbar. Die Maske wird mit den zu erfassenden Daten ausgefüllt, die anschließend an den Rechner weitergegeben werden.

6.6.3 Auswahlkriterien für Bildschirmgeräte

Auswahlkriterien für Bildschirmgeräte sind selbst für den Fachmann schwer aufzustellen.

Dennoch soll versucht werden, einen *Kriterienkatalog* aufzustellen, der die schwere Wahl für das richtige Terminal erleichtert.

Nach der Feststellung der auf dem Markt insgesamt installierten Einheiten ist die *Kompatibilität* zu anderen Herstellern und deren Geräte zu prüfen. Auch die Bildschirmgröße, die maximale Anzahl der gleichzeitig darstellbaren Zeichen und der Zeichenvorrat sind zu prüfen. Verschiedene Funktionen während der Ausgabe wie Blinken der Zeichen, unterschiedliche Helligkeit oder Aufteilung des Bildschirms sind ebenfalls von Bedeutung. Natürlich spielt auch die Übertragungsgeschwindigkeit sowie die maximale Größe eines zu übertragenden Blocks eine Rolle.

Viele Anwender möchten evtl. weitere Bildschirmgeräte anschließen. Daher ist es wichtig zu wissen, ob der weitere Anschluß von Geräten mit Problemen verbunden ist. Von weiterer Bedeutung sind die Änderungsmöglichkeiten von Texten auf dem Bildschirm, die Anzahl der Operationen, die off-line[1] durchgeführt werden können, Plotter-Funktionen, intelligente Funktionen sowie die Arten der internen Speicherung der Daten und die Größe des Speichers (es gibt Bildschirmgeräte mit 64 KB-Speicher). Natürlich spielt auch der Preis eine Rolle.

---

1 Off-line = ohne Steuerung durch den Computer.

6.6.4 Anwendungsmöglichkeiten von Bildschirmgeräten

Bildschirmgeräte eignen sich besonders gut für die Datenverarbeitung an unterschiedlichen Orten im Hause oder „außer Haus". In Unternehmen mit dezentralisierter Organisationsstruktur finden Bildschirmgeräte an einzelnen Arbeitsplätzen Anwendung. Es geht hier oft darum, daß die Informationen aus den räumlich verstreuten Außenstellen so einem Computer übermittelt werden, daß die Geschäftsleitung jederzeit Informationen über die Vorgänge im Unternehmen erhalten kann.

Diese *Zentralisation* der Datenverarbeitung und Dezentralisation der Eingabe und Ausgabe bringen Kostenvorteile gegenüber dem Einsatz von mehreren kleinen Anlagen in den Zweigbetrieben.

Der Einsatz von Bildschirmgeräten bei *Banken und Sparkassen* ist vor allem zur Verbesserung des Kundendienstes eingeführt worden. Es handelt sich dabei um real-time-Systeme (vgl. Betriebsarten), mit denen die Transaktionen der Kunden wie z.B. Einzahlungen, Auszahlungen, Zinsnachtragungen, Überweisungen, Scheckeinlösungen, Kreditgewährung ohne Zeitverlust bearbeitet werden können. Zusätzlich finden oft Schalterquittungsmaschinen Anwendung, die sofort die Veränderungen auf ein Formular, das ins Sparbuch einzukleben ist, ausgeben oder direkt in das Sparbuch drucken.

Der Einsatz von Bildschirmgeräten in großen *Zeitungsredaktionen* ist heute bereits keine Utopie mehr, sondern unbedingte Notwendigkeit. Während um das Jahr 1700 in der Welt jährlich weniger als hundert wissenschaftliche Originalarbeiten erschienen, liegt die Zahl heute bei 10 Mio. neuen Titeln pro Jahr. Soll in einer Zeitung oder Zeitschrift beispielsweise über eine technische Neuerung berichtet werden, dann ist es wichtig herauszufinden, ob über den Erfinder bereits etwas veröffentlicht wurde, ob Interviews vorliegen, ob die persönlichen Daten gespeichert sind usw.

Das würde für den Redakteur eine langwierige Suche bedeuten. Kann er jedoch über ein Bildschirmgerät den Archivinhalt mit allen gespeicherten Informationen abrufen, dann können diese Daten in wenigen Sekunden zur Verfügung stehen.

Ein weiteres Anwendungsfeld für Bildschirmgeräte ist der *Großhandel*.

Mit herkömmlichen Methoden ist es unmöglich, eine *genaue* Auskunft über die verfügbaren Bestände zu erhalten, besonders dann, wenn mehrere Verkaufsstellen vorhanden sind. Man behilft sich meist damit, möglichst häufig, z.B. wöchentlich, Lagerbestandslisten zu erstellen.

In diesem Fall ist der Kundendienst nicht optimal organisiert, weil evtl. über Waren verfügt wird, die nicht mehr vorhanden sind.

Gerade hier ist es aber besonders wichtig, jederzeit eine Auskunft über die *Verfügbarkeit eines Artikels* im Haupt- oder Zweitlager zu erhalten.

Verschiedene Großhändler benutzen daher Bildschirmgeräte. Der Sachbearbeiter gibt die gewünschte Artikelnummer ein, und das System zeigt sofort den verfügbaren Bestand über das Terminal an. Die Bestellung kann mit demselben Gerät sofort erfaßt werden. Damit ist sichergestellt, daß über den Artikel nicht doppelt disponiert wird.

In der Industrie hat sich der Bildschirmeinsatz geradezu stürmisch entwickelt. Einerseits in der Verwaltung, andererseits auch im Bereich der Lagerwirtschaft und der Fertigung (CAD – Computer Aided Design, CIM – Computer Integrated Manufacturing oder auch CAI – Computer Aided Industry).

Während CIM die Produktionsplanung und -steuerung sowie Konstruktion und Entwicklung betrifft, bezieht CAI Finanz-, Rechnungswesen und Vertrieb mit ein.[1]

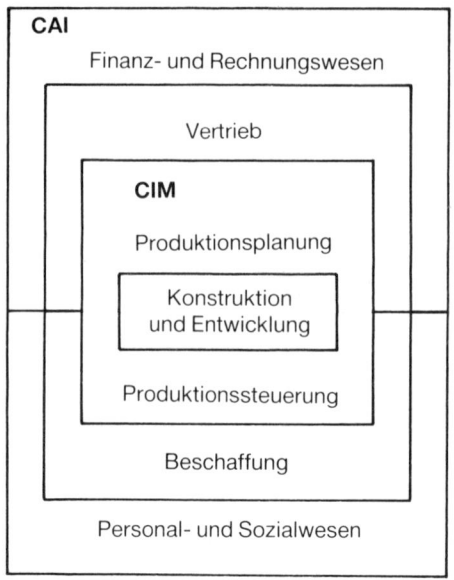

6.6.5 Die Zukunft der Benutzung von Bildschirmgeräten

Die Anwendung von Geräten dieser Art wird immer mehr in den Vordergrund treten. Nicht nur, weil *neue Übertragungswege* der Deutschen Bundespost bald Geschwindigkeiten bis zu 48 000 bit/s zulassen, sondern weil neue Anwendungsmöglichkeiten, wie Beeinflussung des laufenden Programms mit einem *Lichtstift* direkt auf dem Bildschirm oder sofortige *Ausgabe einer Kopie* des auf dem Schirm sichtbaren Bildes und Wiedergabe in *mehreren Farben*, schon möglich sind.

Auch von der Seite der *Software* hat man die Benutzung des Bildschirms stark unterstützt. So ist es heute möglich, für jedes kaufmännische und technische Problem Programme zu erhalten, die überwiegend den Bildschirm als Ein- und Darstellungsmedium benutzen.

Auch das Erstellen von Programmen geschieht heute im Dialog mit dem Rechner und erspart damit nicht nur Programmierzeit, sondern auch kostbare Rechenzeit (interaktives Programmieren oder Programmieren im Dialog).

6.7 Mikrofilmverarbeitung

Die Verfilmung von Dokumenten gehört heute in großen Unternehmen zu den wichtigsten organisatorischen Methoden, um die immer noch größer werdende Belegflut in den Griff zu bekommen.

---

1 vgl.: Markt & Technik Nr. 44 vom 1. November 1985

Der Beweiswert des Mikrofilms nach dem Handelsrecht und der Abgabeordnung steht heute nicht mehr zur Diskussion. Damit sind auch die gesetzlichen Grundlagen für die Mikroverfilmung gesichert.

6.7.1 Allgemeine Wirtschaftlichkeitsüberlegungen

Während sich noch vor einigen Jahren Organisatoren vor allem wegen der *Raumersparnis*, die häufig über 80% liegt, der Mikroverfilmung zuwandten, gibt es heute eine Reihe weiterer Gründe, die für die Mikroverfilmung sprechen. Der *Zugriff* ist bei geeigneter Organisation einer Mikrofilmdatei derart schnell, daß mit bestimmten Geräten von codierten Filmen die Informationen aus einer großen Zahl von gespeicherten Belegen in Sekunden herausgefunden werden können. Es gibt sogar Geräte, die ca. 1 Mio. Unterlagen in ca. 1 Minute durchsuchen. Selbst das Absuchen tausender Informationen, die gefilmt in Taschen aufbewahrt werden (Jackets), dauert nur wenige Minuten.

Ganz entscheidend ist auch die *Geschwindigkeit der Datenausgabe*. Während mechanische Schnelldrucker bis 2000 Zeilen pro Minute und Laser-Drucker über 15 000 Zeilen/Minute ausgeben können, sind bei einer Computerausgabe auf Film ca. 40 000 Zeilen pro Minute möglich. Das sind allerdings Geschwindigkeiten, die für die meisten Betriebe nicht notwendig sind, aber selbst wenn die Verfilmung doppelt oder dreifach so schnell ist wie das Drucken, lohnt sich schon der Einsatz der Mikroverfilmung.

Auch bei Verfilmung der Druckausgabe selbst (POM – printer output microfilm) kann man zu erstaunlichen Zahlen gelangen. 15 000 Formularseiten in der Breite von ca. 37 cm ergeben einen Papierstapel von 1,50 m, der 100 kg wiegt. Dazu sind 10 Ablagemappen erforderlich. Die gleichen Daten – auf drei Filmen untergebracht – beanspruchen nur wenige Zentimeter Platz.

Der *Sicherheitsfaktor*, der heute eine immer wesentlichere Rolle spielt, ist bei der Verfilmung von Dokumenten höher als bei der Ablage von Belegen in Ordnern. Aus Mikrofilmen können für einen Außenstehenden nur mit Schwierigkeiten Dokumente gefunden und entfernt werden.

In den letzten Jahren hat sich der *Versand* von Mikrofilmen bestens bewährt. Viele wissenschaftliche Veröffentlichungen werden an die Interessenten in Form des Mikrofilms versandt.

Dabei sind nicht nur Postgebühren einzusparen, sondern auch die Zeit spielt eine Rolle, da der Transport von kleineren Mengen auch meist schneller ausgeführt wird.

Selbst ein Vergleich der *Druckkosten* mit der Verfilmung zeigt deutlich die Vorteile des Mikrofilms.

Es gibt noch eine Reihe weiterer Vorteile der Mikrofilmverarbeitung:

Kopien vom Film sind besser als Durchschläge, Verwaltungskosten werden gesenkt, Bearbeitungszeiten und damit Personalkosten werden verringert, Unterlagen können innerhalb des Betriebs schnell und platzsparend ausgetauscht werden, Sortierarbeiten werden wesentlich verringert und neue bessere Sortiermethoden werden eingeführt.

6.7.2 Verfahren der Mikroverfilmung

Mikroverfilmung bei direkter Beleglesung

Dieses Verfahren der Mikroverfilmung ist technisch kein Problem. Es wird ein optischer Belegleser mit einem Mikrofilmgerät gekoppelt. Die gelesenen Belege können mit hoher Geschwindigkeit, zum Beispiel mit 2400 Zeilen/Min. verarbeitet werden. Dabei werden sie im synchron ablaufenden Verfilmungsverfahren auf den Film übernommen. Da das verfilmte Material sofort mit einer Nummer versehen wird, kann es ohne Schwierigkeiten wieder aufgefunden werden. Werden jedoch Belege vom Lesegerät nicht gelesen (Fehler beim Lesen), dann werden sie auch nicht verfilmt. Damit ist die ursprüngliche Reihenfolge der Belege nicht gewährleistet.

1. Durchschnittliche Kosten pro Seite für Druckausgabe inklusive Kosten der Maschine, des Papiers, des Transports, des Raums, der Schneide-, Binde- und Suchkosten.
2. Kosten einer durch COM ausgegebenen und auf Mikrofiche verfilmten Seite inkl. Maschinen-, Film-, Entwicklungs-, Schneide- und Dupliziergerätekosten.

Verfilmung der EDV-Druckausgabe – POM (printer output microfilm)

Bei diesem Verfahren wird die Ausgabe des Druckers verfilmt. Dazu gibt es spezielle Verfilmungsgeräte, in die das Endlosformular eingespannt und während des Durchlaufs verfilmt wird. Es handelt sich also um ein *off-line*-Verfahren. Die Verfilmungsgeschwindigkeit ist vier- bis fünfmal schneller als die Druckausgabe.

Das Problem aber – die Papierflut der Datenausgabe einzudämmen – ist mit diesem Verfahren nur zum Teil gelöst, denn die Daten müssen zuerst einmal ausgedruckt werden.

Für nicht zu große Datenmengen ist das POM-Verfahren aber sicher sinnvoll, vor allem, weil die Archivkosten gering sind und die Zeit für die Wiedergewinnung der Unterlagen vom Film kurz ist.

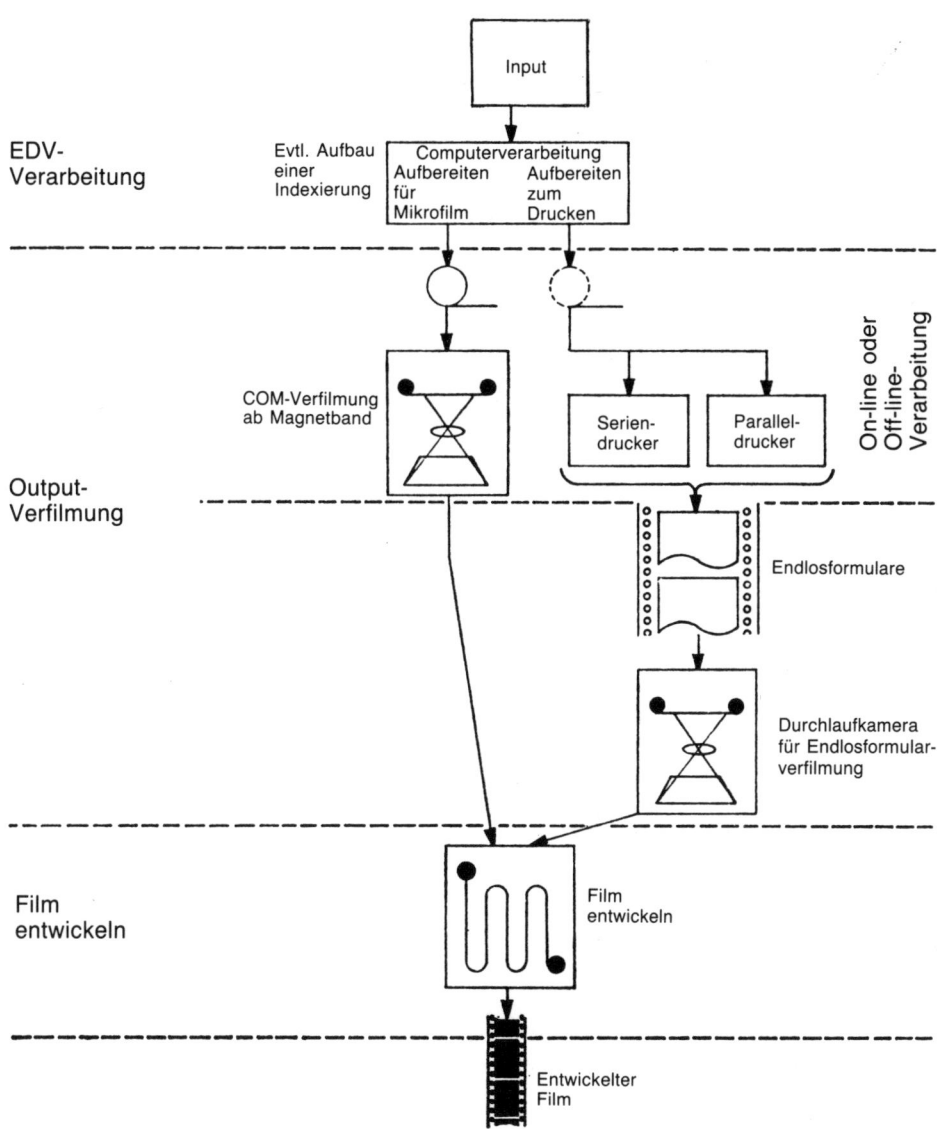

EDV-
Verarbeitung

Input

Evtl. Aufbau
einer
Indexierung

Computerverarbeitung
Aufbereiten   Aufbereiten
für   zum
Mikrofilm   Drucken

On-line oder
Off-line-
Verarbeitung

COM-Verfilmung
ab Magnetband

Serien-
drucker

Parallel-
drucker

Output-
Verfilmung

Endlosformulare

Durchlaufkamera
für Endlosformular-
verfilmung

Film
entwickeln

Film
entwickeln

Entwickelter
Film

Abb. 50: Darstellung des COM-Prinzips

159

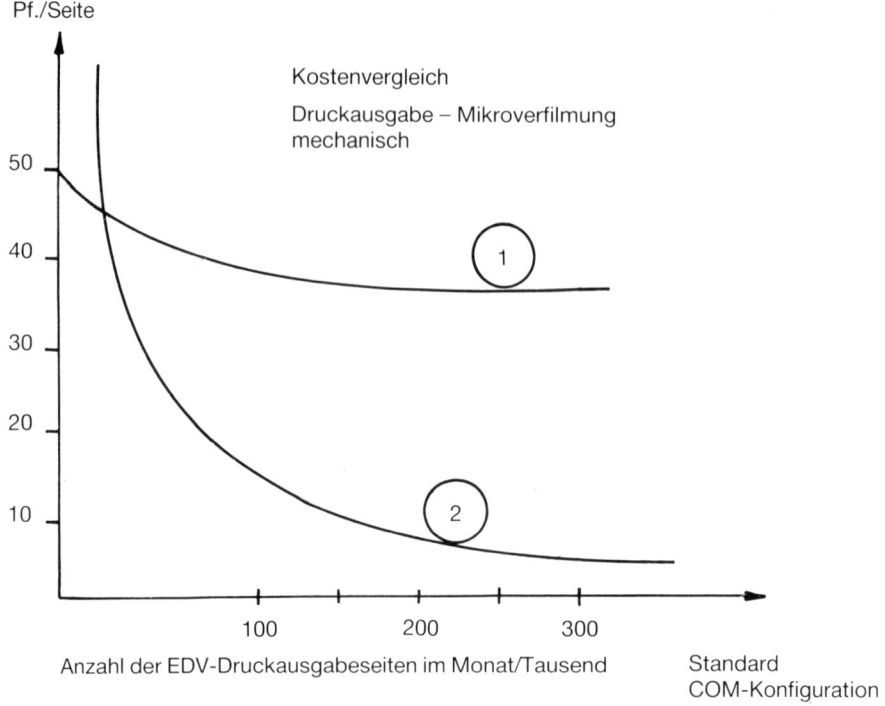

Abb. 51: Vergleich Druckkosten/Mikrofilm-Kosten

Funktionsweisen von COM-Systemen (computer output microfilm)

Die vom Computer auszugebenden Daten werden auf Magnetband übertragen. Die so aufge-zeichneten Daten und Steuerzeichen werden umgesetzt und zum Beispiel auf einem Bild-schirm sichtbar gemacht. Mit einer Linse und einem Spiegelsystem wird das entstehende Bild auf einen Film projiziert. Selbstverständlich ist für die Magnetbandaufzeichnung eine Pro-grammierung notwendig.

6.7.3 Wiedergewinnung der verfilmten Dokumente

Während bei der Benutzung von Mikrofilm-Lochkarten eine Sortiermaschine zum Auffinden der Dokumente ausreichte − in diesem Fall wurde das Suchkriterium auf der Karte abgelocht −, ist bei einem aktiven Informationssystem eine *Codierung* des verfilmten Materials unum-gänglich.

   Auf diese Codierung kann in der Praxis nur verzichtet werden, wenn es sich um Archivma-terial handelt, zu dem kein dauernder Zugriff notwendig ist.

Bei sehr großen Mikrofilm-Beständen ist die Möglichkeit gegeben, über eine *Datenbank mit einer Stammwortliste* die exakten Suchbegriffe und Suchnummern herauszufinden. Damit ist die schnelle Wiedergewinnung der gespeicherten Informationen kein Problem mehr.

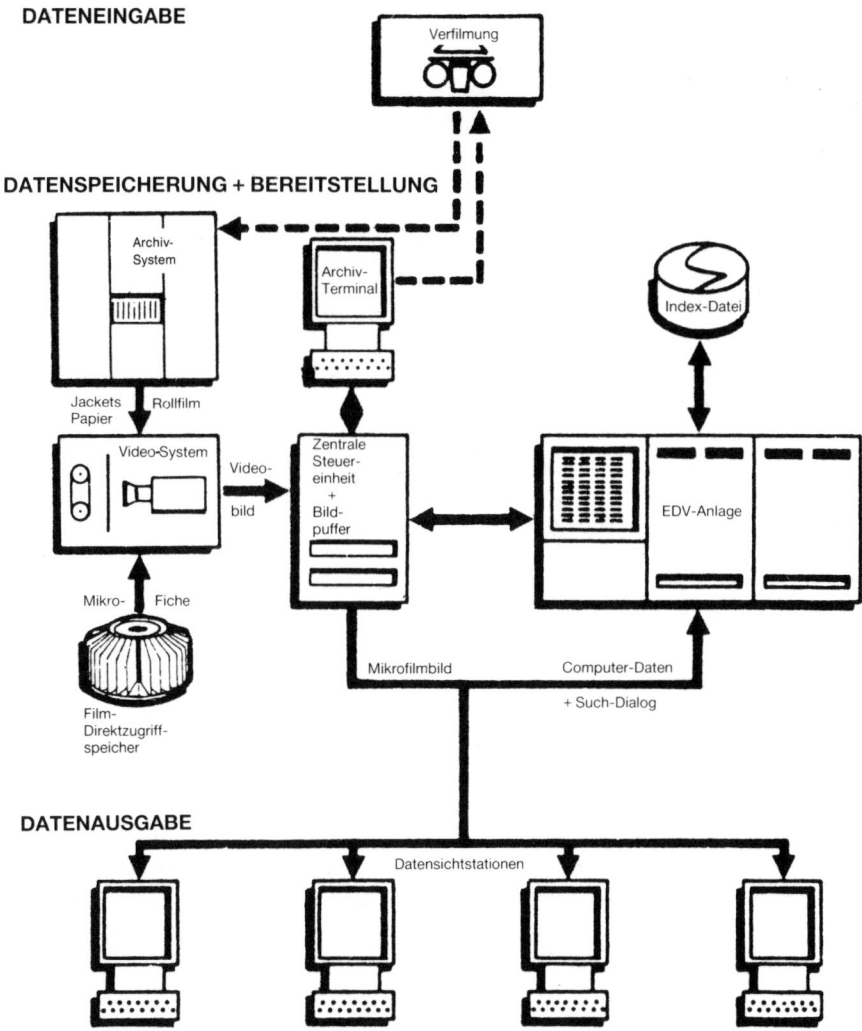

Abb. 52: Mikrofilm-Datenbank

Benutzung des Mikrofilms zur Informationseingabe

Bereits Anfang der sechziger Jahre wurde ein Verfahren bei der amerikanischen Volkszählung eingesetzt, mit dem man Filme lesen konnte. Dabei wird das Filmbild mit einem Elektronenstrahl abgetastet und in Rasterpunkte zerlegt. Diese Punkte werden in digitale Impulse umgesetzt, die vom Computer verarbeitet werden. Diese Geräte sind allerdings wegen ihres hohen Preises heute kaum im Einsatz.

6.8 Drucker

Die Datenausgabe über einen Drucker gehört seit Beginn der Datenverarbeitung zum festen Bestandteil eines EDV-Systems. Je schneller jedoch die interne Verarbeitung des Computers wurde, desto mehr wurde die Druckausgabe zum Problem des Rechenzentrums.

Das ist leicht zu verstehen, wenn man bedenkt, daß die Druckausgabe sich zur Geschwindigkeit des Arbeitsspeichers ungefähr 1:250 000 verhält.

Aber auch im Vergleich zu anderen Ein- und Ausgabegeräten ist der Drucker „langsam".

Lediglich die Arbeitsgeschwindigkeit von früher eingesetzen Lochkarten- und Lochstreifengeräten war noch geringer als die eines schnellen mechanischen Druckers.

Während viele Betriebe die Benutzung von Lochkarten und Lochstreifen einstellten und statt dessen magnetisierbare Datenträger einsetzten, ist der Engpaß „Drucker — Druckausgabe" geblieben.

Nur in großen Unternehmen setzt sich die Datenausgabe auf Mikrofilm bei großen Datenmengen durch. Bildschirmgeräte sind nur ein bedingter Ersatz, da viele Daten ja auch schriftlich vorliegen müssen. Sie werden die Bedeutung des Druckes nicht verringern.

6.8.1 Druckerarten

Drucker arbeiten nach verschiedenen Verfahren, die hier nur kurz aufgezählt werden können (Überblick):
- *Paralleldrucker* mit *gleichzeitigem* Anschlag aller Druckstellen. Diese Drucker sind langsam, da erst die gesamte Zeile eingestellt werden muß. Beispiel: Tabelliermaschine.
- *Paralleldrucker* mit *scheinbar* gleichzeitigem Anschlag aller Druckstellen. Dazu zählen: Stabdrucker, Kettendrucker, Trommeldrucker. Die Drucktypenträger sind in dauernder Bewegung. Ein Druckhammersystem (Hammerzahl = Druckstellenzahl) schlägt das Druckzeichen beim Vorbeilaufen an (fliegender Druck). Die Zeile wir nacheinander aufgebaut.
- *Seriendrucker* — Sie entsprechen dem Druckverfahren einer Schreibmaschine; z.B. mit Typenrad.
- *Matrixdrucker* — Zeichen werden aus einer Punkt-Matrix zusammengesetzt.
- *Elektrostatische Drucker* — Sie entsprechen in bestimmten Bauelementen Kopiergeräten (Laser-Drucker).
- *Tintenstrahldrucker* — Bei ihnen wird Druckfarbe mit Düsen auf das Papier gespritzt (manchmal ist besonderes Papier nötig). Bei diesem Verfahren sind keine Durchschläge möglich.

Maßgebend für die Auswahl von Druckern ist die Druckleistung, die entweder in Zeilen pro Stunde oder in Zeichen pro Sekunde angegeben wird. Bei einer Beurteilung der Zeilenleistung ist die Anzahl der pro Zeile angeschriebenen Schreibstellen (z.B. 132 oder 178) von Bedeutung.

Unter organisatorischen Gesichtspunkten unterscheidet man auch zwischen System- und Arbeitsplatzdruckern. Die Systemdrucker weisen meist eine größere Druckleistung auf und sind als zentrale Ausgabestelle zu bezeichnen. Arbeitsplatzdrucker hingegen werden für dezentrale Druckausgaben an den einzelnen Arbeitsplätzen verwendet.

6.8.2 Organisatorische Probleme des Druckereinsatzes

Folgende Stichpunkte sollen helfen, den Einsatz des Druckers zu optimieren:

Allgemein:

- Sind Druckausgaben unbedingt notwendig?
- Sind schnellere Ausgabegeräte einsetzbar?
- Ist der Druck sofort nötig oder kann er gesammelt werden?
- Ist der Druck an einem zentralen Drucker möglich?

Speziell:

- Ist ein off-line-Verfahren möglich?
- Kann man die Ausgabedaten auf einen Zwischenspeicher übertragen und von dort ausgeben (Spoolbetrieb)?
- Anzahl der möglichen Durchschläge.
- Wann soll ein neues Blatt angefangen werden?
- Ist Zweibahn-Betrieb möglich?
- Wie ist die Farbqualität?

6.9 Plotter

Der Begriff „*Plotter*" stammt aus dem Englischen und bedeutet *Planzeichner, Kurvenzeichner*. Aber auch die Begriffe *Koordinatenschreiber, X-Y-Zeichner* und Zeichengerät sind üblich.

Es handelt sich dabei um ein Gerät, das durch Impulse gesteuert wird und dabei Linien, Kurven und Punkte darstellen kann.

Plotter gibt es seit ca. 1960. Sie wurden vor allem für die Benutzung im technischen Bereich der Datenverarbeitung konzipiert und werden dort auch heute noch überwiegend eingesetzt.

Bei kaufmännischen Problemlösungen setzt sich der Plotter nur langsam durch, wird jedoch hier kaum eine wesentliche Bedeutung erlangen.

Durch die *Computer-Graphik* wurde dieses Zeichengerät in der Allgemeinheit bekannt. Hier eröffnen sich völlig neue Perspektiven der Datenverarbeitung, die auch dem Laien verständlich machen, daß der Computer mehr als nur eine gewaltige Rechenmaschine ist.

6.9.1 Plotterarten

Obwohl es eine große Anzahl verschiedener Plotterarten und -formen gibt, kann man doch gewisse Gemeinsamkeiten feststellen.

Plotter bestehen fast immer aus dem Datenerfassungswerk, dem Leitwerk (Steuerung) und dem Zeichenwerk.

Mechanische Plotter

Plotter dieser Art benutzen als Datenträger meist Papier, aber auch Karton, Metallfolien und Glasplatten sind einsetzbar.

Zum Zeichnen kann man zwischen Zeichenstiften (auch mit unterschiedlicher Farbe), Tuschestiften oder auch Gravierwerkzeugen wählen. Die Strichbreite ist dabei variabel.

– *X-Y-Plotter*

Der flach auf einer Unterlage befestigte Datenträger wird in ein Feld zerlegt, das durch die Koordination Y (senkrecht) und X (waagerecht) eingeteilt wird. Der Zeichenstift befindet sich über dem Zeichenträger und kann durch vier Basis-Steuerbefehle an jeden Punkt des Koordinatensystems gelenkt werden.

Zwei Motoren sind dazu nötig und ermöglichen es außerdem, schräge Linien und Kurven zu zeichnen.

Die Schrittlänge der Striche ist ebenfalls wählbar.

Je kleiner die mögliche Schrittlänge ist, desto genauer wird die Zeichnung. Schrittlängen von 0,1 mm und weniger sind keine Seltenheit und ermöglichen eine ausgezeichnete Zeichenqualität.

Auch die Schreibgeschwindigkeit ist von Bedeutung. Sie liegt bei großen Geräten um 300 Schritte/Sek.

– *Trommelplotter*

Diese Plotter haben den Vorteil, daß zusammenhängende Zeichnungen von sehr großer Länge dargestellt werden können. Das Papier läuft meist von einer Zuführungswalze über die Zeichentrommel und wird von einer weiteren Trommel wieder aufgenommen. Die Trommel entspricht der X-Achse. Sie kann sich vorwärts und rückwärts drehen. Das Schreibgerät bewegt sich senkrecht dazu und erzeugt somit Striche entlang der Y-Achse. Die technischen Leistungen entsprechen im wesentlichen denen des X-Y-Plotters.

Elektronische Plotter

Diese Plotter zeichnen mit einen Kathodenstrahl auf einen Mikrofilm.

6.9.2 Einsatzbeispiele des Plotters

Die Möglichkeiten, den Plotter einzusetzen, sind vielfältig. Daher kann die folgende Aufzählung nur ein Ausschnitt aus verschiedenen Anwendungsbereichen sein.

- Einsatz in der *Geographie*
  Landkarten und geologische Karten werden schon seit einiger Zeit von Plottern gezeichnet.
- *Biologische* und *physikalische* Vorgänge können simuliert und sichtbar gemacht werden. Interessant ist zum Beispiel die schrittweise zeichnerische Darstellung einer Welle, die an einer Mauer gebrochen wird.
- Beim Zeichnen von *Wetterkarten* kann der Plotter eine große Hilfe sein. Man hat dabei die Hoffnung, endlich einmal genauere Wettervorhersagen zu bekommen.

- *Technik*
  Hier ist natürlich der größte Anwendungsbereich des Plotters zu suchen.
  Aufgrund eines mathematischen Modells wurde zum Beispiel die Boeing 747 (Jumbo Jet) von einem Plotter gezeichnet. Aber auch Autos läßt man sich heute nach vorgegebenen Konstruktionsmerkmalen berechnen.
  Der Vorteil im technischen Bereich ist vor allem in den Möglichkeiten der Speicherung und beliebig häufigen Wiedergabe von Konstruktionsunterlagen zu suchen.
  Einmal eingegebene Teile können vom Band wieder abgerufen werden und dann in immer wieder neuen Variationen und Perspektiven gezeichnet werden. Auch die Bewegung von Teilen bei ihrem Einsatz kann simuliert werden.

- *Kaufmännische Anwendung*
  Auch im kaufmännischen Bereich werden Plotter eingesetzt. Meist sind die Grafiken zweidimensional und sehr einfach. Beispiele sind:
  - vergleichende Kurven des laufenden Lagerbestands
  - vergleichende Darstellung der Umsatzentwicklung
  - statistische Aufzeichnungen, Histogramme, Regressionslinien
  - Markt- und Finanzanalysen
  - Darstellung des Management-Gesamtberichts
  - Netzpläne
    usw.

- *Simulation*
  Die Simulation von technischen Prozessen ist heute keine Seltenheit mehr. Aber auch in anderen Bereichen wird die Simulation durch zeichnerische Darstellung immer mehr die praktische Erprobung in der Realität ablösen.
  Der Hauptgrund ist, daß in der praktischen Erprobung häufig der Gegenstand, der zu prüfen ist, zerstört wird und damit hohe Kosten verursacht.
  So wird z.B. die Landung von Flugzeugen in langen Versuchsreihen zuerst einmal über Plotter simuliert, bevor man zum praktischen Einsatz übergeht.

– *Medizin*

In diesem Bereich kann man heute fast alles zeichnerisch ausgeben, was in dieser Form darstellbar ist. Selbst die Bildung und der Umfang von Tumoren werden heute verschiedenfarbig über Plotter ausgegeben. In diesem Falle ist dann eine Röntgenaufnahme nicht mehr nötig.

Zusammenfassende Betrachung zur Auswahl der Datenein- und -ausgabegeräte sowie der Datenträger

Es wird oft behauptet, daß die Auswahl der peripheren Geräte im Verhältnis zur Auswahl der DV-Anlagen eine leichte Aufgabe sei.

Das ist jedoch bei der dargestellten und hoch wachsenden Vielfalt der Geräte sicherlich nicht der Fall.

Die Datenein- und -ausgabe beeinflußt die Verarbeitungsgeschwindigkeit und Verarbeitungsform heute so entscheidend, daß eine sorgfältige Auswahl der Peripherie getroffen werden muß. Hinzu kommt, daß häufig Geräte verschiedener Hersteller zu kombinieren sind (Mixed Hardware) und somit eine optimale, auf die spezifischen Anforderungen des Betriebes bezogene Konfiguration zusammengestellt werden kann.

Folgende Faktoren sind für die Auswahl der Peripherie u.a. wichtig:

Kapazität, Geschwindigkeit, Art des Zugriffs, Zugriffszeit, Art der Erstellung (Mensch oder Maschine), Genauigkeit, Kontrollmöglichkeiten, Zurückweisungsrate, Arbeitserfordernisse, Schulung, Kosten, Bedienung, Sicherheit des Geräts.

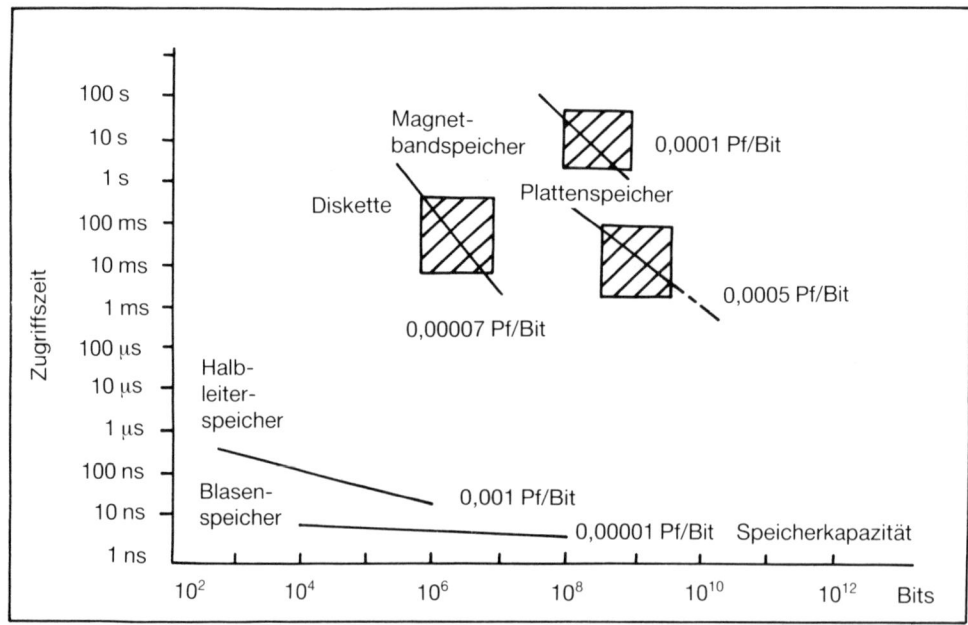

Abb. 53: Kapazität und Zugriffszeit verschiedener Speicherarten sowie Größenordnung der Speicherkosten/Bit.

166

FRAGEN ZU KAPITEL 6:

1. Warum hat die maschinelle Belegverarbeitung besondere Bedeutung erlangt?
2. Was ist ein Klarschriftleser?
3. Was versteht man unter einem Satz auf einem Magnetband?
4. Warum werden Sätze zu Blöcken zusammengesetzt?
5. Geben Sie ein Beispiel für eine serielle Verarbeitung.
6. Nennen Sie Direktzugriffsspeicher.
7. Welche Verfahren des Direktzugriffs gibt es?
8. Warum werden in der Praxis Magnetkarten und Magnetstreifen eingesetzt?
9. Warum haben in der Praxis Bildschirmgeräte besondere Bedeutung erlangt?
10. Wie groß ist die Raumersparnis bei Verfilmung von Dokumenten?

7 Programmierung

Die Datenverarbeitung hat das Ziel, dem Menschen routinemäßige Arbeiten abzunehmen und ihn in seinen Fähigkeiten zu unterstützen. Der Computer ist dabei das Werkzeug, das systematisch und sinnvoll eingesetzt werden muß, um die gewünschten Ergebnisse zu erzielen. Die technische Seite der Datenverarbeitung − dazu gehört der Computer mit seinen anschließbaren Geräten − trägt die Bezeichnung *Hardware*.

Die Anwendung des Computers mit Hilfe von Programmen, die ein Benutzer kauft oder erstellt, trägt die Bezeichnung *Software*. Im folgenden Abschnitt soll die Lösung einer Aufgabenstellung vom Beginn bis zum einsatzfähigen Programm verfolgt werden.

7.1 Problemanalyse

Bevor eine Aufgabe vom Rechner gelöst werden kann, muß das gestellte Problem vollständig klar sein. Dazu muß z.B. der zuständige Sachbearbeiter seine Wünsche formulieren und sie gegebenenfalls mit dem Systemanalytiker und dem Programmierer besprechen. Zu klären sind dabei u.a.:
− Eingabedaten und Dateien;
− Methoden und Verfahren des Programms;
− Ausgabedaten.

7.2 Datenflußplan

Damit die zu lösende Aufgabe leicht überschaubar ist, wird zur Darstellung aller Zusammenhänge eine symbolische Darstellungsform gewählt. Die Sinnbilder sind genormt (DIN 66 001) und zeigen den Fluß von Daten durch ein informationsverarbeitendes System. Deshalb sind auch Symbole für das Ablochen oder für den Transport von Datenträgern vorhanden.

Die Sinnbilder zeigen im wesentlichen
− die Art des Datenträgers (z.B. Band);
− die Art der Bearbeitung des Datenträgers (z.B. Drucken);
− den Fluß des Datenträgers bzw. der Daten.

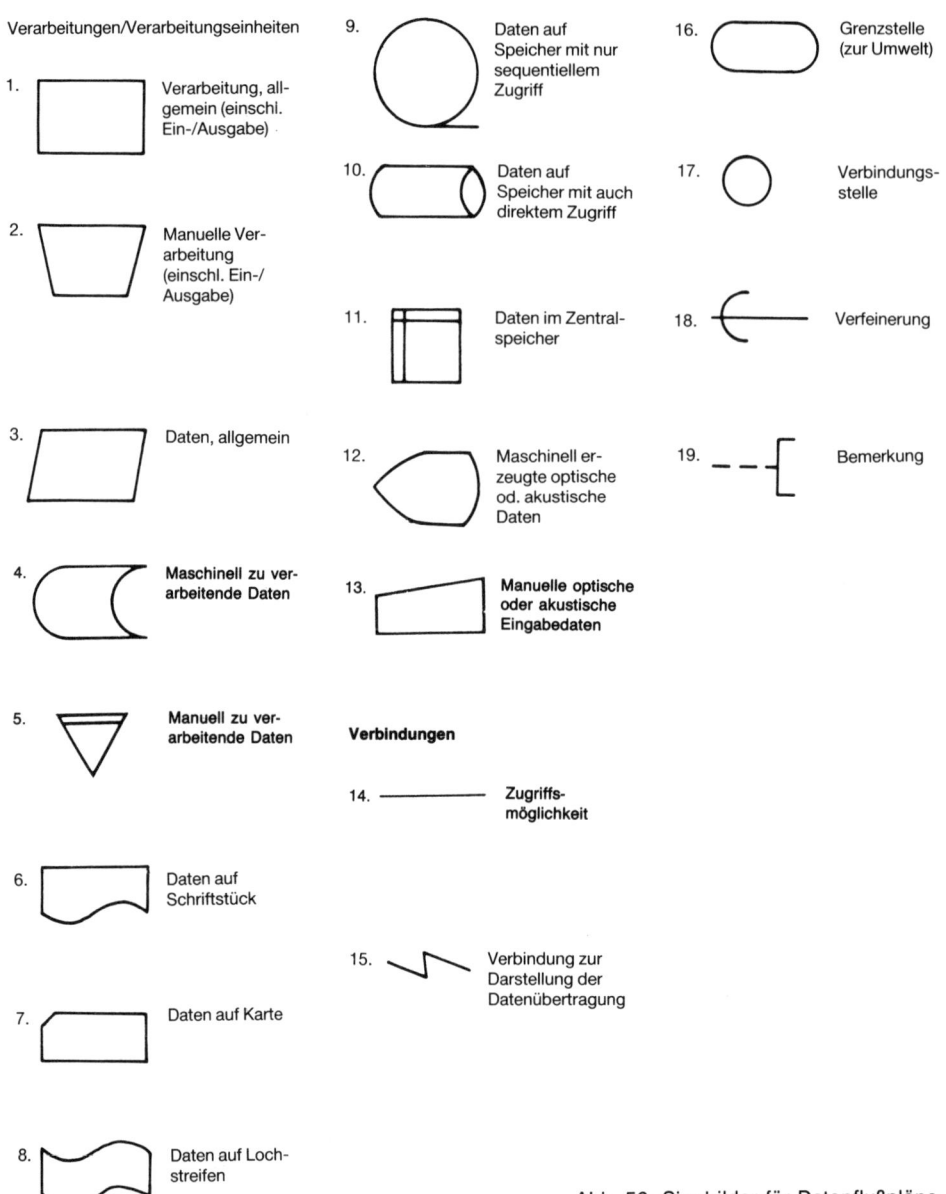

Abb. 56: Sinnbilder für Datenflußpläne

Beispiel 1:

Dateneingabe von Belegdaten über Tastatur und Bildschirm. Speicherung auf Platte. Ausgabe einer Erfassungsliste.

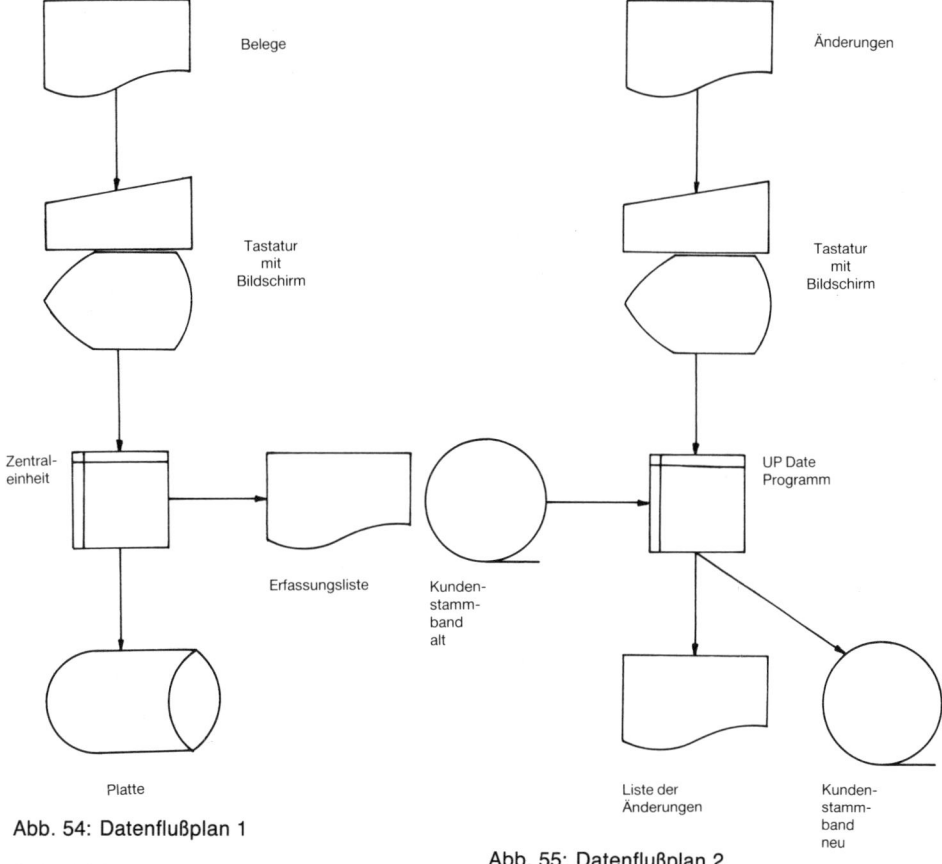

Belege

Änderungen

Tastatur
mit
Bildschirm

Tastatur
mit
Bildschirm

Zentral-
einheit

UP Date
Programm

Erfassungsliste

Kunden-
stamm-
band
alt

Platte

Liste der
Änderungen

Kunden-
stamm-
band
neu

Abb. 54: Datenflußplan 1

Abb. 55: Datenflußplan 2

Beispiel 2:

Änderungsdaten der Kunden liegen in sortierter Reihenfolge auf Belegen vor. Mit diesen Daten soll das Kundenstammband auf den neuesten Stand gebracht werden (UPDATE-
Programm). Eine Liste der Änderungen ist auszugeben.

In der betrieblichen Praxis sind Datenflußpläne häufig umfangreich. Gerade dann bietet
die symbolische Darstellungsform eine gute Möglichkeit der Veranschaulichung. Sie ist zu-
dem eine Darstellung der Arbeiten, die auszuführen sind. Dazu gehören die Festlegung der
Eingabedaten sowie der Datenträger und die kritische Analyse der Ausgabedaten sowie der
Datenträger, die diese Ausgaben aufnehmen sollen. Auch der Entwurf der Ausgabelisten gehört zu den Überlegungen, die gemacht werden sollen.

Folgende Reihenfolge ist für die Vorbereitung des Datenflußplans sinnvoll:

– Ausgaben feststellen;
– Eingaben dafür bereitstellen;
– Dateiorganisation festlegen;
– Arbeitsabläufe festlegen.

Anschließend an die Entwicklung des Datenflußplanes ist der Programmablauf festzulegen.

171

7.3 Programmablaufplan (Blockdiagramm)

Der Programmablaufplan ist dem Datenflußplan untergeordnet. Er ergibt sich aus den Anforderungen, die der Datenfluß und das gewünschte Ziel stellen. Programmablaufpläne beschreiben den Ablauf der Operationen in einem informationsverarbeitenden System, in Abhängigkeit von den jeweils vorhandenen Daten. Sie bestehen im wesentlichen aus Sinnbildern.

Sinnbilder für Programmabläufe

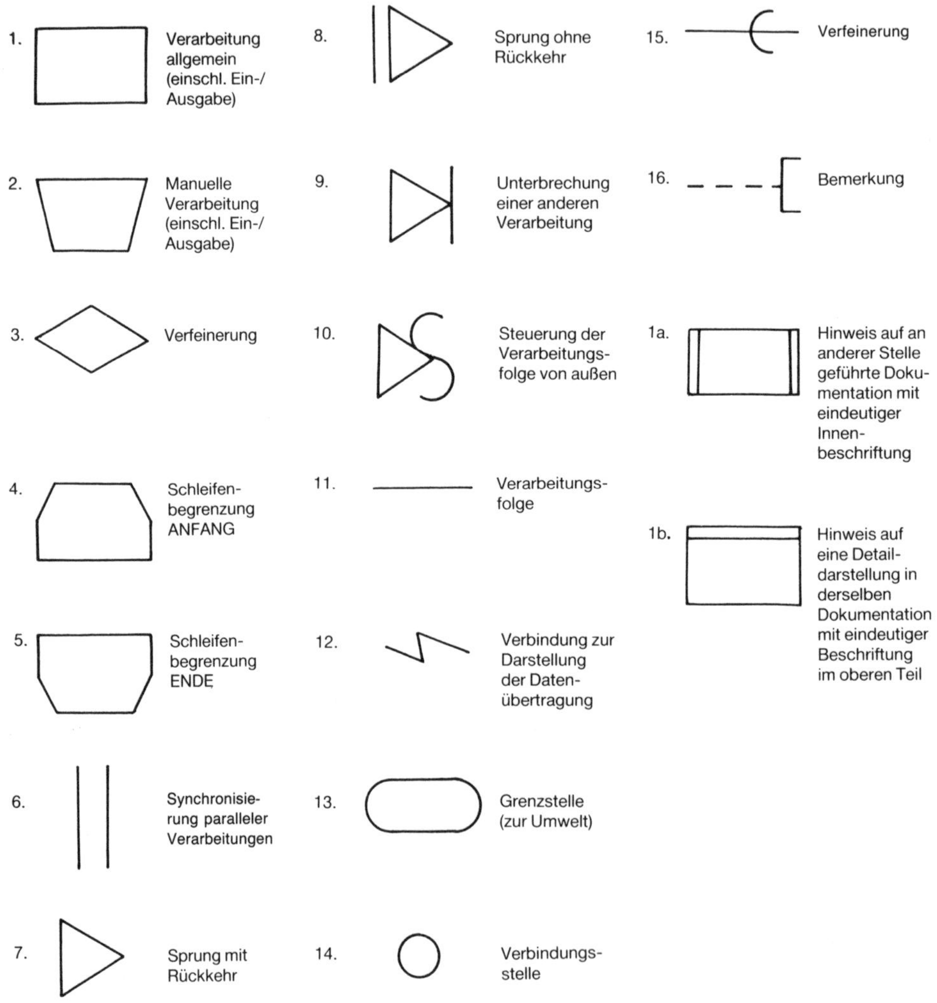

1. Verarbeitung allgemein (einschl. Ein-/Ausgabe)

2. Manuelle Verarbeitung (einschl. Ein-/Ausgabe)

3. Verfeinerung

4. Schleifenbegrenzung ANFANG

5. Schleifenbegrenzung ENDE

6. Synchronisierung paralleler Verarbeitungen

7. Sprung mit Rückkehr

8. Sprung ohne Rückkehr

9. Unterbrechung einer anderen Verarbeitung

10. Steuerung der Verarbeitungsfolge von außen

11. Verarbeitungsfolge

12. Verbindung zur Darstellung der Datenübertragung

13. Grenzstelle (zur Umwelt)

14. Verbindungsstelle

15. Verfeinerung

16. Bemerkung

1a. Hinweis auf an anderer Stelle geführte Dokumentation mit eindeutiger Innenbeschriftung

1b. Hinweis auf eine Detaildarstellung in derselben Dokumentation mit eindeutiger Beschriftung im oberen Teil

Abb. 56: Sinnbilder für Programmablaufpläne

172

Wenn Programmablaufpläne und nicht Struktogramme benutzt werden, dann sollte unbedingt mit genormten Sinnbildern gearbeitet werden. In der Praxis haben sich leider gerade in diesem Bereich verschiedene Versionen bei verschiedenen Herstellern entwickelt.

Programmablaufpläne weisen gewisse Unterschiede, die von der eingesetzten Programmiersprache abhängen, auf. Eine Darstellung für eine Assembler-Sprache ist viel detaillierter als eine Darstellung für eine problemorientierte Sprache. Trotz allem kann das logische Gerät nicht unterschiedlich sein.

Anforderungen an einen guten Programmablaufplan sind u.a.:
- Transparenz
- Überschaubarkeit
- Überprüfbarkeit
- Dokumentation
- Modularer Aufbau
- Klare eindeutige Beschriftung
- Möglichst weitgehende Sprachunabhängigkeit.

7.4 Programmtechnik

7.4.1 Lineare Programme

Das linear ablaufende Programm wird in einem einzigen Durchlauf abgearbeitet. Es ist in der Praxis höchst selten anzutreffen.

7.4.2 Zyklische Programme

Ein zyklisches Programm läuft in einer Schleife ab. Dabei nutzt der Programmierer die Fähigkeiten des Computers aus, aufgrund eines Vergleichs eine Entscheidung zu treffen. Auf die Entscheidung folgt ein Sprungbefehl zu einem Programmteil, der wiederholt werden soll.

7.4.3 Programme mit Verzweigung

Eine weitere grundlegende Programmstruktur ergibt sich aus Programmabläufen mit Selektion. Dabei geht es nicht um einen Rücksprung, sondern um die Entscheidung zwischen zwei möglichen Wegen.

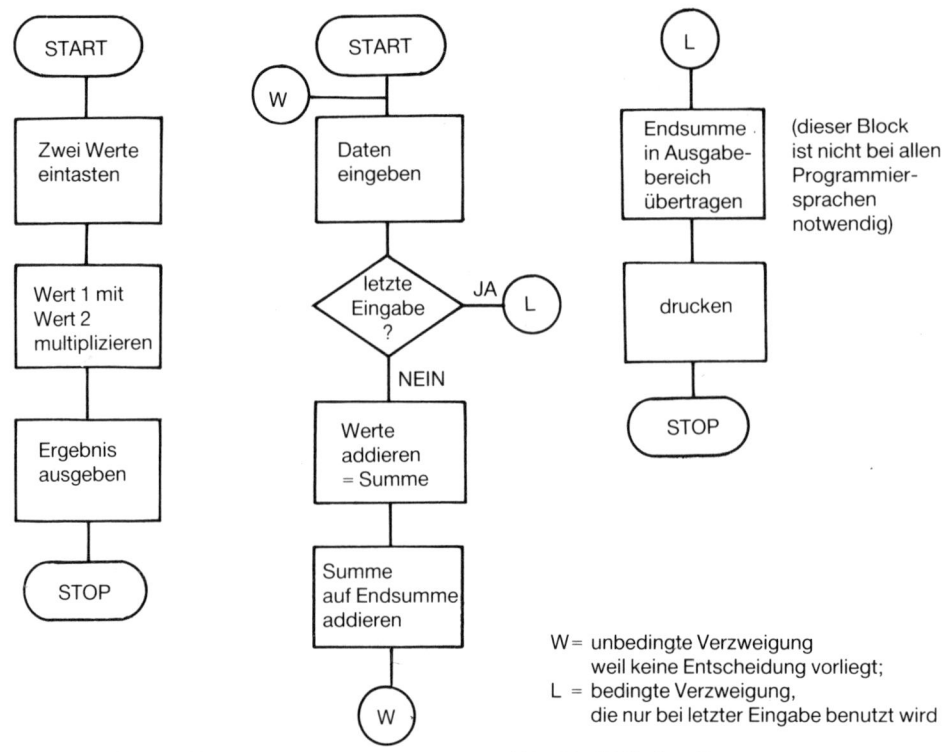

Abb. 57: Lineares Programm   Abb. 58: Zyklisches Programm

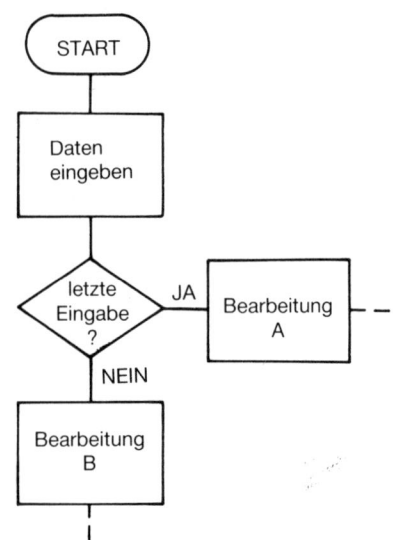

Abb. 59: Programm mit Verzweigung

Beispiel: Zwischensumme/Endsumme

Entwickeln Sie einen Programmablaufplan für einen Assembler-Programmierer.

Eine unbekannte Anzahl von Daten (DM-Beträgen) liegt vor. Nach der Dateneingabe wird ein Ende-Kriterium eingegeben (z.B. 9999 oder Null).

– für je 20 Belege ist eine Summe zu bilden;
– die Endsumme ist zu errechnen;
– eine ungerade Anzahl von Daten beim Rest ist nicht zu beachten;
– jede Eingabe ist auszudrucken;
– die Endsumme soll gedruckt werden.

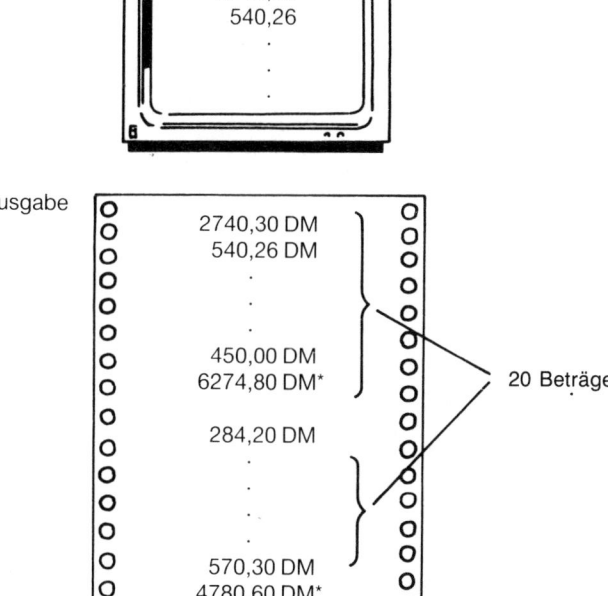

Abb. 60: Eingabedaten und Ausgabeliste

Die schematische Darstellung des Speichers zeigt die für dieses Programm benötigten Felder. Die Zahl 20 ist als *Konstante* vorgegeben. Mit ihr wird überprüft, ob 20 Belege bearbeitet wurden.

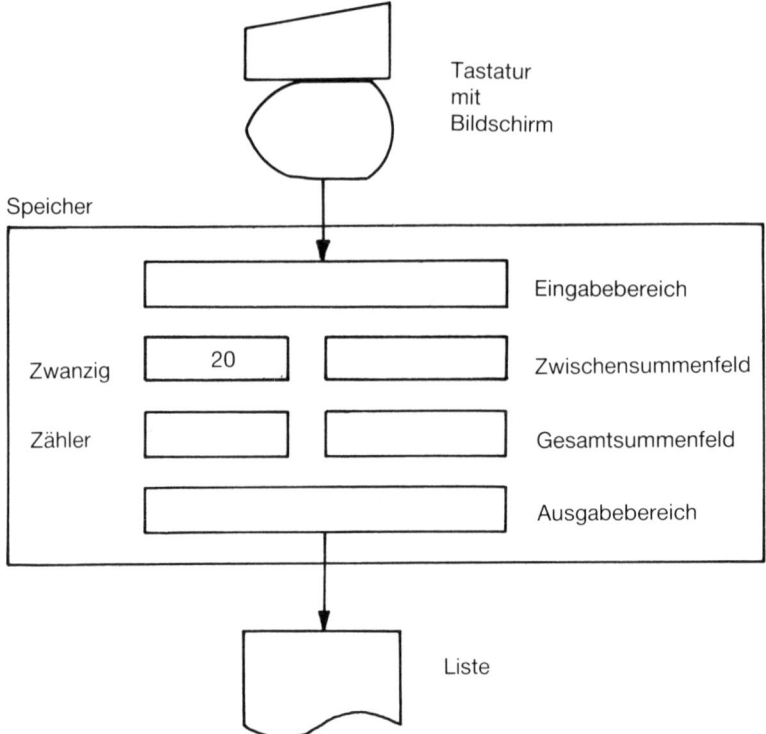

Abb. 61: Speicherbelegung

Erklärungen zum Programmablaufplan:

- Bei jeder Eingabe eines Betrages wird überprüft, ob die letzte Eingabe vorliegt.
- Der Zähler wird bei jedem Durchlauf um 1 erhöht.
- Bei jedem Durchlauf wird der Betrag auf die Zwischensumme addiert.
- Wenn der Zähler 21 (größer als 20) ist, verzweigt das Programm zur Routine Z.
- Dort wird die Zwischensumme gedruckt und auf die Endsumme addiert.
- Zwischensumme und Zähler werden auf Null gesetzt, da die Felder für die nächsten 20 Daten benötigt werden.
- Der Ausgabebereich wird gelöscht, da sich der Stern, der eine Zwischensumme kennzeichnet, noch dort befindet.
- Bei sonstigen Druckroutinen ist das Löschen nicht notwendig, weil für die Werte im Ausgabebereich gleich große Felder reserviert werden.
- Die Endroutine läuft wie der Zweig für die Zwischensumme ab. Felder brauchen nicht mehr auf 0 gesetzt zu werden.

176

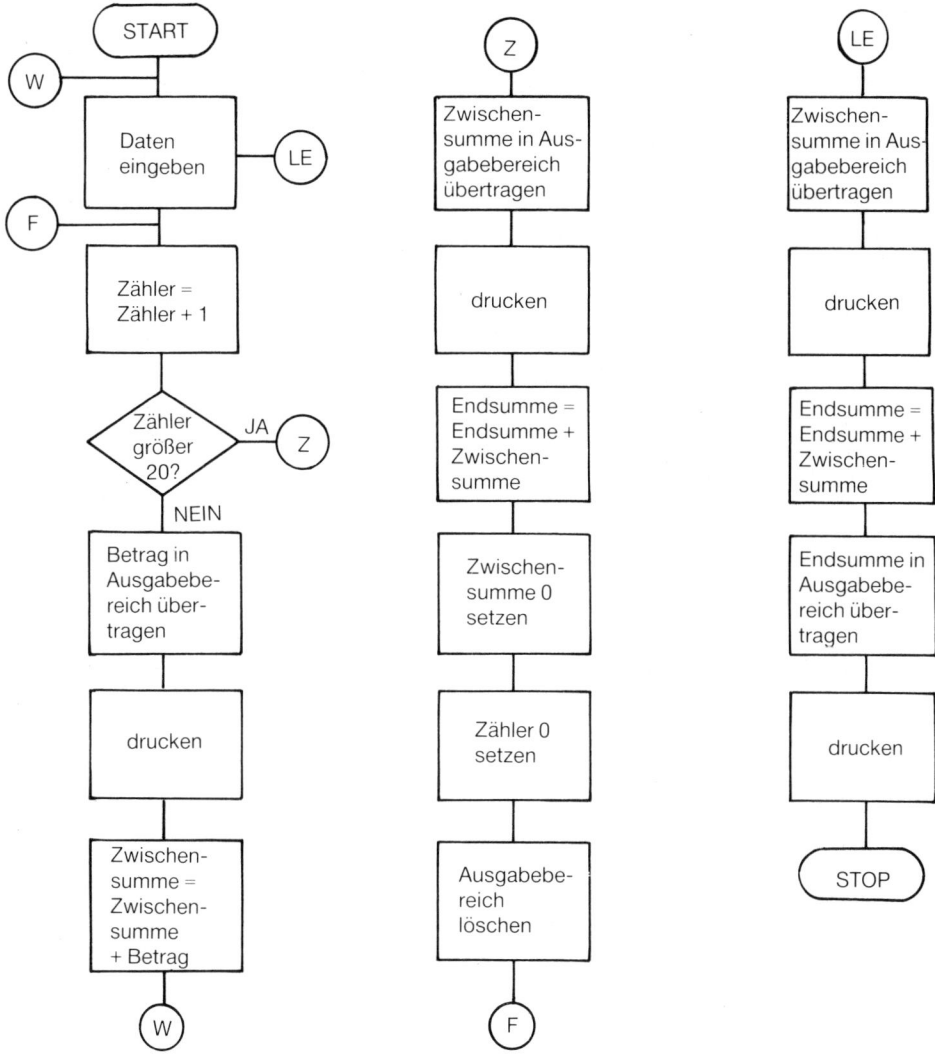

LE = Letzte Eingabe
Z = Routine für Zwischensumme
W = Wiederholung
F = Fortsetzung

Abb. 62: Programmablaufplan – Zwischensumme/Endsumme (Assembler)

7.4.4 Einsatz von Unterprogrammen

Ein Unterprogramm – auch Prozedur genannt – ist ein Programmbaustein, der aus einer zur Lösung einer Aufgabe vollständigen Anweisung besteht, aber nicht notwendig alle Vereinbarungen über Namen für Argumente und Ergebnisse enthält. Das Unterprogramm kann auch als programmierte Lösung eines Teilprogramms bezeichnet werden, das an beliebiger Stelle des Hauptprogramms eingesetzt werden kann. Auf diese Weise erleichtert es die Programmierung ganz wesentlich, vor allem dann, wenn auf bereits fertige Unterprogramme zurückgegriffen wird.

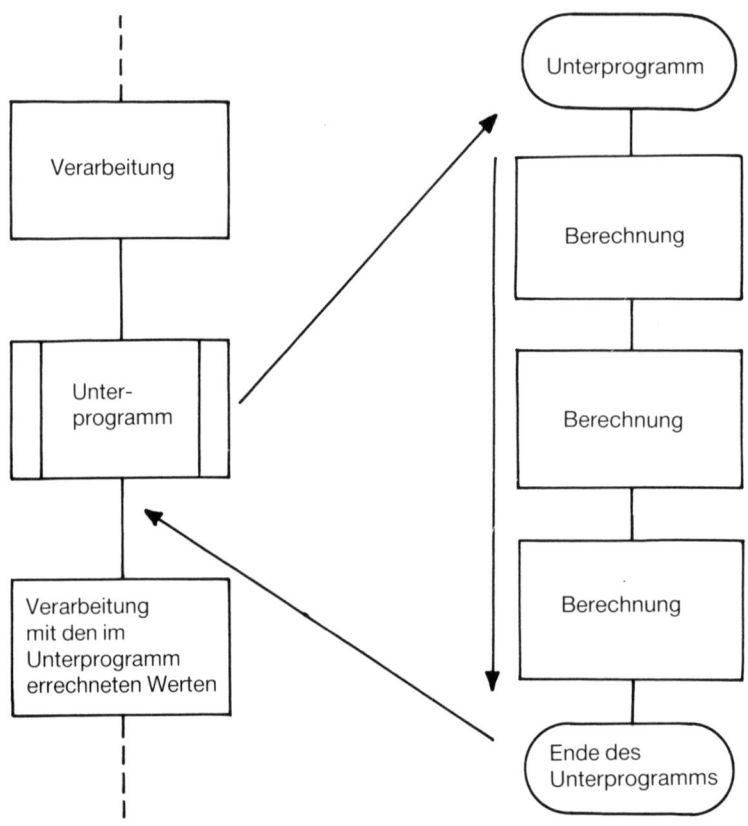

Abb. 63: Unterprogramm

7.4.5 Normierte Programmierung

Bei der Beschäftigung mit kommerziellen Programmen fällt auf, daß sie, unabhängig von der zu lösenden Aufgabe, Strukturen aufweisen, die für die meisten Programme ähnlich sind. Das sind:

178

- Am Programmanfang müssen Dateien eröffnet werden, Listenüberschriften sind zu drucken.
- Weitere Dateien müssen im richtigen Moment eröffnet werden.
- Die eingelesenen Sätze müssen verarbeitet werden (Postenverarbeitung). Ein Gruppenwechsel, zum Beispiel Wechsel des Kunden und Abschluß des vorherigen Kunden, ist zu überprüfen und durchzuführen.
- Unterprogramme sind aufzurufen.
- Bei Ende des Programms müssen die Daten abgeschlossen und die Gesamtsumme muß gebildet werden.

Diese Programmteile werden in der normierten Programmierung konsequent in Blöcke eingeteilt. In jedem Block sind klar abgegrenzte, logisch zusammengehörende Programmteile vereinigt. Dabei kann man so weit gehen, daß diese Blöcke eine eigene Kennung erhalten wie zum Beispiel:

A für den Programmanfang
B für die Eingaben usw.

Die Vorteile der normierten Programmierung sind:

- Verkürzung der Programmierzeit;
- Senkung der Programmierkosten;
- Unabhängigkeit von bestimmten Computertypen;
- strenger logischer Aufbau des Programms;
- leichte Einarbeitung für einen anderen Programmierer;
- gleicher Aufbau für die meisten Programme im Betrieb;
- einfache Programmvorgabe;
- einfaches Erlernen des Normungsschemas;
- klare Trennung zwischen den Teilen des Programms.

7.4.6 Entscheidungstabellen in der Programmierung

Unter Entscheidungstabelle ist eine tabellarische Zusammenfassung von Bedingungen, Regeln und daraus resultierenden Aktionen zu verstehen.

Entscheidungstabellen können u.a. als Mittel der Systematisierung, zur Vorgabe von Entscheidungen und Verarbeitungen in Programmen eingesetzt werden. Sie sind damit ein Mittel der Programmiervorgabe. Die von einem Sachbearbeiter vorgegebene Entscheidungstabelle kann von einem Programmierer in eine beliebige Programmiersprache umgesetzt oder automatisch in ein Programm umgewandelt werden. Dazu gibt es auf dem Markt eine Reihe von automatischen Entscheidungstabellengeneratoren. Bei der Benutzung dieser Programmpakete sind keine oder nur geringe Kenntnisse der Programmierung nötig. Lediglich bestimmte Formalvorschriften beim Ausfüllen von Formblättern sind zu beachten.

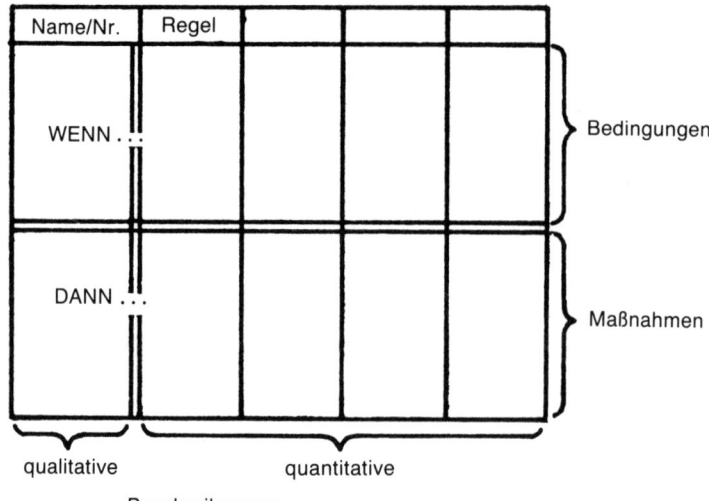

Abb. 64: Entscheidungstabelle

Beispiel einer Entscheidungstabelle:

Bei einem Betrieb, der sowohl an Großhändler als auch direkt an Einzelhändler liefert, gilt folgende Regelung:

Frachtfreie Lieferung ist nur an Stammkunden möglich.

Zusätzlich zu den üblichen Preisnachlässen für Wiederverkäufer wird ein Sonderrabatt gewährt, der von der Art des Kunden und dem Auftragswert abhängig ist.

Bei Einzelhändlern beträgt der Sonderrabatt bei einem Auftrag über DM 10 000,— 3 %, bei Großhändlern 5 %.

Bei Auftragswerten bis DM 10 000,— erhalten Großhändler 3 % Sonderrabatt, Einzelhändler keinen Rabatt.

	Lieferbedingungen	R 1	R 2	R 3	R 4	R 5	R 6	R 7	R 8
B 1	Großhändler?	J	J	J	J	N	N	N	N
B 2	Stammkunde	J	J	N	N	J	J	N	N
B 3	Auftragswert über DM 10 000.—	J	N	J	N	J	N	J	N
A 1	3 % Rabatt		X		X	X		X	
A 2	5 % Rabatt	X		X					
A 3	Frachtfreie Lieferung	X	X			X	X		

180

```
10    REM                    ENTSCHEIDUNGSTABELLE
20    REM  -----------------------------------------------------------
30    PRINT " Ist der Kunde ein Groß - oder  Einzelhändler (g) oder (e)? "
40    INPUT A$
50    PRINT " Ist der Kunde ein Stammkunde (j) oder (n)? "
60    INPUT S$
70    PRINT " Wie hoch ist der Auftragswert ? "
80    INPUT A
90    REM       Auswertung der Parameter anhand der Entscheidungsregeln
100   REM Großhändlerrabatt bei Auftragswert > 10000,- DM  (R1 & R3)
110   IF A$ = "g"  AND  A > 10000 THEN RABATT = 5
120   REM Großhändlerrabatt bei Auftragswert <=10000,- DM  (R2 & R4)
130   IF A$ = "g"  AND  A <=10000 THEN RABATT = 3
140   REM Einzelhändlerrabatt bei Auftragswert > 10000,- DM (R5 & R7)
150   IF A$ = "e"  AND  A > 10000 THEN RABATT = 3
160   REM Einzelhändlerrabatt bei Auftragswert <=10000,- DM (R6 & R8)
170   IF A$ = "e"  AND  A <=10000 THEN RABATT = 0
180   REM          Überprüfung ob frachtfreie Lieferung erfolgt
190   IF S$ = "j" THEN PORTO$ = "frachtfreie Lieferung" ELSE PORTO$ = " "
200   REM  -----------------------------------------------------------
210   REM       Errechnung des Rechnungsbetrages für den Kunden
220   RABATTSUMME = ( A * RABATT ) / 100
230   RECHNUNGSSUMME = A - RABATTSUMME
240   PRINT "***************************************************************"
250   PRINT " Der Rechnungsbetrag beläuft sich auf ";RECHNUNGSSUMME;" DM."
260   PRINT
270   PRINT  PORTO$
```

7.4.7 Strukturierte Programmierung

Die Nachteile von konventionell dargestellten Programmablaufplänen werden dann deutlich, wenn Programme umfangreich sind und über eine Reihe von Rücksprüngen und Verzweigungen verfügen. Neben der Entscheidungstabellentechnik als Hilfsmittel, den Überblick über komplexe Probleme zu behalten, ist die strukturierte Programmvorgabe in letzter Zeit bekannt geworden. Programmiervorgaben bestehen nach dieser Methode aus Strukturblöcken, die ineinandergeschachtelt sind. Das geschieht nach der sogenannten ,,top-down''-Methode. Dabei sind die Strukturelemente hierarchisch so geordnet und in sich abgeschlossen, daß deutlich vor- und nachgeschaltete Programmelemente erkennbar sind.

Außerdem stehen die meisten Programmierer heute unter starkem Zeitdruck. Daher kommt es nicht gerade selten vor, daß Programmlösungen unbefriedigend für den Anwender sind.

Die strukturierte Programmierung bietet vor allen Dingen folgende Vorteile:

– Zuverlässigkeit, d.h. Fehler können sich durch entsprechende Programmiermethoden verringern.
– Übersichtlichkeit, d.h. durch eine straffe Gliederung und Erläuterungen können logische Zusammenhänge der Arbeitsgänge in einer zweckmäßigen Hierarchie gegliedert werden.
– Benutzbarkeit, d.h. Programme müssen leicht für den Anwender benutzbar und in der Bedienung problemlos sein.

Die strukturierte Programmierung ist nicht so sehr eine Programmiertechnik, als vielmehr eine *Programmiermethode*.

Die strukturierte Programmierung soll dazu beitragen, funktionelle, richtige und gut lesbare Programme darstellen zu können. Ziele der strukturierten Programmierung sind:

- Entwicklung einfacher und leicht verständlicher Programme;
- Aufteilung der Funktionen eines Programmes in unabhängig voneinander lösbare Komponenten;
- Verringerung der Notwendigkeit, Änderungen und Anpassungen durchzuführen;
- Beweisbarkeit der Richtigkeit eines Programmes.

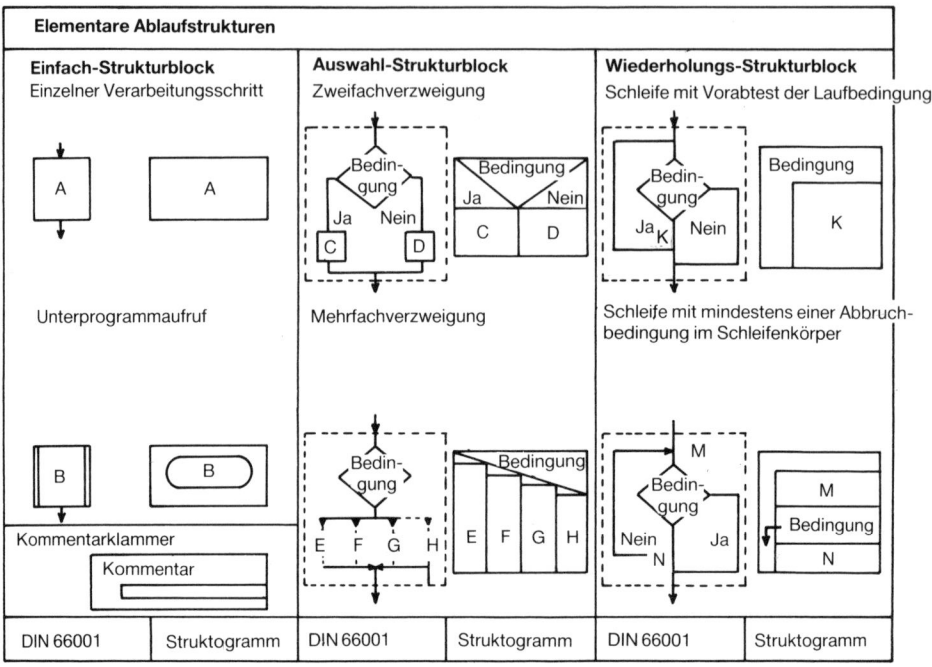

Abb. 65: Elementare Ablaufstrukturen

182

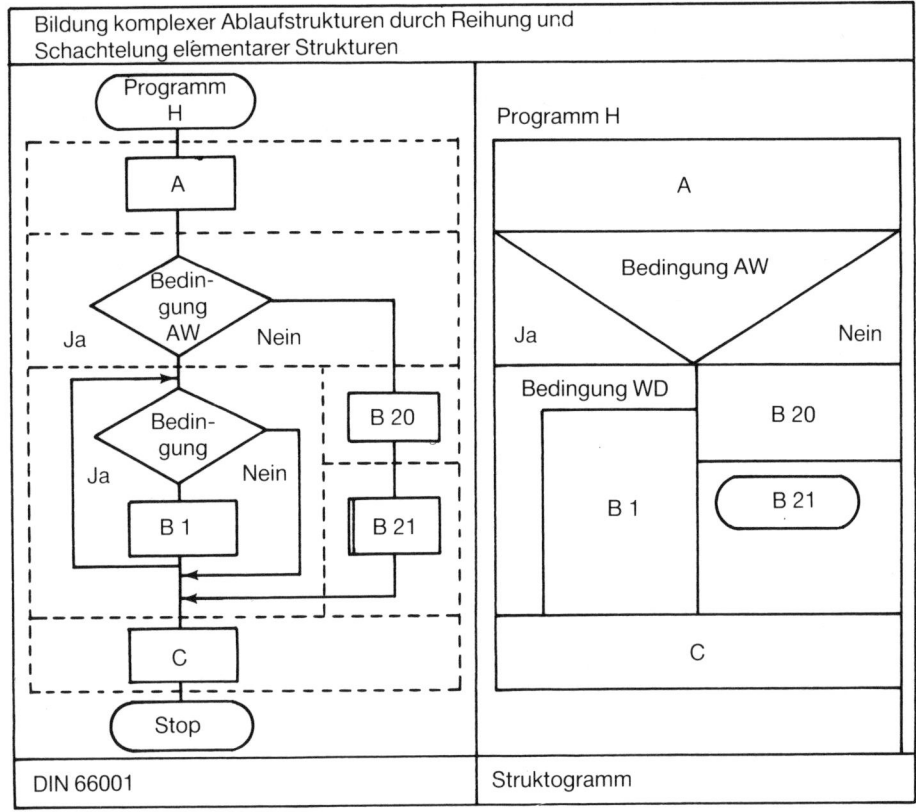

Bildung komplexer Ablaufstrukturen durch Reihung und Schachtelung elementarer Strukturen	
Programm H A Bedingung AW Ja · Nein Bedingung Ja · Nein B 1 · B 20 · B 21 C Stop	Programm H A Bedingung AW Ja · Nein Bedingung WD · B 20 B 1 · B 21 C
DIN 66001	Struktogramm

Abb. 66: Bildung komplexer Ablaufstrukturen durch Reihung und Schachtelung elementarer Strukturen

Das folgende Beispiel zeigt den Vergleich zwischen einem Programmablaufplan nach DIN 66001 und einem Struktogramm zur Lösung desselben Problems.

Beispiel:

Ein Händler gibt an seine Kunden abhängig von der Rechnungssumme folgende Preisnachlässe:
1. Ist die Rechnung höher als 150,— DM, dann 10 %
2. Ist sie höher als 100,— DM, aber geringer oder gleich 150,— DM dann 5 %
3. Ist sie 100,— DM und niedriger, dann 3 %

Lösung:
DIN 66001

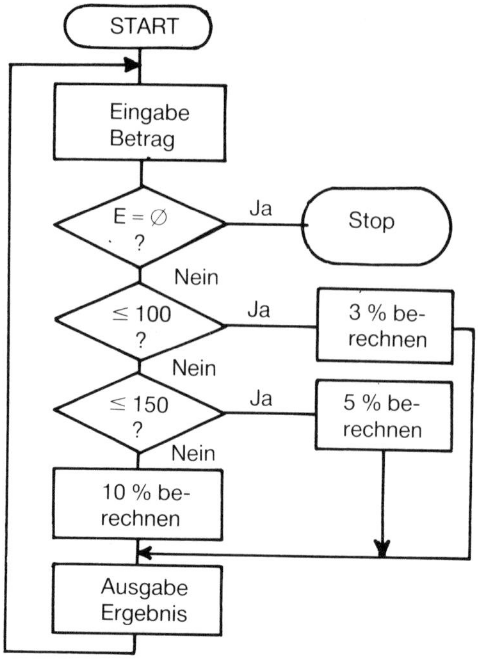

START

Eingabe
Betrag

E = ∅
?
→ Ja → Stop

Nein

≤ 100
?
→ Ja → 3 % be-rechnen

Nein

≤ 150
?
→ Ja → 5 % be-rechnen

Nein

10 % be-rechnen

Ausgabe
Ergebnis

Abb. 67: Programmablaufplan nach DIN 66001

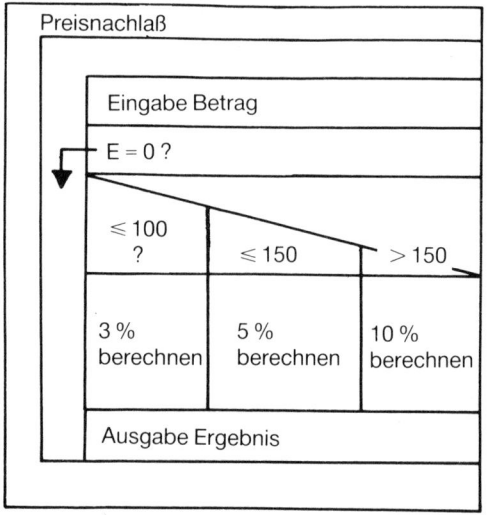

Preisnachlaß

Eingabe Betrag		
E = 0 ?		
≤ 100 ?	≤ 150	> 150
3 % berechnen	5 % berechnen	10 % berechnen
Ausgabe Ergebnis		

Abb. 68: Struktogramm (in DIN 66261 seit 1984 genormt)

184

7.4.8 Einsatz von Programm-Modulen

Modulartechnik ist aus vielen Bereichen des täglichen Lebens bereits bekannt. Es ist darunter ein Baukastenprinzip zu verstehen, bei dem sich ein Objekt aus verschiedenen, aber zusammenpassenden Bausteinen zusammensetzt. Dieses Prinzip wird immer mehr auf die Datenverarbeitung übertragen. Das gilt sowohl für die Hardware als auch für die Software.

Modularprogramme können vom Anwender selbst erstellt, vom Hersteller bezogen oder von einer Software-Firma gekauft oder gemietet werden. Der Anwender kann sich diese Bausteine mittels bestimmter Steuerinformationen zu einem geschlossenen Programm zusammenstellen.

Voraussetzungen für die *Benutzung von Modularprogrammen sind:*

- Passende EDV-Anlage, passende Peripherie;
- entsprechend großer Speicher;
- richtiges, zum Modularprogramm passendes Betriebssystem;
- Änderungsdienst für die Wartung des Moduls durch den Lieferanten.

Vorteile der Modulartechnik:

- Eigene Programmierarbeit wird geringer;
- Zeitersparnis;
- Test- und Anlaufzeit entfällt;
- schnelle Umstellung ist möglich.

Nachteile der Modulartechnik:

- Modularprogramme sind nicht exakt auf betriebliche Belange zugeschnitten:
- Änderungen können kaum selbst durchgeführt werden;
- kurzfristige Änderungen sind nur begrenzt möglich;
- eventuell längere Programmlaufzeit, da die Programm-Module generell für einen großen Abnehmerkreis geschrieben werden.

Beispiele für Modularprogramme:

- IMS – Betriebliches Informationssystem mit Datenbankverwaltung;
- Informationssystem zur Speicherung und zur schnellen Wiedergewinnung von Dokumenten;
- Optimierung und Simulation, Netzplantechnik;
- Bedarfs-, Bestands- und Bestellrechnung;
- Integrierte Fertigungssteuerung und -planung;
- Programme aus dem Finanz- und Rechnungswesen;
- verschiedene Verfahren des Operations Research.

Die beiden letzten Abschnitte – Programmablauf und Programmtechnik – zeigten, welche unterschiedlichen Möglichkeiten ein Programmierer bei der Beschreibung der Logik von Programmen hat. Für welche Lösung er sich entscheidet, hängt nur zum Teil von ihm selbst ab. Meist hat die Programmierabteilung ein gemeinsames Konzept, nach dem auch er sich richten wird.

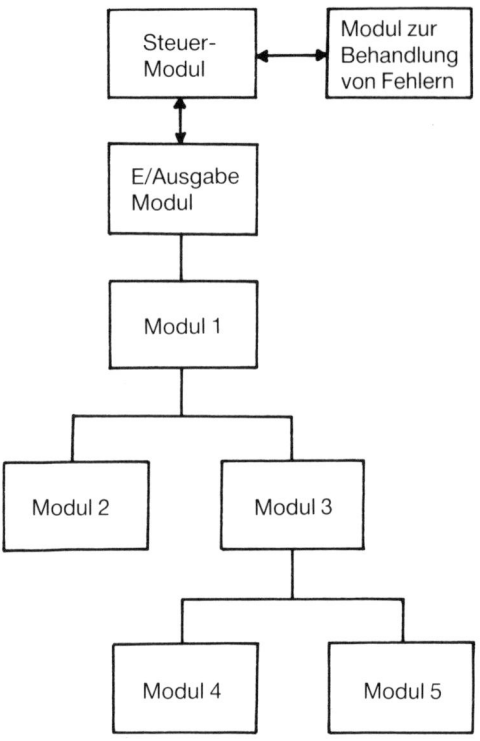

Abb. 69: Modularer Aufbau von Programmen

7.5 Schreibtischtest

Bevor das Programm in eine Programmiersprache übertragen wird, sollte es auf die grundlegende logische Funktionsfähigkeit getestet sein. Dazu zeichnet der Programmierer den Inhalt eines Speichers einschließlich Arbeitsfelder auf. Mit vorgegebenen Daten geht er den Programmablaufplan Schritt für Schritt durch und trägt die zu verarbeitenden Daten in die vorgegebenen Felder ein. Jeder Vorgang ist zu prüfen wie z.B.

- Entscheidungen,
- Verzweigungen,
- Feldgrößen,
- Vollständigkeit,
- richtige Berechnungen und Übertragungen sowie richtige Ein- und Ausgabe,
- Überschneidungen.

186

Nach dem Schreibtischtest kann das Programm in eine Programmiersprache umgesetzt werden.

Der Schreibtischtest, früher besonders wegen der teuren Rechenzeit wichtig, wird heute mehr und mehr vernachlässigt. Besonders das Programmieren im Dialog verführt dazu, Programme nicht mehr vor dem Programmieren zu durchdenken, sondern erst danach.

7.6 Programmiersprachen

In den ersten Jahren der Entwicklung von Datenverarbeitungsanlagen stand die Technik im Vordergrund. Es ging vor allem darum, schnellere Computer und leistungsfähigere Geräte mit ausgefeilter Technik zu entwickeln. Die Probleme der Anwender kamen meist zu kurz. Das zeigte sich zu dieser Zeit in der besonderen Schwierigkeit, Programme zu entwickeln und umfangreiche Probleme zu lösen. Der Programmierer war häufig ein Techniker, der die *Hardware* des Rechners genau kannte und daher mit der Lösung von Problemen beauftragt wurde. Die Sprache des Computers war meist nur die Maschinensprache. Das hat sich geändert. Vor allem, als kommerzielle Anwender die Vorteile der Datenverarbeitung mehr und mehr erkannten und Datenverarbeitungsanlagen in immer größerem Umfang einsetzten, ergab es sich geradezu zwangsläufig, die Programmierung von Datenverarbeitungsanlagen zu erleichtern. Es entstanden Programmiersprachen, die auf kommerzielle oder auf technisch-wissenschaftliche Belange zugeschnitten sind. Bei diesen Sprachen steht die Lösung von Problemen im Vordergrund; sie werden *problemorientierte Sprachen* genannt.

In der Zukunft wird es Sprachen geben, bei denen der Anwender nur wenige Formulare ausfüllt. Aus diesen Anweisungen wird der Computer dann ein umfangreiches Programm entwickeln.

Aus den vielen Programmiersprachen, die für kommerzielle Probleme, Technik, Wissenschaft und Forschung und Bereiche des täglichen Lebens entwickelt wurden, seien nur die wichtigsten Sprachen dargestellt.

7.7 Auswahl der Programmiersprache

Die Auswahl einer Programmiersprache ist in den meisten Betrieben nicht Aufgabe eines einzelnen Programmierers, sondern sie wird vom Leiter der Programmierung bzw. vom Leiter der EDV für alle Programme festgelegt.

Dabei fällt die Entscheidung häufig zugunsten nur *einer* Programmiersprache; selten finden zwei oder sogar mehrere Sprachen im Betrieb Einsatz. Natürlich hängt die Auswahl der Sprache auch von der Problemstellung ab. Manche Probleme können nur mit bestimmten Sprachen gelöst werden.

Bei der Auswahl kommen u.a. folgende Kriterien in Betracht:
- Welche Programmiersprachen bietet der Hersteller für den eingesetzten Computer an?
- Gibt es Probleme, die mit einer speziellen Programmiersprache gelöst werden sollten?

- Liegen in einer Programmiersprache Erfahrungen vor?
- Wie lange dauert die Übersetzung des Programms?
- Wie lange dauert der Entwurf des Programms in der gewählten Sprache?
- Wieviel Speicherplatz benötigt das Programm bei der Übersetzung für das Maschinenprogramm?
- Bietet die Programmiersprache Erleichterungen und Unterstützungen beim Testen?
- Wie groß ist die Unterstützung des Computers bzw. des Betriebssystems bei der Programmerstellung?
- Wie groß sind die Änderungs- bzw. Korrekturmöglichkeiten? Sind die Änderungen einfach durchzuführen?
- Wie groß ist die Übersichtlichkeit?

Für den Anwender sind folgende Kriterien besonders wichtig:

Sprachniveau

Je einfacher die Programmiersprache ist, um so eher wird der Anwender in die Lage versetzt, nach der Systemanalyse die Programmierung selbst vorzunehmen, ohne unbedingt einen Programmierer einsetzen zu müssen.

Sprachumfang

Der Sprachumfang ist bei problemorientierten Sprachen weitgehend auf eine bestimmte Aufgabenstellung zugeschnitten. Universell einsetzbare Sprachen dagegen müssen Sprachelemente für unterschiedliche Aufgabenstellungen enthalten.

Erlernbarkeit

Je einfacher die Sprache ist, um so geringer ist der zeitliche Aufwand für einen Anwender, ein fehlerfreies Programm für eine vorgegebene Problemstellung zu schreiben.

Verständlichkeit

Hierunter ist zu verstehen, wie schnell eine in der Programmierung ausgebildete Person ohne fremde Hilfe die Bedeutung eines Quellprogramms verstehen kann.

Zuverlässigkeit

Eine unkomplizierte Erstellung, Inbetriebnahme und Pflege fehlerfreier Programme.

Effizienz

Erforderlicher Hauptspeicherplatz, Programmlaufzeit und Programmieraufwand sind hier das Kriterium.

Portabilität

Programme sind dann portabel, wenn sie unverändert auf andere Rechner übertragen und zum Ablaufen gebracht werden können.

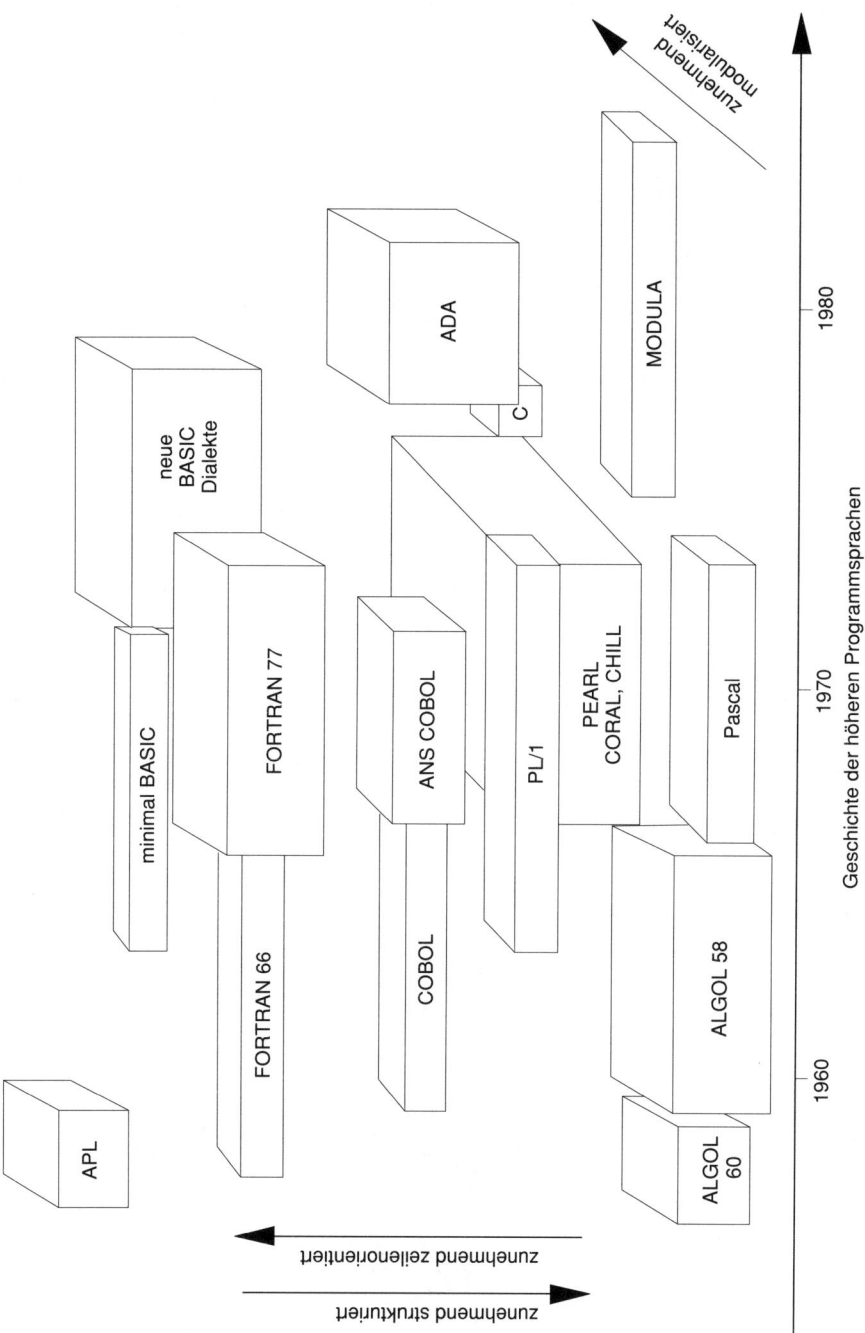

Abb. 70: Vergleich der Programmiersprachen

189

Hohe Unterstützung	Gute Unterstützung	Geringe Unterstützung	Keine Unterstützung
Generatoren			
	Problemorientierte Sprachen		
		Maschinenorientierte Sprachen	
			Maschinensprache

Abb. 71: Unterstützung der Programmerstellung durch den Computer bzw. das Betriebssystem

Art der Sprache: Maschinensprache

Bezeichnung	Einsatzbereich	Vorteile	Nachteile
Maschinensprache	maschinenintern	keine Übersetzung, optimale Nutzung des Computers	sehr schwer verständlich, unübersichtlich

Art der Sprache: Maschinenorientierte Sprachen

ASSEMBLER	volle Ausnutzung der Möglichkeiten des Computers	gute Nutzung des Speichers für kleine Computer	schwer zu erlernen, wenig Austauschmöglichkeiten mit anderen Computern

Art der Sprache: Problemorientierte Sprachen

ALGOL	technisch-wissenschaftliche Probleme nach methodischen Gesetzmäßigkeiten	löst mathematische Probleme nach methodischen Gesetzmäßigkeiten	hoher Speicherbedarf
BASIC	allgemein einsetzbar für fast alle Anwendungsgebiete (techn.-wiss. orientiert)	sehr einfache Sprache, gute Korrekturmöglichkeit bei Programmfehlern	Ausgaben von Texten und Listen nicht genügend einfach

Bezeichnung	Einsatzbereich	Vorteile	Nachteile
C	professionelle Programmentwicklung	einfach, strukturiert, optimale Nutzung des Computers	schwer zu erlernen, viele Eigenschaften von ASSEMBLER
COBOL	kaufmännische Aufgaben	leicht erlernbar, leicht lesbar, besondere Kenntnisse des Computers nicht notwendig	viel Speicherbedarf, umfangreiche Programme, viel Text
FORTH	Datenbank- und Textverarbeitungsanwendungen, Computersteuerungsanwendungen	Sprache und deren Befehle einfach aufzubauen, man kann neue Befehle erfinden und so die Anwendung optimieren, kurze Programme	Programme müssen ausführlich dokumentiert werden, sonst für andere unverständlich
FORTRAN	mathematische und naturwissenschaftliche Aufgaben	weit verbreitet, vom Computertyp unabhängig, gut für Formeln	hoher Speicherbedarf, gut für Berechnungen geeignet, umfangreiche Ein- und Ausgaben nicht vorgesehen
PASCAL	technische, mathematische, weniger kommerzielle Aufgabenbereiche	strukturierte Programmierung, Änderungen relativ einfach, Lehrsprache	keine eingebaute komplexe Arithmetik, wenig kommerzielle Anwendungen
PL/1	mathematische, technische und kommerzielle Anwendungen	Elemente aus den Programmiersprachen ALGOL, FORTRAN und COBOL, sehr vielseitig	läuft in erster Linie nur auf großen EDV-Anlagen, viel Text, umfangreiche Programme
RPG	kommerzieller Bereich, Listenausgabe, kleinere DV-Anlagen	Einfache Sprache, Logik vorgegeben, Drucklisten einfach zu programmieren	starres Ausfüllen von Formularen, Logik kaum erkennbar, nicht für komplexe Probleme

Tab. 10: Übersicht über Programmiersprachen

Wandel in der Programmierung

Die Hardware ist zur Verarbeitung von Daten geschaffen worden. Sie hat also eine enge Verbindung zur Technik. Anders ist es mit der Software. Die Software ist geschaffen worden, um die Daten zur Information, d.h. dem Anwender, verständlich zu machen. In der langen Geschichte der Programmiersprachen nehmen erfahrungsgemäß die traditionellen Sprachen wie FORTRAN, ALGOL, COBOL, BASIC, PASCAL und C eine besondere Rolle ein. Sie gehören alle zu den prozedualen Sprachen, d.h. der Programmierer schreibt dem Rechner explizit die durchzuführenden Operationen und deren Reihenfolge vor.

Wie diese Operationen aus den Aufgabenstellungen in der realen Welt, also des Unternehmens, abzuleiten sind, d.h. wie also die Daten zu Informationen verarbeitet wurden, das wurde dabei, zumeist in der Vergangenheit, dem Programmierer oder auch bei einem guten Unternehmen der vorbereitenden Systemanalyse überlassen.

Die neueren Ansätze der Sprachen der dritten Generation, wie z.B. Modula als Weiterentwicklung von Pascal und Ada als komplexe Sprache zur Programmierung großer Steuerungssysteme, brachten keine Verbeserung im Hinblick auf die Verbesserung der *Information*. Es wurde allerdings durch verbesserte Hilfen zur Programmentwicklung die Möglichkeit von Fehlbedienungen oder falscher Programmierung reduziert, aber man kann bereits heute zusammenfassend sagen, daß die traditionelle Programmierung auf der Basis der Programmiersprachen zur Lösung komplexer Probleme kaum noch eine Zukunft hat.

In der Praxis ist man also auf bessere, komplexere Methoden angewiesen. Dabei gibt es verschiedene Wege, abhängig von der Zielsetzung.

Ein Weg sind Datenbanken und Informationssysteme.

Zu Datenbanken und Informationssystemen gehören *Abfragesprachen*, sogenannte Query-Sprachen, die ein Selektieren von Datenmengen ermöglichen und es dem Anwender gestatten, Informationsmengen nach vorgegebenen Kriterien und mit vorgegebenem Umfang zu erzeugen.

Ein anderes Werkzeug innerhalb von modernen Informationssystemen ist der *Report Generator*, der es erlaubt, systematische Auswertungen auf dem Bildschirm oder auch auf dem Drucker auszugeben.

Ein weiteres Werkzeug ist der *graphische Auswertungsprozessor*, der es erlaubt, ausgewählte Informationsmengen in standardisierte graphische Darstellungen umzusetzen.

Zahlen aus dem betrieblichen Rechnungswesen (Finanz- und Betriebsbuchhaltung, Jahresabschluß, Kostenrechnung, betriebliche Statistik) sind in ihrer ursprünglichen Form nur in geringem Maß für unternehmerische Entscheidungen geeignet. Vielmehr ist dieses Zahlenmaterial zweckgebunden erfaßt worden und wird oft nur zu einem einzigen Zweck verarbeitet. Andererseits enthält es jedoch viele Fakten, die es dem Unternehmer ermöglichen, Prognosen zu erstellen oder betriebliche Abläufe darzustellen.

Dazu ist eine *Verdichtung* der Daten nötig, die unterschiedlich, abhängig von der Zielsetzung, sein muß. Ist die Zielsetzung die Zeit, dann sind drei Stufen der Datenverdichtung denkbar, nämlich für kurz-, mittel- und langfristige Entscheidungen.

Es entsteht somit ein *mehrstufiges* Informationssystem.

Hilfsmittel sind dann *statistische Auswertungen* oder besser *Modellbildungen*, die aus statischen oder besser *dynamischen* Rechenverfahren bestehen.

Mit diesen Datenbanken und Informationssystemen kann folgendes erreicht werden:

- Höhere Flexibilität der Informationsgewinnung
- Höhere Ausbaufähigkeit der Informationsspeicherung
- Strukturierte Ablage von Datenbeständen
- Klare Bedeutungszuordnung zu Daten
- Vom Anwender bestimmbare Interpretationsregeln
- Entkopplung von Anwenderprogramm und Datenbestand
- Schnelle Informationsgewinnung

Eine weitere moderne Methode, um zu guten Ergebnissen zu kommen, ist das *Rapid Prototyping*.

Bei Sprachen der vierten Generation ist oft keine scharfe Trennung zwischen der Programmentwicklung und der Programmausführung zu machen. Das liegt an der hohen Interaktivität dieser Sprachen, die es ermöglichen, einzelne Kommandos oder sogar Gruppen von Befehlen „on-line" einzugeben und sich die Resultate sofort anzusehen. Weiterhin ist es durchaus möglich, Prozeduren interaktiv einzugeben, sie ablaufen zu lassen und bei Fehlern zu ändern und dann die Ausführung fortzusetzen, ohne dabei die Programmierungsumgebung verlassen zu müssen.

Mit diesen mächtigen Programmiersprachen ist es daher möglich, auch komplexe Anwendungen in kurzer Zeit zu programmieren. Das bedeutet, sie zur Entwicklung eines Prototyps des später endgültigen Systems einzusetzen. Wenn dieser Prototyp dann den gewünschten Anforderungen genügt, werden häufig benutzte Teile oder spezifische, zeitkritische Teile durch spezielle Programme ausgetauscht, die in einer herkömmlichen Programmiersprache geschrieben worden sind.

Auf diese Weise erspart man sich einen großen Teil der Programmieraufwendung, die nötig wäre, wenn das gesamte Anwendungspaket von vornherein in einer herkömmlichen Programmiersprache geschrieben würde.

Eine weitere Hilfe für den Manager zur Anwendung der EDV als Informationssystem sind *Anwendungsgeneratoren.*

Von der Programmiersprache RPG, einer altgedienten, aber immer noch bei mittelgroßen Computern recht häufig angewandten Programmiersprache ist bekannt, was Generatoren sind.

Bei den Generatoren der Sprachen der vierten Generation werden heute Techniken angewandt, die eine automatische Erzeugung der benötigten Anwendungsprogramme direkt aus der Problemspezifikation heraus erlauben. Dabei werden in der Spezifikation nur noch die zu bearbeitenden Datenmengen und die damit durchzuführenden Operationen bzw. nur die Form der gewünschten Resultate angegeben.

Ein Anwendungsgenerator leitet zunächst aus einer Spezifikation eine Folge von prozedualen Schritten ab, die dann zu den verlangten Ergebnissen führen.

Bei den „Sprachen" der vierten Generation werden die Fähigkeiten eines normalen Programmierers immer weniger benötigt, die Aufgaben eines Systemanalytikers treten dagegen mehr in den Vordergrund.

Der Systemanalytiker kann andererseits, damit nicht auch er an der Realität vorbei entwickelt, die Leistung moderner Programmierungsumgebungen schon während seiner Spezifikation nutzen. Besonders allerdings bei der Entwicklung von Prototypen, vor der Erstellung des eigentlichen Systems, zeigen sich sehr früh Denkfehler, die bei der herkömmlichen Programmentwicklung erst beim fertigen System zu Tage getreten wären.

7.8 Übertragung in eine Programmiersprache

Bei der Übertragung des Programms in eine Programmiersprache folgt der Programmierer dem vorgegebenen oder selbstentwickelten Programmablaufplan. Dazu gehören auch (trotz problemorientierter Programmiersprachen) eine relativ gute Kenntnis des EDV-Systems selbst, gegebenenfalls auch des Betriebssystems oder zumindest einiger wesentlicher Komponenten, die vom Programmierer besonders häufig verwendet werden sowie, im optimalen Fall, auch noch gute Kenntnisse über den Betriebsaufbau und den Arbeitsablauf im Betrieb.

7.8.1 Befehl

Der Begriff *Befehl* wurde bereits definiert. Danach handelt es sich um eine Anweisung, die nicht mehr zu zerlegen ist. Der Befehl ist damit die kleinste Funktionseinheit eines Programms. Problemorientierte Sprachen wie COBOL, PL 1 usw. benutzen zum überwiegenden Teil Anweisungen. Sie werden vom Übersetzer (vgl. Übersetzung) in Befehle zerlegt. Bei maschinenorientierten Programmiersprachen entspricht eine Anweisung einem Befehl.

Ein Befehl besteht aus zwei wesentlichen Teilen. Das sind:
- Operationsteil – er gibt an, *was* zu tun ist.
- Operandenteil – hier können eine oder zwei Adressen vorhanden sein oder Informationen, die zur Ausführung des Befehls wichtig sind. Er gibt an, *wo* etwas zu tun ist.

7.8.2 Befehlsarten

Verschiedene Computer verfügen über mehr als hundert Befehle. Dennoch sind diese Befehle auf wenige grundlegende Befehlstypen zusammenzufassen. Es sind:
- Befehle zur *Ein- und Ausgabe* von Daten. Dazu gehören auch Befehle zur Steuerung der peripheren Geräte.
- Befehle für *Rechenoperationen* (arithmetische Befehle).
- *Logische Befehle* – Dazu gehören Vergleichsbefehle, aber auch Befehle zur Verknüpfung von Bits nach den Regeln der Booleschen Algebra, und Befehle zur Änderung von Adressen.
- *Übertragungsbefehle* – Sie ermöglichen das Übertragen von Daten innerhalb des Speichers, wie z.B. vom Eingabebereich zum Ausgabebereich.
- *Sprungbefehle* – Sie folgen als bedingte Sprungbefehle auf einen logischen Befehl oder sie beenden zum Beispiel eine Schleife (vgl. zyklische Programme) und sind dann unbedingte Sprungbefehle.

7.8.3 ASSEMBLER

Aus der tabellarischen Übersicht über die Programmiersprachen ist zu entnehmen, daß die ASSEMBLER-Sprache eine maschinenorientierte Sprache ist. Bei der Programmierung in dieser Sprache werden an den Programmierer hohe Anforderungen gestellt. Er muß nicht nur das häufig recht umfangreiche Befehlsspektrum kennen, sondern auch viel ,,Feinarbeit'' leisten. Er muß u.a.:

- die genaue Funktionsweise eines jeden Befehls kennen;
- darauf achten, daß Fehler für Rechenoperationen oder Verarbeitung von Texten vorbereitet werden;
- darauf achten, daß das Komma nach einem Rechenbefehl an der richtigen Stelle steht;
- Druckfelder zur Ausgabe vorbereiten;
- Speicherbereiche zur Adreßbildung laden (Register).

7.8.4 BASIC

Diese Programmiersprache ist zwar für die Lösung mathematisch-technischer Probleme konzipiert worden, sie ist aber auch für kommerzielle Probleme gut einsetzbar. BASIC ist die am leichtesten erlernbare Programmiersprache, dabei aber doch so leistungsfähig, daß auch umfangreiche Programme mit ihr erstellt werden können. BASIC wurde speziell für Benutzer von Time-sharing-Systemen entwickelt. Das bedeutet, der Benutzer schreibt sein Programm am Bildschirm im Dialog mit dem Computer.

BASIC wird vor allem in Personal-Computern eingesetzt. Diese einfache, wegen der Möglichkeit beliebige Sprünge in Programmteile zu machen, nicht immer beliebte Sprache, verhalf diesem Computer u.a. zum Durchbruch. Heute wird BASIC fast ausschließlich im Dialog am Bildschirm programmiert.

Hinweise zur Programmierung

- Jede Zeile besteht aus einer Anweisung.
- Jeder Anweisung ist eine Nummer zuzuordnen; diese Nummer entspricht der Adresse des Befehls. Bei Rücksprüngen ist die Nummer anzugeben.
- Der Computer ordnet später eingefügte Anweisungen in die richtige Reihenfolge ein.
- Die Numerierung sollte aus den o.g. Gründen in Fünfer- oder Zehner-Schritten erfolgen.

Im folgenden Abschnitt sind vier kleine BASIC-Programme dargestellt. Die dazugehörenden Anweisungen befinden sich im Anhang.

Beispiel 1

Von einem Betrag in Höhe von DM 5.460,— sind 14 % MWSt. zu errechnen. Der Betrag, die MWSt. und der Gesamtbetrag sind auszugeben.

Beispiel 2

Zwei noch nicht bekannte Beträge sollen bei Programmlauf eingegeben und addiert werden. Das Ergebnis ist zu drucken. Dazu sind zwei Felder zu benutzen.

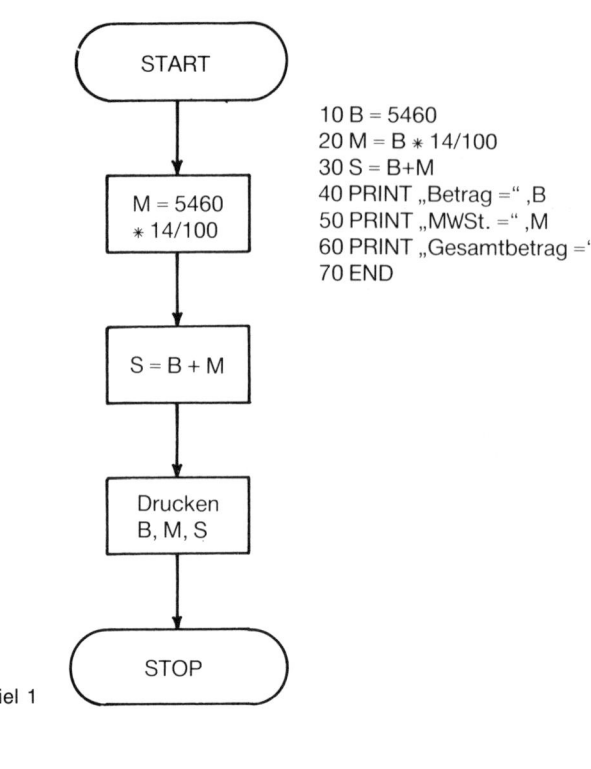

10 B = 5460
20 M = B ∗ 14/100
30 S = B+M
40 PRINT „Betrag =" ,B
50 PRINT „MWSt. =" ,M
60 PRINT „Gesamtbetrag =" ,S
70 END

Abb. 72: Beispiel 1

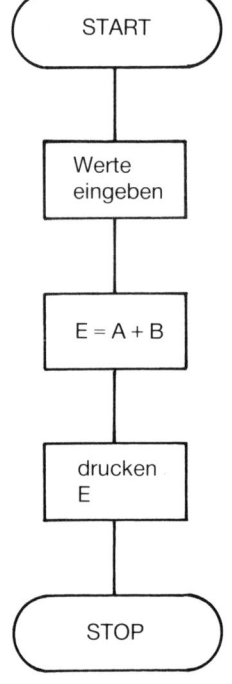

10 INPUT A, B
20 E = A+B
30 PRINT „Endsumme =" ,E
40 END

Felder A und B werden reserviert und bei
Programmlauf für die Beträge benutzt.

Abb. 73: Beispiel 2

196

Beispiel 3

Es sind die Zahlen 1 bis 25 auszudrucken.

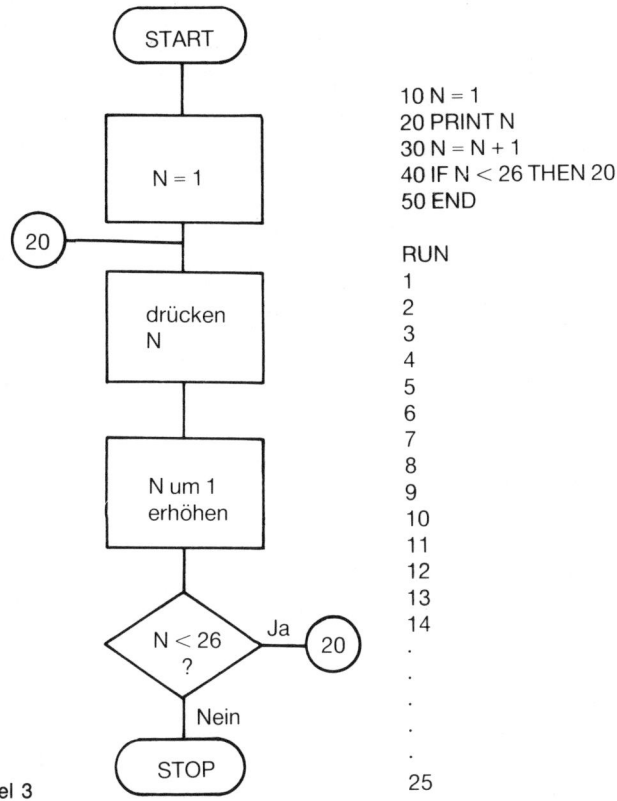

```
10 N = 1
20 PRINT N
30 N = N + 1
40 IF N < 26 THEN 20
50 END

RUN
1
2
3
4
5
6
7
8
9
10
11
12
13
14
.
.
.
.
25
```

Abb. 74: Beispiel 3

In diesem Programm wird ein Zähler (N) bei jedem Durchgang um eins erhöht und anschließend abgefragt. Da diese Erhöhung nach dem Druckbefehl (PRINT N) erfolgt, wird beim Zählerstand 26 zum Ende (50 END) verzweigt.

Beispiel 4

Ein Programm ist zu entwickeln, das die Zinstage zwischen zwei eingegebenen Terminen berechnet. Einzugeben sind Anfangsdatum und Enddatum. Auszugeben sind der Text *Zinstage* und die *Anzahl der Tage*.

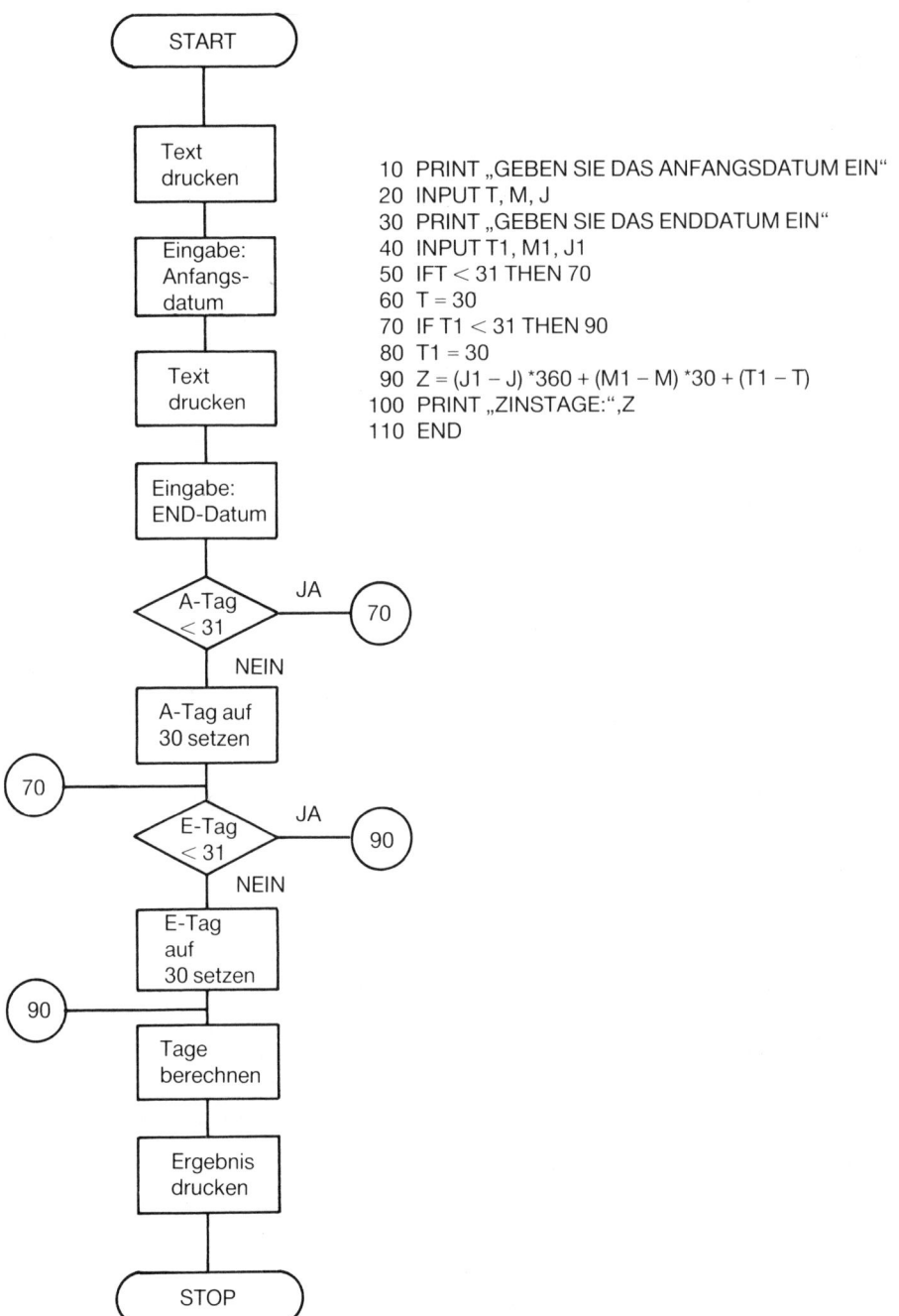

```
 10  PRINT „GEBEN SIE DAS ANFANGSDATUM EIN"
 20  INPUT T, M, J
 30  PRINT „GEBEN SIE DAS ENDDATUM EIN"
 40  INPUT T1, M1, J1
 50  IF T < 31 THEN 70
 60  T = 30
 70  IF T1 < 31 THEN 90
 80  T1 = 30
 90  Z = (J1 – J) *360 + (M1 – M) *30 + (T1 – T)
100  PRINT „ZINSTAGE:",Z
110  END
```

Abb. 75: Beispiel 4

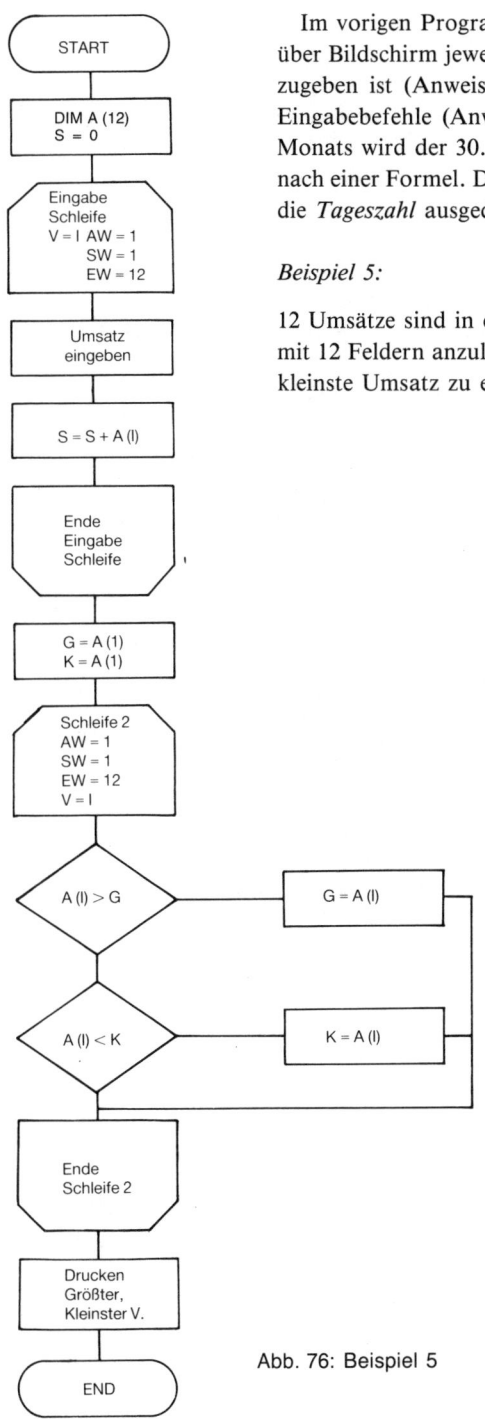

Im vorigen Programm gibt der Rechner auf dem Drucker oder über Bildschirm jeweils vor der Eingabe den Hinweis aus, was einzugeben ist (Anweisungen 10 und 30). Anschließend folgen die Eingabebefehle (Anweisungen 20 und 40). Bei dem 31. Tag des Monats wird der 30. eingesetzt. Die Berechnung der Tage erfolgt nach einer Formel. Danach werden der Text *Zinstage* und dahinter die *Tageszahl* ausgedruckt.

Beispiel 5:

12 Umsätze sind in eine Tabelle einzugeben. Dazu ist ein Vektor mit 12 Feldern anzulegen. In einer 2. Schleife sind der größte und kleinste Umsatz zu ermitteln und auszugeben.

```
10 DIMA (12)
20 S=0
30 FOR I=1 TO 12
40 PRINT I„TEN UMSATZ EINGEBEN";
50 INPUT A(I)
60 S=S+A(I)
70 NEXT I
80 G=A(1)
85 K=A(1)
90 FOR I=1 TO 12
100 PRINT A(I)
110 IF A(I)>G THEN 180
120 IF A(I)<K THEN 200
130 NEXT I
140 PRINT „SUMME="S
150 PRINT „GRÖSSTER UMSATZ=",G
160 PRINT „KLEINSTER UMSATZ=",K
170 END
180 G=A(I)
190 GOTO 130
200 K=A(I)
210 GOTO 130
READY.
```

Abb. 76: Beispiel 5

AW = Anfangswert
SW = Schrittwert
EW = Endwert
V = Variable, Index

199

7.8.5 COBOL

COBOL heißt ,,common business oriented language''.

Aus der Übersichtstabelle über die Programmiersprachen ist zu entnehmen, daß die Sprache COBOL für kommerzielle Anwender entwickelt wurde. COBOL entstand in den Jahren 1959–1961 in den USA. Die Sprache erhielt in der Zwischenzeit verschiedene Verbesserungen und Erweiterungen. Im Jahr 1968 wurde eine Standard-Version von COBOL festgelegt, die sowohl Erweiterungen als auch Vereinfachungen mit sich brachte. Da diese Norm vom ,,American National Standards Institute'' aufgestellt wurde, spricht man von ANS- oder auch ANSI-COBOL. Das deutsche Normenwerk übernahm 1972 COBOL.[1] Da geringfügige Änderungen vorgenommen wurden (vgl. Empfehlungen der International Organization for Standardization = ISO) wurde es ISO-COBOL genannt.

COBOL wurde in den 80er Jahren nochmals den Entwicklungen der EDV angepaßt und wird jetzt allgemein COBOL85 genannt.

COBOL85 erlaubt in dieser Version, wie eine moderne Programmiersprache, eine block-orientierte Schreibweise. Das heißt, es entfallen weitgehend Sprungadressen und Sprungbefehle (IF . . GOTO). Damit werden die Progamme kürzer, schneller und auch lesbarer und verständlicher. Außerdem sind weniger Fehler möglich und Änderungen werden erleichtert.

Interessant für gegenwärtige und zukünftige Anwendungen ist auch, daß eine strukturierte, tabellenorientierte Abfragesprache SQL (Structured Query Language) in COBOL85 eingebettet ist. Damit lassen sich dann Befehle formulieren, die durch ein Datenbank-Managementsystem (DBMS) verarbeitet werden. Die Ergebnisse sind dann von dem Programm aus der Datenbank zu übernehmen und können weiterverarbeitet werden.

Das erste Beispiel zeigt COBOL in der ,,alten'' Version. Sie wäre allerdings mit COBOL85 identisch. Das zweite Beispiel zeigt COBOL in der neuen Version.

COBOL ist auf mehr als 60 % der mittleren und großen EDV-Anlagentypen einsetzbar. Aber auch Personal-Computer arbeiten mehr und mehr mit COBOL.

Die *Vorteile* dieser Sprache liegen in folgenden Bereichen:
- COBOL ist leicht zu erlernen, da die Sprache aus nur ca. 200 leicht verständlichen Wörtern besteht;
- große, aber nicht 100 %ige Kompatibilität, d.h. Verträglichkeit bzw. Übertragbarkeit auf andere Rechner;
- Steigerung der Leistung der Programmierung;
- Anpassung an die natürliche Sprache (Englisch);
- Kenntnisse des Computers sind nur in geringem Umfang nötig.

Die *Nachteile* der Sprache liegen vor allem in dem benötigten Speicherplatz, der bis 30 % mehr als bei einem ASSEMBLER-Programm ausmachen kann.

Aufbau von COBOL-Programmen

COBOL-Programme bestehen aus vier Teilen und zwar:
- dem Erkennungsteil   - IDENTIFICATION DIVISION;
- dem Maschinenteil   - ENVIRONMENT DIVISION;

---

1 DIN-Normen, a.a.O., DIN 66028, überarbeitet 1985.

| – dem Datenteil | – DATA DIVISION; |
| – dem Programmteil | – PROCEDURE DIVISION. |

Im ersten Teil wird der Programmname vergeben, der Autor kann seinen Namen, das Datum und Bemerkungen hinzufügen.

Im Maschinenteil wird der Rechnertyp eingetragen. Außerdem werden hier u.a. die peripheren Geräte zugeordnet.

Im Datenteil sind die Dateien und Datensätze zu beschreiben, z.B. muß für die Eingabe- und Ausgabedatei ein Name vorgegeben werden.

Im Programmteil steht das eigentliche Programm.

Ein vollständiges COBOL-Programm, wie es vom Drucker nach der Übersetzung ausgegeben wird, zeigt die Abbildung.

2. Beispiel: Abschreibung

1. Funktionsbeschreibung

Es ist ein Programm zu entwickeln, bei dem Anschaffungskosten und Nutzungsdauer ein-gegeben werden und der Restbuchwert nach den entsprechenden Jahren ausgegeben wird.

2. Datenflußplan

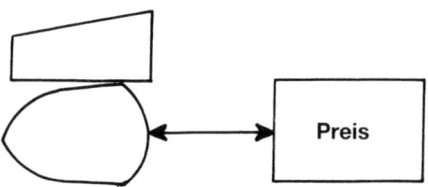

Eingabe: Menge, Einzelpreis
Ausgabe: Gesamtpreis

3. Programmstruktur

Preis
Eingeben Menge, Einzelpreis;
Gesamtpreis: = Menge *Einzelpreis;
Ausgeben Gesamtpreis;

```
  1          IDENTIFICATION DIVISION.
  2          PROGRAM-ID. PREIS.
  3
  4          *****************************************************
  5          *    DAS PROGRAMM ERRECHNET AUS EINER EINGEGEBENEN  *
  6          *    MENGE UND DEM EINZELPREIS DEN GESAMTPREIS       *
  7          *****************************************************
  8
  9          ENVIRONMENT DIVISION.
 10          CONFIGURATION SECTION.
 11          SPECIAL-NAMES. DECIMAL-POINT IS COMMA.
 12
 13          *===================================================
 14
 15          DATA DIVISION.
 16          WORKING-STORAGE SECTION.
 17          77   MENGE      PIC 999.
 18          77   E-PREIS    PIC 999V99.
 19          77   G-PREIS    PIC ZZZ.ZZ9,99.
 20
 21          77   M1 PIC X(32) VALUE "BITTE MENGE EINGEBEN       XXX   ".
 22          77   M2 PIC X(35) VALUE "BITTE EINZELPREIS EINGEBEN XXX,XX   ".
 23          77   M3 PIC X(11) VALUE "GESAMTPREIS".
 24
 25          *===================================================
 26
 27          PROCEDURE DIVISION.
 28          STEUER SECTION.
 29          *---------------------------------------------------
 30          ST-1000.
 31
 32              DISPLAY  M1.
 33              ACCEPT   MENGE.
 34              DISPLAY  M2.
 35              ACCEPT   E-PREIS.
 36              MULTIPLY MENGE BY E-PREIS GIVING G-PREIS.
 37              DISPLAY  M3.
 38              DISPLAY  G-PREIS.
 39          *---------------------------------------------------
 40          ST-2000.
 41              STOP RUN.
```

202

2. Beispiel: Abschreibung

1. Funktionsbeschreibung

   Es ist ein Programm zu entwickeln, bei dem Anschaffungskosten und Nutzungsdauer ein-gegeben werden und der Restbuchwert nach den entsprechenden Jahren ausgegeben wird.

2. Datenflußplan

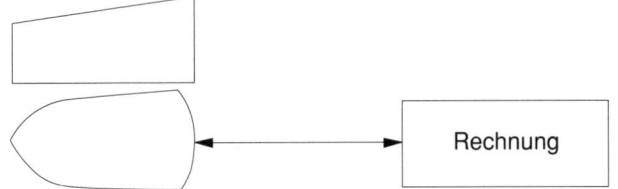

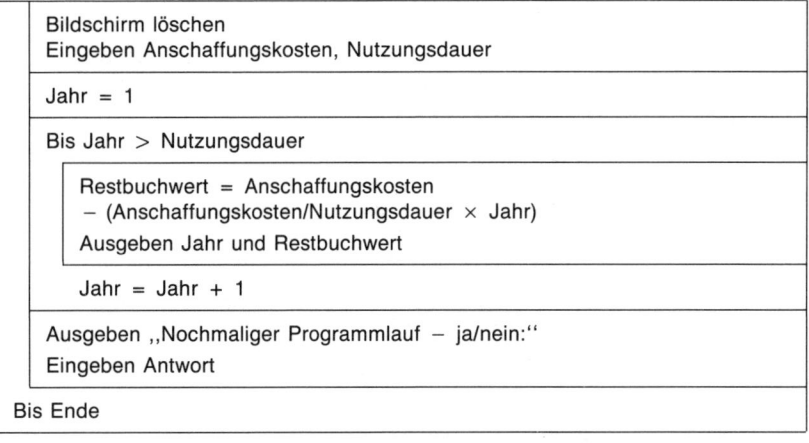

Rechnung

3. Programmstruktur

   Beispiel für lineare Abschreibung

Bildschirm löschen Eingeben Anschaffungskosten, Nutzungsdauer
Jahr = 1
Bis Jahr > Nutzungsdauer

Restbuchwert = Anschaffungskosten
    − (Anschaffungskosten/Nutzungsdauer × Jahr)
    Ausgeben Jahr und Restbuchwert

Jahr = Jahr + 1
Ausgeben ,,Nochmaliger Programmlauf − ja/nein:'' Eingeben Antwort
Bis Ende

```
 1 identification division.
 2 program-id. ABSCHR.
 3
 4*Beispiel für geschachtelte Programmschleife und Bedingungsnamen
 5*Lineare Abschreibung
 6
 7*================================================================
 8 environment division.
 9 configuration section.
10 special-names.
11     decimal-point is comma.
12
13*================================================================
14 data division.
15 working-storage section.
16 77  Anschaffungskosten           pic 9(6).
17 77  Nutzungsdauer                pic 99.
18
19 77  Jahr                         pic 99.
20 77  Antwort                      pic a(4).
21     88  Ende     value "nein".
22
23 77  Restbuchwert                 pic zzz.zz9,99.
24 77  Jahr-druckaufbereitet        pic z9.
25
26*================================================================
27 procedure division.
28     perform with test after until Ende
29         display spaces at 0101
30         display "Anschaffungskosten (DM): "
31         accept Anschaffungskosten
32         display "Nutzungsdauer (Jahre): "
33         accept Nutzungsdauer
34
35         perform
36         varying Jahr from 1 by 1 until Jahr > Nutzungsdauer
37             compute Restbuchwert = Anschaffungskosten -
38             (Anschaffungskosten / Nutzungsdauer * Jahr)
39             move Jahr to Jahr-druckaufbereitet
40             display "Jahr ", Jahr-druckaufbereitet,
41             " Restwert ", Restbuchwert
42         end-perform
43
44         display "Nochmaliger Programmdurchlauf - ja/nein: "
45         accept Antwort
46     end-perform
47
48     stop run.
```

7.9 Übersetzung

Nach der Umsetzung einer Aufgabe in eine Programmiersprache sind Befehle bzw. Anweisungen in den Rechner zu übertragen. Das geschieht z.B. durch die Erfassung mit Hilfe eines Textverarbeitungsprogrammes oder durch das Schreiben der Zeilen am Bildschirm.

Bei Personal-Computern kann z.B. WordStar, ein bekanntes Textverarbeitungsprogramm, genommen werden. Bei größeren Anlagen ist der Texteditor in Benutzung.

Das in symbolischer Sprache vorliegende Programm, auch Quellenprogramm genannt, kann von einer Datenverarbeitungsanlage nicht sofort verarbeitet werden. Vielmehr müssen die Befehle und Anweisungen in die Maschinensprache übersetzt werden. Während die ASSEMBLER-Sprache der Maschinensprache ähnlich ist, bestehen problemorientierte Sprachen aus Ausdrücken, die der menschlichen Sprache entnommen sind.

Für jeden Computertyp werden vom Hersteller innerhalb des Betriebssystems (vgl. dort) Übersetzungsprogramme mitgeliefert, bzw. empfohlen.

Übersetzer für ASSEMBLER-Sprachen tragen die Bezeichnung *Assembler* (oder Assembllierer), Übersetzer für problemorientierte Sprachen die Bezeichnung *Compiler* (oder Kompilierer). Werden Anweisungen erst bei der Verarbeitung des Programms übersetzt, dann heißt der Übersetzer *Interpreter*.

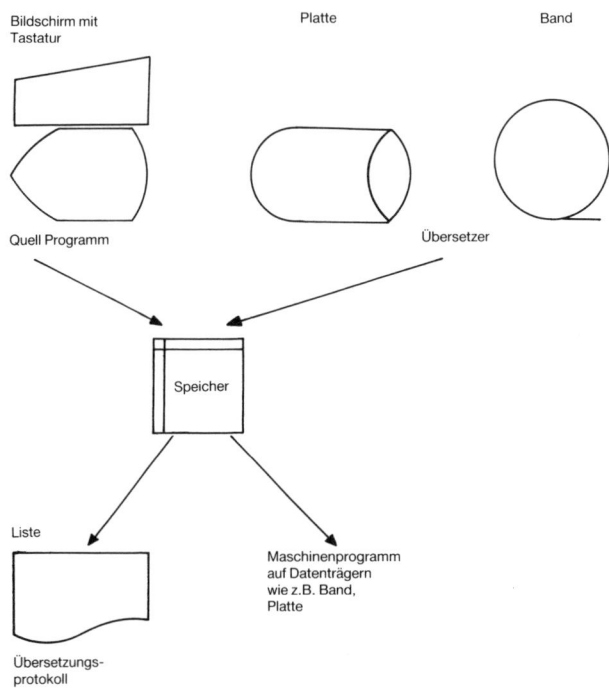

Abb. 77: Übersetzung

Das Übersetzungsverhältnis ist bei Assemblersprachen 1 : 1. Das bedeutet, aus einem Assemblerbefehl entsteht ein Maschinenbefehl. Compiler übersetzen problemorientierte Sprachen im Verhältnis 1 : n. Daraus ist zu erkennen, daß aus einer Anweisung mehrere Maschinenbefehle generiert werden.

Während des Übersetzungsvorgangs wird das Quellenprogramm auf formale Fehler geprüft. Die festgestellten Fehler kann der Programmierer bei größeren Computersystemen z.B. aus dem Übersetzungsprotokoll entnehmen. Nach der Berichtigung eventueller formaler Fehler liegt das Programm ablaufbereit vor. Es kann auf Datenträgern wie Band oder Platte gespeichert werden. Beim echten Programmlauf holt das Programm die Daten in den Speicher, die im Augenblick benötigt werden.

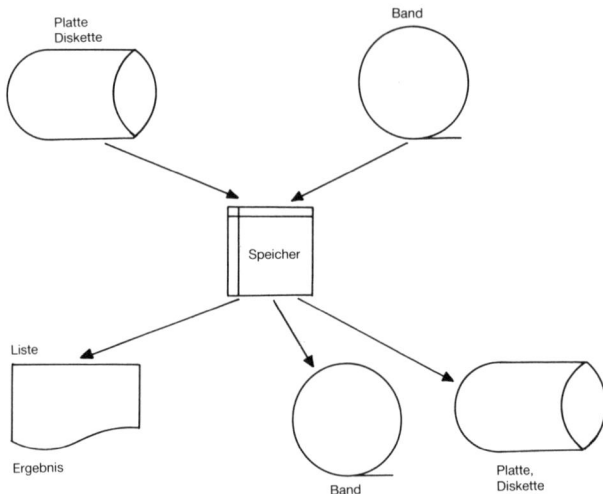

Abb. 78: Programmlauf

7.10 Programmtest

Bevor das Programm zur Benutzung freigegeben wird, ist es auf Funktionsfähigkeit zu überprüfen. Das Testen gehört zu den zeitaufwendigsten Arbeiten eines Programmierers. Es ist jedoch von außerordentlicher Bedeutung für den späteren Einsatz des Programms im laufenden Betrieb.

Folgende Maßnahmen sind u.a. zu ergreifen:
– Daten für den Test sind zu erstellen.
– Die Testergebnisse sind mit den wirklichen Ergebnissen der Fachabteilung oder mit den geplanten Ergebnissen zu vergleichen.
– Unterprogramme und Teilprogramm sind im *Detailtest* zu überprüfen.
– In einem *Gesamttest* ist das vollständige Programm zu testen. Dabei sollen alle Zweige des Programms durchlaufen werden.

206

Besonderer Wert ist auf Testhilfen zu legen. Sie werden vom Hersteller auch als Programme zur Verfügung gestellt. Bei maschinenorientierten Sprachen hilft häufig der Speicherausdruck, um Fehler zu finden. Bei problemorientierten Sprachen liefert der Compiler innerhalb der Umwandlungsliste oder als Meldung auf dem Bildschirm eine Reihe von Angaben, mit deren Hilfe Fehler zu finden sind.

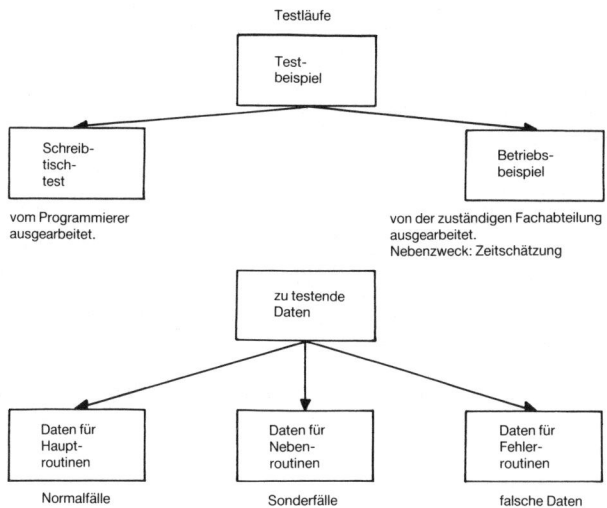

Abb. 79: Testläufe

7.11 Programmeinführung

Die Einführung von neuen Programmen geht in Stufen vor sich. *Zuerst* müssen die zuständigen Sachbearbeiter eingewiesen werden. Als *nächste* Stufe ist der Parallellauf zu empfehlen. Die Fachabteilung arbeitet in diesem Fall im bisherigen Verfahren weiter, stellt aber dieselben Daten der DV-Abteilung zur Verfügung, die das Programm zur Verarbeitung benötigt. Nach beendetem Probelauf kann in der *dritten* Stufe die Programmübergabe erfolgen.

Auf eine ausreichende Dokumentation ist besonders zu achten. Fertige Programme werden gewöhnlich in eine Programmbibliothek aufgenommen. Ein Band oder eine Platte dienen dabei als externer Speicher. Von diesem Speicher können jederzeit Programme entnommen und in den Arbeitsspeicher übertragen werden. Sie sind dann ablaufbereit. Eine regelmäßige Pflege der Programme sollte gewährleistet sein.

7.12 Software

Software ist die Sammelbezeichnung für alle Programme, die vom Anwender selbst erstellt oder von Dritten bezogen worden sind. Bei Datenverarbeitungsanlagen besteht die Software aus zwei Programmgruppen.

- *Systemprogramme*, d.h. Programme des Betriebssystems, die zum optimalen Lauf des Rechners vom Hersteller des EDV-Systems mitgeliefert werden und daher zur Grundausstattung des Systems gehören.
- *Anwenderprogramme*, die vom Anwender selbst erstellt werden oder von Software-Herstellern (Software-Häuser) für den Anwender entwickelt worden sind (Programme, die bestimmte Probleme lösen und in großer Zahl verkauft werden, heißen Standardsoftware).

Werden bestimmte Programme häufig benötigt, so sind sie z.B. bei rechnerunterstützten Informationssystemen in sogenannten *Programmbibliotheken*, z.B. auf Magnetplatten gespeichert. Diese Programme können aufgrund der Eingabe eines Namens aufgerufen werden.

Wird die Brauchbarkeit eines Programmpaketes für den Einsatz beurteilt, dann werden unter anderem folgende Gesichtspunkte herangezogen:

- Umfang des Programmpakets gemessen an Systemprogrammzeilen;
- Kosten pro Programmzeile;
- die Zahl der Anwendungen des Systems;
- die Verläßlichkeit des Systems;
- die Servicefreundlichkeit des Programmes;
- die Güte der Dokumentation usw.;
- Bedienungsfreundlichkeit.

Während bei den Hardwarekosten ein deutlicher Trend nach unten festzustellen ist, kann bei den Programmierkosten eine ständig steigende Tendenz festgestellt werden.

Die Entwicklung der Software steht jedoch erst am Anfang. Immer mehr Bereiche der Wirtschaft und des öffentlichen Lebens werden von der Datenverarbeitung betroffen und immer neue Software ist daher für diese Anwendungen notwendig.

Standardsoftware, sind Programme, die bereits auf ein bestimmtes Problem zugeschnitten sind und vom Benutzer noch auf dessen Bedürfnisse hin modifiziert werden können.

Hierbei kann noch unterschieden werden in:

- Programme mit geschlossener Architektur, d.h. der Benutzer kann keine größeren Veränderungen am Programm vornehmen, z.B. Textverarbeitung oder Buchhaltungsprogramme, bei denen der Anwender nur Firmendaten, Peripheriegeräte, etc. anpassen muß.
- Programme mit halboffener Architektur, d.h. der Benutzer kann, im Rahmen der Problemorientierung der Software, eigene Befehlsfolgen „programmieren", z.B. Tabellenkalkulationsprogramme, bei denen der Anwender sogenannte Makros (Kurzform von Befehlsfolgen) definieren kann.
- Programme mit offener Architektur, d.h. der Benutzer kann auch außerhalb der Problemorientierung des Programmes eine völlig neue Anwendung erstellen. Im Unterschied zu problemorientierten Programmiersprachen können die neu erstellten Anwendungen nur in Verbindung mit dem Programm gestartet und ausgeführt werden.

Beispiele zu Standardsoftware:

1. Textverarbeitung;
2. Tabellenkalkulation;
3. Multifunktionale Software.

Standardsoftware — Textverarbeitung

Was ist Textverarbeitung?

Die Textverarbeitung ist ein computerunterstütztes Erstellen und Verändern von Texten. Mit einem solchen Programm lassen sich alle Arten von Schriftstücken vom einfachen Memo bis hin zu ganzen Büchern erstellen.

Betriebsarten der Textverarbeitung

1. Dialogorientierte Textverarbeitung: die Texte werden im Dialog eingegeben bzw. geändert und immer sofort auf dem Bildschirm ausgegeben. Die dargestellte Form des Textes entspricht der, wie sie dann später auf dem Drucker ausgedruckt wird.
2. Stapelorientierte Textverarbeitung: die Texte werden, meist von Schreibhilfen, ohne den Text in irgendeiner Weise zu gestalten, erfaßt und später in ein größeres Textsystem (im Stapel) eingelesen und verarbeitet.

Optionen einer Textverarbeitung

Es können alphabetische und/oder numerische Zeichen, aber auch graphische Zeichen des ASCII-Zeichensatzes verarbeitet werden. Die Texte können über die Tastatur erfaßt werden, gelöscht, kopiert, versetzt und die Schriftart, mit der der Text zum Ausdruck kommt, in mehreren Varianten kombiniert werden. Ebenso wie bei der Schreibmaschine gibt es Tabulatoren, Spaltenanzeige und Randbegrenzungen, zusätzlich aber gibt es verschiedene Formen der Zeilenverarbeitung. So kann man wählen zwischen einem ,,Flattersatz'', dies ist der gewohnte Zeilenmodus wie bei einer Schreibmaschine, und einem ,,Blocksatz'', dabei wird links und rechts ein glatter Rand erzeugt, wie man es vom Buchdruck her kennt. Eine weitere Auswahl der Formgestaltung ist die Möglichkeit, Texte links-, rechtsbündig oder zentriert zu schreiben. Des weiteren bietet die Textverarbeitung eine Kopf- und Fußzeilenverwaltung, die u.a. eine zu druckende Seitennummer automatisch mitführt. Einmal erfaßte Texte können auf Datenträger gespeichert und wieder abgerufen werden. Der Anwender hat die Möglichkeit sich eine Bibliothek an Textbausteinen anzulegen und Schriftstücke im Baukastenprinzip zu fertigen.

Vorteile der Textverarbeitung

1. Man kann den geschriebenen Text sofort auf dem Bildschirm sehen, wie er später ausgedruckt wird.
2. Die Erfassung eines Textes kann fortlaufend ohne Zeilenschaltung erfolgen, da das Programm diese Zeilenschaltung automatisch durchführt; dabei kann wahlweise vom Programm automatisch ein Trennvorschlag gemacht werden für die Worte, die es zu trennen gilt.
3. Änderungen können jederzeit am Bildschirm durchgeführt werden, ohne den gesamten Text neu zu schreiben.

4. Es werden bei Textänderungen immer Sicherungskopien angelegt, so daß die Urfassung eines Textes nach Änderungen immer vorhanden bleibt.
5. Routineschreibarbeiten und Serienbriefe können in wesentlich kürzerer Zeit erledigt werden.
6. Der Schreiber kann sich auf das Wesentliche konzentrieren und ist erheblich von der manuellen Arbeit, wie er es bei einer Schreibmaschine ist, entlastet.

Nachteile der Textverarbeitung

1. Man kann nur bis zu 23 Zeilen des Textes am Bildschirm anzeigen (eine DIN-A4-Seite hat ca. 60 bis 70 Zeilen).
2. Der Anwender tendiert dazu, mehr zu schreiben als nötig wäre, da ihm das Schreiben viel leichter von der Hand geht.

Standard-Software-Tabellenkalkulation

Was ist Tabellenkalkulation?

Ein Tabellenkalkulationsprogramm ist ein computergestütztes Kalkulations- und Datenverarbeitungssystem, das es möglich macht, jede Art von Zahlenmaterial in Form von Tabellen zu verarbeiten und auszuwerten. In etwas eingeschränktem Umfang ist dies auch mit alphanumerischen Daten möglich. Dabei ist es möglich, die Zahlen nicht nur zu verwalten, sondern auch mathematische und/oder logische Operationen mit ihnen durchzuführen. Die Ergebnisse können dann auf dem Bildschirm oder Drucker sowohl in Form von Zahlen als auch in graphischer Form dargestellt werden.

Vorteile einer Tabellenkalkulation

1. Man hat ein elektronisches Arbeitsblatt, auf dem jederzeit Änderungen durchgeführt werden können und bei entsprechender Verknüpfung alle Ergebnisse automatisch neu berechnet werden.
2. Der Anwender kann wichtige Berechnungen, die auf manuelle Weise u.U. mehrere Stunden dauern können, innerhalb weniger Minuten durchführen.
3. Graphische Auswertungen sind möglich. Sie verschaffen einem Benutzer einen besseren optischen Eindruck von einer gegebenen Zahlensituation.
4. Durch die Möglichkeit mit Makros (Kurzform von Befehlsfolgen) zu arbeiten, kann auch ein Dritter ohne genaue Kenntnis der Befehlsstruktur Berechnungen durchführen.

Nachteile einer Tabellenkalkulation

1. Wer damit alphanumerische Daten verwalten möchte, hat nur sehr beschränkte Möglichkeiten dafür.
2. Bei größeren Programmierungen mit Makros wird es auch für sachkundige Dritte schwer, eventuell auftretende Fehler zu finden und zu beseitigen.

BEREIT

	A	B	C	D	E
1	1984	Januar	Februar	März	Gesamt
2					
3					
4	Abteil. A	1.500,00 DM	1.700,00 DM	3.000,00 DM	6.200,00 DM
5	Abteil. B	3.000,00 DM	3.500,00 DM	2.000,00 DM	8.500,00 DM
6	Abteil. C	1.200,00 DM	1.500,00 DM	2.200,00 DM	4.900,00 DM
7	===
8	Gesamt	5.700,00 DM	6.700,00 DM	7.200,00 DM	19.600,00 DM
9	1.Quartal %	29%	34%	37%	100%
10					
11	Lieber Christoph,
12	
13	In den Monaten Februar und März ist der Umsatz merklich
14	gestiegen. Allein in der Abteilung B gibt es noch
15	gewisse Schwierigkeiten.
16	
17	Viele Grüße
18	
19	
20	Hier bitte Ihren Namen eintragen...

22.06.88 01:31

NU

Abb. 78: Tabellenkalkulation

Mehr und mehr wird sogenannte multifunktionale Software für Personal-Computer angeboten. Mit der sowohl

1. Zahlen kalkuliert, ausgewertet und
2. die Ergebnisse in dreidimensionaler Farbgraphik dargestellt werden,
3. Texte erstellt, bearbeitet und
4. per Kommunikationsprogramm in alle Welt verschickt werden können.

Diese Programm-Module stellen die Verbindung zu anderen Computern her. Es können Systemverbindungen für asynchrone Übertragung zwischen zwei Personal-Computern über V.24-Kabel, Akustikkoppler oder Modem hergestellt werden, um so einen Datenaustausch zwischen diesen Personal-Computern zu realisieren.

Ebenso können auch Verbindungen zu Großrechnern hergestellt werden. Unter diesem Modus können Daten vom Großrechner auf den Personal-Computer oder umgekehrt übertragen werden. Die übertragenen Daten können in einem anderen Programm-Modul (Datenbank, Kalkulation, Graphik) weiterverarbeitet werden.

Der Anwender hat aber auch die Möglichkeit, sich an verschiedene weltweite Datennetze anzukoppeln und Informationen aus verschiedenen Datenbanken abzufragen und diese zu übernehmen.

Als zusätzliche Funktion wird das Anlegen und Verwalten einer Telefonliste für automatisches Wählen angeboten.

5. Ein multifunktionales Software-Paket enthält auch ein relationales Datenbank-Managementsystem, das den freien Zugriff auf die gespeicherten Daten in beliebiger Weise (z.B. zu mehreren Dateien kann gleichzeitig zugegriffen werden) garantiert.

Die einzelnen Anweisungen im Datenbank-Menü dienen zum erstmaligen Anlegen einer Datei, d.h. zum Erstellen von Bildschirm- und Druckmasken. Wichtige Funktionen sind die Möglichkeit, die einmal erstellte Datei jederzeit zu erweitern, nachträglich die Dateistruktur zu verändern, das Hinzufügen von weiteren Feldern sowie das Ändern von Parametern in der Felddefinition. Bei Dateneingabe können auch die Feldinhalte mit Inhalten anderer Dateien verglichen werden.

6. Ein elektronischer Terminkalender hilft dem Benutzer bei der effizienten Verwaltung seiner Termine. Es besteht die Möglichkeit, Monatsübersichten und Tagesterminpläne zu verwalten. Überlappen sich Termine, so wird der Benutzer darauf hingewiesen. Per Suchkommando können vergessene Termine sowie Gesprächspartner und Thema wiedergefunden werden. Ein Adreß- und Telefonregister für persönliche und geschäftliche Daten ist ebenfalls integriert.

Bedienerführung und gleichzeitige Darstellung verschiedener Programmsegmente in der Fenster-Technik wird ebenfalls angeboten sowie ein Benutzer-Verzeichnis, damit mehrere Personen parallel arbeiten können.

Der Vorteil dieser Standard-Software ist, daß preisgünstige leistungsfähige Programmpakete zur Verfügung stehen, die den vielen unterschiedlichen Anforderungen der Anwender weitgehend gerecht werden.

Desktop Publishing (DTP)

Der Umfang von Druckerzeugnissen nimmt trotz verstärktem Einsatz von elektronischen Medien nicht ab. Ganz im Gegenteil, die Anforderungen an Qualität *und* Aktualität steigen ständig. Auf Grund der Entwicklung entsprechender Programme für Personal-Computer und relativ preiswerten Laserdruckern eröffnete sich in den letzten Jahren die Möglichkeit, Veröffentlichungen, die bisher nur speziellen Fotosatzmaschinen vorbehalten waren, auf solchen kostengünstigeren Anlagen zu erstellen. Hierfür hat sich der Begriff ,,Desktop Publishing" besonders deutlich herausgebildet.

Was ist Desktop Publishing?

Desktop Publishing, kurz DTP, bedeutet, wenn man es sinngemäß übersetzt, ,,Veröffentlichung vom Schreibtisch aus". DTP ist in erster Linie ein ,,Gestaltungsprogramm", das in Verbindung mit einem Laserdrucker in der Lage ist, fertige Druckvorlagen auf Papier zu erzeugen bzw. für qualitativ höherwertige Ausdrucke dies an einer Laserbelichtungsmaschine auszugeben. Mit DTP produziert man fertige Druckvorlagen, bei denen Satz, Graphik, Druck und Umbruch in einen Gesamtprozeß integriert sind und die meist durch eine einzige Person an einem Personal-Computer durchgeführt werden.

Das Prinzip von DTP-Programmen

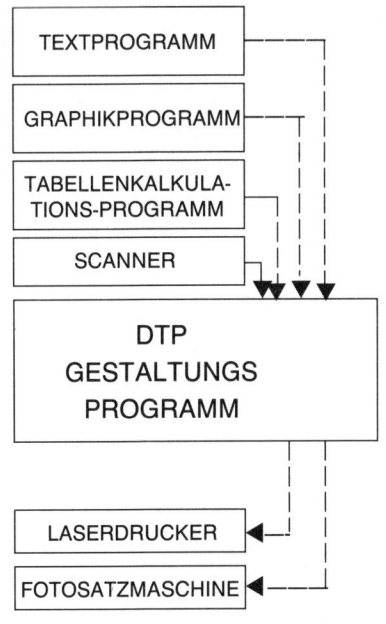

1. Erstellung von Texten mit einem Textverarbeitungsprogramm, wie z.B. Wordstar.

2. Erstellung von Graphiken mittels Graphikprogramm, wie z.B. GEM Paint.

3. Erstellung von Tabellen mit einem Tabellenkalkulationsprogramm, wie z.B. Multiplan.

4. Einlesen von Bildern, Logos, etc. über einen Scanner.

5. Aufbereitung, Gestaltung und Zusammenführung von Text, Graphik, etc. im DTP-Programm. Dabei stehen dem Anwender als Hardware ein Personal-Computer mit Graphikbildschirm und Maus und einem Softwarepaket für DTP zu Verfügung. Diese Software arbeitet nach dem Prinzip *,,WYSIWYG"*, (What you see, is what you get). Dies bedeutet, daß man am Bildschirm das sieht, was später auf dem Drucker herauskommt.

6. Ausdruck an einem Laserdrucker oder Filmbelichtung auf einer Fotosatzmaschine.

Der Vorteil des herkömmlichen Verfahrens liegt darin, daß das Fotosatzgerät auf Grund wesentlich besserer Auflösung zur Zeit noch als einziges Verfahren höchste Anforderungen an die Druckqualität erfüllt. Demgegenüber kommen für DTP wegen der niedrigen Kosten und der höheren Benutzerfreundlichkeit (Steuerung des Programmes mit der Maus, keine speziellen Steuerzeichen) neue Einsatzgebiete in den verschiedensten Bereichen der Wirtschaft in Frage. Zweifellos das kostengünstigste Verfahren, Publikationen zu erstellen, ist die Textverarbeitung mit der EDV-Anlage. Dieses Verfahren bietet jedoch nur geringe Möglichkeiten der optischen Gestaltung.

Zusammenfassend dargestellt deckt DTP den Qualitätsanspruch zwischen Textverarbeitung und dem konventionellen Fotosatz ab. Eine Abgrenzung kann schematisch folgendermaßen dargestellt werden:

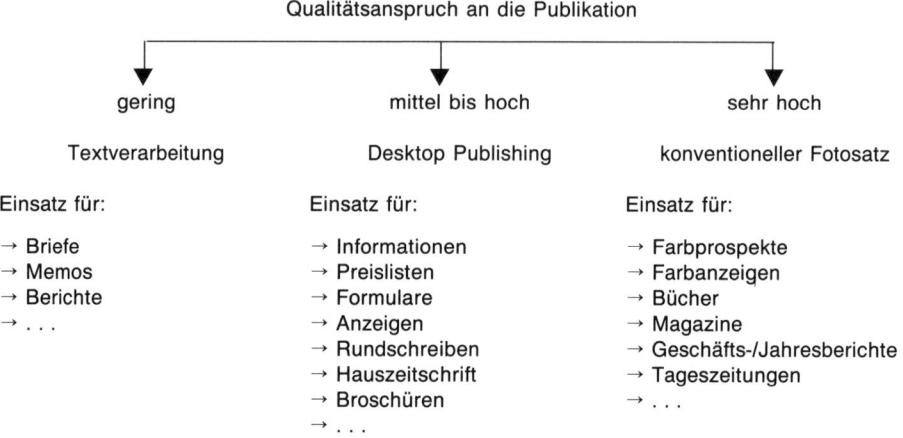

Qualitätsanspruch an die Publikation

gering	mittel bis hoch	sehr hoch
Textverarbeitung	Desktop Publishing	konventioneller Fotosatz
Einsatz für:	Einsatz für:	Einsatz für:
→ Briefe	→ Informationen	→ Farbprospekte
→ Memos	→ Preislisten	→ Farbanzeigen
→ Berichte	→ Formulare	→ Bücher
→ . . .	→ Anzeigen	→ Magazine
	→ Rundschreiben	→ Geschäfts-/Jahresberichte
	→ Hauszeitschrift	→ Tageszeitungen
	→ Broschüren	→ . . .
	→ . . .	

Abb. 79

	DTP-System	Fotosatz
Anschaffungskosten:	niedrig	hoch
Qualität:	mittel	sehr hoch
Personalkosten:	niedrig	hoch
Zeitaufwand je Publikation:	gering	hoch
Einweisungs-Schulungsaufwand:	gering	sehr hoch

Tab. 11: Vergleich DIP – Fototsatz

FRAGEN ZU KAPITEL 7:

1. Was ist der Unterschied zwischen Hardware und Software?
2. Entwickeln Sie einen Datenflußplan für folgendes Problem: Belege werden über einen Bildschirm mit Tastatur auf Band übertragen (Änderungsdaten). Auf einem anderen Band befinden sich Stammdaten. Der Inhalt beider Bänder wird mit einem Programm so verarbeitet, daß auf einem neu auszugebenden Band die unveränderten Daten und die geänderten Daten enthalten sind. Ein Änderungsprotokoll ist auszugeben.
3. Was ist der Unterschied zwischen einem linearen und einem zyklischen Programm?
4. Welche Vorteile hat die normierte Programmierung?
5. Nennen Sie Modular-Programme.
6. Was ist ein Schreibtischtest?
7. Welche Programmiersprache wird für kommerzielle Probleme vorzugsweise eingesetzt?
8. Geben Sie Kriterien zur Auswahl einer Programmiersprache an.
9. Welches sind die 4 Grundbefehlsarten?
10. Aus welchen Teilen besteht ein COBOL-Programm?
11. Was ist ein formaler Fehler?
12. Warum sollte bei der Programmeinführung ein Parallellauf durchgeführt werden?
13. Geben Sie Beispiele zu typischen Tabellenkalkulationen.
14. Welche Vorteile hat DTP gegenüber der Textverarbeitung?

8 Betriebssysteme

Der Einsatz von EDV-Anlagen erfordert nicht nur das Vorhandensein von ausgetesteten Benutzer-Programmen, also z.B. Programme für die Durchführung der betriebsindividuellen Materialbestandsrechnung, sondern eine zusätzliche Software-Ausstattung, die man unter dem Sammelbegriff *Betriebssystem* zusammenfassen kann. Während sich Benutzerprogramme mit der Lösung der vorliegenden betrieblichen Probleme beschäftigen, ergänzt das Betriebssystem die gesamte Anlage und macht die Durchführung von Datenverarbeitungsaufgaben überhaupt erst möglich. Das Betriebssystem ist ein Teil der Software, der zum Betrieb der Hardware und zum Ablauf der Anwender-Software notwendig ist. Die Hardware allein kann ohne ein Betriebssystem keine Daten verarbeiten. Man kann das Betriebssystem auch – laienhaft ausgedrückt – als den „Manager eines EDV-Systems" bezeichnen, der die Verbindung zwischen Hardware, Systembedienung und Anwenderprogrammen herstellt.

Die systempermanenten Eigenschaften von modernen Datenverarbeitungsanlagen sind zum Teil so komplex, daß sie in einer wünschenswerten Flexibilität durch verdrahtete Schaltungen nicht oder nur mit einem erheblichen Arbeitsaufwand zu nützen sind. So müssen beispielsweise das Benutzerprogramm vor Beginn der Verarbeitung in den Arbeitsspeicher geladen, die Befehle identifiziert und ausgeführt, die Verbindungen der Zentraleinheit zu den einzelnen Peripheriegeräten hergestellt und exakt gesteuert werden usw. Diese und eine Reihe ähnlicher Aufgaben werden durch eine Kombination von Technik und Betriebssystem gelöst, wobei das Betriebssystem bei großen Computer-Systemen in der Regel vom Anlagenhersteller erstellt und dem Benutzer zur Verfügung gestellt wird. Bei Personal-Computern kann es sein, daß ein unabhängiges Software-Haus das Betriebssystem liefert. Damit ist schon angedeutet, daß von den einzelnen EDV-Herstellerfirmen nach Art, Funktionsweise und Qualität verschiedenartige Betriebssysteme geliefert werden und daß es für einzelne Anlagenkonfigurationen meist mehrere Betriebssysteme gibt, die sich durch eine Reihe von Eigenschaften voneinander unterscheiden. Ein Betriebssystem, das oftmals auch als Systemsoftware bezeichnet wird, besteht in der Regel aus mehreren *Systemprogrammen*, die im wesentlichen folgende Hauptaufgaben haben:
– Gewährleistung des Betriebes einer Anlage;
– Vereinfachung der Programmier- und Testarbeiten;
– Erweiterung der technischen Funktionen einer Anlage;
– Gewährleistung einer wirtschaftlichen Arbeitsweise der Anlage.

Im ISIS Software-Report (1.3. Systemprogramme) ist eine detaillierte Unterteilung der auf dem Markt angebotenen Systemprogramme vorgenommen.

Diese allgemein ausgedrückten Hauptaufgaben kann man – bezogen auf Datenverarbeitungsabläufe – wie folgt spezifizieren:
- Verwaltung und Steuerung von Programmen bzw. Tasks; unter einem Task versteht man Programme oder Teile von Programmen, die eine abgeschlossene Verarbeitungseinheit für ein Betriebssystem darstellen. Eine Folge von Tasks nennt man Job. Ein Job stellt somit einen Auftrag eines Anwenders an das Betriebssystem dar.
- Verwaltung des Arbeitsspeichers;
- Steuerung der Peripheriegeräte;
- Verwaltung der Daten auf externen Speichermedien;
- Erledigung von sog. System-Log-Funktionen; diese Funktionen dienen der Protokollierung bestimmter Fehlerzustände und Systemaktivitäten. So können z.B. vielfach alle Datei- und Programmaktivitäten wahlweise auf einer Log-Datei protokolliert werden.
- Ausführung von Dienst- und Generatorfunktionen durch Utilities (Dienstprogramme) und Generatoren;
- Programmübersetzung und Programmtests;
- Terminalüberwachung;
- Anwenderkommunikation;
- Datensicherung im operationalen Sinne;
- Systemsicherung gegen Störungen und Ausfälle;
- Datenverwaltung;
- Systembedienung;
- Verwaltung von Bildschirmen;
- Unterstützung von Programmentwicklungs- und Programmpflegesystemen.

Grundsätzlich hat der Anlagenbenutzer nicht nur die Möglichkeit, die Hardware und damit die Anlagenausstattung, sondern auch das Betriebssystem entsprechend seiner spezifischen Aufgabenstellung auszuwählen. Allerdings ist bei dieser Auswahlentscheidung zu beachten, daß die Leistungen der einzelnen Betriebssysteme in enger Beziehung zur Ausstattung der Datenverarbeitungsanlage stehen und deshalb bestimmte Größenordnungen und Leistungsanforderungen u.a. im Hinblick auf Arbeitsspeicher sowie Ein- und Ausgabegeräte bedingen. Wichtige Auswahlkriterien für Betriebssysteme sind deshalb:
- Aufgabenstellung der EDV-Anwendung;
- Erforderliche Anlagenausstattung;
- Betriebsarten;
- Leistungsfähigkeit, Bedienungskomfort, Anzahl der im Arbeitsspeicher benötigten Speicherstellen;
- Umfang der notwendigen Betriebssystem-Residenz.

Einige Systemprogramme sind während der Verarbeitung ständig im Arbeitsspeicher zu halten. Andere Systemprogramme, die nicht allzu häufig benötigt werden, sind auf einer sog. Betriebssystem-Residenz gespeichert. Darunter sind externe Speichermedien, wie z.B. Magnetbänder und Magnetplattenspeicher zu verstehen, welche die einzelnen Systemprogramme aufnehmen und bei Bedarf zur Verfügung stellen.

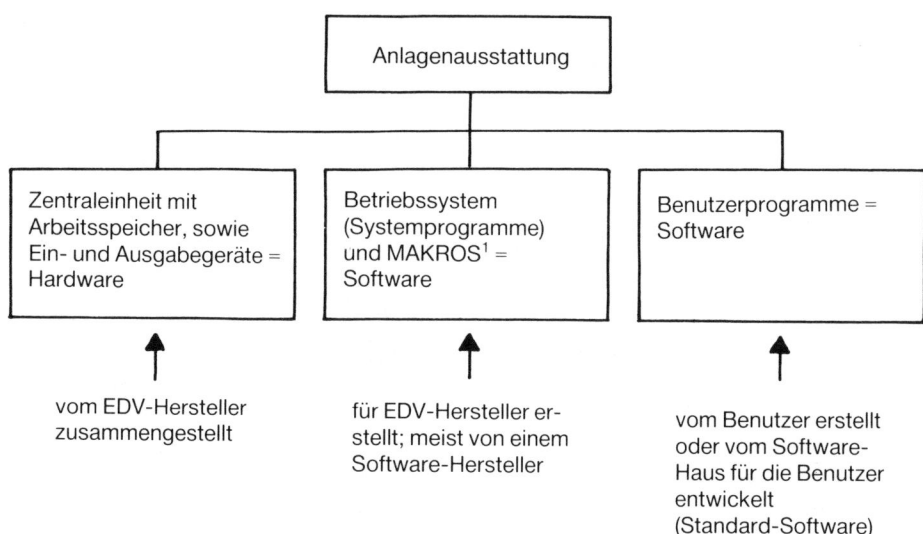

Abb. 80: Bestandteile einer Anlagenausstattung

Zur vollständigen Ausstattung einer EDV-Anlage gehören demnach nicht nur die einzelnen Hardware-Bestandteile, sondern neben den Benutzerprogrammen auch das Betriebssystem.

Es ist besonders zu beachten, daß einzelne Systemprogramme bei entsprechender Ausschöpfung in der Lage sind, Teile der betrieblichen und allgemeinen DV-Organisation zu übernehmen. In der Praxis wird diesen Möglichkeiten der Betriebssystemnutzung manchmal noch zu wenig Beachtung geschenkt. Dies ist zum Teil auf die noch immer vorhandene Überbewertung von spezifischen Hardware-Eigenschaften der Datenverarbeitungsanlagen und zum Teil auf die mangelnde Kenntnis der spezifischen Betriebssysteme in ihren Einzelheiten zurückzuführen.

Die einzelnen Hersteller von EDV-Anlagen haben inhaltlich und umfangmäßig verschiedenartige und auf bestimmte Anlagensysteme bzw. Anlagenausstattungen ausgerichtete Betriebssysteme entwickelt, die sich vielfach schon begrifflich erheblich voneinander unterscheiden. Es ist deshalb schwierig, Arten und Bestandteile von Betriebssystemen eindeutig zu gliedern.

So kann man z.B. zwischen Betriebssystemen für *Stapel-* und für *Dialogverarbeitung* unterscheiden.

Bei Stapelsystemen laufen die einzelnen Jobs nach ihrer Eingabe automatisch ab, während bei der Dialogverarbeitung das Betriebssystem einen Verkehr zwischen Mensch und Maschine gestattet, wobei während der einzelnen Läufe Daten ein- und ausgegeben werden können. Eine weitere Unterscheidung bezieht sich auf Betriebssysteme für *reale* und für *virtuelle* Speicher.

---

1 Makros sind Programm-Module, die wie Bausteine in verschiedene Programme eingefügt werden können, um bestimmte Aufgaben zu lösen.

Ferner können Betriebssysteme einzeln oder kombiniert nach der Art der verwendeten externen Speichermedien unterschieden werden, und zwar nach:
- Grund- oder Einfachbetriebssysteme;
- Band-Betriebssysteme;
- Platten-Betriebssysteme;
- Band-Platten-Betriebssysteme.

Diese Bezeichnungen der Betriebssysteme richten sich im wesentlichen nach der Art der Datenträger, auf denen die einzelnen Systemprogramme eines Betriebssystems gespeichert sind. Die entsprechenden Speicher nennt man deshalb Systemträger oder System-Residenz. Ein wesentlicher Unterschied zwischen den Betriebssystemen liegt jedoch auch in ihrer Leistungsfähigkeit und ihrem Komfort, den sie den Benutzern bieten.

Einfach-Betriebssysteme sind meistens für Anlagen mit einem kleinen Arbeitsspeicher ausgelegt. Die Systemprogramme waren früher entweder auf Lochkarten oder Lochstreifen gespeichert, die vor den einzelnen Verarbeitungsabläufen eingelesen wurden. Heute befinden sich diese Betriebssysteme u.a. auf Disketten oder Kassetten.

Die anderen genannten Betriebssysteme sind für band- und/oder plattenorientierte Anlagenausstattungen notwendig. Ein *Platten-Betriebssystem* ermöglicht den Betrieb, d.h. hauptsächlich das Übersetzen, das Testen und den Ablauf von Programmen, auf Anlagen, die mit mindestens einem Plattenspeicher ausgestattet sind. Dabei wird vorausgesetzt, daß auf den Plattenspeichern genügend Speicherplatz zur Verfügung steht, um die einzelnen Systemprogramme, die sich auf einem Plattenspeicher befinden, aufzunehmen. Ähnliches gilt für *Band-Betriebssysteme.*

Eine weitere Unterscheidungsmöglichkeit von Betriebssystemen besteht im Hinblick auf ihre notwendigen Bestandteile. In diesem Zusammenhang spricht man auch von einem *Kern* (nukleus) – und einem *Randbetriebssystem.*

Die einzelnen Programme des Kernbetriebssystems nennt man auch *Steuerprogramme*, die etwa folgende Aufgaben erfüllen:
- Erledigung der Ein- und Ausgaben;
- Bedienung der Anlage und Verkehr mit den Operatoren;
- Feststellung und Behandlung von Fehlern;
- Unterbrechungsbehandlung;
- Datenschutz- und Datensicherungsfunktionen;
- Datenverkehr zwischen Zentraleinheit und externen Speichermedien.

Neben diese Steuerprogramme treten – je nach Komfort – meist in mehr oder minder großem Umfang die sog. *Arbeitsprogramme* als Bestandteil des Randbetriebssystems. Genannt seien folgende wichtige Arbeitsprogramme:
- Dienstprogramme;
- Übersetzer zur Programmumsetzung;
- Binder;
  der Binder verbindet ein kompiliertes Programm mit den notwendigen Systemprozeduren.
- Lader;
  er lädt ein Programm in den zur Verfügung stehenden Arbeitsspeicherteil und initiiert seine Ausführung.

– Texteditor;
hierbei handelt es sich um eine Software zur Entwicklung, Zusammenstellung und Änderung von Texten, Dateien und Programmen.

Weitere Unterscheidungsmerkmale von Betriebssystemen sind z.B. Betriebssysteme für
Standard- oder Mikrocomputer, für Einplatz- oder Mehrplatzsysteme, Betriebssysteme für
lokale Verarbeitung und für Datenfernverarbeitungssysteme.

Es wurde bereits betont, daß Betriebssysteme vielfach auf bestimmte Computer-Systeme
bzw. Systemfamilien zugeschnitten sind. Eine allgemeingültige bzw. generelle Einteilung der
Betriebssysteme mit einer Zuordnung der einzelnen Systemprogramme ist deshalb nur unter
Vorbehalten möglich. Grundsätzlich kann man jedoch die Systemprogramme im Rahmen ei-
nes Betriebssystems in folgende vier Hauptgruppen gliedern:
– Organisationsprogramme;
– Übersetzungsprogramme;
– Dienstprogramme;
– Sicherungs- und Testhilfen.

Die genannten Hauptgruppen bestehen wiederum aus einer Reihe von Einzel-
Systemprogrammen, die später näher besprochen werden.

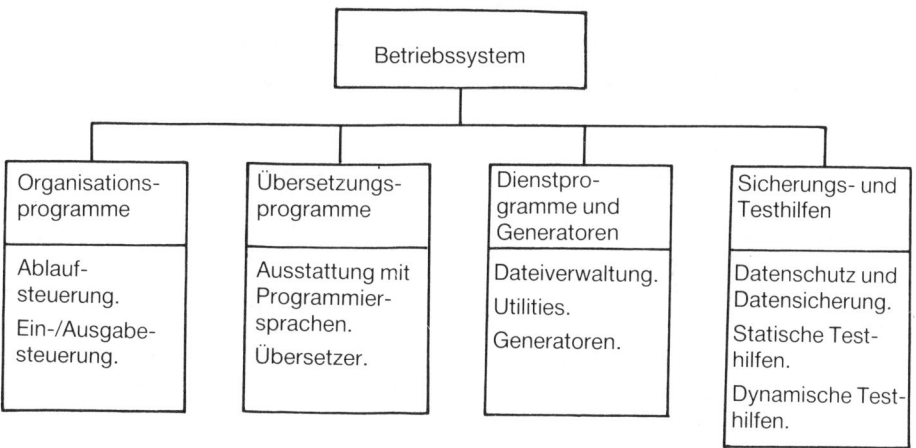

Abb. 81: Aufbau eines Betriebssystems

8.1 Organisationsprogramme

Organisationsprogramme stellen einen *wesentlichen* Teil eines Betriebssystems dar. Sie sind
hauptsächlich für die Steuerung der Zentraleinheit, des Arbeitsspeichers und sämtlicher peri-
pherer Geräte zuständig. Sie haben in erster Linie Kontroll- und Steuerungsaufgaben zu übernehmen und bewirken somit eine Erweiterung des Steuerwerks innerhalb einer Zentraleinheit.
Ein großer Teil des Organisationsprogrammes befindet sich ständig im Arbeitsspeicher, so

daß für diesen Teil des Betriebssystems ein entsprechender Speicherbedarf vorhanden ist, der eine angemessene Arbeitsspeichergröße bedingt. Andere Teile des Organisationsprogrammes befinden sich auf der Betriebssystem-Residenz.

Das *Organisationsprogramm* besteht im allgemeinen aus folgenden Systemprogrammen:
- Systemprogramme zur Ablaufsteuerung;
- Systemprogramme zur Steuerung der Ein- und Ausgabe.

Der *Ablaufteil eines Betriebssystems hat folgende Hauptaufgaben durchzuführen:*
- Programmsteuerung. Darunter fällt z.B. das Aufsuchen der Benutzerprogramme in einer Programmbibliothek, das Überwachen des gesamten Programmablaufes, Prioritätszuweisung und Abschließen des Programmablaufes;
- Feststellung des Speicherbedarfs;
- Laden der Programme oder einzelner Programmsegmente in den Arbeitsspeicher;
- Steuerung des Programmablaufes bei Multiprogramming-Verarbeitung;
- Behandlung von Programmunterbrechungen und Steuerung der Wiederanlaufroutinen;
- Generelle Bedienung einer EDV-Anlage, wie z.B. durch die Ausgabe von Meldungen der System- und Benutzerprogramme über die Bedienungseinrichtungen, Entgegennahme von Anrufen und Abrufen seitens der Operatoren;
- Zuordnung der Befehle an die entsprechenden Ein- und Ausgabegeräte;
- Kontrolle der Arbeitsweise von Selektor- und Multiplex-Kanälen.

Dem *Ein- und Ausgabesystem* obliegt sowohl die gesamte Bearbeitung und Steuerung der Ein- und Ausgabeoperationen als auch der Aufbau und die Verwaltung von Dateien, wie z.B. Definition, Speichern, Katalogisieren, Wiederauffinden, mehrfaches Benutzen und Löschen von Dateien. Die Dateiverarbeitung ist von der Art der verwendeten Dateien abhängig.

Bei sortierten Dateien treten im Grunde genommen keine sehr großen Organisationsprobleme auf, da sie seriell verarbeitet werden können. Das gilt für Magnetbanddateien und sogar Plattendateien, deren Bearbeitung sequentiell erfolgen kann, wenn die Daten in sortierter Folge vorliegen.

Bei Dateien mit direktem Zugriff, also z.B. bei *Magnetplattendateien*, kann der direkte Zugriff durch Umformung von Schlüsselbegriffen in die Speicheradressen erreicht werden. Bekanntlich ist bei Direktdateien auch eine sequentielle Verarbeitung möglich. Hierbei sind Daten sequentiell gespeichert. Für den direkten Zugriff werden Indextabellen abgesucht und somit die Adressen für die gesuchten Daten gefunden. Auch derartige Aufgaben werden durch das Ein- und Ausgabesystem gesteuert.

Bei sog. Druckerdateien muß eine Zeile nach der anderen ausgedruckt werden, wobei durch das Ein- und Ausgabesystem die Steuerung der Ausdruckergebnisse vereinfacht wird.

Grundsätzlich sind in den meisten Fällen die Daten auf den externen Datenspeichern in einem anderen Format angeordnet als in der Zentraleinheit. Auf Magnetbanddateien sind z.B. die Datensätze zu mehreren Datenblöcken zusammengefaßt, um eine bessere Ausnutzung des Magnetbandes zu erreichen. Die Ein- und Ausgabe dieser Daten geschieht blockweise, während die Verarbeitung jedoch in Sätzen erfolgt. Das Ein- und Ausgabesystem faßt nun bei der Ausgabe die Datensätze wieder zu Blöcken zusammen und veranlaßt deren Ausgabe. Bei der Eingabe hingegen werden die Daten aus den Datenblöcken in Datensätze aufgeteilt. Ferner führt das Ein- und Ausgabesystem noch Kontrollmaßnahmen über den ordnungsgemäßen Datentransfer aus, um den Fluß der Daten zwischen den peripheren Geräten und der Zentraleinheit in eine ordnungsgemäße Folge zu bringen. Fehler werden automatisch behandelt und korrigiert.

Eine wesentliche Aufgabe des Ein- und Ausgabesystems ist auch die sog. *Datensicherung* z.B. durch die Bildung von Etiketten, so daß eine Fremdverwendung oder ein Überschreiben wichtiger Daten verhindert wird.

Grundsätzlich muß der Aufbau einer Datei von dem Benutzer entsprechend seinen Anforderungen vorgenommen werden. Das Ein- und Ausgabesystem übernimmt jedoch wesentliche Aufgaben beim Aufbau von Dateien und Indextabellen sowie deren Änderung.

8.2 Übersetzungsprogramme

Wie in den zurückliegenden Ausführungen bereits dargestellt wurde, können EDV-Programme in verschiedenen Programmiersprachen geschrieben werden. Mit welchen Programmiersprachen (z.B. COBOL) eine EDV-Anlage ausgestattet ist, hängt u.a. von der Größe ihres Arbeitsspeichers, besonders aber von der Aufgabenstellung ab.

Übersetzungprogramme, die Teil des Betriebssystems sind, haben die Aufgabe, mit Hilfe von Assemblern oder Compilern die in verschiedenen Programmierungssprachen abgefaßten Programme in die Maschinensprache umzuwandeln. Die einzelnen Übersetzungsprogramme richten sich demnach nach der verwendeten Programmiersprache.

Grundsätzlich ist die sog. ,,interne Sprache" einer EDV-Anlage binär. Jeder Befehl innerhalb eines Programms muß deshalb von der Maschine unmittelbar in eine binäre Form übersetzt und ausgeführt werden. Bei Verwendung von symbolischen Programmiersprachen werden z.B. mit Hilfe der Übersetzungsprogramme die symbolischen Sprachelemente in die speziellen maschinellen Anweisungen und Befehle umgesetzt. Aus dem Primärprogramm wird das Objektprogramm erzeugt.

Übersetzungsprogramme sollen die Programmierarbeit erleichtern und vereinfachen; sie erlauben darüber hinaus eine problemgerechte Formulierung der Aufgabenstellung.

Übersetzer werden nicht immer als Bestandteil eines Betriebssystems angesehen, sondern manchmal auch als Anwenderprogramme bezeichnet. Das gilt vor allem für die Vielzahl der verschiedenen Sprachvarianten im Bereich der Personal-Computer.

8.3 Dienstprogramme

Grundsätzlich versteht man unter *Dienstprogrammen* solche Systemprogramme, *mit deren Hilfe häufig auftretende Aufgabenstellungen vorbereiteten bzw. vorgelieferten Lösungen zugeführt werden* können. Die entsprechenden Systemprogramme ermöglichen einen rationellen Verkehr zwischen Mensch und Maschine, indem sie bestimmte vorgefertigte Aufgabenlösungen oder einzelne Teillösungen bereithalten. Die Dienstprogramme unterstützen also den Benutzer bei der Bearbeitung von häufig wiederkehrenden und gleichartigen Arbeiten.

Folgende Dienstprogramme seien beispielhaft genannt:
- Initialisieren und Entladen von Magnetplatten;
- Kopieren von Magnetplatten;
- Anlegen von Inhaltsverzeichnissen auf Platten;
- Anlegen, Kopieren, Komprimieren und Löschen von Dateien;
- Auslistung von Dateisätzen;
- Übertragung des Dateninhalts von einem Datenträger zum anderen;
- Zuordnung und Freigabe logischer Gerätenummern usw.

Es gibt, wie aus dieser kurzen Aufzählung bereits ersichtlich, eine Vielzahl von unterschiedlichen Dienstprogrammen. Grundsätzlich kann man jedoch zwei große Gruppen von Dienstprogrammen unterscheiden:
- Programmaufbereitungs- und Programmverwaltungsprogramme;
- Utilities einschließlich Umsetzprogramme.

Programmaufbereitungs- und Programmverwaltungsprogramme, die man auch unter dem Sammelbegriff Dateiverwaltungsprogramme zusammenfaßt, dienen der Verwaltung von Dateien, Datenbanken und Programmbibliotheken, beispielsweise durch Erstellung, Einfügungen, Löschungen und Veränderungen. Die zu verwendenden Benutzer- und Systemprogramme sind zu sog. Bibliotheken auf Speichermedien zusammengefaßt und durch Systemkomponenten archiviert. Diese Bibliotheken enthalten z.B. Primärprogramme, Programmmodule, Makros usw. Mit Hilfe von Bibliotheksverwaltungsprogrammen ist es möglich, die zu verwendenden Bibliotheken auf dem neuesten Stand zu halten. Die gewünschten Veränderungen werden meist über Steuerkarten eingelesen und vom Verwaltungsprogramm automatisch durchgeführt. In Verbindung mit anderen Systemprogrammen, wie z.B. Organisationsprogrammen, Übersetzern und Generatoren ist es möglich, die gewünschten Programme, weitgehend automatisch und dem neuesten Stand entsprechend, der Verarbeitung zuzuführen. Generell dienen somit die Bibliotheksverwaltungsprogramme der Neuaufnahme sowie der Änderung von Benutzer- und Systemprogrammen. Dieser Gruppe werden auch spezifische Systemprogramme zugerechnet, die bestimmte maschinenlesbare Datenträger erstmalig für das Betriebssystem *vorbereiten*.

Utilities sind Dienstprogramme, die der erleichterten Durchführung von einfachen Grundaufgaben dienen. Der Sprachgebrauch ist jedoch nicht einheitlich.

Umsetzprogramme werden auch als sog. Datenträgerwechsel-Routinen bezeichnet. Sie haben die Aufgabe, Daten von einem Datenträger auf andere zu übertragen. Mit Hilfe des Umsetzprogrammes Platte/Band werden z.B. Plattendaten auf Magnetbänder übertragen. Dasselbe gilt für die Übertragung von Daten eines Magnetbandes auf einen Drucker. Das kann mit Hilfe des Umsetzprogrammes Band/Drucker vollzogen werden. Auch Programme zum Duplizieren, d.h. Kopieren, von Magnetbändern werden vielfach als Umsetzprogramme bezeichnet.

Neben der Umsetzung verschiedener Datenträger auf andere ist es mit Hilfe von Umsetzprogrammen auch möglich, die verwendeten Datensätze gewissen Veränderungen zu unterziehen, z.B. durch Umstellen der Felder in einem Satz. Auf diese Weise kann ausgabeseitig eine Datei erarbeitet werden, die für die weiteren Verarbeitungsaufgaben in der entsprechenden Form vorliegt. Dies sind nur einige Beispiele für die Vielfältigkeit der Umsetzprogramme.

Der Gruppe der Dienstprogramme werden auch die sog. Programmgeneratoren zugeordnet. Bei der Umsetzung von betrieblichen Aufgaben auf elektronische Datenverarbeitungsanlagen zeigt es sich, daß spezifische Aufgabenstellungen besonders häufig vorkommen, die sich oft nur formell oder in einigen wenigen, meist nebensächlichen Bedingungen voneinander unterscheiden. Das Sortieren oder beispielsweise das Auflisten vorhandener Datenbestände sind solche Aufgaben. Man kann derartige Aufgaben durch Programmgeneratoren durchführen lassen.

Folgende Generatoren seien beispielhaft genannt:
– Screen-Edit-Generator (Bildschirmgenerator);
– Datenerfassungsgenerator;
– Sortier-Mischgenerator;
– List-Generator.

Unter Verwendung von Generatoren wird die vom Benutzer in einer normierten Sprache erstellte Problembeschreibung in ein spezielles Maschinenprogramm umgewandelt, ohne daß hierfür zusätzliche Programmierarbeiten anfallen.

Besonders bei der Bearbeitung von kaufmännisch orientierten Datenverarbeitungsaufgaben sind Programmgeneratoren ein unerläßliches Hilfsmittel, da ein wesentlicher Teil der zu bewältigenden Arbeiten ohne einen individuellen Programmieraufwand auf die Anlage übertragen werden kann. Dies zeigt sich deutlich bei der Durchführung von Sortiermaßnahmen.

8.4 Sicherungs- und Testhilfen

Mit der Einführung der einschlägigen Datenschutzgesetze in Bund und Ländern sind verschiedene zusätzliche Maßnahmen des Datenschutzes und der Datensicherung notwendig geworden, auf die in einem eigenen Kapitel eingegangen wird. Genannt seien in diesem Zusammenhang Systemprogramme zur Ermittlung der Daten- und Datenzugriffsberechtigung, Benutzerkennzeichen und Passcodes usw.

Von den verschiedenen Herstellerfirmen wurden im Rahmen der Betriebssysteme zusätzliche Systemprogramme entwickelt, die der Realisierung der insbesondere im Bundesdatenschutzgesetz vorgesehenen technischen und organisatorischen Maßnahmen dienen.

Testhilfeprogramme haben die Aufgabe, das Austesten von Programmen oder Programmteilen zu erleichtern, und damit Testzeiten auf der Datenverarbeitungsanlage einzusparen. Beim Programmtest soll überprüft werden, ob ein erstelltes Programm frei von *Programmierfehlern* ist und in einer logisch richtigen Reihenfolge abläuft. Die Testergebnisse werden protokolliert und sind somit einer weiteren Überprüfung im Zusammenhang mit einer Aufstellung der verwendeten Testdaten zugänglich. Testhilfen sollen generell dem Benutzer zeigen, ob ein Programm logisch verläuft. Ferner sollen Programmierfehler leicht und schnell lokalisiert werden können.

Grundsätzlich kann man zwischen sog. *statischen* und *dynamischen Testhilfen* unterscheiden. Statische Testhilfen liefern z.B. in Form eines Speicherauszuges einen statischen Einblick in die Programm- und Datensituationen zum jeweiligen Testzeitpunkt.

Wesentlicher Bestandteil von dynamischen Testhilfen sind sog. Überwachungs- und Diagnoseprogramme. Sie laufen zusammen mit dem zu testenden Programm ab und zeigen u.a. den Programmablauf anhand der Veränderung von wichtigen Zwischenergebnissen.

Erwähnt werden soll auch, daß ein Protokoll, das bei der Übersetzung von symbolischen Programmiersprachen in die Maschinensprache mit Hilfe der Übersetzungsprogramme erstellt wird, als eine Testhilfe bezeichnet werden kann, die vor allen Dingen formale Programmfehler aufzeigt. Zu den Systemprogrammen für Sicherungshilfen sind auch diejenigen Teile zu rechnen, die sich mit der Feststellung von bestimmten Fehlern in der Hardware, in der Systembedienung sowie im Betriebssystem selbst beschäftigen. Die Feststellung solcher Fehlerquellen ist in einzelnen Fällen jedoch schwierig und nur bedingt möglich.

Im Anschluß an die Besprechung der einzelnen Systemprogramme innerhalb von Betriebssystemen wird noch kurz auf die Verwendung von sog. *Makros* eingegangen, die manchmal ebenfalls dem Betriebssystem zugerechnet werden. Hierbei handelt es sich um kleinere Programme, die bausteinartig aufgebaut sind und die in spezifische Benutzerprogramme eingefügt werden können. Sie dienen in erster Linie der Durchführung von kleineren Rechenaufgaben, die innerhalb eines Programms selbständige und wiederkehrende Probleme lösen. So kann man beispielsweise im Rahmen der Lohn- und Gehaltsabrechnung ein Makro einsetzen, das der Berechnung der Kirchensteuer dient. Makros werden meist ebenfalls von EDV-Herstellerfirmen den Benützern zur Verfügung gestellt.

Die Bedienungssprache einer EDV-Anlage, worunter man die Gesamtheit der Bedienungsmöglichkeiten eines Betriebssystems versteht, wird als *Betriebssprache* bezeichnet. Daraus werden die Betriebsanweisungen abgeleitet.

8.5 Betriebssysteme für reale und virtuelle Speicher

In den vorangegangenen Ausführungen wurde bereits erwähnt, daß Betriebssysteme auch auf sog. reale oder virtuelle Speicherkonzepte ausgerichtet sein können.

Grundsätzlich ist die Größe des Arbeitsspeichers einer Datenverarbeitungsanlage ein wesentliches Auswahlkriterium für das zu verwendende Betriebssystem. Elektronische Datenverarbeitungsanlagen mit einem realen Speicherkonzept sind im wesentlichen dadurch charakterisiert, daß der Arbeitsspeicher die für die Verarbeitung notwendigen Programme oder Programmteile als Ganzes aufnehmen muß. Meistens steht jedoch nur ein begrenzter adressierbarer Speicherraum zur Verfügung. Die Programmgröße ist also an die Größe des Arbeitsspeichers gebunden. Die zu verarbeitenden Programme müssen deshalb an die im Arbeitsspeicher zur Verfügung stehenden Speicherplätze angepaßt werden. Dies bedeutet, daß immer der von einem Programm benötigte Arbeitsspeicherplatz zusammenhängend verfügbar sein muß, bevor ein Programm durchgeführt werden kann. Ist dies nicht der Fall, dann muß gewartet werden, bis der entsprechend benötigte Platz im Arbeitsspeicher frei wird.

Die bei einem realen Speicherkonzept verwendeten Adressen sind tatsächlich vorhandene, also physikalische Adressen, in naturgemäß beschränkter Anzahl. Die Lage eines Programms im Arbeitsspeicher muß jedoch meist zum Zeitpunkt der Programmierung noch nicht festgelegt werden und wird durch die Verwendung sog. Basis-Adreß-Register erst zum Ablaufzeitpunkt im jeweiligen Befehl in eine echte Arbeitsspeicheradresse umgewandelt.

Durch eine simultane Arbeitsweise der Datenverarbeitungsanlage kann der vorhandene Arbeitsspeicherraum besser genützt werden, wenn die an eine Zentraleinheit angeschlossenen Ein- und Ausgabegeräte nicht nacheinander, sondern gleichzeitig, d.h. simultan, weiterarbeiten.

Hierzu sind von der Zentraleinheit unabhängige Kanäle erforderlich. Da die Zentraleinheit vielfach wesentlich schneller als die ihr angeschlossenen Peripheriegeräte arbeitet, können durch Ausnutzung der verschiedenen Ein- und Ausgabezeiten verschiedene Operationen der Zentraleinheit erfolgen. So kann beispielsweise die Zentraleinheit ein Eingabegerät beauftragen, Daten einzulesen. Während eines Einlesevorgangs kann die Ausgabetätigkeit des Druckers von der Zentraleinheit aus befohlen werden. Während dies geschieht, können andere Operationen ausgeführt werden. Dieser simultane Ablauf wird durch das Betriebssystem gesteuert.

Oftmals wird jedoch bei der Durchführung von Ein- und Ausgabe-Operationen eine Unterbrechung des jeweiligen Programms bis zur Ausführung der Operation notwendig. Um diese Wartezeiten auszunutzen, kann zwischenzeitlich ein anderes Programm der Bearbeitung zugeführt werden, wobei als Kriterium für die Folge der einzelnen Verarbeitungsabläufe die Priorität der einzelnen Programme angesehen wird, die den Programmen beim Laden zugeteilt wurde. Während eines solchen Wartezustands wird also das Programm vom Betriebssystem gesteuert, das die höchste Priorität aufweist. Dieses läuft dann bis zu einer Ein- und Ausgabe-Operation weiter, die wiederum einen entsprechenden Wartezustand bedingen würde. Um diese Wartezustand zu vermeiden, wird dann vom Betriebssystem das nächste Programm mit der nachfolgenden Priorität angelaufen. Auf diese Weise ist es möglich, auch bei realen Speicherkonzepten die vorhandenen Arbeitsspeicher im Zuge der Verarbeitung besser auszunutzen. Diese Arbeitsweise wird manchmal noch als simultane Verbindung bezeichnet, obwohl es sich um Multiprogramming handelt.

Unabhängig von diesen Überlegungen muß auf die Grenzen der realen Speichersysteme hingewiesen werden. In der Mehrzahl der Fälle ist es nämlich nach wie vor erforderlich, daß neben den ständig benötigten Teilen des Betriebssystems auch das momentan auszuführende Benutzerprogramm im Arbeitsspeicher vorhanden ist. Die auf ihre Abarbeitung wartenden Programme müssen deshalb auf sog. Sekundär-Speichern abgespeichert sein. Wenn nun bei Auftritt einer Wartezeit im gerade ablaufenden Programm ein zur Abarbeitung anstehendes weiteres Programm verarbeitet werden soll, so ist es notwendig, durch verschiedene Zwischenspeicherungsvorgänge genügend Platz im Arbeitsspeicher verfügbar zu machen.

Beim Vorhandensein einer virtuellen Speicherkonzeption ist, wie bereits betont, der Programmierer nicht an die Größe des zur Verfügung stehenden Arbeitsspeichers gebunden. Neben dem Arbeitsspeicher ist noch ein sog. Hintergrundspeicher vorhanden. Hierbei handelt es sich um einen sehr schnellen externen Speicher mit direktem Zugriff, wie z.B. einer Magnetplatte. Der virtuelle Speicher ist ein theoretisch beliebig großer Speicher, dessen Inhalt sich auf einem direkt zugreifbaren Speichermedium befindet. Der virtuelle Speicher ist ein Adreßraum, dessen Adressierung durch theoretische, sog. virtuelle Adressen erfolgt. Alle in den Programmen vorhandenen Adressen sind virtuelle Adressen, die sich auf diesen virtuellen Speicherraum beziehen.

Ist nun der Platz im Arbeitsspeicher für die Durchführung eines Programms nicht ausreichend, so werden Teile des Benutzerprogramms sowie der Systemprogramme aus dem Arbeitsspeicher in diesen virtuellen Speicher übertragen. Es werden nur jene Ausschnitte aus dem virtuellen Speicher Zug um Zug in den Arbeitsspeicher übertragen, die momentan gerade für die Ausführung eines Programms benötigt werden.

Der virtuelle Speicher ist in gleich große Bereiche eingeteilt, die man auch Seiten nennt. Die Seiten haben meist eine feste Länge und während des Programmablaufs erfolgt ein Seitenwechsel.

Die von den verschiedenen Programmen benötigten Seiten des virtuellen Speichers sind in keiner festen Zuordnung untereinander. Sie werden bei Bedarf in den Teil des Arbeitsspeichers transferiert, der gerade frei ist.

Unabhängig von einem bestimmten Teil des Organisationsprogramms, der ständig im Arbeitsspeicher stehen muß, ist die Anzahl der Seiten für das verbleibende Betriebssystem und für das Benutzerprogramm von der Größe des verwendeten Seitenspeichermediums, also von Diskette oder Magnetplatte, die direkt und schnell zugreifbar sind, abhängig.

Durch die Verwendung der virtuellen Speicherkonzeption kann sowohl für das Betriebssystem als auch für die Anwenderprogramme ein Arbeitsspeicher (virtueller Speicher) eingesetzt werden, der in seiner Größe ganz wesentlich den physikalischen Arbeitsspeicher in der Zentraleinheit übersteigt. Die Grenze für die Verwendung von virtuellen Speicherkonzeptionen besteht jedoch in der Leistungsfähigkeit der Zentraleinheit.

Zusammenfassend kann man sagen, daß bei der virtuellen Speicherkonzeption Programme für ihre Ausführung nicht in ihrer vollen Länge im realen Hauptspeicher stehen müssen. Sie werden vielmehr in einem virtuellen Speicher abgebildet, der aus einem schnell und direkt zugreifbaren Speichermedium besteht. Die einzelnen Programmteile bzw. Seiten werden Zug um Zug in den Arbeitsspeicher übertragen, damit sie dort verarbeitet werden können. Dies bedingt eine maschineninterne Einrichtung, um zu erkennen, welche Programmteile für die Ausführung gerade benötigt werden. Die verwendeten Adressen sind sog. virtuelle Adressen, die in der Regel keine Beziehungen zum realen Arbeitsspeicher aufweisen. Während der Programmausführung muß deshalb eine Einrichtung vorhanden sein, welche die virtuellen Adressen in reale Hauptspeicheradressen übersetzt.

Abschließend sei nochmals darauf hingewiesen, daß Aufbau und Funktionsweise von Betriebssystemen zu den schwierigsten Kapiteln des Datenverarbeitungswissens gehören. Darüber hinaus weisen die von den einzelnen EDV-Herstellerfirmen angebotenen Betriebssysteme bzw. Systemprogramme zum Teil erhebliche Unterschiede auf.

8.6 Betriebssysteme für Mikrocomputer

Die Entwicklung und der zunehmende Einsatz von Mikro-Rechnern hatte zwangsläufig auch die Erarbeitung und Verfeinerung von entsprechenden Betriebssystemen für diese Produktgruppe zur Folge.

Betriebssysteme für Mikrocomputer können als eine eigenständige Art von Betriebssystemen angesehen werden, obwohl ihre Ursprünge, wie zum Beispiel beim Betriebssystem Unix, schon lange Zeit zurückliegen.

Diese Betriebssysteme für Mikrocomputer mit ihren verschiedenen Versionen weisen teilweise spezifische Eigenschaften auf. Sie enthalten meist nur einen bestimmten Kernbereich von Systemprogrammen mit ausgewählten Systemfunktionen. Auf weitergehende – im normalen Einsatz nicht benötigte – Funktionen, wie sie zum Beispiel bei Standardcomputern enthalten sind, wird oftmals verzichtet.

Betriebssysteme für Mikrocomputer sind vielfach relativ stark auf die Lösung von Programmieraufgaben ausgerichtet und dienen somit vorrangig der Software-Erstellung. Dies ist insofern historisch zu erklären, als viele Mikro-Rechner zunächst nur für den sogenannten persönlichen Gebrauch entwickelt wurden, was natürlich Auswirkungen auf Inhalt und Aufbau des jeweiligen Betriebssystems hatte.

Erwähnt sei auch, daß diese Betriebssysteme relativ häufig an der Lösung von Aufgaben der Textverarbeitung orientiert wurden.

Zwischenzeitlich gibt es auch bei Betriebssystemen für Personal-Computer sehr weitgehende und umfassende Versionen.

Genannt seien zum Beispiel CP/M sowie die auf diesem Betriebssystem aufbauenden Systeme MP/M, CP/M-86, Concurrent CP/M, Unix, Oasis und MS-DOS.

Diese Betriebssysteme unterstützen vorwiegend die Programmiersprache Basic in verschiedenen Versionen als derzeit wohl verbreitetste Sprache, aber auch Pascal und Cobol, Fortran, Ada, Forth usw.

Momentan sind Bestrebungen zu beobachten, bei den Betriebssystemen für Personal-Computer Standardisierungen zu erreichen. Ob bzw. inwieweit diese Standardisierungsbemühungen Erfolg haben, bleibt abzuwarten.

CP/M und MS-DOS – Beispiele für Mikrocomputer-Betriebssysteme

CP/M

CP/M steht für „Control Program for Microprocessor" und ist weit verbreitet. CP/M befindet sich auf einem reservierten Bereich einer Diskette oder Platte. Wird der Computer eingeschaltet, so wird das Betriebssystem entweder automatisch durch ein Urlader-ROM, das sich in der Zentraleinheit des Computers befindet, in den Hauptspeicher (RAM) geladen oder es wird vom Anwender aufgerufen. In der Regel arbeitet CP/M mit einem Arbeitsspeicher von 64 KByte (Kilo Byte). Es belegt selbst die ersten 256 Speicherplätze.

Für 16-Bit-Arbeitsplatzrechner trägt das Betriebssystem CP/M den Zusatz 86 = CP/M-86. Das Betriebssystem wird zu den Einplatz-Betriebssystemen gezählt, da es nicht mehrere Bildschirmarbeitsplätze steuern kann. Es besteht aus dem *hardwareabhängigen* Teil
- Basis Input Output System (BIOS = Ein-Ausgabe-System, es steuert die Kommunikation zu den verschiedenen Geräteeinheiten) – Basissystem für Ein- und Ausgabe – und den *hardwareunabhängigen* Teilen
- Basic Disk Operating System (BDOS = Abwicklung der Datenübertragung zu und von den Disketten- bzw. Plattenlaufwerken und der Dateiorganisation) und
- Consol Command Processor (CCP = Abwicklung der Kommunikation mit dem Benutzer und Interpretation der über die Tastatur eingegebenen Befehle und Anweisungen).

BIOS (Basis Input Output System) beinhaltet alle herstellerunabhängigen Prozeduren, die durch unterschiedliche Peripherietreiberprogramme gegeben werden. Eine Modifikation (z.B. die Anpassung von Zeichendarstellungen auf dem Bildschirm oder Steuerung der Diskettenstation) für den jeweils eingesetzten Rechnertyp wird durch besondere Betriebssystemfunktionen unterstützt. Die Programmroutinen steuern alle Ein- und Ausgabegeräte, wie z.B. Tastatur, Maus, Bildschirm, Drucker, Disketten-, Platten- und Magnetbandlaufwerke.

BDOS (Basic Disk Operating System) lädt die Programme und führt sie inhaltlich aus. Der Benutzer braucht sich um die Organisation der Daten in den Dateien nicht zu kümmern, BDOS übernimmt diese Arbeit. Der Zugriff auf die Disketten- bzw. Plattendateien sowie die Übertragung der Daten wird realisiert. Eine Überprüfung der Daten auf die Richtigkeit hin erfolgt ebenfalls.

CCP (Consol Command Processor) ist der intelligente Teil des Betriebssystems und wickelt den Dialog mit dem Benutzer über dessen Ein-/Ausgabegerät ab. Ist das Betriebssystem gestartet, so interpretiert CCP alle eingegebenen Zeichen als Systembefehle. Sobald die Wagenrücklauftaste (Return) gedrückt wird, werden zunächst die benötigten Unter- und Hilfsprogramme ausgesucht, geladen und gestartet, die prüfen, ob die eingegebene Anweisung ein Teil von CP/M ist. Handelt es sich um keine interne Funktion, so nimmt CCP an, daß es sich um den Namen eines Programms handelt. BDOS versucht dann das Programm zu finden, es zu laden und laufen zu lassen. Existiert das Programm, so wird es in den Hauptspeicher geladen. Kann CCP die Anweisung nicht interpretieren bzw. das Programm nicht finden, so erscheint auf dem Bildschirm die eingegebene Anweisung und ein Fragezeichen.

Das Anwenderprogramm wird im Hauptspeicherbereich TPA (Transient Program Area) abgespeichert. Der dann noch im Hauptspeicher verfügbare Speicherplatz wird für die Speicherung der Daten verwendet.

MS-DOS

MS-DOS (Micro Soft Disk Operating System) ist etwas anders aufgebaut als das Betriebssystem CP/M und wurde für 16-Bit-Arbeitsplatzrechner entwickelt. MS-DOS wurde im Gegensatz zu CP/M in drei Blöcke aufgeteilt, die als solche als Programmteile auf der Diskette bzw. Platte zur Verfügung stehen. Die Teile sind getrennt in ihrer Aufgabenstellung zu sehen:

COMMAND.COM

COMMAND.COM ist ein Programm. Das wird aus dem Zusatz ,,.COM'' ersichtlich. Es ist die Verbindung zum Bediener und steuert die Abläufe. Ein Teil des COMMAND.COM wird beim Starten des Computersystems in einen residenten, d.h. immer verfügbaren, und ein weiterer Teil in einen transresidenten, d.h. nur bei Bedarf wieder verfügbaren, Speicherbereich geladen. Der residente Teil hat nur wenige Aufgaben zu erfüllen, nämlich die Fehlerbehandlung, die Stapelverarbeitungskontrolle und das Nachladen des transresidenten Command-Teils. Dieser interpretiert dann die Kommandos und hat die Hauptaufgabe zu erfüllen. Geteilt wurde das COMMAND.COM, um mehr verfügbaren Platz für die Anwenderprogramme zu erhalten. Die Anwendersoftware kann also den transresidenten Teil überschreiben, ohne daß sich Auswirkungen auf das Betriebssystem ergeben.

MSDOS.SYS

Der Zusatz ,,.SYS'' deutet das System-Programm an. MSDOS steht für Micro Soft Disk Operating System. Alle Ein- und Ausgabe-Operationen werden über dieses Programm abgewickelt. Es ist hardwareunabhängig und hält die Funktionen für COMMAND.COM oder Anwendungsprogramme bereit.

IO.SYS

Der Zusatz „.SYS" deutet das System-Programm an. IO für Input und Output = Ein- und Ausgabe. Den direkten Kontakt zur spezifischen Hardware stellt dieses Programm her. Es realisiert die Verbindungen der Ein- und Ausgabe-Operationen.

Beispiel einer hierarchischen Struktur (Baumstruktur) des Platteninhaltes, unter dem Betriebssystem für Personal-Computer-MS-DOS. Das Hauptinhaltsverzeichnis (Root-Directory) hat z.B. folgenden Inhalt:

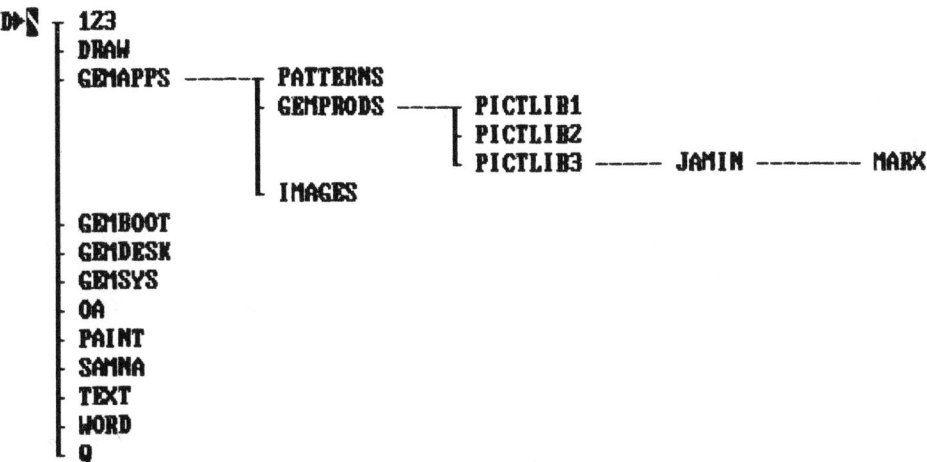

OS/2 (Operating System 2, auch BS/2 genannt)

Operating System 2 ist ein neues Betriebssystem, das vom Softwarehaus Microsoft entwickelt wurde und das als Nachfolger des Betriebssystems MS-DOS gedacht ist.

Zu den Hauptmerkmalen des Betriebssystems OS/2 zählen die auf 16 MB erweiterte Adressierbarkeit von Hauptspeichern (MS-DOS: 640 KB) sowie die Möglichkeit, Multiprogramming und Multi-Tasking durchzuführen.

Im Gegensatz zu MS-DOS, bei dem die Verwaltung von Multitasking-Prozessen nicht vom Betriebssystem sondern von den Programmen vorgenommen wird, vergibt OS/2 Prioritäten. Es legt die Reihenfolge fest, in der die einzelnen Programme im Multitasking-Betrieb verarbeitet werden und überwacht diese.

Die integrierte Window-Technik von OS/2 macht die gleichzeitige Darstellung mehrerer Anwendungen auf dem Bildschirm möglich.

Der Anwender kann per Taste zwischen zwei verschiedenen Modi, dem „Kompatibilitätsmodus" (Compatibility Box), in dem MS-DOS-Programme laufen, und dem „geschützten Modus" (Protected Mode) wählen oder per Menü ein Programm aufrufen.

Der Kompatibilitätsmodus ist als eine Übergangslösung gedacht, um bei einem Umstieg auf OS/2 auch zukünftig mit MS-DOS-Programmen arbeiten zu können.

Im Kompatibilitätsmodus sind jedoch nur 640 KByte Arbeitsspeicher zu adressieren. Die einzelnen Festplattenbereiche dürfen nur 32 MByte groß sein.

Online-Hilfe, Hinweistexte und Fehlermeldungen sind sowohl im geschützten Modus, der das Leistungsvermögen des Mikroprozessors Intel 80286 voll ausnutzt, als auch im Kompatibilitätsmodus, der mit MS-DOS-ähnlichen Befehlen arbeitet, verfügbar.

OS/2 wird in drei Versionen angeboten.

Die Einstiegsversion enthält alle zum Betrieb der Systeme notwendigen Funktionen.

Die Standardversion enthält zusätzlich eine graphische Benutzeroberfläche (Präsentations-Manager).

Die erweiterte Version weist weiter das Programm Kommunikations-Manager zur Kommunikation mit anderen Datenverarbeitungsanlagen, zum Beispiel über Netzwerke, auf und ermöglicht die Benutzung eines realtionalen Datenbank-Mangers (Programm).

Dabei wird eine strukturierte Abfragesprache SQL (Structured Query Language) benutzt, die Steuerfunktionen übernimmt und auch Datenabrufe und Aktualisierung von Datenbeständen vereinfacht.

UNIX

Das Betriebssystem UNIX wurde von den Bell-Laboratorien entwickelt und ist ein Warenzeichen der Firma AT & T.

UNIX ist ein Mehrbenutzer-Betriebssystem für 16- und 32-Bit-Rechner und wird als Standardbetriebssystem für die gehobene Leistungsklasse von Mikrocomputern angesehen.

Der eigentliche Durchbruch von UNIX wird mit dem vermehrten Einsatz von 32-Bit-Rechnern erwartet.

Die sog. Portabilität von UNIX wurde deshalb erreicht, weil für die Implementierung von UNIX eine eigene Systemimplementierungssprache, die Programmiersprache „C", ebenfalls von Bell entwickelt wurde, so daß das Betriebssystem auf verschiedener Hardware lauffähig ist.

Die Programme des Betriebssystems UNIX lassen sich in folgende drei Hauptbereiche einordnen:

- das Kernprogramm (Kernel). Es ist relativ klein gehalten und stellt lediglich die grundlegenden Funktionen der Ablaufsteuerung und der Speicherverwaltung zur Verfügung.
- die Shell (Schale). Mit Hilfe der Kommandosprache Shell, die einer höheren Programmiersprache ähnlich ist, werden die vom Anwender eingegebenen Befehle interpretiert und miteinander verbunden.
  Die Shell interpretiert Eingaben und steuert die Verteilung von Ein- und Ausgabedaten auf Dateien.
  Sie ruft Programme ab und führt diese gleichzeitig oder in Form einer sog. pipe durch.
  Pipes stellen namenlose Dateien dar, die nur kurzfristig benötigt werden.
  Kernprogramm und Shell ermöglichen es, beliebige Benutzerschnittstellen zu definieren.
- Hilfsprogramme. Sie dienen zur Ausführung von bestimmten Funktionen der Systemerhaltung, wie z.B. zum Absenden elektronischer Post.

UNIX ist weiter durch seine hierarchische Dateiverwaltung gekennzeichnet, die baumartig aufgebaut ist.

Als Hauptanwendungsbereiche von UNIX können genannt werden:

- Programmentwicklung. Vielfach können Programme, sog. ,,shellscripts'', lediglich durch die Auswahl und Verbindung von Befehlen im Rahmen des Shell-Programms erstellt werden.
- Elektronische Post. Hierbei werden Mitteilungen, Berichte usw. auf einem oder verschiedenen UNIX-Systemen zwischen den Mitarbeitern ausgetauscht.
- Erstellung, Bearbeitung und Druck von Texten.
  Der Einsatzbereich von UNIX ist hier sehr weit. Er reicht von der Erstellung von Briefen, über die Erstellung von Dateiverzeichnissen bis zur Produktion und dem Druck von Büchern und Zeitschriften.

Die Lizenznehmer von UNIX können das Betriebssystem ergänzen oder abändern. Dementsprechend gibt es mehrere auf UNIX basierende Betriebssysteme, wie z.B. MUNIX, XENIX oder EUNIX, die von verschiedenen Herstellern auf dem Markt angeboten werden.

Ferner gibt es UNIX-ähnliche Betriebssysteme.

Der vom UNIX-System erhobene Anspruch einer weitgehenden Einheitlichkeit und leichten Portierbarkeit der auf UNIX basierenden Programme ist derzeit noch nicht erreicht.

Das UNIX-System weist heute drei große Richtungen auf, nämlich das UNIX-System von AT & T, das von der Firma Microsoft entwickelte XENIX sowie das Berkeley-UNIX-System (BSD).

Verschiedene Institutionen arbeiten schon seit längerer Zeit an einem einheitlichen UNIX-Standard.

8.7 Datenbanksysteme

Datenbanken beinhalten − genauso wie Dateien − Daten, die nach bestimmten Kriterien zusammengefaßt sind. Der Unterschied zwischen einer Datei und einem Datenbanksystem besteht jedoch u.a. darin, daß bei einer Datenbank in der Regel ein sog. Datenbank-Management mit einer programmunabhängigen Datenverwaltung vorhanden ist. Die logische Zuordnung und Verbindung der Daten ist bei einer Datenbank von vornherein eindeutig festgelegt.

Bei einer Datei mit dem dazugehörigen Datenverwaltungssystem ist die jeweilige Verbindung und Zuordnung der Datei anwendungsorientiert zu programmieren.

Ein Datenbanksystem besteht aus einer Primärdatei (data basis) und einer Anzahl von Systemprogrammen.

Diese Programme ermöglichen es, auf die Datenbasis zuzugreifen, und zwar so, daß nach verschiedenen Ordnungsbegriffen Daten aus der Datenbank entnommen bzw. hinzugefügt werden können. Die Daten stehen zueinander in logischer Beziehung und mehreren Benutzern parallel für beliebige Auswertungen zur Verfügung. Ziel eines Datenbanksystems ist es:

- Trennung von Datenmanipulations- und Trägersprache,
- zentrale Integritätskontrolle,
- integrierte Auswertbarkeit der Daten für den Bedarf in einem Informationssystem,

– zeitgerechter Änderungsdienst,
– Gewährleistung eines hohen Maßes an Datenunabhängigkeit.

Datenbanksysteme stellen somit den höchsten Grad der Datenorganisation dar. Wirtschaftliche und zentrale Verwaltung großer Datenbestände ist dabei die Grundlage für die Wiedergewinnung der Informationen in der Form, wie sie den geforderten Wünschen des Anwenders entsprechen.

Um den Austausch der Daten zwischen dem Datenbanksystem und dessen Benutzern zu ermöglichen, sind verschiedene Abfragesprachen sowie Schnittstellen zum Datenaustausch mit dem Datenbanksystem entwickelt worden. Dabei können alle Teilnehmer gleichberechtigt (vgl. Teilnehmerbetrieb) oder nach festgelegten Prioritäten (vgl. Multiprogramming) angeschlossen werden.

Es gibt mehrere Arten von Datenbanken. So kann man z.B. zwischen sog. strukturierten und sog. netzwerkorientierten Datenbanksystemen unterscheiden.

Der Gruppe der strukturierten Datenbanken kann man die sog. hierarchischen Datenbanken zurechnen.

Auf dem Markt für große Computer befinden sich heute vor allen Dingen hierarchische Datenbanksysteme, bei denen ein hierarchisches Datenmodell zugrundeliegt. Die Basis ist eine sogenannte Baumstruktur, d.h. eine Über- und Unterordnung von Datenelementen. Netzorientierte Datenbanksysteme sind durch eine Vor- und Nachordnung der Daten, die sog. Netzstruktur, gekennzeichnet, mit der sich verschiedene Datenstrukturen realisieren lassen.

Relationenmodelle wenden im Gegensatz zu den hierarchischen Modellen die Mengentheorie an. Bei diesen Verfahren werden Verarbeitungsebene sowie Such- und Speicherungsverfahren getrennnt.

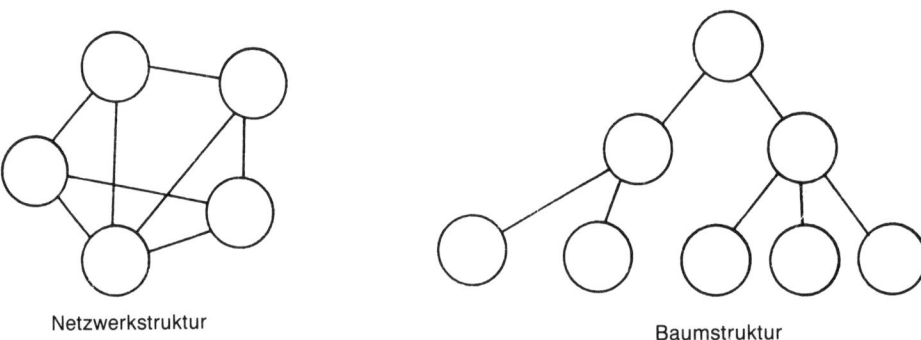

Netzwerkstruktur

Baumstruktur

Abb. 82: Netzstrukturen

Vorteil dieses Verfahrens ist, daß der Anwender seine Programme ohne Kenntnisse der logischen Verknüpfung der gespeicherten Daten entwickeln kann und daß bei Änderungen der Dateiorganisation keine Anpassung der Programme notwendig ist.

Kriterium von Relationenmodellen ist die *Gleichordnung* der Datenbeziehungen durch einfache Formen.

234

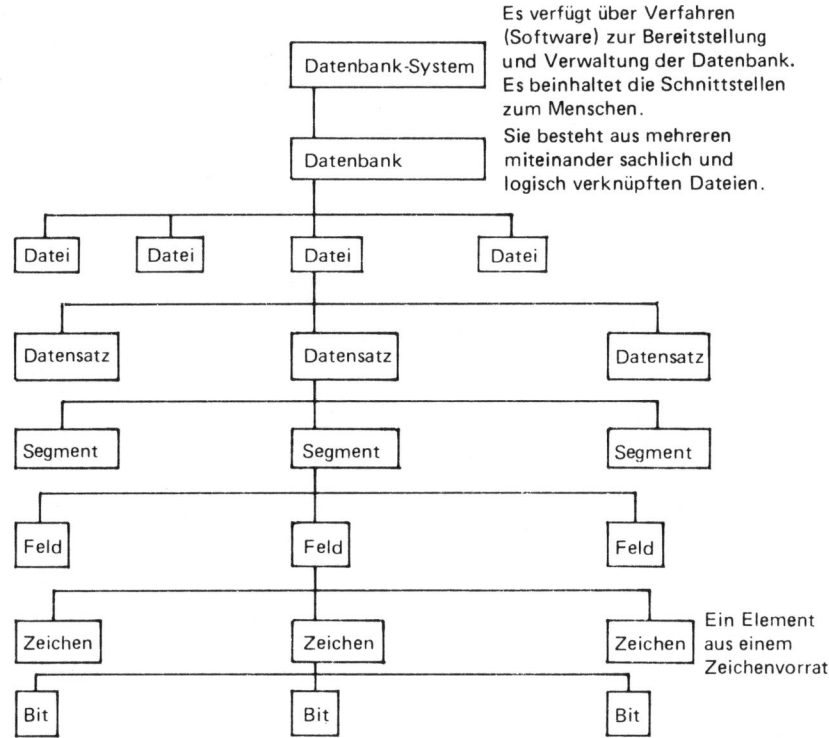

Es verfügt über Verfahren
(Software) zur Bereitstellung
und Verwaltung der Datenbank.
Es beinhaltet die Schnittstellen
zum Menschen.

Sie besteht aus mehreren
miteinander sachlich und
logisch verknüpften Dateien.

Ein Element
aus einem
Zeichenvorrat

Abb. 83: Datenorganisation

Auch bei großen EDV-Systemen wird die Zahl der relationalen Datenbanken immer größer.

Relationale Datenbanken können mit der Abfragesprache SQL (Structured Query Language) durchsucht werden. Mit Hilfe dieser Sprache lassen sich Befehle formulieren, die von einem DBMS (Datenbank-Management-System) verarbeitet werden.

SQL kann Bestandteil einer Programmiersprache sein. Dann können innerhalb des Programmablaufs Daten aus der Datenbank übernommen und weiterverarbeitet werden. Das gilt zum Beispiel für COBOL85. SQL kann aber auch direkt über ein Terminal oder in einen Personal-Computer eingegeben werden.

Im Gegensatz zum programmierten Abruf von Daten aus einer Datenbank mit Hilfe einer Programmiersprache, kann mit SQL eine vollständige Tabelle aufgerufen und ausgegeben werden. Dazu sind die Bedingungen anzugeben, unter denen selektiert werden soll.

Beispiel einer SQL-Abfrage:

SELECT NR, BEZEICH   Die Artikelnummer und die Bezeichnung werden
FROM ARTIKEL   aus der Datenbank (Tabelle) mit dem Namen „Artikel"
                      gesucht.
WHERE UMSATZ < 25 000 Es werden alle Artikel gesucht, die einen Umsatz von weniger als DM 25 000,— aufweisen.

Von besonderer Bedeutung ist die Zusammenfassung verschiedener zentraler Datenbanken in großen Unternehmen zu einer übergeordneten Datenbank. Ziel ist es, mit einem DDBMS (Distributed Database Management System) die Daten verschiedener Datenbanken miteinander zu verbinden. Auf diese Weise kann der Benutzer zum Beispiel in einem Netzwerk Daten aus Datenbanken miteinander verknüpfen, ohne zu wissen, von welcher Datenbank welche Daten zusammengestellt wurden.

Datenbanksysteme für Personal-Computer

Mit der wachsenden Leistungsfähigkeit von Personal-Computern wurde die Verwendung von Datenbanken auch auf diesen Rechner-Typen interessant.

Personal-Computern war es bisher nur möglich, Dateien bestimmten Programmen zuzuordnen. War z.B. die Adresse eines Kunden zu ändern, der in mehreren Dateien geführt wurde, dann mußten alle Datenbestände geändert werden, in denen diese Anschrift des Kunden gespeichert war. Das bedeutete neben einem hohen Zeitaufwand für diese Änderungen auch einen großen Speicherbedarf.

Bei einem Datenbanksystem für Personal-Computer werden die Daten nur einmal erfaßt und jedes Programm kann auf diese gespeicherten Daten zurückgreifen.

Für Personal-Computer gibt es hierarchische Modelle, Netzwerkmodelle und Relationenmodelle. Beim hierarchischen Modell werden die einzelnen Teile der Datenbank als Über-Unterordnungssystem aufgebaut.

Beim Netzwerk-Modell können mehrere übergeordnete und untergeordnete Datenbankteile (auch oft Segment genannt) vorhanden sein.

Beim Relationenmodell gibt es feste Beziehungen z.B. in Form von Tabellen. Eine oder mehrere Tabellen werden benötigt, um einen bestimmten Problemkreis in Datenstrukturen darzustellen.

Das Datenbanksystem dBASE (Versions-Nummer) entspricht dem oben geschilderten Relationenmodell.

In einer einfachen Datenbank könnte z.B. folgende Tabelle aus Relationen enthalten sein:

Personalnummer	Name	Geschlecht	Geburtsdatum	Gehalt
5 241	Alt	m	27. 01. 66	3.940
5 243	Berger	w	15. 10. 40	6.880
6 280	Cara	w	28. 04. 36	7.200
6 285	Döhle	m	19. 05. 54	5.120
7 460	Ermer	m	14. 01. 59	4.760
7 520	Fitz	m	20. 09. 67	3.500
8 200	Gerold	w	12. 10. 39	4.800
9 460	Himer	m	22. 12. 43	5.900

9 Betriebsarten

Die Durchführung von Datenverarbeitungsaufgaben mit Hilfe einer EDV-Anlage kann nach verschiedenen *Betriebsarten*, die man manchmal auch als Betriebsformen bezeichnet, erfolgen.

Grundsätzlich unterscheidet man zwischen einer lokalen Datenverarbeitung und einer Datenfernverarbeitung. Bei der lokalen Datenverarbeitung finden sowohl die Ein- und Ausgabe als auch die Datenverarbeitung an einem Ort, in einem Rechenzentrum, statt. Bei der Datenfernverarbeitung hingegen stehen Datenverarbeitungseinheiten einerseits sowie Geräte zur Datenein- und Datenausgabe andererseits an geographisch unterschiedlichen Orten. Die Verbindung zwischen beiden Aggregateinheiten wird durch sog. Datenübertragungsleitungen hergestellt, die nach verschiedenen Kriterien installiert sein können.

In der betrieblichen Praxis kommen im wesentlichen drei Betriebsarten sowohl für die lokale Datenverarbeitung als auch für die Datenfernverarbeitung zur Anwendung, und zwar:

- Stapelverarbeitung (batch-processing),
- Realzeitverarbeitung (real-time).
- Dialogbetrieb

9.1 Stapelverarbeitung

Die Stapelverarbeitung ist eine zur Lösung von kaufmännischen Problemen weit verbreitete Art der Datenverarbeitung. Sie ist dadurch charakterisiert, daß die zu verarbeitenden Eingabedaten zunächst vollständig gesammelt und dann in einem Zug verarbeitet werden. Diese Betriebsart ist vor allen Dingen dann vorteilhaft, wenn die zu bearbeitenden Geschäftsvorfälle eine gewisse Serienmäßigkeit aufweisen, was z.B. bei Buchhaltungsaufgaben in der Regel der Fall ist. Das Stapeln der Daten kann — wie dies z.B. beim Einsatz von Datensammelsystemen erfolgt — mit einer Prüfung und Sortierung der gestapelten Daten verbunden werden. Die einzelnen Stapel werden dann geschlossen ohne Eingriffe der Benutzer verarbeitet. Bei der Anwendung der Stapelverarbeitung muß jedoch oftmals eine relativ hohe Verweilzeit der Daten bis zu ihrer Auswertung in Kauf genommen werden.

Eine Sonderform der Stapelverarbeitung ist das sog. remote-batch-processing-Verfahren. Hierbei handelt es sich um die Verwendung der Stapelverarbeitung im Rahmen der Datenfernverarbeitung. Die Datenfernverarbeitung im Stapelverfahren entspricht der lokalen Stapelverarbeitung mit dem Unterschied, daß Ein- und Ausgabe geographisch entfernt von der Verarbeitung erfolgen. Die Verarbeitung erfolgt erst dann, wenn die Eingabe abgeschlossen ist.

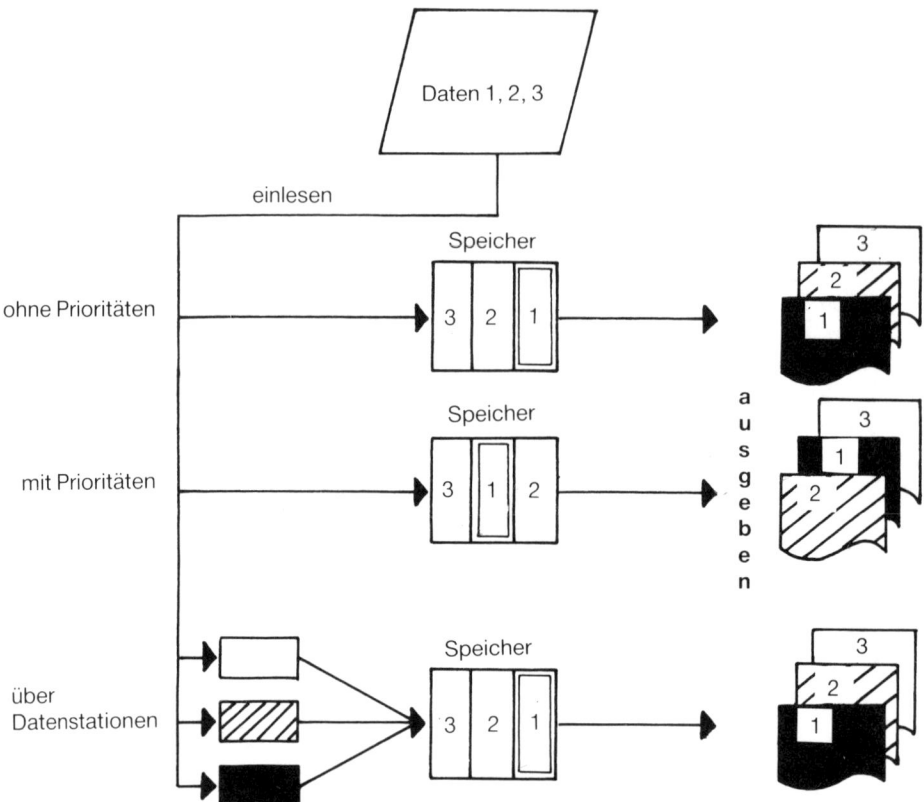

Abb. 84: Stapelbetrieb, aus ESV-Arbeitstransparente, Betriebssysteme, Folie 68, Bielefeld 1977

9.2 Realzeitverarbeitung

Im Gegensatz zum Stapelverarbeitungsverfahren werden bei der Echtzeit- oder Sofortverarbeitung die vorliegenden Daten sofort nach ihrem Anfall verarbeitet. Die Verarbeitungsergebnisse werden meist unmittelbar ausgegeben. Die Übermittlung der Daten erfolgt entweder über manuell oder automatisch arbeitende Terminals.

Bei der Datensofortverarbeitung liegt in der Regel ein sog. *Zweiwegverkehr* vor. Dies bedeutet, daß die Terminals sowohl für die Eingabe als auch für die Ausgabe von Daten eingerichtet sind.

238

Bevorzugte Anwendungsgebiete der Realzeitverarbeitung sind Direktbuchungsverfahren bei Banken oder Verkehrsunternehmen. In der Regel ist die Sofortverarbeitung mit einer Datenfernverarbeitung gekoppelt, wobei meist mehrere voneinander unabhängige Terminals an geographisch verschiedenen Orten an eine zentrale Datenverarbeitungsanlage angeschlossen sind. Ein Echtzeitsystem muß entweder permanent oder zu genau festgelegten Zeiten betriebsbereit sein. Das Betriebssystem muß deshalb *speicherresident* und die Peripherie ,,on-line" geschaltet sein. Die Bearbeitung der Daten erfolgt nach der Reihenfolge ihres Eintreffens bei der Datenverarbeitungsanlage. Durch Systemsimulationen können die Verarbeitungszeiten auch bei großem Datenanfall relativ kurz gehalten werden.

Generell ist darauf hinzuweisen, daß für die Durchführung der Echtzeitverarbeitung eine Reihe von Bedingungen gegeben sein müssen, welche die Qualität des verwendeten Datenverarbeitungssystems einschließlich des Betriebssystems betreffen. So müssen beispielsweise die technischen Voraussetzungen für die Datenfernübertragung vorhanden sein. Die zentrale Datenverarbeitungsanlage muß über einen sehr großen Arbeitsspeicher nebst Großraumspeicher als Randeinheit verfügen und eventuell mit einem Tageszeitgeber ausgestattet sein. Echtzeitverarbeitungsverfahren werden in der Regel mit Multiprogramming-Betrieb durchgeführt, dieser muß also möglich sein.

Während des Verarbeitungsprozesses im Echtzeitverfahren besteht im Gegensatz zum Stapelverfahren die Möglichkeit, in einen ablaufenden Prozeß unmittelbar einzugreifen.

9.3 Dialogbetrieb

Beim Dialogbetrieb arbeiten Mensch, Computer und Programm wie in einem Gespräch (daher Dialogbetrieb) zusammen.

Der Bediener stellt eine Frage über die Tastatur, in Zukunft bei Spracheingabe auch mit seiner Stimme, das System beantwortet die Frage mit Hilfe der Software.

Der Benutzer kann den Ablauf steuern und so im Gegensatz zur Stapelverarbeitung in den Programmablauf eingreifen.

Auf Personal-Computern laufen fast alle Programme im Dialogbetrieb. Dazu wird dem Benutzer häufig ein Menü zur Auswahl gegeben, so daß er seine Wünsche schneller und leichter ausdrücken kann.

Eine Weiterentwicklung ist die Fenster (window)-Technik.

Mit ihr können eines oder mehrere Fenster während des Programmlaufs in Form von Untermenüs auf dem Bildschirm sichtbar gemacht werden, je nach Aufgabenstellung durch den Anwender.

9.4 Multiprogramming – Multitasking

Multiprogramming wird ein Programmablaufverfahren bezeichnet, bei dem mehrere Programme zugleich in einer Zentraleinheit ablaufen. Die Bezeichnung ,,gleichzeitig'' ist jedoch nicht ganz zutreffend, da die einzelnen Programme nicht gleichzeitig unter zeitlichen Aspekten, sondern zueinander verschachtelt abgearbeitet werden.

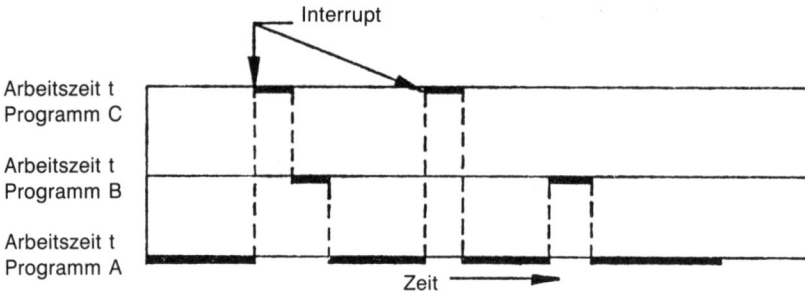

Abb. 85: Multiprogramming

Durch die Verwendung von Multiprogramming wird die Auslastung einer Zentraleinheit wesentlich verbessert, da deren Geschwindigkeit im Verhältnis zu der Geschwindigkeit der peripheren Geräte meist um ein Vielfaches höher liegt.

Die Steuerung eines Multiprogramming-Betriebes erfolgt durch ein entsprechendes Betriebssystem. Meist sind jedoch bestimmte Beschränkungen im Hinblick auf Anzahl und Art der durchzuführenden Programme zu beachten. Es empfiehlt sich deshalb, sog. rechenintensive mit ein- und ausgabeintensiven Programmen zu mischen. Auch für das Arbeiten im Multiprogramming-Betrieb müssen eine Reihe von hardware- und softwaremäßigen Voraussetzungen gegeben sein.

Die Entwicklung zum Multiprogramming wurde von verschiedenen Software-Häusern unterschiedlich vorangetrieben.

Bei der ,,Overlay-Technik'' wird der Speicher zum Beispiel in mehrere Bereiche fest eingeteilt. Ein Teil ist für das Betriebssystem bestimmt, die anderen Teile werden vom Anwender in den Overlay-Bereich geladen. Das Laden ist dabei allerdings dem Anwender überlassen. Er muß bestimmen, welche Programmteile er dann in diese Bereiche einlagert.

Andere Betriebssysteme benutzen das Multitasking.

Das Betriebssystem übernimmt dabei die Aufgabe, zum Beispiel beim Mehrbenutzer-Betrieb, an verschiedene Aufgaben (Tasks) und somit Benutzer den freien Speicherplatz im Arbeitsspeicher zu verteilen. Werden von den Tasks nur Teile benötigt, und das ist die Regel, dann spricht man vom ,,paging''. Eine derartige Seite ist zum Beispiel 1024 Bytes lang.

Werden ganze Programme ein- und ausgelagert, dann spricht der Fachmann von ,,swapping''.

9.5 Time-sharing

Das time-sharing-Verfahren oder wie es auch genannt wird, das Zeitanteilverfahren ist im wesentlichen dadurch gekennzeichnet, daß eine große Anzahl von verschiedenen Benutzern, die voneinander unabhängig sind, gleichzeitig die Leistungen einer zentralen, groß dimensionierten Datenverarbeitungsanlage in Anspruch nehmen. Dies geschieht durch die Benutzung von Ein- und Ausgabeterminals, die mit der zentralen EDV-Anlage verbunden sind. Die Art der Terminals richtet sich nach den durchzuführenden Aufgaben.

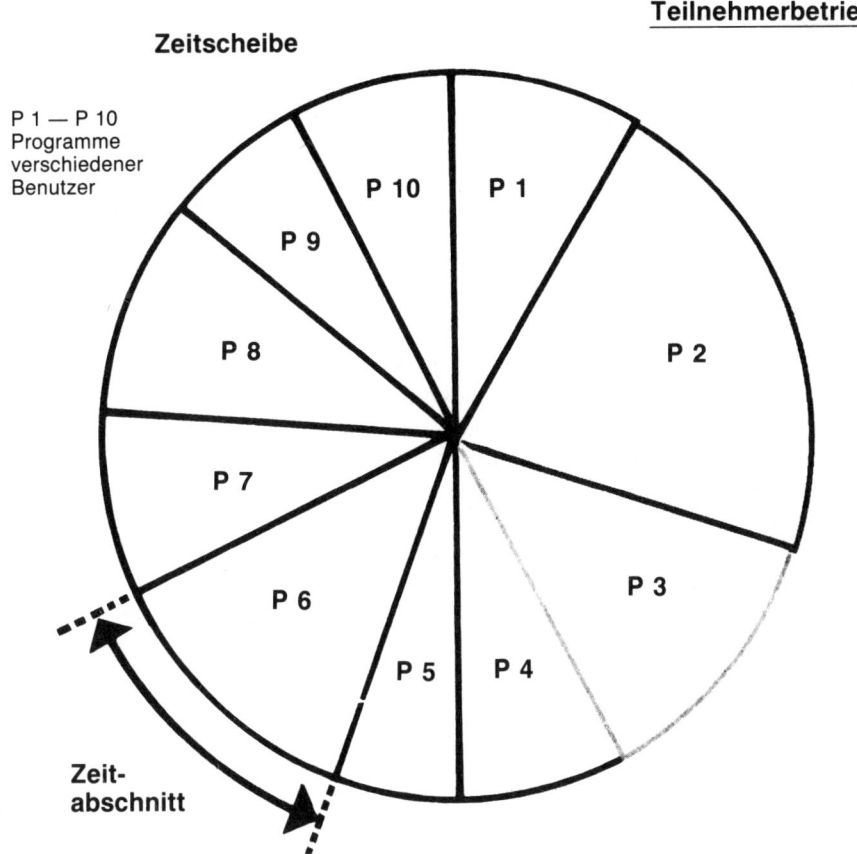

Abb. 86: Zeitscheibe

Der wesentliche Unterschied des Zeitanteilverfahrens zum Echtzeitverfahren liegt darin, daß die Benutzer nicht nur bestimmte vorher festgelegte Programme abarbeiten können, sondern daß es ihnen möglich ist, eigene spezifische Programme einzugeben und zu testen. Darüber hinaus sind meist Zugriffsmöglichkeiten zu einer zentral gespeicherten Programmbibliothek vorhanden. Auf diese Weise ist es möglich, daß eine Vielzahl von geographisch entfernten Benutzern mit verschiedenen Programmen arbeiten kann.

Die gesamte zur Verfügung stehende Computer-Zeit wird in einzelne Zeitscheiben eingeteilt. Ein Teil dieser Zeitscheiben wird z.B. dem Rechenzentrum zur Verfügung gestellt, ein zweiter Teil wird für Stapelverarbeitungsläufe verwendet. Jeder Systemteilnehmer bekommt darüber hinaus eine bestimmte Zeitscheibe im fortlaufenden Turnus zugeteilt. Innerhalb dieser einzelnen Zeitscheiben können vielfältige Vorgänge bearbeitet und die Ergebnisse dem Empfänger zugeleitet werden. Die eigentliche Verarbeitung in der zentralen EDV-Anlage vollzieht sich dergestalt, daß während des Ablaufes eines Benutzer-Programmes schon das Programm des nächsten Teilnehmers in die Zentraleinheit eingegeben wird. Ist die einem Benutzer zugeteilte Zeitscheibe abgelaufen, so wird sein Programm in einen externen Speicher übernommen und Zug um Zug verarbeitet. Die einzelnen Zeitspannen sind meist so kurz, daß der Benutzer Wartezeiten nicht bemerkt.

Für die Durchführung des Zeitanteilverfahrens sind in der Regel großdimensionierte Datenverarbeitungsanlagen erforderlich, die neben den technischen Erfordernissen zur Datensofortverarbeitung bzw. zur Datenfernverarbeitung und neben sehr kurzen Verarbeitungs- und Speicherzykluszeiten auch über ein leistungsfähiges Betriebssystem verfügen müssen.

FRAGEN ZU KAPITEL 8 UND 9:

1. Aus welchen Hauptsystemprogrammen besteht ein Betriebssystem?
2. Welche Aufgaben haben Organisationsprogramme?
3. Welche Funktionen übernimmt die Ablaufsteuerung?
4. Welche Funktionen übernimmt die Ein- und Ausgabesteuerung?
5. Was versteht man unter Dienstprogrammen?
6. Welche Generatoren kann man unterscheiden?
7. Welche Funktionen führen Umsetzprogramme aus?
8. Was versteht man unter Stapelverarbeitung?
9. Was versteht man unter Echtzeitverarbeitung?
10. Worin liegt der Unterschied des Zeitanteilverfahrens zur Sofortverarbeitung?

10 Systemanalyse (EDV-Organisation)

Der wirtschaftliche Einsatz von elektronischen Datenverarbeitungsanlagen bedingt umfangreiche organisatorische Vorbereitungs- und Anpassungsvorgänge, die in ihrer Bedeutung und Tragweite gar nicht hoch genug eingeschätzt werden können. Die spezifischen Maßnahmen zur Vorbereitung des EDV-Einsatzes werden unter den Begriffen Systemanalyse oder EDV-Organisation zusammengefaßt.

In der betrieblichen Praxis sind oftmals unterschiedliche Vorgehensweisen bei Planung, Vorbereitung und Einsatz von EDV-Anlagen mit einer Vielzahl von Methoden anzutreffen, die sich zeitlich zum Teil überlappen. Eine Differenzierung ergibt sich auch durch die unterschiedlichen Schwerpunkte der EDV-Anwendung, wie z.B. im Rechnungswesen, in der Fertigungssteuerung usw., so daß erhebliche betriebsindividuelle Unterschiede bestehen. Unabhängig davon nimmt die *Systemanalyse* bzw. die EDV-Organisation einen wesentlichen Platz bei der organisatorischen und betriebswirtschaftlichen Umstellung einzelner Arbeitsgebiete auf EDV-Anlagen ein.

Der Begriff Systemanalyse ist noch nicht eindeutig definiert bzw. abgegrenzt. Artverwandte Begriffe, wie z.B. Systemplanung, Organisationsanalyse, Systemdesign sowie Systemsynthese werden z.T. synonym verwandt.

Generell beschäftigt sich die Systemanalyse mit dem Aufbau und der Verhaltensweise von Systemen. Unter einem System kann hierbei die Ansammlung von miteinander verknüpften Tatbeständen verstanden werden, die nach spezifischen Regeln ablaufen und in einem bestimmten Zusammenhang stehen.

Der Begriff System, dargestellt an einem Lager:

Jedes System hat nach außen und nach innen Schnittstellen. Die Schnittstellen zwischen Lagerbestandsrechnung und Kommissionierung können als innere Schnittstellen bezeichnet werden. Die Schnittstellen innerhalb des Unternehmens selbst stellen eine Verbindung zum Einkauf, zur Finanzbuchhaltung und zum Beispiel zur Auftragsverwaltung dar.

Das gesamte System hat Systemgrenzen, das System Lager hat zum Beispiel zu anderen Systemen wie Finanzbuchhaltung, Einkauf-Verkauf Grenzen.

Die Systemgrenzen sind aber auch Grenzen nach außen, zum Beispiel gegenüber anderen Unternehmen.

Alle Gesamt- und Teilsysteme eines Unternehmens werden von außen durch die Umwelt oder durch Technologien beeinflußt. Jedes System und auch jedes Teilsystem besteht aus einer Vielzahl von Elementen. Diese Elemente können beispielsweise Personen, Maschinen oder Methoden sein.

Elemente sind die Personen, die zum Beispiel im Lager tätig sind. Die Maschinen als Ele-

Das Lager als System

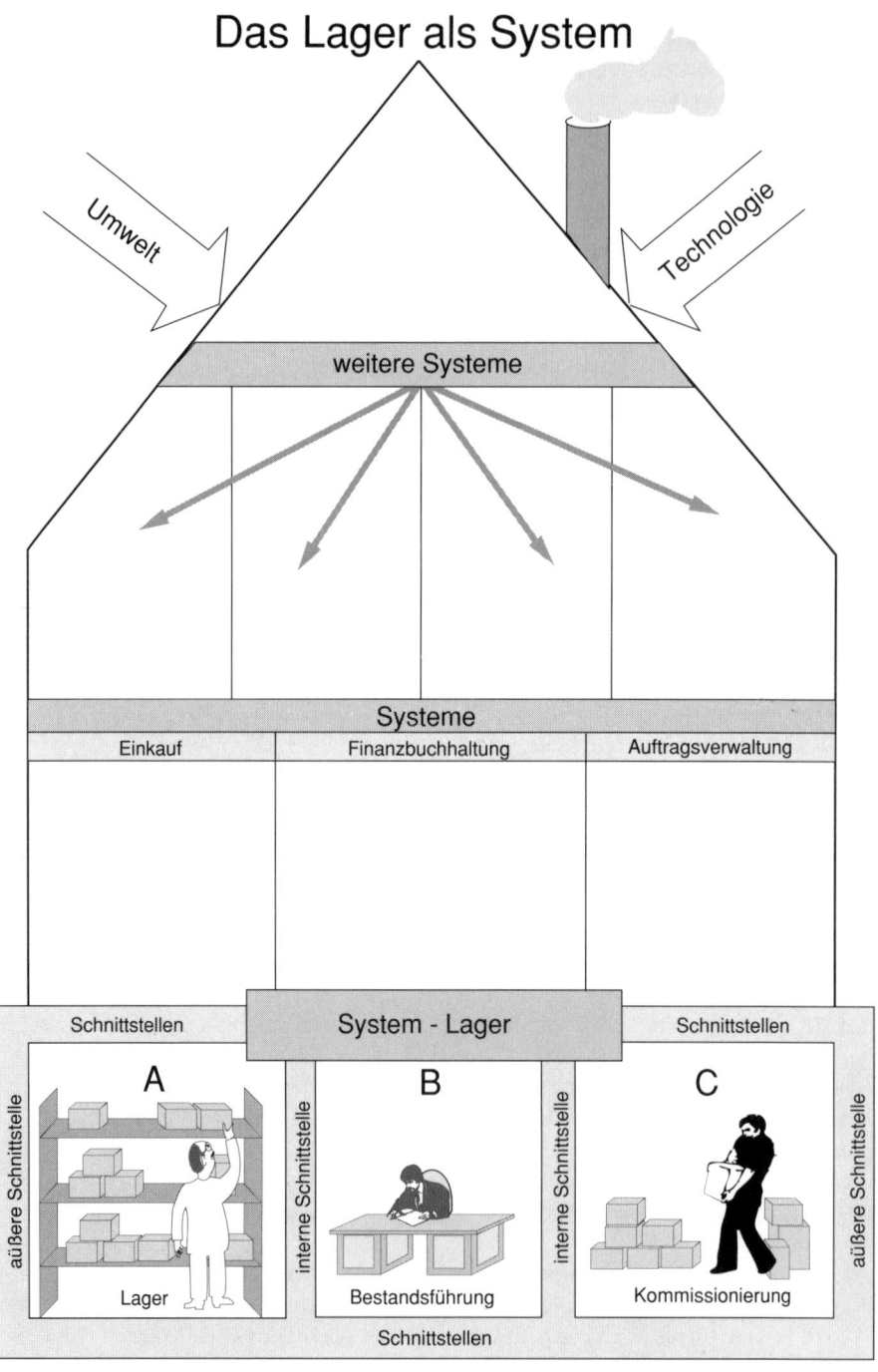

Abb.: Das Lager als System

mente sind die Geräte, die zur Verwaltung (beispielsweise Gabelstapler, Rechenmaschinen und Verpackungsmaschinen) nötig sind, und die Methoden (als Elemente gesehen) sind die Verfahren der Lagerhaltung, beispielsweise in Regalen, aber auch die Verfahren der Bestandsrechnung, der Bestandsoptimierung usw.

Hier soll unter Systemanalyse die Analyse und kritische Würdigung von Systemen sowie die Erarbeitung zukünftiger Systeme insbesondere im Hinblick auf ihre Übertragung auf elektronische Datenverarbeitungsanlagen verstanden werden. Die Systemanalyse geht also vom Ist-Zustand aus und reicht über die Konzeption von EDV-Soll-Systemen bis zu deren Einführung und Dokumentation. Analyse bedeutet in diesem Zusammenhang die Zergliederung eines Ganzen in seine Einzelteile. Die Systemanalyse selbst umfaßt unter dieser Begriffsbestimmung vorwiegend sowohl einen analytischen Teil (Analyse von bestehenden Systemen) als auch einen konzeptionellen Bereich (Systemkonzeption oder Systemdesign).

Generell können die Aufgaben einer guten Systemanalyse wie folgt stichwortartig umrissen werden:

- Realisierung der Ziele, welche die Unternehmensleitung mit dem Einsatz von Datenverarbeitungsanlagen verfolgt;
- Mithilfe bei der Auswahl der wirtschaftlichsten Form der Datenverarbeitung;
- exakte Aufnahme des Ist-Zustandes der vorhandenen Organisations-Systeme;
- Erarbeitung von zweckorientierten, aussagefähigen und wirtschaftlichen Soll-Konzeptionen für die Verwendung von Datenverarbeitungsanlagen;
- Erarbeitung zweckmäßiger organisatorischer Datenverarbeitungsabläufe;
- Beachtung der relevanten betriebswirtschaftlichen Grundtatbestände bei einer Umstellung von Systemen auf Datenverarbeitungsanlagen;
- reibungslose Durchführung der Gesamtumstellung;
- Erarbeitung einer einwandfreien Dokumentation der realisierten Datenverarbeitungssysteme, die spätere Ablauf- und Programmänderungen beinhaltet und bestimmten Dokumentationsvorschriften Rechnung trägt.

10.1 Verbindung von Organisation und EDV

Die elektronische Datenverarbeitung bietet unter technischen Gesichtspunkten außerordentlich große Möglichkeiten, deren Anwendung jedoch in der betrieblichen Praxis manchmal auf Schwierigkeiten stößt. Darüber hinaus ist das weite Gebiet der Elektronik in seinem wirtschaftlichen Teil so vielschichtig und so komplex geworden, daß jede Investition dieser Art erhebliche finanzielle und insbesondere organisatorische Risiken in sich birgt. Die gesamte Organisation muß bei der Umstellung bestmöglichst den vorgegebenen Zielsetzungen angepaßt werden. Unter organisatorischen Gesichtspunkten genügt es nicht, die bestehenden Arbeitsabläufe lediglich auf eine Datenverarbeitungsanlage zu übertragen. Um die vielen Vorteile, welche die elektronische Datenverarbeitung bietet, ausnutzen zu können, ist es erforderlich, die einzelnen Arbeitsabläufe möglichst wirtschaftlich und *anlagengerecht* zu gestalten.

Es wäre töricht anzunehmen, daß durch einen Einsatz einer elektronischen Datenverarbeitungsanlage bisher vorhandene organisatorische Mängel automatisch beseitigt werden. Da in diesem Falle Organisationsmängel wesentlich stärker als vorher in Erscheinung treten, ist gerade das Gegenteil der Fall. Generell besteht also eine enge Verbindung zwischen Organisation und EDV.

Grundsätzlich stellt eine zweckmäßige Zulauf- und Ablauf-Organisation einen der wichtigsten Punkte für die *Wirtschaftlichkeit* einer elektronischen Datenverarbeitungsanlage dar. Die Schwerpunkte haben sich von der reinen Hardware zur Software und insbesondere zur Orgware verschoben. Es ist deshalb wichtig, eine möglichst exakte Vorstellung darüber zu gewinnen, welche organisatorischen Vorbereitungsmaßnahmen für den Einsatz elektronischer Datenverarbeitungsanlagen erforderlich sind.

Andererseits stellt die Schaffung des organisatorischen Unterbaues für eine Datenverarbeitungsanlage einen erheblichen Kostenfaktor dar. Dies wird besonders dann deutlich, wenn bei nicht ausreichender Hilfestellung der Herstellerfirmen keine eigenen Organisationsfachleute vorhanden sind und man z.B. die Dienstleistungen außenstehender Berater in Anspruch nehmen muß. Dies kann jedoch in vielen Fällen für den Betrieb kostengünstiger sein, da es sich später meist bitter rächt, wenn der Einsatz einer elektronischen Datenverarbeitungsanlage organisatorisch nicht ausreichend vorbereitet ist. In einem solchen Falle treten meist nach kurzer Zeit zusätzliche Kosten in erheblichem Umfang auf.

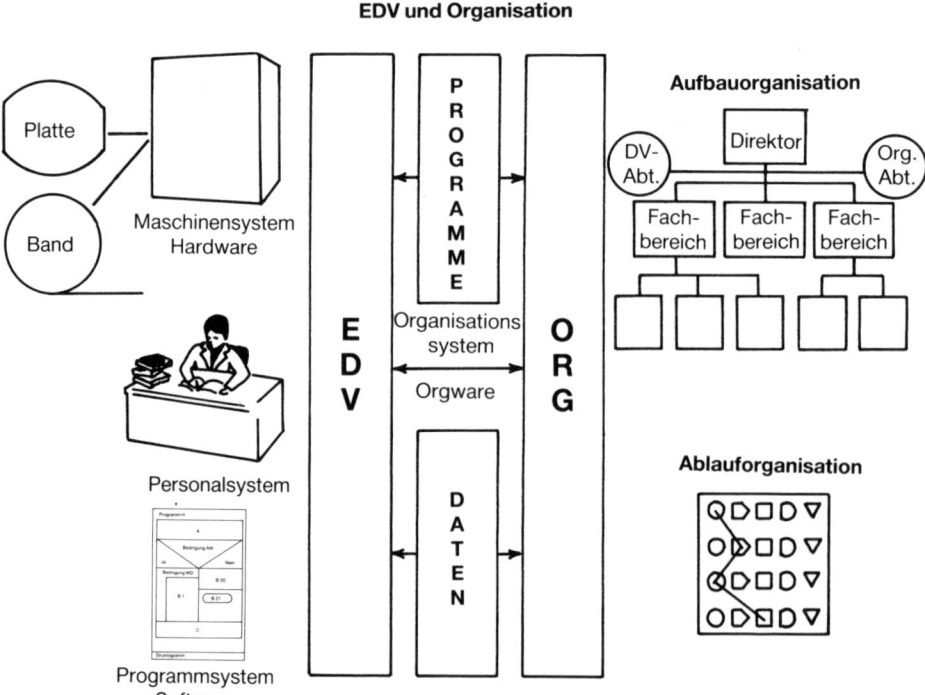

Abb. 87: EDV und Organisation

Über die Kosten einer Systemanalyse konnten bisher noch keine eindeutigen Anhaltspunkte gewonnen werden. Sie hängen u.a. sehr stark von dem Organisationszustand eines Betriebes, von den zukünftigen Anwendungsbereichen sowie von den anzuwendenden Methoden ab.

Brenneis, Roth und Schultheiss haben versucht, für die Umstellung des Rechnungswesens auf eine EDV-Anlage einige Organisationsgrundsätze zusammenzustellen. Hierbei werden Orientierungsrichtlinien für die organisatorische Umstellung des Rechnungswesens auf EDV-Anlagen dargestellt. Zu beachten ist, daß diese Grundsätze Erwägungscharakter haben, d.h. es ist im Einzelfall immer zu erwägen, ob und inwieweit diesen Grundsätzen in der Praxis Rechnung zu tragen ist.

Die Grundsätze sagen beispielsweise aus, daß die Sicherheit der Datenverarbeitung gewährleistet sein muß. Dies kann außer durch maschineninterne und programmierte Kontrollen auch durch betriebswirtschaftlich-organisatorische Kontrollmaßnahmen geschehen. Ein wirksames, zwingendes und vor allen Dingen umfassendes Kontrollsystem soll die Zuverlässigkeit, Vollständigkeit und formale Richtigkeit aller Rechnungsvorgänge, Buchungen oder sonstiger Auswertungen garantieren. Arbeitsvorgänge, die nicht mit Hilfe einer EDV-Anlage durchgeführt werden, müssen in ein solches Kontrollsystem einbezogen werden.

Schon bei dem Beginn der organisatorischen Vorbereitungsmaßnahmen sollten die revisionstechnischen Belange sowohl der internen (Innenrevision) als auch der externen Revision (Wirtschaftsprüfer, Steuerberater, Betriebsprüfer des Finanzamtes) beachtet werden. Datenerfassung, Datentransport und Datenverarbeitung müssen so organisiert sein, daß alle Massen- und Routinearbeiten mit geringstem Zeitaufwand bewältigt werden können. Die verwendeten Nummernschlüssel müssen eindeutig, vollständig und systematisch aufgebaut sein.

Bei der Durchführung der Systemanalyse muß auf die spezifischen Aufgaben des mit der Umstellung betrauten Personals, wie z.B. Systemanalytiker bzw. Datenverarbeitungsorganisatoren und Programmierer, auf die in dem Kapitel „Grundlagen des Personalsystems" eingegangen wird, hingewiesen werden.

Die Systemanalyse selbst umfaßt im wesentlichen folgenden Hauptbereichszyklus:

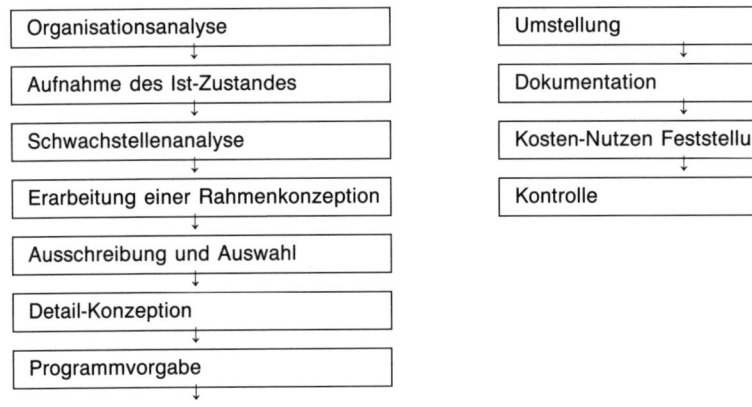

Abb. 88

Nach der Programmvorgabe schließen sich die Durchführung der Programmierung sowie die Austestung der Programme an. Dies ist hauptsächlich Aufgabe der Programmierer, die u.U. schon bei wesentlichen Teilen der Systemanalyse eingeschaltet werden können. Die Trennung von systemanalytischen Aufgaben und Programmierarbeiten hängt im wesentlichen von den Aufgabenabgrenzungen der Datenverarbeitungsmitarbeiter ab. Sie ist betriebsindividuell verschieden.

Wie bereits betont, überlappen sich in der Praxis meist die einzelnen Stufen der Systemanalyse. Art und Umfang der systemanalytischen Tätigkeiten hängen auch davon ab, ob ein Betrieb erstmals eine Datenverarbeitungsanlage einsetzt, d.h. eine völlige Neuinstallation vornimmt oder ob bereits eine Datenverarbeitungsanlage *vorhanden* ist, auf die nun weitere Arbeitsgebiete übertragen werden. Auch die Umstellung einer bereits vorhandenen Datenverarbeitungsanlage auf eine moderne und/oder größere Anlage wirkt sich auf Art und Umfang der systemanalytischen und insbesondere auch auf die programmtechnischen Arbeiten aus.

10.2 Die Ist-Aufnahme

Die Aufnahme des Ist-Zustandes dient dazu, vorhandene organisatorische Lösungen und Organisationsstrukturen zu untersuchen und sie im Hinblick auf die Eignung für eine Umstellung auf eine EDV-Anlage kritisch zu würdigen. Die reine Ist-Aufnahme und die kritische Würdigung, d.h. die Analyse der bei der Ist-Aufnahme gewonnenen Ergebnisse, lassen sich nur schwer voneinander abgrenzen. Beide sind jedoch unbedingt erforderlich, um neben Schwachstellen und Rationalisierungsmöglichkeiten auch Besonderheiten und Notwendigkeiten vorhandener Systeme zu erkennen, die bei einer Umstellung auf eine EDV-Anlage unbedingt zu beachten sind.

Die Ist-Aufnahme kann, bezogen auf Arbeitsumfang und Intensität, als Grob-Untersuchung oder als Detail-Untersuchung vorgenommen werden. Bei einer Grob-Aufnahme des Ist-Zustandes will man oftmals nur erkennen, ob ein bestimmtes Arbeitsgebiet insbesondere im Hinblick auf Datenanfall und Datenabläufe für eine EDV-Umstellung geeignet erscheint. Sie wird vor allen Dingen dann durchgeführt, wenn ein Betrieb vor der Frage steht, ob er ,,EDV-reif'' ist oder nicht. Diese Beurteilung hängt jedoch vielfach auch von anderen betriebsspezifischen Gesichtspunkten, wie z.B. Wunsch nach größerer Transparenz der Betriebsabläufe, aktuelleren und besseren Informationen usw. ab.

Eine Aufnahme des Ist-Zustandes im Detail ist eine echte und notwendige Vorbereitungsmaßnahme für die Umstellung bestimmter Arbeitsgebiete oder Fachbereiche auf eine Datenverarbeitungsanlage. Hierbei geht man in der Regel davon aus, daß der Einsatz einer Datenverarbeitungsanlage erfolgen soll.

Vorbereitung und Umstellung von EDV-Projekten können stufenweise erfolgen. Bei einer Umstellung in einem Zuge wird ein bestimmtes, meist größeres Arbeitsgebiet systemanalytisch bearbeitet, programmiert und sofort realisiert. Die schrittweise Realisationsmethode ist dadurch gekennzeichnet, daß einzelne Teilbereiche eines Arbeitsgebietes oder eines Fachbereiches stufenweise übernommen werden; in der Regel erst dann, wenn ein Teilgebiet auf der Anlage bereits störungsfrei läuft.

Beide Verfahren haben Vor- und Nachteile und das zweckmäßige Vorgehen hängt von der konkreten praktischen Situation ab, manchmal weniger von dem umzustellenden Sachgebiet als vielmehr von den Personen, die für die spätere Behandlung des EDV-Bereiches zuständig sind.

Zur Aufnahme des Ist-Zustandes sollen alle bereits vorhandenen schriftlichen Unterlagen über das Untersuchungsgebiet herangezogen werden. Bei der Auswertung dieser Unterlagen muß jedoch zunächst geprüft werden, ob die hierin enthaltenen Informationen noch aktuell sind.

Die Durchführung der Ist-Aufnahme erfolgt durch Befragung, Interviews und Konferenzen. Darüber hinaus sind überall da, wo entweder keine Zahlenunterlagen zu erheben sind oder wo dies nur mit einem nicht vertretbaren Aufwand möglich ist, Schätzungen vorzunehmen. Aufgabe des Systemanalytikers ist es, eine oder mehrere dieser Verfahren dem Untersuchungsgebiet entsprechend auszuwählen. Hierbei sind die Vor- und Nachteile der einzelnen Techniken zu beachten.

Bei der schriftlichen *Befragung* übergibt der EDV-Organisator Fragebögen an den Personenkreis, der über das entsprechende Untersuchungsgebiet Auskünfte geben kann. Von besonderer Bedeutung ist, daß die in den Fragebögen gestellten Fragen eindeutig sind, so daß sie exakt beantwortet werden können. Durch eine der eigentlichen Frageaktion vorausgehenden Probebefragung kann festgestellt werden, ob dies der Fall ist. Auch auf das Vorhandensein von Kontrollfragen, die eine Überprüfung der Antworten ermöglichen, sollte geachtet werden.

Generell ist die Verwendung von Fragebögen zur Ist-Aufnahme dann sinnvoll, wenn eine relativ *geringe Anzahl von Informationen* von einer größeren Anzahl von zu befragenden Personen benötigt wird. Außerdem kann ein recht guter Überblick über die Verhältnisse des zu untersuchenden Gesamtbereiches gewonnen werden.

Die Nachteile von Fragebogen-Erhebungen liegen u.a. darin, daß die ausgefüllten Fragebögen aus verschiedensten Gründen nicht immer rechtzeitig zurückgesandt werden.

Bei der *Interview-Methode* werden Erhebungen direkt bei den einzelnen Arbeitsplätzen bzw. bei den einzelnen Stelleninhabern durchgeführt. Die Interviews selbst müssen sorgfältig vorbereitet werden, was z.B. durch die Erstellung eines Interview-Leitfadens durch den Interviewer erfolgen kann. Dies zwingt zu einer vorherigen Überlegung, welche Punkte und Zusammenhänge bei dem Interview angesprochen werden sollten, d.h. also, daß man sich schon vorher möglichst genau überlegen muß, welche Punkte man erheben möchte, welche Personen im Unternehmen man deshalb befragen muß und vor allen Dingen, wie man die gegebenen Antworten durch sog. *Kontrollfragen* kontrollieren kann.

Vorbereitung und Führung der Interviews erfordern in der Regel einen erheblichen Zeitaufwand, der jedoch oftmals durch die Vorteile des Interviews gegenüber den Nachteilen des Fragebogens wettgemacht werden kann. Mit Hilfe von Interviews können vor allen Dingen vorher nicht erkannte, aber für den Untersuchungsgegenstand bedeutsame Punkte und Zusammenhänge ermittelt werden. Die Fragen selbst können der interviewten Person angepaßt werden. Darüber hinaus können durch die Anwesenheit des Interviewers am Arbeitsplatz des Befragten oftmals durch Beobachtungen zusätzliche Erkenntnisse gewonnen werden.

Es sei jedoch ausdrücklich darauf hingewiesen, daß die sachgerechte Durchführung von Interviews viel Erfahrung und Geschicklichkeit in der Gesprächsführung erfordert, wobei besonders organisationspsychologische Erkenntnisse zu beachten sind. Oberste Regel für die

Durchführung von Interviews ist sowohl Sachlichkeit wie auch Unvoreingenommenheit der Gesprächsführung. Die bei den Interviews gewonnenen Erkenntnisse sollen sorgfältig *aufgezeichnet* und gegebenenfalls der interviewten Person zur nochmaligen Überprüfung zugeleitet werden.

Auch *Konferenzen*, bei denen die für ein *Untersuchungsgebiet* verantwortlichen Personen gemeinsam an einem Tisch sitzen, können bei entsprechender Vorbereitung eine wirksame Methode zur Erhebung des Ist-Zustandes darstellen. Durch das Anhören von vorgetragenen Meinungen und eine entsprechende Diskussion kann im allgemeinen ein recht guter Überblick über das zu untersuchende Arbeitsgebiet gewonnen werden, wobei vor allen Dingen die Zu-

SYSTEM-ANALYSE

Aufnahme des Ist-Zustandes

Sachgebiet Nr.	Blatt	Systemanalytiker
Fragen zur Debitoren-Buchhaltung		Antwort

Zeitpunkt der Buchung?
(Täglich oder in Abständen)   . . . .
Buchungsstand heute?   . . . .
Gibt es verschiedene Kunden-Gruppen
– wieviele und welche – ?
Anzahl der Kundenkonten?   . . . .
Wieviele haben einen Saldo?   . . . .
Wieviele leben?   . . . .
Anzahl der Kundenkonten pro Diverse?   . . . .
Anzahl der Ausgangsrechnungs-
Buchungen tägl./monatlich?   . . . .
Saisonale Schwankungen hierbei?   . . . .
Anzahl der Gutschriften?   . . . .
Mögliche Arten von Gutschriften?
(Rab.-/Waren-/Finanz-/Disk.-Spesen)?   . . . .
Anzahl der Zahlungsbuchungen
tägl./monatlich?   . . . .
Wird der Zahlungseingang nach
Auszügen gebucht?   . . . .
Anzahl der Zahlungswege?   . . . .
Anzahl der Erlöskonten?   . . . .
Anzahl der Rabattkonten?   . . . .
Anzahl der Skonto-Konten,
Bruttoprinzip?   . . . .
Wie wird Mehrwertsteuer erfaßt?   . . . .
Wieviele Steuerarten (%) kommen vor?   . . . .
Anzahl der Retourenkonten?
(gibt es dafür eigene Konten?)   . . . .
Häufigkeit von à-conto-Zahlungen?   . . . .
Wird getrenntes Debitoren-Journal
geführt?   . . . .

Abb. 89: Fragebogen zur Ermittlung des Ist-Zustandes in der Debitoren-Buchhaltung

sammensetzung der Konferenzteilnehmer und eine *straffe Diskussionsleitung* von Bedeutung ist.

Bei größeren Aufnahmen des Ist-Zustandes werden in der Praxis meist die genannten Methoden kombiniert. So ist es beispielsweise möglich, mit einer Fragebogenaktion zu beginnen, deren Ergebnisse durch Interviews und Konferenzen vervollkommnet werden, so daß eine detaillierte Analyse unter Beseitigung von eventuell vorhandenen Unklarheiten möglich ist.

Der *Inhalt von Ist-Aufnahmen* als Vorbereitung für die Umstellung auf ein zukünftiges EDV-System ist generell von dem Untersuchungsgebiet abhängig. Im wesentlichen sollten jedoch folgende Bereiche erhoben werden.

- Stamm- und Bewegungsdaten;
- Strukturanalyse;
- Dateien;
- Arbeitsabläufe;
- Kosten der Ist-Organisation;
- zukünftige Entwicklung.

10.2.1 Stamm- und Bewegungsdaten

Mit Hilfe von *Stamm- und Bewegungsdaten* soll ein Überblick über Art und Umfang der in einem Unternehmen insgesamt oder in einem bestimmten Arbeitsgebiet vorhandenen Daten gewonnen werden. Die genaue Kenntnis der Stamm- und Bewegungsdaten gibt nicht nur darüber Auskunft, ob der Einsatz einer Datenverarbeitungsanlage generell sinnvoll erscheint, sondern ist auch für die Dimensionierung zukünftig einzusetzender Speichermedien und damit für die Auswahl einer geeigneten Konfiguration von Bedeutung.

Gesamtpersonal	Mitarbeiter Verwaltung
davon Angestellte	Mitarbeiter Vertrieb
davon Arbeiter	Mitarbeiter Fertigung
davon Lehrlinge	Mitarbeiter Entwicklung
Anzahl der Erzeugnisse	∅ Anzahl der Aufträge/Zeitraum
Anzahl der Stücklisten	∅ Anzahl der Betriebsaufträge/Zeitraum
∅ Positionen je Stückliste	∅ Anzahl der Eingangsrechnungen/Zeitraum
Anzahl der Arbeitspläne	∅ Anzahl der Ausgangsrechnungen/Zeitraum
∅ Positionen je Arbeitsplan	∅ Positionen je Rechnung
Anzahl der Zeichnungen	∅ Anzahl der Zahlungseingänge/Zeitraum
Anzahl der Läger	∅ Anzahl der Buchungen/Zeitraum
Anzahl der Maschinen	∅ Anzahl der Lohnscheine/Zeitraum
Anzahl der Kostenarten	∅ Anzahl der Materialzugänge/Zeitraum
Anzahl der Kostenstellen	∅ Anzahl der Materialabgänge/Zeitraum
Anzahl der Kunden	∅ Anzahl der Auftragsbestätigungen/
Anzahl der Lieferanten	Zeitraum
Anzahl der Büromaschinen	∅ Anzahl der Anlagenbewegungen/Zeitraum

Aufteilung der Kosten nach Kostenarten nach verschiedenartigen Kriterien, z.B. Löhne, Material, Abschreibungen, Zinsen usw.

Tab. 12: Ausgewählte Stamm- und Bewegungsdaten

10.2.2 Strukturanalyse

Mit der *Erfassung der Struktur* des Unternehmens oder einzelner Fachbereiche soll ein Überblick über die aufbauorganisatorische Gestaltung gewonnen werden, wobei unter aufbauorganisatorischen Gesichtspunkten der Grad der Verteilung der Einzelaufgaben ermittelt werden soll, die von den für ihre Sachgebiete ausgebildeten Aufgabenträgern übernommen wurden. Dementsprechend sind für die in die Analyse einbezogenen Stellen und Abteilungen die Haupt- und Nebenaufgaben, ihre Unterstellungs- und Vertretungsverhältnisse sowie u.a. auch die Arbeitsplatzeinrichtungen bzw. ihre Ausstattung mit Büromaschinen zu erheben.

Bei dieser Erfassung der Strukturdaten ist es sinnvoll, eine *Checkliste* als Hilfe zu benutzen. Die vorliegende Liste kann nur ein Anhaltspunkt sein. Sie wird von der Art des Unternehmens entscheidend beeinflußt und dementsprechend geändert bzw. erweitert werden müssen.

CHECKLISTE *zur Erfassung der Aufbauorganisation.*

- Entspricht die Aufbauorganisation dem branchenüblichen Aufbau?
- Ist die Abteilungsgliederung klar?
- Ist die Stellenbildung klar und übersichtlich?
- Sind die Abteilungsaufgaben klar beschrieben?
- Sind die Stellenaufgaben klar beschrieben?
- Liegen Stellenbeschreibungen vor?
- Haben die Instanzen für sachlich abgegrenzte Aufgaben Entscheidungskompetenzen?
- Haben die Instanzen Berechtigung zur Selbstinitiative?
- Sind Überschneidungen von Aufgaben festzustellen?
- Dienen die Aufgaben innerhalb einer Stelle gleichen Zielen?
- Wie groß ist die Kontrollspanne (Leitungsspanne)?
- Wie ist die Willensbildung geregelt
  (Direktorialprinzip, Mischprinzip, Kollegialprinzip)?
- Welche Kollegien werden zu welchen Zwecken gebildet?
- Wie ist die Zusammenarbeit zwischen den Abteilungen geregelt?
- Welche Kommunikationsstruktur liegt vor?
- Wie werden Informationen übermittelt?
- Sind die Unternehmensziele bzw. Teilziele dem gesamten Management bekannt?
- Sind informelle Gruppenbildungen vorhanden?
- Sind Cliquen vorhanden?

Man könnte die Frage stellen, warum die Struktur der Unternehmung so genau untersucht werden soll. Auch EDV-Hersteller übergehen bei ihrer Systemanalyse gern diesen Punkt.

Für eine umfassende Strukturanalyse sprechen folgende Gründe:

- Eine Trennung zwischen EDV- und Organisationsabteilung gibt es meist nur in großen Unternehmen. Bei kleinen Unternehmen sind die Probleme der DV eng mit den allgemeinen Aufgaben der Organisation verbunden.
- Die Feststellung und Analyse des organisatorischen Aufbaus der Unternehmung kann großen Einfluß auf den zukünftigen Rahmenvorschlag bzw. die Sollkonzeption haben. Das

betrifft z.B. Kompetenzabgrenzungen, Zusammenarbeit der Abteilungen, den Informationsfluß und dessen Organisation und auch die Arbeitsteilung.
- Es ist durchaus nicht ungewöhnlich, daß im Zusammenhang mit der Einführung der EDV auch organisatorische *Umstellungen der formalen Aufbauorganisation* erfolgen.

Als Ergebnis dieses Teils der Ist-Aufnahme entsteht in der Regel ein mehr oder minder detailliertes Diagramm der Strukturorganisation für ein spezifisches Arbeitsgebiet, das zukünftig auf eine Datenverarbeitungsanlage insgesamt oder in Teilbereichen umgestellt werden soll. Hieraus sollte insbesondere ersichtlich sein, *welche Stellen* oder Personen im Unternehmen welche *Aufgaben durchführen*.

10.2.3 Erfassung der Dateien im Ist-Zustand

Die Aufnahme der in einem Unternehmen oder in einem bestimmten Arbeitsgebiet vorhandenen *Dateien* ist von einer besonderen Bedeutung. Unter einer Datei versteht man eine geordnete Zusammenstellung von Daten, wie sie beispielsweise in Druckkarteien, Ziehkarteien, auf Magnetkonten, in Ordnern oder in spezifischen Dateien von EDV-Systemen usw. vorkommen. Die Einführung und Auswertung von umfassenden Dateien auf externen Speichermedien ist ein wichtiges Merkmal für elektronische Datenverarbeitungssysteme.

Die Erfassung der *Dateien* im Ist-Zustand sollte im wesentlichen der Erarbeitung eines Überblickes über Art und Umfang der im Unternehmen vorhandenen Dateien dienen. Es sollte also untersucht werden, welche Datenmengen in den einzelnen Dateien vorhanden sind, wo und gegebenenfalls auf welchen Datenträgern sich die Dateien befinden, welche *Sortierfolgen* bei den Dateien vorhanden sind, von wem und wie oft die Dateien benötigt werden, wie aktuell die in den Dateien enthaltenen Daten sind und damit zusammenhängend in welcher Form und Häufigkeit Dateiänderungen vorkommen.

Auch bei der Ist-Aufnahme der Dateien sollte mit einem Formblatt gearbeitet werden. Dieses sollte folgenden Mindestinhalt haben:

- Dateiname
- Verbale Erläuterung des Dateiinhaltes
- Art der Datei (Eingabe-, Ausgabedatei)
- Länge der Sätze
- Art der Sätze (fix, variabel)
- Blocklänge
- Anzahl der Sätze pro Block
- Umfang der Datei in Blöcken
- Umfang der Datei in Sätzen
- Eröffnungsdatum
- Freigabedatum
- Kurzbezeichnung der Datei
- Sicherungsvorkehrungen

- Einsatz in folgenden Programmen
  1. . . .
  2. . . . usw.
- Ist die Datei auf dem neuesten Stand?
- Ist ein Duplikat vorhanden?
- Welche Sicherheitsmaßnahmen (Kontrolldatenbestände) sind vorhanden?
- Wie ist die Datei sortiert? (aufsteigend, absteigend)?
- Wie häufig wird die Datei benutzt – Bewegungshäufigkeit
  (täglich, wöchentlich, monatlich, Entwicklungstrend)?
- Sind auch andere Suchbegriffe nötig?
- Wie groß ist die Änderungshäufigkeit (nicht zu verwechseln mit Bewegungshäufigkeit)?
- Sind offensichtliche Fehler der Datei zu erkennen (Aufbaufehler, Inhaltsfehler, durchschnittliche Fehlerhäufigkeit)?
- Wieviel Personen haben Zugang zur Datei?
- Wieviele Personen wünschen außerdem Zugang zur Datei?

Eine derartige Checkliste kann natürlich hier nicht umfassend dargestellt werden, da ihr Inhalt auch von der Art der Daten und Dateien bestimmt wird.

Die Ergebnisse der Dateiaufnahme im Ist-Zustand ergeben wertvolle Erkenntnisse für die zukünftige Gestaltung von EDV-Dateien. Vielfach lassen sich mehrere Dateien zu einer Datei vereinigen, die nach entsprechenden Sortierfolgen abgerufen werden können. Darüber hinaus ist es oftmals erforderlich, zusätzlich Daten je nach den Ausgabeerfordernissen in die Dateien aufzunehmen.

10.2.4 Ist-Aufnahme der Arbeitsabläufe

Zur Durchführung der in einem Unternehmen anstehenden Aufgaben sind entsprechende *Arbeitsabläufe* erforderlich. Zur Verbuchung von Zahlungseingängen in der Finanzbuchhaltung z.B. müssen die Zahlungseingangsbelege in einer bestimmten Reihenfolge bearbeitet, verbucht und ausgewertet werden. Die Erfassung der Arbeitsabläufe im Ist-Zustand soll Auskunft darüber geben, aus welchen einzelnen Arbeitsgängen die Arbeitsabläufe bestehen, von wem bzw. in welcher Zeit die Arbeitsgänge durchgeführt werden, welche Reihenfolge hierbei zu beachten ist und welche Ergebnisse anfallen usw.

In diesem Teil der Ist-Aufnahme soll auch untersucht werden, nach welchen Arbeitsregeln die einzelnen Arbeitsgänge durchgeführt werden müssen. Zur Abrechnung von Akkordlöhnen in der Lohn- und Gehaltsabrechnung z.B. sind ganz spezifische Rechenvorgänge erforderlich, die auch bei einem zukünftig zu konzipierenden EDV-System zu beachten sind.

Bevor mit der Analyse des Arbeitsablaufs begonnen wird, sollte eine Tätigkeitsanalyse vorgenommen werden. Auf eine derartige Analyse verzichten EDV-Hersteller, die eine Systemanalyse für den Anwender machen, leider viel zu häufig. Eine Tätigkeitsanalyse kann aber auch vom Anwender selbst durchgeführt werden.

Sie ist ein einfaches Mittel, um einen Überblick über den Aufwand und die Bedeutung von Tätigkeiten im Betrieb zu erhalten.

Vor allen Dingen aber ist sie eine *Grundlage für die Arbeitsablaufanalyse* und sie liefert wertvolle Hinweise für Wirtschaftlichkeits- und Rentabilitätsberechnungen.

Sollen alle Tätigkeiten im Betrieb erfaßt werden, dann ist eine Erfassung auf Tätigkeitslisten, die zu einem Katalog zusammengefaßt werden, wichtig.

Es sollte jedoch nicht jede einzelne Person sofort über die Tätigkeit befragt werden, sondern es reicht aus, die Tätigkeitslisten von Gruppenführern und Abteilungsleitern ausfüllen zu lassen. Anschließend sollten sie jedoch den Mitarbeitern zur exakten Vervollständigung vorgelegt werden. Für einen Arbeitsablauf ist es von großer Bedeutung, daß er ohne Unterbrechung, klar und logisch aufgebaut ist.

Für die später einzusetzende EDV-Anlage sind die Arbeitsabläufe von entscheidender Bedeutung. Unterbrechungen, Verzögerungen, ungenügende Formulargestaltung, unordentliche Bearbeitungen, unzureichende Arbeitsmethoden und ungenügende Kontrollen können den späteren EDV-Einsatz kostspielig und wenig sinnvoll machen.

Daher muß bei der Erfassung aller Arbeitsabläufe, die später ganz oder teilweise auf eine EDV-Anlage übernommen werden, auf folgende Punkte besonders geachtet werden:

- Kurze Arbeitsbeschreibung (z.B. Anfragebearbeitung)
- Sachliche Reihenfolge der Arbeitsgänge
- Zeitliche Reihenfolge der Arbeitsgänge
- Vollständigkeit der Arbeitsgänge
- Räumliche Darstellung des Bearbeitungslaufes
- Darstellung der verwendeten Datenträger
- Darstellung des Transportweges
- Darstellung der Transportmittel
- Feststellung von Verzögerungen
- Feststellung von Lagerzeiten
- Feststellung der Kontrollmaßnahmen.

10.2.5 Kosten der Ist-Organisation und zukünftigen Entwicklung (Tendenzanalyse)

Die Aufnahme des Ist-Zustandes kann sich auch mit den *Kosten* der derzeitigen Ist-Organisation beschäftigen, um Vergleichsmaßstäbe der derzeit verwendeten Systeme mit den zukünftig zu konzipierenden Systemen zu erhalten. In diesem Sinne kann beispielsweise eine Erfassung der Gesamtkosten einzelner Abteilungen eines Unternehmens und deren Aufgliederung auf die einzelnen Arbeitsgebiete vorgenommen werden.

Da zwischen der Aufnahme des Ist-Zustandes und der endgültigen Einführung eines Datenverarbeitungsverfahrens oftmals ein erheblicher Zeitraum liegt, ist die Kenntnis der *zukünftigen Entwicklungen* des Unternehmens bzw. einzelner Arbeitsgebiete von besonderer Bedeutung. Es darf nicht vorkommen, daß ein neukonzipiertes Datenverarbeitungsverfahren bereits kurz nach seiner Einführung aufgrund der zwischenzeitlich eingetretenen Veränderungen z.B. bei Unternehmenszielen oder Beleganfall zu eng geworden oder veraltet ist.

Deshalb sollte man sich schon bei der Ist-Aufnahme so weit als möglich Klarheit über *zu-künftige Planungen* der Unternehmensleitung, die u.U. entsprechende Auswirkungen auf Arbeitsabläufe, Datenvolumen usw. mit sich bringen, verschaffen. Auch sollten bereits bei der Ist-Aufnahme vorgebrachte Verbesserungswünsche vermerkt und in die zukünftigen Überlegungen mit einbezogen werden. Da die Erfassung zukünftiger Maßnahmen mit einem erheblichen *Unsicherheitsfaktor* belastet ist, muß hierbei streng zwischen Fakten und Meinungen bzw. zwischen realisierbaren und unrealisierbaren Wunschvorstellungen unterschieden werden.

Tendenzanalyse

Mit der Tendenzanalyse wird versucht, die bei der Aufnahme des Ist-Zustandes gewonnenen Datenmengen für die künftige Entwicklung zu schätzen. In der Praxis sind verschiedene Methoden gebräuchlich:

a) Schätzung einfacher Trends,
b) Schätzung kombinierter Trends und
c) Schätzung der Entwicklung von Systemen.

Bei der Schätzung einfacher Trends wird die Vergangenheit in die Zukunft fortgeschrieben. Diese Methode ist für langfristige Prognosen weit verbreitet und stellt auch die geringsten Anforderungen an Daten und Rechenaufwand.

Bei der Schätzung kombinierter Trends werden mehrere mögliche Faktoren in Kombination mit anderen Trendaussagen berücksichtigt.

Die schon geplanten aber noch nicht realisierten Verfahren werden mit Trendaussagen kombiniert für die Schätzung der Entwicklung von Systemen verwendet.

Trendanalysen sollten kurz-, mittel- und langfristig angewendet werden, wenn sich die Einflußgrößen durch einen Parameter bestimmen lassen.

Ein anderes Tendenzverfahren ist die sogenannte Delphi-Methode. Bei dieser Methode wird ein Fragebogen verwendet, auf dem Mitarbeiter oder Mitarbeitergruppen ihre Prognosen abgeben. Bei der Fragenauswahl kann durch entsprechende Formulierung eine Vielzahl von Informationen gewonnen werden. Ein weiterer Vorteil ist, daß die Daten anonym oder als Gruppenantwort ein- oder auch mehrstufig möglich sind.

Aus den genannten Methoden lassen sich vom Organisator/Systemanalytiker dann zum Beispiel Aussagen über die Vermehrung der in Zukunft anfallenden Belege, wie Auftragsbestätigungen, Lieferscheine, Rechnungen usw. machen.

Er bekommt aber auch Hinweise über Raumbedingungen, die Vergrößerung oder Einsparungen, den Kapitaleinsatz das betriebsnotwendig gebundene Kapital, (Erhöhung oder Minderung), den Maschinen- und Sachmitteleinsatz und die notwendige Anschaffung von Maschinen und sonstigen Sachmitteln.

Organisatorische Auswirkungen, die in der Regel Verbesserungen mit sich bringen, können unter anderem die Anzahl des künftig einzusetzenden Personals beeinflussen. Zu der Qualifikation der Mitarbeiter und deren Bezahlung können Aussagen in der Tendenzanalyse ebenso gemacht werden. Jedoch ist hier zu beachten, daß Verbesserungen nur durch einen höheren Kapitaleinsatz (mehr Lohn und Gehalt bei besserer Qualifikation) „erkauft" werden können.

Nach der Analyse und dem Erkennen der zukünftigen Engpässe im Arbeitsablauf können auch Aussagen darüber gemacht werden, wie und in welcher Zeitspanne die Engpässe beseitigt werden können. Mit dem Beseitigen der Engpässe werden Verbesserungen erreicht, die sich auf den Personal-, Kapital- und Sachmitteleinsatz in der Regel positiv auswirken.

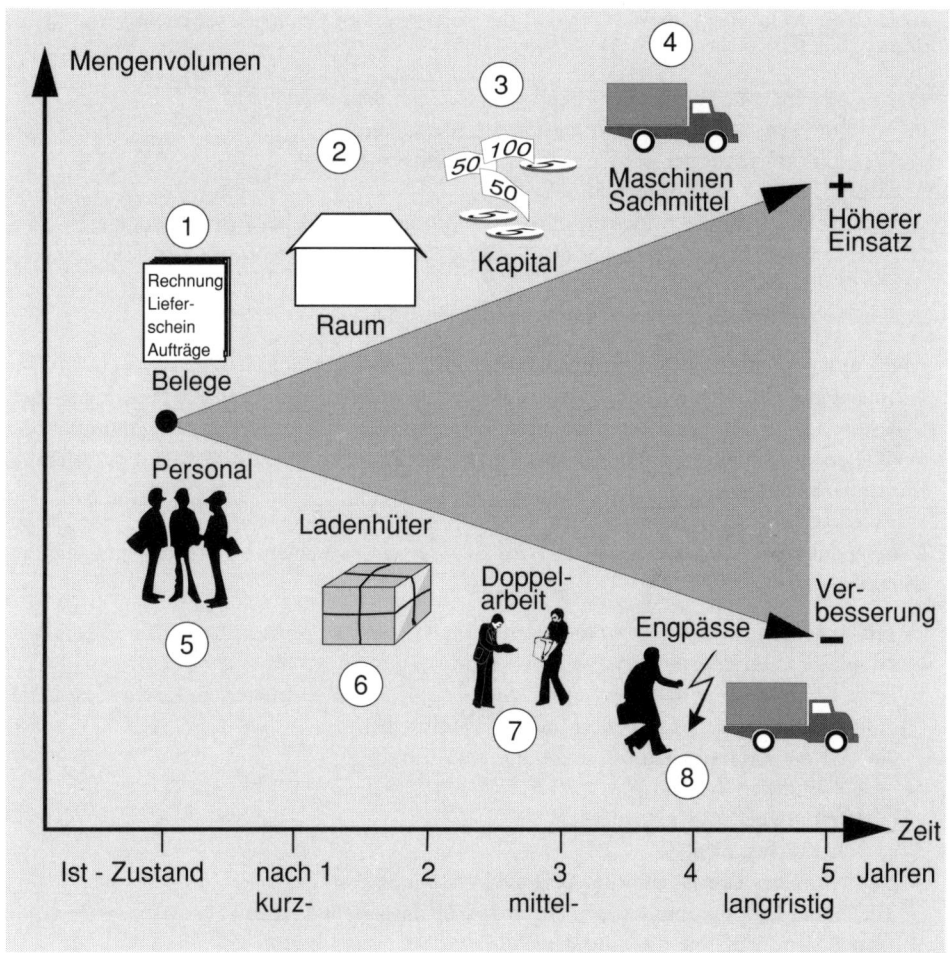

Abb. 90: Tendenzanalyse

10.2.6 Informations- und Kommunikationsanalyse

Die Kommunikations- und Informationsanalyse gewinnt immer mehr an Bedeutung, insbesondere bei der Einführung moderner Bürokommunikationssysteme. Die Methode dient dazu, den Kommunikations- und Informationsfluß (die Beziehungen zwischen Mitarbeitern, Abteilungen oder auch Unternehmen) festzustellen und zu analysieren.

Die Häufigkeit und die Dauer eines Informationsaustausches:
- wer mit wem,
- wann,
- wie lange und
- wie oft

stehen aber nicht allein im Vordergrund der Analysearbeit. Vielmehr ist ebenso wichtig, zu wissen:

a) Um was für eine Information handelt es sich bei dem Austausch?
b) Wo und wem steht diese Information zur Verfügung?
c) Wer hat außerdem wo noch Zugang zu der Information?
d) Wie wichtig ist diese Information?
e) Wie schnell steht die Information den betroffenen Mitarbeitern zur Verfügung?
f) Wie sensibel ist die Information? Welche Sicherungsvorkehrungen müssen beachtet werden?
g) Um welche Informationsbeziehung handelt es sich?

Allein aus der Informationsbeziehung Mensch-Mensch ergeben sich aber keine eindeutigen Aussagen und Hinweise, aus denen eine Rationalisierungsmaßnahme abgeleitet werden kann.

Bestehende Beziehungen der Sachmittel untereinander müssen bei der Kommunikationsanalyse genauso berücksichtigt werden, wie die Beziehungen Mensch-Mensch oder Mensch-Maschine/Sachmittel.

Die eigentliche Aufnahme geschieht in der Praxis durch Selbstaufschreibung oder Beobachtung mit Hilfe von Formularen. Es wird zum Beispiel von einem Mitarbeiter im Lager eingetragen,

- seine Kontakte zu anderen Abteilungen, zum Beispiel zur Auftragsbearbeitung, zum Vertrieb oder zum Einkauf usw.
- seine Kontakte innerhalb des Lagers, zum Beispiel zum Lagerleiter, zu Kunden, zu Lieferanten, zu anderen Mitarbeitern im Lager selbst usw.
- die Art der Kommunikationsbeziehung, zum Beispiel
  - persönlicher Kontakt,
  - telefonischer Kontakt oder
  - schriftlicher Kontakt.
- die Dauer des Kontaktes, zum Beispiel in Minuten usw.
- Die Häufigkeit, die zum Beispiel durch Striche dargestellt werden kann. Aus der Addition aller Striche läßt sich die Zahl der Gesamtkontakte ermitteln.

Für eine Konzeption einer neuen Informations- und Kommunikationsstruktur mit Hilfe der elektronischen Datenverarbeitung sind verschiedene Lösungsansätze möglich, die ebenfalls zu untersuchen sind:

a) Soll ein bestehendes Verfahren verändert werden?
b) Soll die Ablauforganisation in ihren Grundzügen erhalten bleiben oder nicht?
c) Besteht oder gibt es kein vergleichbares System, Sachmittel, Verfahren, aus denen Funktionen ableitbar sind?
d) Handelt es sich um ein ablauforientiertes Verfahren?

e) Ist eine einfache oder eine komplexe Informations- und Kommunikationsstruktur vorhanden oder nicht?

f) Sind die Informations- und Kommunikationsbeziehungen auf viele Organisationsbereiche verteilt oder nicht?

g) Handelt es sich um ein abfrageorientiertes Verfahren?

Nach der Untersuchung und Analyse werden die Informations- und Kommunikationsbeziehungen zum Beispiel in Tabellen oder Übersichten dargestellt.

10.2.7 Darstellungsmöglichkeiten des Ist-Zustandes

Die bei der Aufnahme des Ist-Zustandes ermittelten Ergebnisse sollten möglichst schriftlich niedergelegt und in aussagefähiger Form aufbereitet werden, damit sie einer kritischen Würdigung im Hinblick auf den zukünftigen EDV-Einsatz unterzogen werden können.

Es gibt verschiedene Möglichkeiten der Darstellung von Ist-Zuständen; sie reichen von reinen *Besprechungsprotokollen* bis zu umfassenden graphischen Darstellungen unter Verwendung entsprechender Diagrammsymbole, die sich besonders zur übersichtlichen Darstellung von Arbeitsabläufen eignen. Generell sind Organisationsschaubilder spezifische zeichnerische Darstellungen von betrieblichen Zuständen und Vorgängen, die gegenüber einer rein verbalen Beschreibung wesentlich übersichtlicher und anschaulicher sind. In der betriebswirtschaftlichen Praxis ist eine Vielzahl von Organisationsschaubildern bekannt.

Bei der Darstellung des Ist-Zustandes sollte in der betrieblichen Praxis darauf geachtet werden, daß alle Systemanalytiker bzw. alle EDV-Organisatoren einheitliche Darstellungstechniken bzw. Symbole verwenden, damit verschiedene Zustände bzw. Abläufe exakt miteinander verglichen werden können. Aus der Vielzahl der möglichen Darstellungsmethoden sollte man diejenigen auswählen, die unter betriebsindividuellen Aspekten angemessen erscheinen und die eine entsprechende Vergleichbarkeit sichern. Im übrigen können die zur Darstellung des Ist-Zustandes benutzten Schaubilder bzw. Symbole auch zur Darstellung von zukünftigen Soll-Abläufen benützt werden.

Darstellungsmöglichkeiten des Ist-Zustandes am Beispiel: Auftragsbearbeitung

Abteilung: **Verkauf** Datum: **23. 7. 79**		Arbeitsablauf: **Anfragebearbeitung** Aufgenommen von: **Bernhard**
	Nr.	Arbeitsgang
⬤➡◻️▷▽	1	Verkaufsleiter (VL) erhält Anfrage von Poststelle
⬤➡◻️▷▽	2	VL gibt Bearbeitungshinweise und bestimmt Sachbearbeiter (S)
⬤➡◻️▷▽	3	durch Boten an S
⬤➡◻️▷▽	4	S prüft, ob Anfrage interessant, klar und vollständig ist
⬤➡◻️▷▽	5	S stellt mit Kundenkartei fest, ob Anfragender bereits Kunde; evtl. Bonität
⬤➡◻️▷▽	6	S erbittet telefonisch Liefertermin bei Terminstelle
⬤➡◻️▷▼	7	S legt vorläufig ab, bis Termin kommt
⬤➡◻️▷▽	8	S diktiert Angebot, Rückfrage oder Absage
⬤➡◻️▷▽	9	S wartet auf Reinschrift (erledigt weitere Anfragen)
⬤➡◼️▷▽	10	S sieht Reinschrift durch; unterschreibt rechts
⬤➡◻️▷▽	11	durch Boten an VL (mehrere gleichzeitig in der Postmappe)
⬤➡◼️▷▽	12	VL prüft und unterschreibt links

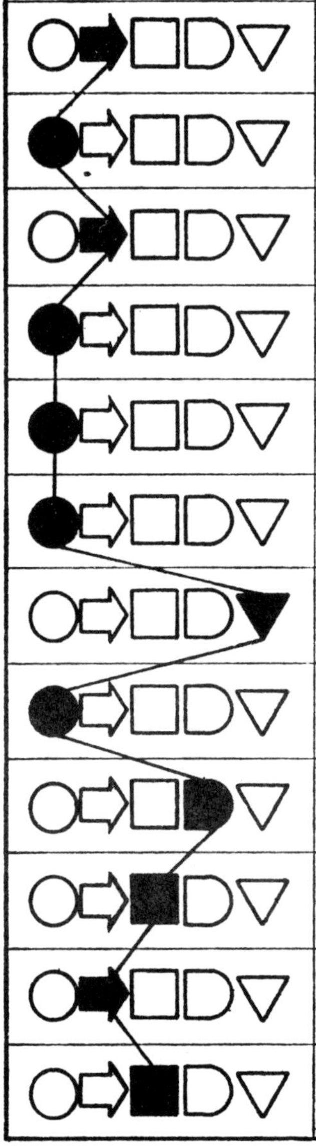

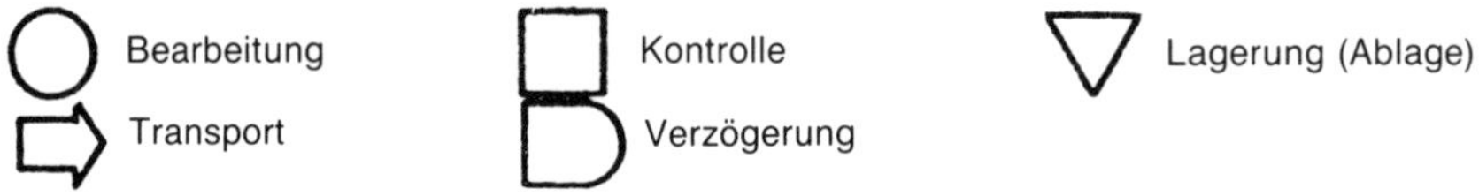

○ Bearbeitung   ◻️ Kontrolle   ▽ Lagerung (Ablage)

➡ Transport   ◗ Verzögerung

Abb. 91: Arbeitsablaufdiagramm nach Acker

Zur Beschreibung und Analyse von Arbeitsabläufen ist die sog. *Entscheidungstabellentechnik* entwickelt worden, mit deren Hilfe die Entscheidungslogik von komplexen Arbeitsabläufen in einer tabellarischen Form dargestellt werden kann. Die Entscheidungstabellentechnik ist eine wichtige Grundlage, vom Ist-Zustand ausgehend, zukünftige Datenverarbeitungsabläufe vollständig und wirtschaftlich zu gestalten.

Eine Entscheidungstabelle besteht meist aus vier Teilen.
– Aus den Bedingungen, B1 . . . . . Bn, (wenn).
– Aus den Aktionen, A_1 . . . . . A_n, (dann).
– Aus den Bedingungsanzeigen, Ja = J, Nein = N, ,, – '' = irrelevant
– Aus den Aktionsanzeigen, meist ein X.

Tabellenbezeichnung	Bezeichner der Entscheidungsregeln R1 R2 R3 . . . . .R_n
B1 B2 B3 Bedingungen . . . Bn	Bedingungsanzeiger
A1 A2 A3 Aktionen . . . An	Aktionsanzeiger

Tab. 13: Entscheidungstabellen-Aufbau

Dieses Format zeigt den normalen Aufbau einer Entscheidungstabelle mit den Unterteilungen in vier Quadranten. In der Kopfzeile erfolgt die Numerierung und Bezeichnung der Entscheidungstabelle. Sowohl die Entscheidungsregeln als auch die Bedingungen sollten durch fortlaufende Ziffern gekennzeichnet werden. Es gibt verschiedene Arten von Entscheidungstabellen. Bei *begrenzten* Entscheidungstabellen sind nur die Zustände ,,ja'' oder ,,nein'' für das Erfülltsein von Bedingungen bekannt. Das Zeichen ,, – '' (Irrelevant-Anzeiger) zeigt an, daß diese Bedingung für die Auslösung einer bestimmten Aktion nicht von Bedeutung ist.

Erweiterte Entscheidungstabellen. Diese Entscheidungstabellen enthalten anstatt der Bedingungen, die erfüllt sein oder nicht erfüllt sein können, Parameter in Form von Grenzwerten, deren Einhaltung eine bestimmte Aktion auslöst.

Gemischte Entscheidungstabellen. Bei diesen Entscheidungstabellen können einerseits die Zustände „ja" und „nein" als Entscheidungsregeln dargestellt werden, andererseits aber auch Parameter enthalten sein.

Wer ohne Erfahrungen eine Entscheidungstabelle aufstellt, wird meist Widersprüche feststellen, die dann entstehen, wenn bei gleichem Inhalt des Bedingungsteils Unterschiede im Aktionsanzeigerteil auftreten. Beispiel: Feld 1 < als Feld 1 → Aktion 1 und Feld 1 > Feld 2 → Aktion 1. Hier ist deutlich zu erkennen, daß bei unterschiedlichen Bedingungen die gleichen Aktionen vorgenommen werden sollen. Das ist ein Widerspruch.

Redundanz: Entscheidungsregeln sind redundant, wenn sie identische Aktionsanzeiger besitzen und eine der Regeln in der anderen Regel enthalten ist. Das bedeutet also, die Regel ist überflüssig und kann gestrichen werden. Zusammenfassend ist festzustellen, daß bei komplexen Entscheidungstabellen sowohl Widersprüche als auch Redundanz vorhanden sein können.

Beispiel 1: Zehn Meter vor einer Ampel

Ampel		R 1	R 2	R 3	ELSE
B 1	Ampel rot	J	N	N	
B 2	Ampel gelb	N	J	N	
B 3	Ampel grün	N	N	J	
A 1	stop	X			
A 2	bremsen		X		
A 3	fahren			X	
A 4	defekt				X

Tab. 14: Beispiel einer Entscheidungstabelle

Beispiel 2: Lieferbedingungen

Bei einem Betrieb, der sowohl an Großhändler als auch direkt an Einzelhändler liefert, gilt folgende Regelung:

Frachtfreie Lieferung ist nur an Stammkunden möglich.

Zusätzlich zu den üblichen Preisnachlässen für Wiederverkäufer wird ein Sonderrabatt gewährt, der von der Art des Kunden und dem Auftragswert abhängig ist.

Bei Einzelhändlern beträgt der Sonderrabatt bei einem Auftrag über DM 10 000.— 3 %, bei Großhändlern 5 %.

Bei Auftragswerten bis DM 10 000.— erhalten Großhändler 3 % Sonderrabatt, Einzelhändler keinen Rabatt.

262

Lieferbedingungen		R 1	R 2	R 3	R 4	R 5	R 6	R 7	R 8
B 1	Großhändler?	J	J	J	J	N	N	N	N
B 2	Stammkunde	J	J	N	N	J	J	N	N
B 3	Auftragswert über DM 10 000.—	J	N	J	N	J	N	J	N
A 1	3 % Rabatt		X		X	X		X	
A 2	5 % Rabatt	X		X					
A 3	Frachtfreie Lieferung	X	X			X	X		

Tab. 15: Lösung mit Entscheidungstabelle

Entscheidungstabellentechniken sind in der Praxis durchaus in Anwendung, haben sich jedoch bisher nicht vollständig durchsetzen können.

Vorteile der Entscheidungstabellentechnik:
– übersichtliche Problembeschreibung;
– verbale Beschreibungen überflüssig;
– logische Überschneidungen werden leicht erkannt;
– die Entscheidungstabellentechnik setzt eine genaue Analyse voraus;
– Entscheidungstabellentechnik vereinfacht die Systembeschreibung;
– die Entscheidungstabellentechnik ist leicht zu erlernen;
– die Programmierzeit ist kurz bei Einsatz eines Übersetzers;
– die Programmwartung wird erleichtert.

Nachteile:
– es gibt komplexe Probleme, die einer verbalen Beschreibung bedürfen;
– trotz des Einsatzes von Entscheidungstabellen sind Datenflußpläne bzw. Ablaufdiagramme bei größeren Problemen notwendig;
– Entscheidungstabellentechnik ist nur nach guter Ausbildung sinnvoll benutzbar;
– Programmierer haben häufig Vorurteile gegenüber neuen Techniken.

10.3 Schwachstellenanalyse

Die Schwachstellenanalyse ist Teil der Analyse zur Einführung eines neuen Verfahrens und begleitet die Untersuchung der Tätigkeitsaufnahme in der Ist-Zustands-Erfassung/Erhebung.

Jeder einzelne Tätigkeitsprozeß wird in seine einzelnen Teile zerlegt und kritisch analysiert.

Ziel einer jeden Schwachstellenanalyse ist es, zu erkennen bzw. herauszufinden, welche technischen, personellen, organisatorischen und kostenmäßigen Schwachstellen es im Unternehmen gibt.

Untersucht werden zum Beispiel

- die Arbeits- und Hilfsmittel, die zur Durchführung von Tätigkeiten benutzt werden;
- die Tätigkeiten der in einem Aufgabengebiet tätigen Personen in ihrem zeitlichen und organisatorischen Ablauf;
- der Beleg- und Informationsfluß innerhalb der Abteilung;
- der Beleg- und Informationsfluß zwischen der untersuchten Abteilung und anderen Abteilungen des Unternehmens;
- die Ein- und Ausgabedaten, die auf Belegen und/oder sonstigen Datenträgern, wie Listen, Lieferscheinen, auf Formularen usw. ein- und ausgehen;
- die einzelnen Tätigkeiten in ihrem Zeitablauf, usw.

Mit der Schwachstellenanalyse wird überprüft, ob die technischen Hilfsmittel richtig eingesetzt sind und/oder welche Sach- und Hilfsmittel sinnvoll wirtschaftlich eingesetzt werden können.

Außerdem wird geprüft, ob diese Hilfs- und Sachmittel dem neuesten Stand der Technik entsprechen und überhaupt notwendig sind. Es kann sich auch bei der Analyse herausstellen, daß diese Hilfs- und Sachmittel sogar entfallen können.

Bei der Analyse stellt sich auch heraus, ob die durch diese technischen Hilfsmittel verursachten Engpässe im Arbeitsablauf selbst oder zum Beispiel durch häufige Liege- und Transportzeiten auftreten.

Es treten Fragen auf wie: Ist diese Technik notwendig oder kann sie ersatzlos wegfallen? Gibt es Alternativen?

Treten bei dem Einsatz der technischen Hilfsmittel
a) Engpässe im Arbeitsablauf auf?
b) Liege- und Transportzeiten auf und sind diese vertretbar?
c) häufig Fehler auf und was sind die Ursachen hierfür?

Mit der Schwachstellenanalyse wird auch überprüft, ob an der richtigen Stelle mit den ,,richtigen" Personen Aufgaben durchgeführt werden. Es kann sich herausstellen, daß eventuell andere Personen besser für diese Tätigkeit geeignet sind. Es tritt bei der Untersuchung auch zu Tage, ob an mehreren Stellen von verschiedenen Personen die gleiche Tätigkeit durchgeführt wird. Wichtig für den Organisator/Systemanalytiker ist es herauszufinden, ob ein Zusammenhang besteht oder ob zu einem anderen Zeitpunkt diese Tätigkeit besser ausgeführt werden könnte. Eine hohe Fluktuationsrate ist häufig eine Ursache für Schwachstellen im Ablauf.

Beispielhafte Fragestellungen zum eingesetzten oder einzusetzenden Personal:

Wird diese Tätigkeit
a) von den richtigen Personen ausgeführt oder sind andere Personen besser für diese Tätigkeit geeignet?
b) an mehreren Stellen von verschiedenen Personen durchgeführt?

Ist das Personal für diese Tätigkeit
a) notwendig oder kann es ersatzlos wegfallen? Gibt es Alternativen?
b) unterwiesen worden oder ist eine Einweisung notwendig?
c) qualifiziert?

Treten bei dem Personaleinsatz
a) Engpässe im Arbeitsablauf auf?
b) häufig Fehler auf? Was sind die Ursachen hierfür?

Welche Beziehungen bestehen bei dieser Tätigkeit zu
a) den Vorgesetzten?
b) den Mitarbeitern der Abteilung?
c) den anderen Abteilungen?

Mit der Schwachstellenanalyse soll auch untersucht werden, ob für die Arbeitsabläufe Organisationsbeschreibungen vorliegen und ob es Abstimmungs- und Kontrollverfahren dazu gibt. Eine weitere Frage ist, ob die Zuständigkeiten vollständig geregelt sind. Ob also jeder Mitarbeiter eindeutig einem Vorgesetzten zugeordnet ist. Auch die Problematik von Engpässen zu Spitzenzeiten ist ein organisatorisches Problem.

Beispielhafte Fragestellungen zur Organisation:

Wird diese Tätigkeit
a) an der richtigen Stelle ausgeführt oder kann an anderer Stelle diese Tätigkeit besser ausgeführt werden?
b) ausreichend durch den Einsatz von organisatorischen Hilfs- und Sachmitteln durchgeführt?

Ist diese Tätigkeit
a) im zeitlichen Zusammenhang notwendig oder kann sie zu einem anderen Zeitpunkt besser ausgeführt werden?
b) in der Art ihres Ablaufes richtig oder gibt es bessere Ablaufmöglichkeiten?
c) durch Zusammenlegung effektiver möglich?

Treten bei dieser Tätigkeit
a) Engpässe im Arbeitsablauf auf?
b) Liege- und Transportzeiten auf, sind diese tragbar? Lassen sich zum Beispiel durch Zusammenlegung von Tätigkeiten Verbesserungen erzielen?
c) häufig Fehler auf? Was sind die Ursachen hierfür?
d) Doppelarbeiten auf?

Sind für diese Tätigkeiten
a) die Arbeitsabläufe sinnvoll geregelt?
b) die Zuständigkeiten eindeutig geregelt? Untersteht beispielsweise jeder betroffene Mitarbeiter nur einem Vorgesetzten?
c) Abstimm- und Kontrollverfahren vorhanden und genügen diese den gesetzlichen und sonstigen Anforderungen?
d) die Kontrollspannen überschaubar?

Letztlich wird mit der Schwachstellenanalyse auch gleichzeitig geprüft, ob die Mitarbeiter leistungsgerecht bezahlt werden. Es ist aber auch zu prüfen, ob die Kosten für die räumliche Ausstattung, zum Beispiel die Kosten für den Raum, für das Inventar, für die Versicherungen, für Heizung und Beleuchtung sowie für Instandhaltung gerechtfertigt sind.

Kosten der Einlagerung, Auslagerung und Umlagerung sollten ebenfalls geprüft werden sowie auch die Kosten für die Durchführung einer Inventur oder der Datenerfassung sowie für die regelmäßige Lagerverwaltung.

Beispielhafte Fragestellungen zu den Kosten:

a) Wird diese Tätigkeit wirtschaftlich durch den Einsatz von technischen und organisatorischen Hilfs- und Sachmitteln durchgeführt?
b) Wie hoch sind zum Beispiel die Kosten für Ausschuß und Nacharbeit?
c) Sind die Kosten für diese Tätigkeit notwendig oder können sie ersatzlos wegfallen?
d) Gibt es Schwierigkeiten bei der Kostentransparenz?

Können die entstehenden Kosten
a) direkt zugeordnet werden?
b) in Kennzahlen ausgewiesen werden?

Die Schwachstellenanalyse ist somit ein Mittel, die Probleme von verschiedenen Seiten her zu beleuchten und eindeutig zu definieren.

Schwachstellenanalyse

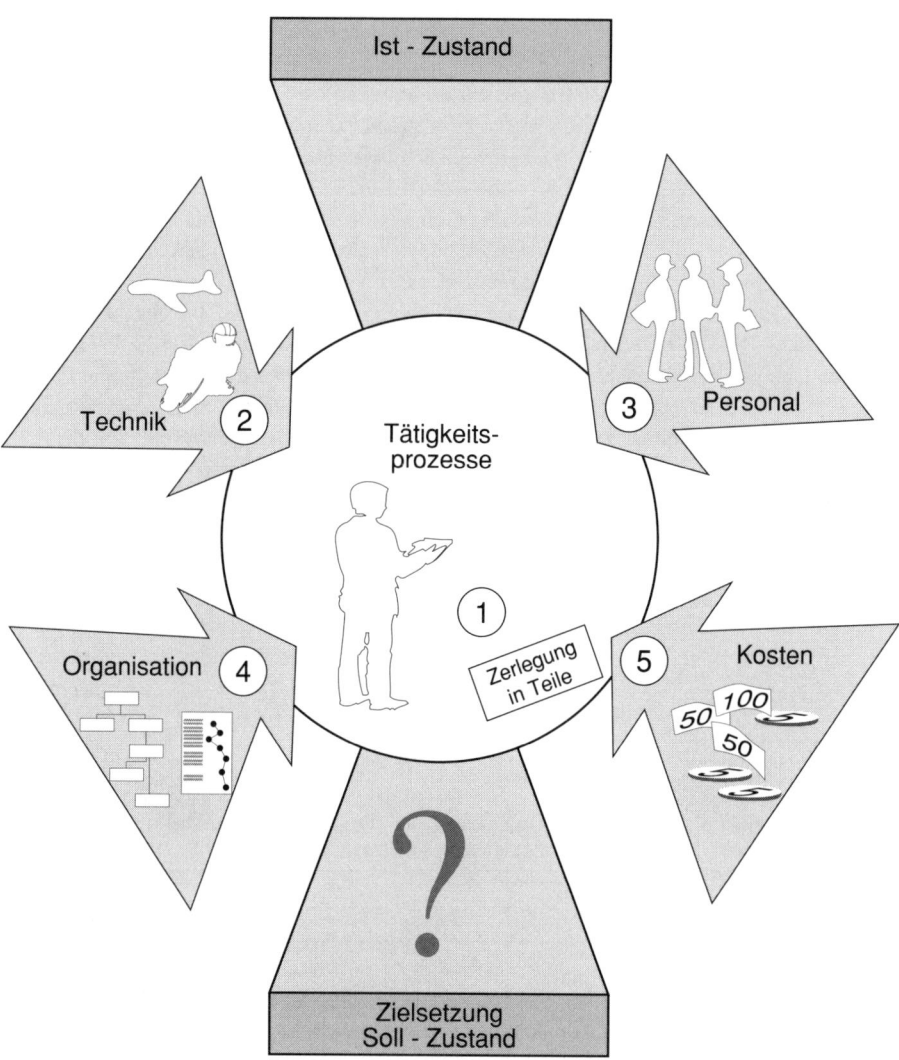

Abb. 92: Schwachstellenanalyse

10.4 Erarbeitung einer Rahmenkonzeption

Wie bereits betont, erfolgt der Einsatz von Datenverarbeitungsanlagen in der Praxis meist stufenweise. Dies kann beispielsweise bedeuten, daß man zunächst einmal die Debitorenbuchhaltung, nach einer gewissen Zeit die Kreditorenbuchhaltung und zu einem späteren Zeitpunkt die Sachkontenbuchhaltung auf eine Datenverarbeitungsanlage überträgt. Ist die gesamte Finanzbuchhaltung auf ein Datenverarbeitungssystem übertragen, so kann man vielleicht mit der Vorbereitung und Übernahme der Lohn- und Gehaltsbuchhaltung beginnen. Eine solche Vorgehensweise birgt jedoch die Gefahr in sich, daß man die sog. interdependenten Zusammenhänge, die beispielsweise zwischen den einzelnen Bereichen des Rechnungswesens bestehen und die sich zunächst einmal in einer Verbindung von verschiedenen Datenausdrucken dokumentieren, nicht beachtet. So können beispielsweise bei einer Fakturierung zugleich Daten für die Debitorenbuchhaltung, für die Materialabgänge, für die Verkaufsstatistiken und für die Provisionsabrechnung gewonnen werden. Würde man nun eine Fakturierung auf eine Datenverarbeitungsanlage übernehmen und hierbei diese Zusammenhänge vergessen, so müßte man bei der Erarbeitung einer elektronischen Debitorenbuchführung die bereits bei der Fakturierung gewonnenen Daten nochmals erfassen und verarbeiten. Aus diesen Gründen sollte man vor Beginn des EDV-Einsatzes eine *Gesamtkonzeption* erarbeiten, aus der sich zumindest die *integrativen Zusammenhänge* zwischen den einzelnen Arbeitsgebieten ersehen lassen, die nach und nach auf eine Datenverarbeitungsanlage umgestellt werden. Auf diese Weise sollten Informationslücken und Doppelarbeiten vermieden und quasi ein „Fahrplan" für die zukünftigen Datenverarbeitungstätigkeiten aufgestellt werden.

Die Erstellung einer Gesamtkonzeption verlangt sowohl gedankliche Vorstellungen über die künftig mit Hilfe einer Datenverarbeitungsanlage zu bearbeitenden Arbeitsgebiete als auch ungefähre Aussagen über die gewünschten Ausgabeergebnisse.

Beispiel: Produktgruppe M nach Diebold-Statistik

Datum der Rechnung: Gepl. Laufzeitpunkt	Dauer Masch.-Zeit	Kostenansatz DM
I. Einmalige Kosten 1. Ist-Aufnahme	4 Tage	4.800
2. Systemdesign	8 Tage	9.600
3. Programmierung	12 Tage	11.040
4. Testvorbereitung und Testauswertung	2 Tage	1.840
5. Personalschulung	4 Tage	3.600
6. Erstmalige Stammdaten- aufnahme	3 Tage	1.740
7. Einführung und Umstellung	2 Tage	1.160
8. Dokumentation	4 Tage	3.680
9. Installationsgebühren	–	–

10. Maschinenmiete für Umstellung		–	–
11. Maschinenzubehör		–	1.800
12. Umbaukosten		–	–
13. Mobiliar		–	4.000
14. Sonstiges		–	–
Summe:		4 Jahre	43.260 : 48 = 901,25
II.	Laufende Kosten pro Periode (Mon.) 1. Datenerfassung		180
	2. Datenübertragung		–
	3. Maschinenkosten		1.000
	4. Personalkosten		kein zusätzliches Personal
	5. Materialkosten		1.200
	6. Abschreibungen		8.300
	7. Zinsen		3.600
	8. Verfahrenswartung und Pflege		1.200
	9. Sonstiges		–
	Summe:		15.480
III.	Errechenbare Einsparungen auf Monat berechnet: 1. Derzeitige Organisation		2.800
	2. Personalfreisetzung		–
	3. Maschinenkosten		2.400
	4. Sonstiges		–
	Summe:		5.200
IV.	Abschätzbare Einsparungen auf Monat berechnet: 1. Rechnungswesen		4.500
	2. Lager		7.400
	3. Fertigung		–
	4. Sonstiges		–
	Summe:		11.900
V.	Differenz Kosten zu Einsparungen	+	7.018.75

Abb. 93: Direkte Wirtschaftlichkeitsanalyse

Bewertung des geplanten Verfahrens im Vergleich zum derzeitigen Verfahren-Vergleichsverfahren im Hinblick auf die Erfüllung der genannten Kriterien folgender Punktskala: 3 = erhebliche Veränderung 2 = deutliche (Verbesserung, 1 = geringfügige Verschlechterung) 0 = keine	A Punkte	B Gewichtung	C A x B
1. Schnelligkeit der Informationsauslieferung (rasche Zurverfügungsstellung)	2	3	6
2. Aktualität der gewonnenen Informationen	3	3	9
3. Rechtzeitiges Zurverfügungstellen der Informationen	1	3	3
4. Zusätzliche Informationen (z.B. durch statistische Auswertungsmöglichkeiten, Erweiterung des Berichtswesens)	1	3	3
5. Genauigkeit der Informationen (z.B. Rechengenauigkeit)	1	1	1
6. Relevanz (Qualität) der Informationen (Aussagekraft und Übersichtlichkeit sowie Auswahl und Aufbereitung der Informationen)	0	2	0
7. Sicherheit (Ablaufsicherheit, Fehlerwahrscheinlichkeit, Datenfehleranfälligkeit)	3	1	3
8. Möglichkeit von Terminverkürzungen im Anwenderbereich	2	2	4
9. Anwenderfreundlichkeit (z.B. Vereinfachung durch Dateienabbau)	1	2	2
10. Bedienungs- und Pflegefreundlichkeit	1	1	1
11. Flexibilität (z.B. Änderungsfreundlichkeit gegenüber Veränderung von Organisation, Datenvolumen, Datenstruktur, Sonderfälle)	1	2	2
12. Kontroll-, Abstimm- und Überwachungsmöglichkeit	2	2	4
13. Korrekturmöglichkeiten und -aufwand	0	2	0
14. Transparenz des Verfahrensablaufs (Übersichtlichkeit)	2	1	2
15. Transparenz und Straffheit der Organisation	0	1	0
16. Kapazitätsreserven (Auffangbereitschaft bei Arbeitsspitzen oder Beschäftigungszunahme)	0	3	0
17. Abhängigkeit von Fachpersonal	− 1	2	− 2
18. Umstellungsrisiko (langfristige Bindung an das Verfahren, Starrheit der Organisation)	− 1	3	− 3
Summen:		37	35
Wirtschaftlichkeitskoeffizient (Summe C : Summe B) Verbale Bedeutung des Koeffizienten gemäß Punkteskala: Geringfügige Verbesserung gegenüber dem derzeitigen Verfahren etwa			+ 1

Abb. 94: Indirekte Wirtschaftlichkeitsanalyse (Multifaktorenmethode)
Quelle: Wirtschaftlichkeit von DV-Verfahren, in Data-Praxis D 10/1048 S. 10.

Art und Umfang der in der Praxis erarbeiteten Gesamtkonzeption sind von Betrieb zu Betrieb unterschiedlich. Sie können von einer reinen Darstellung der *integrativen Zusammenhänge* der nach und nach umzustellenden Arbeitsgebiete bis zur umfassenden Gesamtkonzeption mit einer *Grob-Darstellung* der zukünftigen Ausgaben, Eingaben, Datenfluß- und Programmablaufplänen unter Einschluß entsprechender Wirtschaftlichkeitsberechnungen gehen.

Wirtschaftlichkeitsberechnungen für EDV-Systeme können unter rein zeitlichen Gesichtspunkten bei verschiedenen Phasen der organisatorischen Vorbereitungsmaßnahmen durchgeführt werden. Die Entwicklung von geeigneten Methoden der EDV-Wirtschaftlichkeitsanalyse, auf die hier nicht ausführlicher eingegangen wird, befindet sich noch im *Anfangsstadium.* Vielfach müssen Verfahren der Investitionsrechnung, die in erster Linie für produktionstechnische Gegebenheiten ausgelegt sind und vorwiegend mit Erträgen und Aufwendungen arbeiten, für die Zwecke der elektronischen Datenverarbeitung modifiziert werden. Wir haben es aber in der Datenverarbeitung vorwiegend mit *Kosten und Nutzen* zu tun und insbesondere die Nutzenvorstellungen einer elektronischen Datenverarbeitung sind sehr schwer zu quantifizieren, d.h. in Geldwerten auszudrücken.

Grundsätzlich kann man heute zwischen sog. ex-ante und ex-post EDV-Wirtschaftlichkeitsanalysen unterscheiden. Ex-ante EDV-Wirtschaftlichkeitsanalysen werden vor der Realisierung eines EDV-Systems aufgestellt, um zu berechnen, ob sich die Übertragung bestimmter Arbeitsgebiete auf eine Datenverarbeitungsanlage überhaupt „lohnt". Ex-post EDV-Wirtschaftlichkeitsanalysen hingegen werden dann angestellt, wenn entsprechende EDV-Verfahren bereits auf einer Anlage laufen, um ihre Wirtschaftlichkeit nachträglich zu überprüfen.

Weiterhin kann man heute zwischen einer sog. *direkten EDV-Wirtschaftlichkeitsanalyse* und einer *indirekten* EDV-*Wirtschaftlichkeitsanalyse unterscheiden.*

Bei der direkten EDV-Wirtschaftlichkeitsanalyse werden quantifizierbare Kosten und Nutzen – letztere in Form von errechenbaren und abschätzbaren Einsparungen – entweder ex-ante oder ex-post einander gegenübergestellt. Indirekte EDV-Wirtschaftlichkeitsanalysen versuchen, z.B. in Form einer Multifaktoren-Methode, nicht in Geldeinheiten bewertbare Kosten und Nutzen eines zukünftig geplanten EDV-Verfahrens einer vergleichenden Bewertung zugänglich zu machen.[1]

Im Rahmen der Systemanalyse – der genaue Zeitpunkt ist in der Praxis unterschiedlich – muß bei den Unternehmen, die bisher noch keine Datenverarbeitungsanlage einsetzen, aber auch bei denen, die ein neueres System einsetzen wollen, die Auswahl einer entsprechenden Anlage vorgenommen werden.

Dabei kann das Pflichtenheft eine Hilfe sein. Das dargestellte Beispiel ist jedoch nicht vollständig, da die vielen Faktoren, welche die Anschaffung eines Systems beeinflussen, nicht erschöpfend aufgezählt werden können.

Pflichtenheft

Ein Pflichtenheft ist eine detaillierte Beschreibung der Teile eines Ganzen und ihrer Eigenschaften. Es beschreibt als Grundlage für die Abgabe von Angeboten bzw. für die Ausarbeitung von Organisationsbeschreibungen

---

1   Vgl. Wirtschaftlichkeit von DV-Verfahren in: DATA-Praxis D 10/1048, S. 10.

- was ein System leisten sollte, also seine Funktionen,
- worauf das System sich auswirken sollte, z.B. seine Daten,
- unter welchen Bedingungen das System arbeiten soll, also seine Umgebung, wie z.B. Raumtemperatur, Geräuschentwicklung usw.,
- welche Grenzen dem System gesetzt werden sollen (Einschränkungen).

In der Datenverarbeitung ist das Pflichtenheft eine wesentliche Grundlage für den Vertragsabschluß und für
○ die Abgabe von Angeboten
○ einen objektiven Angebotsvergleich
○ Vertragsverhandlungen und den
○ Vertrag, in dem das Pflichtenheft Vertragsbestandteil werden soll,
○ die Zusammenarbeit zwischen dem Ersteller des Pflichtenheftes und dem Anbieter.

Aufgrund seiner überragenden Bedeutung muß das Pflichtenheft ein Maximum an relevanten Informationen bieten. Bei der Aufstellung muß darauf geachtet werden, daß die Informationen und Daten aufgrund exakter Analysen gewonnen wurden. Auch sollte man keine konkreten Lösungen formulieren, da sonst der Anbieter wahrscheinlich davon abgehalten wird, einen besseren Lösungsweg vorzuschlagen.

Beispiel zum Inhalt eines Pflichtenheftes bezogen auf die Datenverarbeitung

Es geht darum, ein EDV-System anzuschaffen und dafür die benötigte Software zu finden.
○ Allgemeine Angaben über das Unternehmen
○ Daten-/Mengengerüst des Unternehmens
○ spezifische Anforderungen
○ Darstellung der im EDV-System zu übernehmenden Teilgebiete
○ spezifische Fragen an die Hersteller von Hard- und Software.

Mit dem Abschnitt ,,Allgemeine Angaben über das Unternehmen'' stellt sich die Unternehmung den Soft- und Hardware-Firmen vor. Dies sollte möglichst kurz gehalten sein und sich auf den Teilbereich beschränken, für den das Pflichtenheft gültig ist. Dabei sollte zum Beispiel das ausführende Gewerbe
○ die einzelnen Geschäftsbereiche,
○ das Produktionsmix bzw. Warensortiment,
○ die Darstellung der Unternehmensstruktur,
○ die Zusammensetzung des Kunden- und Lieferantenstammes,
○ die zukünftige Entwicklung bzw. die evtl.
○ vorhandene EDV-Abteilung und die
○ Organisation
beschreiben.

Das Daten-/Mengengerüst bildet die Grundlage für die Dimensionierung der richtigen Speichereinheiten und der Gesamtkonfiguration und stellt einen bedeutenden Bestandteil eines Pflichtenheftes dar. Dabei sollten sich die zu erhebenden Zahlen auf das letzte Geschäftsjahr beziehen. Aber es müssen auch zukünftige Entwicklungen in den Daten festgehalten werden, gerade wenn diese Entwicklungen auf die Datenverarbeitung übernommen werden sollen, wie beispielsweise ein ständiger Anstieg der Buchungen.

Mit den speziellen Anforderungen werden die eigentlichen Zielsetzungen beschrieben, die durch den Einsatz des neuen Systems erreicht werden sollen. Hier könnte es z.B. lauten: Alle wesentlichen Teile der kaufmännischen Verwaltung, besonders im Lager, sollen mit Hilfe eines Dialog-Systems möglichst integriert bearbeitet werden. Insbesondere sollen folgende Einzelziele erreicht werden:

○ Transparente und leistungsfähige Lagerbuchhaltung mit der Möglichkeit der Erstellung von Geschäftsleitungsinformationen, wie z.B. Ergebnisrechnungen, Liquiditätsübersichten usw.
○ Auskünfte über Artikel, Kunden, Lieferanten sowie Kosten und Leistungen müssen jederzeit möglich sein.
○ Auftragserfassung und Auftragsverwaltung mit spezieller Rückstandsbearbeitung werden gefordert.
○ Lieferschein- und Rechnungsschreibung sollen auslieferungsgerecht sein mit datenmäßiger Verbindung zur Finanz- und Lagerbuchführung.
○ Das gesamte Angebotswesen einschließlich Angebotskalkulation soll maschinell bearbeitbar sein.

Bei der Darstellung der in ein EDV-System zu übernehmenden Teilgebiete handelt es sich um die eigentliche Beschreibung der durchzuführenden Abläufe, welche die einzelnen Programme erfüllen müssen.

Dabei ist in Mindestanforderungen und spezielle Wünsche zu unterscheiden, die zwar für die Angebotseinholung in einzelnen Bereichen zusammengefaßt, aber bei der Bewertung und als Vertragsbestandteil gesondert betrachtet werden.

Die Teile Hardware und Software sowie Technischer Service und Sonstiges könnten zum Beispiel folgendermaßen aussehen.

Pflichtenheft (Auszug)

Wesentliche Punkte für die Systembeschaffung

I *Hardware-Angebot*
   1. Preis der Zentraleinheit
   2. Preis der Peripherie-Geräte
   3. Miet- bzw. Leasingsätze für
      – 12 Monate – 24 Monate – 60 Monate
   4. Wartungsvertrag – Kosten und Umfang
   5. Stundensätze bei Einzelreparaturen
   6. Garantiedauer und -umfang
   7. Sonstige Kosten (Transport, Installation, Versicherung)
II *Hardware-Beschreibung*
   1. Zugriffszeiten (Stellen, Byte, Wort)
   2. Anzahl, Art und Leistung der Kanäle
      – Magnetplatteneinheit (Kapazität/Laufwerk, mittlere Zugriffszeit)
      – Magnetbandeinheit (Schreibdichte, Aufzeichnungsverfahren)

- Drucker (Zeilen/Minute, Schreibstellen, Zeichenvorrat)
- Bildschirme (Zeilen/Bild, Zeichen/Zeile, Zeichenvorrat)
4. Ausbaumöglichkeit der Zentraleinheit
5. Ausbaumöglichkeit der Peripheriegeräte
6. Wieviele Programme können gleichzeitig im Hauptspeicher ablaufen?
7. Gibt es eine Prioritätenvergabe? Wieviele Prioritäten sind möglich?
8. Gibt es eine dynamische Speicherplatzverwaltung?
9. Klimaanlage?

III Software-Angebot
1. Preis für die Entwicklung der erforderlichen Anwender-Software
2. Kosten für Programm-Module, die eventuell zum Einsatz gelangen
3. Kosten für eventuell verwendbare Standard- oder Bibliotheksprogramme
4. Kosten pro Programmbefehl
5. Kosten pro Manntag, -monat bei Programmentwicklung
6. Änderungsdienst
7. Umfang und Kosten der Software-Wartung bei Abschluß eines entsprechenden Wartungsvertrages
8. Dauer der Software-Garantie

IV Technischer Service
1. Nächster Stützpunkt des technischen Kundendienstes
2. Ausweichmaschine?
3. 24-Stunden-Service? Kosten?
4. Wochenendservice? Kosten?
5. Installationspläne und Zusatzvorschriften

V Sonstiges
1. Ausbildung (Dauer und Kosten)
2. Einführung (Kosten pro Manntag)
3. Umstellungshilfen
4. Testzeiten (kostenfrei?, kostenpflichtig?)
5. Handbücher und sonstige Dokumentationen
6. Zahlungskonditionen und Lieferzeit

10.5 Ausschreibung und Auswahl

Die Ausschreibung

Im privatwirtschaftlichen Bereich haben sich große Unternehmen eigene Verfahren für die Ausschreibungen, die sie vornehmen, erarbeitet. Kleinere und mittelständische Unternehmen suchen sich bei der Ausarbeitung von Ausschreibungen, besonders wenn es um größere Objekte geht, Berater oder auch einen Rechtsbeistand.

Im öffentlichen Bereich gibt es für Ausschreibungen sogenannte Verdingungsordnungen für Leistungen, die im Bundesanzeiger veröffentlicht werden.

1. Öffentliche Ausschreibung

Bei ihr werden die Leistungen nach öffentlicher Aufforderung einer unbeschränkten Anzahl von Unternehmen zur Einreichung von Angeboten zugeschickt.

Üblicherweise sollte eine Öffentliche Ausschreibung bei den meisten staatlichen Projekten stattfinden, so daß jeder Interessent auch eine Chance hat, sich daran zu beteiligen.

2. Beschränkte Ausschreibung

Bei Beschränkter Ausschreibung werden Leistungen in einer beschränkten Zahl von Unternehmen zur Einreichung von Angeboten zugeschickt. Eine Beschränkte Ausschreibung soll jedoch nur stattfinden, wenn es um außergewöhnliche Fachkunde, Leistungsfähigkeit und Zuverlässigkeit geht, oder wenn die Beteiligung an einer Ausschreibung zu viel Aufwand verursachen würde bereits eine Öffentliche Ausschreibung erfolglos war oder z.B. auch aus Gründen der Geheimhaltung. In jedem Falle sollte versucht werden, bei der Beschränkten Ausschreibung vorher eine Beteiligung zur Aufforderung zu veröffentlichen.

3. Freihändige Vergabe

Die Freihändige Vergabe ist eine Vergabe ohne irgend ein Verfahren, das heißt ein Unternehmer erhält den Auftrag, ein Projekt durchzuführen. Diese Freihändige Vergabe kann auch vorher durch vorherige öffentliche Aufforderung zur Beteiligung angekündigt worden sein. Sie sollte nur dann stattfinden, wenn ganz besondere Gründe vorliegen, die es zwingend erforderlich machen, keine andere Art der Ausschreibung durchzuführen.

4. Inhalt einer Ausschreibung

Die Ausschreibung enthält unter anderem das Pflichtenheft, das zum Beispiel den Umfang der Leistungen beinhaltet.

○ Die Klärung der Frage, ob Unteraufträge vergeben werden dürfen
○ Ausführungsfristen
○ Anlieferungs- und Annahmestelle
○ Fragen zum Gefahrenübergang und
○ Fragen zur Haftung Vertragsstrafen
○ Hinweise zur Art der Prüfung
○ Hinweise zur Abnahme und zur Abrechnung
○ Hinweise zur Zahlung und zu
○ Sicherheitsleistungen
○ Gerichtsstand
○ Änderungen der Vertragspreise
○ Besonderheiten bei der Gewährleistung.

5. Versand der Unterlagen

Die Angebots-Unterlagen werden so versandt, daß für die Bearbeitung und Abgabe der Angebote ausreichende Zeit vorhanden ist.

Ausschreibung

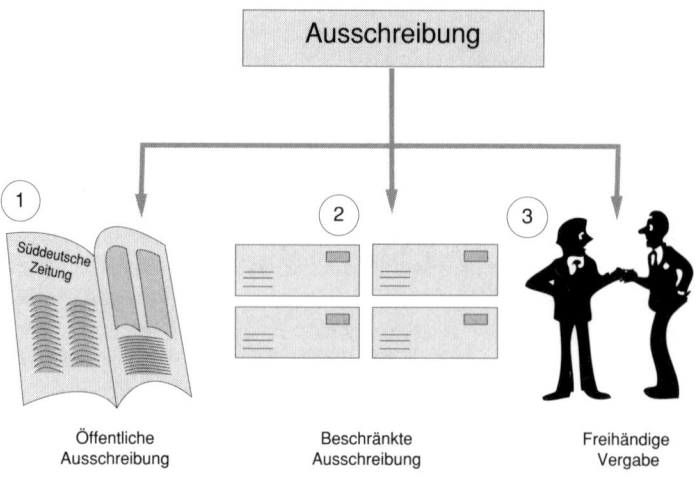

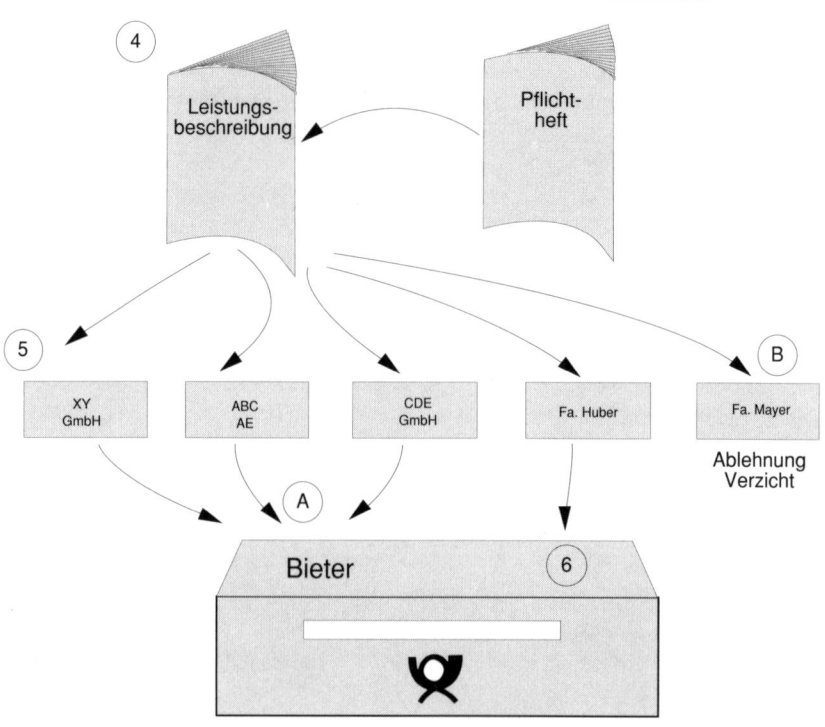

Abb.: Ausschreibung

Die Zuschlagsfrist beginnt mit dem Ablauf der Angebotsfrist. Der Bieter sollte bis zum Ablauf der Zuschlagsfrist an sein Angebot gebunden sein.

6. Angebotseingang

In der Praxis passiert es durchaus, daß einige Bieter anbieten, andere jedoch auf ein Angebot verzichten.

Das Angebot muß Preise und die sonstigen geforderten Angaben vollständig enthalten.

Angebote müssen rechtsverbindlich unterschrieben sein.

Änderungen und Ergänzungen an den Ausschreibungsunterlagen sind nicht zulässig.

Muster und Proben des Bieters müssen zum Angebot gehörig gekennzeichnet sein. Änderungsvorschläge müssen auf einer besonderen Anlage gemacht und als solche deutlich gekennzeichnet werden.

7. Bewertung und Auswahl

Nach Eingang sämtlicher Unterlagen bzw. nach Ablauf der Fristen kann der Ausschreibende zur Prüfung der Angebote bzw. zur Bewertung übergehen.

Die Auswahl

1. Angebote

Die Angebote werden entsprechend der Zahl der angeschriebenen Unternehmen und der Attraktivität der Ausschreibung in unterschiedlicher Zahl eintreffen. Der übliche Weg ist der Postweg, aber auch die Überbringung durch Boten ist möglich, wird jedoch bei staatlichen Ausschreibungen oft ausgeschlossen.

2. Ausschlußkriterien

Fehlen z.B. wesentliche Preisangaben, dann handelt es sich um ein Ausschlußkriterium. Zum Beispiel reicht es nicht, wenn bei einer Ausschreibung nur der Gesamtpreis angegeben wird.

Auch das Fehlen der Unterschrift ist ein Ausschlußkriterium.

Angebote mit Änderungen oder Ergänzungen in den Ausschreibungsunterlagen werden in jedem Fall bei staatlichen Ausschreibungen ausgeschlossen. Diese Änderungen können jedoch jederzeit als Zusatzangebot deutlich gemacht werden, gehören jedoch dann auch in den Anhang.

Ein weiteres Ausschlußkriterium ist der verspätete Eingang, es sei denn, die Umstände sind nicht vom Bieter zu vertreten. Andere Ausschlußkriterien sollen hier nicht genannt werden, vor allen Dingen privatwirtschaftliche Unternehmen können zusätzliche Ausschlußkriterien definieren.

3. Ausgewählte Angebote

Die übrig bleibenden Angebote gehören zu den ausgewählten Angeboten und werden einer weiteren Untersuchung unterzogen.

Auswahlverfahren

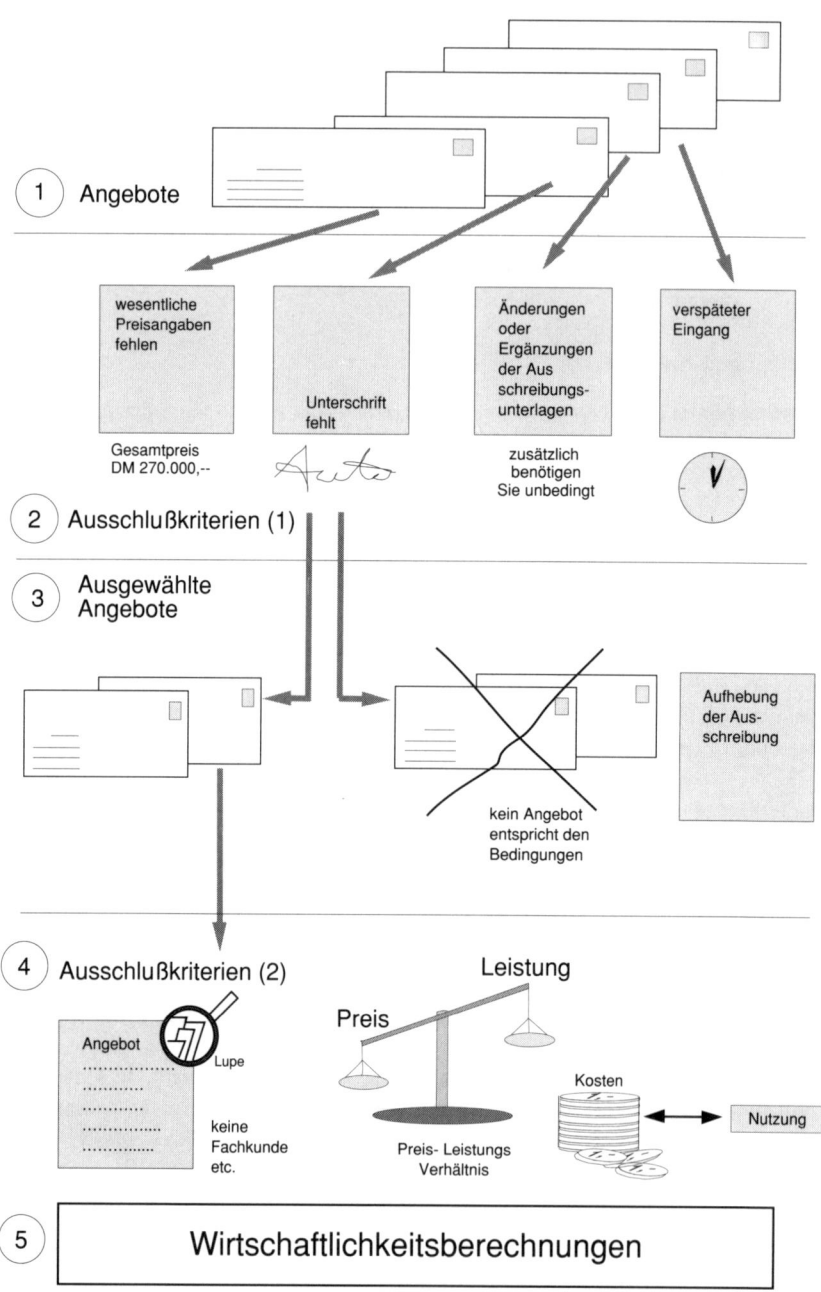

① Angebote

wesentliche Preisangaben fehlen	Unterschrift fehlt	Änderungen oder Ergänzungen der Aus schreibungsunterlagen	verspäteter Eingang
Gesamtpreis DM 270.000,--	*Auto*	zusätzlich benötigen Sie unbedingt	

② Ausschlußkriterien (1)

③ Ausgewählte Angebote

kein Angebot entspricht den Bedingungen

Aufhebung der Ausschreibung

④ Ausschlußkriterien (2)

Angebot
....
....
....
....
....

keine Fachkunde etc.

Lupe

Leistung

Preis

Preis- Leistungs Verhältnis

Kosten

Nutzung

⑤ Wirtschaftlichkeitsberechnungen

Abb.: Auswahlverfahren

278

Wenn kein Angebot den Bedingungen entspricht, dann kann die Ausschreibung aufgehoben oder aber auch wiederholt werden.

4. Ausschlußkriterien

Wird die Fachkunde des Bietenden angezweifelt oder ist die Leistungsfähigkeit in Zweifel gestellt, dann kann das ebenfalls ein Ausschlußkriterium sein. Auch die erwiesene Unzuverlässigkeit führt zum Ausschluß.

Wird bei genauerer Durchsicht festgestellt, daß das Preis-/Leistungs-Verhältnis nicht richtig ist, dann kann das ebenfalls zum Ausschluß führen.

Am wichtigsten ist natürlich die Wirtschaftlichkeitsberechnung, die besondere Verfahren erfordert. Sie erst wird bei sonst gleichen Angeboten zum Zuschlag führen.

5. Wirtschaftlichkeitsberechungen

Zwei Methoden der Wirtschaftlichkeitsberechnungen haben sich durchgesetzt. Einmal die

- direkte Wirtschaftlichkeitsberechnung, bei der es um Kosten und Nutzen geht, zum anderen die
- indirekte Wirtschaftlichkeitsberechnung, bei der der Nutzen verschiedener Neuerungen mit dem früheren Verfahren verglichen wird. Eine übersichtliche Darstellung zeigt die Nutzwertanalyse.

Die beiden Verfahren der Wirtschaftlichkeitsanalyse wurden im Zusammenhang mit der Erarbeitung der Rahmenkonzeption gezeigt.

10.6 Detail-Konzeption von EDV-Systemen

Es wurde bereits betont, daß der Anlaß zur Erarbeitung einer Konzeption eines zukünftigen EDV-Projektes einerseits in der Umstellung auf ein anderes Datenverarbeitungssystem, z.B. von einer konventionellen Buchungs- und Abrechnungsanlage auf eine elektronische Rechenanlage und andererseits in der Notwendigkeit bestehen kann, neue Arbeitsgebiete auf eine Datenverarbeitungsanlage zu übernehmen. In beiden Fällen soll die Konzeption erst nach sorgfältiger Beratung und nach einer *schriftlichen Fixierung* der *Aufgabenstellung* der zukünftigen Datenverarbeitungsprojekte erfolgen. In einem solchen Projektauftrag sollen möglichst exakt die Ziele des Projektes genannt werden. Bei einer Umstellung einer Fakturierung auf eine EDV-Anlage ist beispielsweise anzugeben, welche Auswertungen zu welchen *Zeitpunkten* erstellt werden sollen und welche *Vorteile* man sich gegenüber dem derzeitigen Verfahren verspricht. Nach Möglichkeit sollen auch noch folgende Punkte in dem Projektauftrag schriftlich fixiert werden:
- Termine für die Fertigstellung des Projektes;
- Verantwortlicher Projektleiter und Benennung des mit den Vorbereitungsarbeiten beauftragten Personals;

– Angabe spezifischer gesetzlicher oder innerbetrieblicher Richtlinien, die bei der Bearbeitung des Projektes unbedingt zu beachten sind;
– Angabe von Terminen, zu denen über den Fortschritt der durchzuführenden Arbeiten ein Zwischenbericht zu erstellen ist.

Vor der Inangriffnahme der Ausarbeitung einer Detail-Konzeption sollten die angefallenen Unterlagen vorliegen, um die Bedingungen und Anforderungen für das zukünftig zu gestaltende System präzise festzulegen.

Um einen Detailentwurf (bzw. eine Detail-Konzeption) für beispielsweise eine neue Lagerorganisation mit elektronischer Datenverarbeitung zu erhalten, muß der Organisator/Systemanalytiker aus dem Rahmenkonzept heraus an vielen kleinen Details arbeiten. Die Qualität seines Detailentwurfs hat in der Praxis einen großen Einfluß auf den Erfolg der Planung, der Einführung und späteren Nutzung des Systems.

Im Detailentwurf wird jetzt auch – was im Systementwurf (Grobkonzept) bisher nicht erfolgt ist – beschrieben, wie eventuell auftretende Sonderfälle zu behandeln und abzuwickeln sind.

Ausgehend von dem ermittelten Ist-Zustand des Lagers wird anhand von entwickelten oder bestehenden

a) Checklisten
b) Normen und Richtlinien,
c) Kalkulationen,
d) usw.

von allen Beteiligten vorausschauend das bisherige Rahmenkonzept verfeinert.

Hierzu gehören auch zukunftsorientierte Ansätze, wie

a) Fehleranalyse,
b) Entstehung neuer Rahmen- und Randbedingungen,
c) Lebens- oder Nutzungsdauer,
d) Auswirkungen auf Personal, Finanzen, Hilfsmittel usw.,
e) usw.

Folgendes ist zu beachten:

In die Detail-Konzeption sind alle Tätigkeiten und Aktivitäten der betroffenen Mitarbeiter aufzunehmen.

Eine Budgetplanung ist wichtig, um die Kosten kontrollieren zu können.

In einer Einsatz- und Terminplanung wird nach sachlichen und funktionalen Gesichtspunkten festgelegt, welche Verfahren in welcher Reihenfolge und zu welcher Zeit den Mitarbeitern zur Verfügung gestellt werden.

Sollten sich Ergänzungen zu der bereits durchgeführten Ist-Aufnahme ergeben, so müssen diese Ergänzungen in die Detail-Konzeption aufgenommen werden.

Es muß vom Organisator/Systemanalytiker eine Abschätzung darüber erstellt werden, ob mit dem neuen System zusätzliche Tätigkeiten anfallen oder ob weitere als die schon bekannten Tätigkeiten wegfallen.

Dem Entwurf des Datenflusses legen die an der Analyse beteiligten Personen Ausführungs-, Verarbeitungs- und Reihenfolgebedingungen zugrunde. Bei der geplanten EDV-Installation sind die Ein- und Ausgaben und Maßnahmen zum Datenschutz und zur Datensicherung zu beachten.

Der Datenfluß kann graphisch in einem Datenflußplan nach DIN 66 001 dargestellt werden.

Aus Gründen einer Einheitlichkeit, Übersichtlichkeit und einer rationellen Bearbeitung sollten auch Gestaltungsregeln für Formulare (für ein Lager zum Beispiel Lieferschein, Wareneingangs- und -ausgangsbelege usw.) aufgestellt werden.

Wichtig ist, daß die Dokumentation und die Handbücher inhaltlich mit der Verfahrensbeschreibung übereinstimmen. Sie sollen ein leicht handhabbares Nachschlagewerk für die Mitarbeiter im Lager später sein.

Wenn feststeht, wer welche Aufgaben in der Lagerverwaltung in Zukunft übernehmen wird, müssen die vorhandenen Stellenbeschreibungen und Arbeitsanweisungen entsprechend geändert bzw. ergänzt werden.

Mit der Aufstellung eines Schulungsplanes und der Information der betroffenen Mitarbeiter in den Abteilungen (Lager, Auftragsbearbeitung, Verkauf, Einkauf usw.) werden alle notwendigen Aktivitäten geplant, um die technische und organisatorische Umgebung zu schaffen, die das neue Verfahren im Praxisbetrieb benötigt.

Wenn die technisch-organisatorische Umgebung geschaffen ist, muß die Einweisung für die Mitarbeiter in den betroffenen Abteilungen in die neue Organisation erfolgen.

Mit der Präsentation des Detailentwurfes vor den Entscheidern des Unternehmens endet in der Regel der Planungsprozeß zur Einführung eines neuen Systems. Die Entscheider im Unternehmen (in der Regel die Geschäftsführung) entscheiden abschließend,

a) ob der Detailentwurf in der ausgearbeiteten Form oder mit verändertem Inhalt und Ablauf angenommen wird und

b) ob die Planung realisiert wird.

Einige Bereiche der Detail-Konzeption sollen exemplarisch aufgezeigt werden. Es handelt sich dabei um die
– Gestaltung der Ausgabe;
– Gestaltung der Eingabe;
– Gestaltung der Dateien;
– Gestaltung der Abläufe.

Wie aus dieser Darstellung ersichtlich ist, gehen alle Konzeptionsarbeiten von den gewünschten Ausgaben aus. Die Festlegung der Eingaben, der Dateien und der Abläufe stellen meist parallel ablaufende Vorgänge dar und sind zeitlich oftmals nicht exakt voneinander zu trennen.

Feinkonzept – Detailentwurf

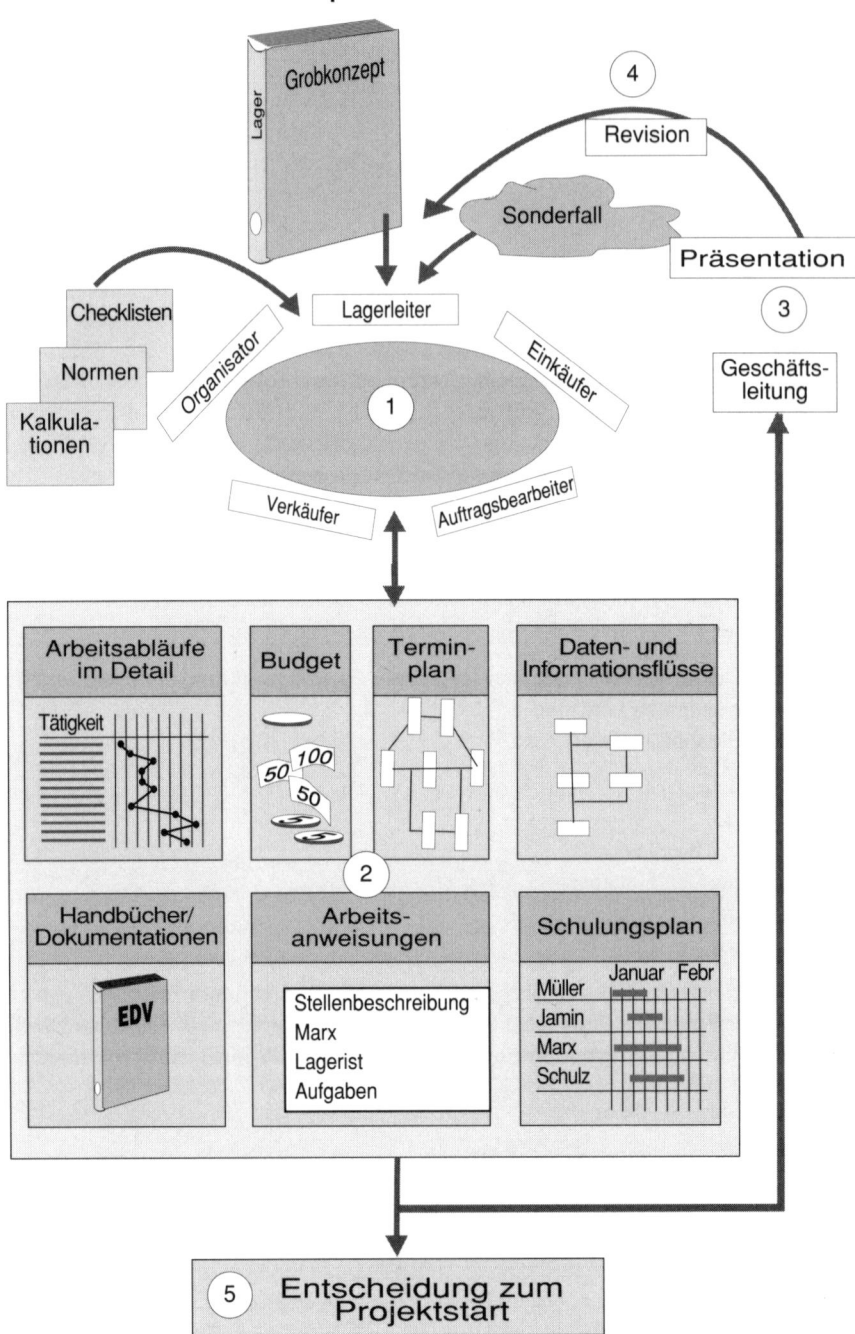

Abb.: Detail-Konzept/Lager

10.6.1 Gestaltung der Ausgabe

Die Ausgaben eines EDV-Systems stellen den Hauptkontakt zwischen den Benutzern und dem System dar. Die entsprechenden Entwürfe müssen deshalb mit den Empfängern besprochen und abgestimmt sein, bevor sie in endgültiger Form vorgelegt werden.

Die Gestaltung der Ausgaben kann wiederum in folgende Hauptabschnitte unterteilt werden:
- Festlegung des Ausgabeinhaltes nach einem Informationskatalog;
- Gestaltung der Ausgabevordrucke und Ausgabelistenbilder;
- Gestaltung der Ausgabedatenträger;
- Zeitliche und sachliche Informationsverteilung.

Die Festlegung des Ausgabeinhaltes basiert auf einem Informationskatalog, der im wesentlichen nach den sog. ,,5 großen W's" ausgerichtet ist. Dies bedeutet, daß zunächst folgende Fragen gestellt werden müssen:
- Welche Einzelinformationen werden von einem EDV-System gewünscht?
- Wer, d.h. welche Personen im Unternehmen wünschen diese Informationen?
- Wann, d.h. zu welchem Zeitpunkt werden die Informationen gewünscht?
- Wie, d.h. in welcher Form, z.B. auf Vordrucken oder auf Computerlisten, werden die Informationen gewünscht?
- Wozu, d.h. zu welchem Zweck werden die Informationen gewünscht?

Eine systematische Darstellung des Informationskataloges gibt nicht nur einen guten Überblick über die gewünschten Ausgabeergebnisse, sondern läßt auch erkennen, welche Personen oder Stellen im Unternehmen die gleichen Ausgabeergebnisse wünschen.

Von besonderer Bedeutung ist jedoch die Beantwortung der Frage ,,wozu", die in der Regel von der Unternehmensleitung oder von den verantwortlichen Dienststellen im Unternehmen zu beantworten ist. Auf der Grundlage des genehmigten Informationskataloges können dann die einzelnen Ausgabeergebnisse in detaillierter Form erarbeitet werden. Hierbei sollen sog. Basis- und Verdichtungsinformationen ersichtlich sein. Eine Verdichtungsinformation stellt beispielsweise die Summe der monatlichen Rechnungsausgänge dar, während die einzelnen Rechnungsbeträge als Basisinformationen zu bezeichnen sind.

Aus dem Informationskatalog kann eine sog. *Ausgabematrix* aller Einzelinformationen entwickelt werden, wobei zu beachten ist, daß die Ausgabeinformationen in detaillierter Form angegeben werden.

Bei der Gestaltung der Ausgabevordrucke und der Ausgabelistenbilder, bei letzteren handelt es sich um Blanko-Papier, muß das zukünftig gewünschte Druckbild zunächst einmal auf einem sog. *Formular-Entwurfsblatt* dargestellt werden, wie sie bei den einzelnen EDV-Herstellerfirmen vorhanden sind. Das Formular-Entwurfsblatt dient einerseits der Festlegung der einzelnen Druckstellen bei Listen und zum anderen als Unterlage für die Herstellung der Vordrucke.

Werden die Ausdrucksergebnisse nicht auf Vordrucke oder Listen, sondern auf Ausgabedatenträger gewünscht, so ist der Ausdruckinhalt entsprechend der gewünschten Datenträger festzulegen. Bei der Gestaltung von Eingabedatenträgern wird ein ähnliches Verfahren verwendet, das an dieser Stelle besprochen wird.

Bei der Festlegung der *zeitlichen* und *sachlichen Informationsverteilung* sollen im wesentlichen Überlegungen darüber angestellt werden, zu welchem Zeitpunkt die gewünschten Ausgabeergebnisse vorliegen und wann deshalb die entsprechenden Programmabläufe erfolgen müssen. Außerdem sind entsprechende Maßnahmen zu treffen, damit nur die autorisierten Empfänger die für sie vorgesehenen Informationen erhalten.

10.6.2 Gestaltung der Eingabe

Da von einem EDV-System im Grunde genommen nur Ausgabe-Ergebnisse gewonnen werden können, wenn entsprechende Eingaben getätigt werden, kann die Ausgabematrix zu einer Eingabematrix umgestaltet werden. Da nun die Ausgabe festliegt, ist zu klären, auf welche Weise die erforderlichen Daten bereitgestellt und eingegeben werden können.

Die Gestaltung der Eingabe gliedert sich wiederum in einige Teilbereiche, von denen die wichtigsten wie folgt bezeichnet werden können:
- Festlegung des Eingabeinhaltes;
- Auswahl der geeigneten Eingabemöglichkeiten;
- Gestaltung der Datenerfassungsbelege;
- Gestaltung der Eingabedatenträger.

Aus der Darstellung der Ausgaben ergeben sich schon in etwa die notwendigen Eingabedaten. Der Systemanalytiker muß im wesentlichen den *detaillierten Inhalt* der Eingabedaten, also zum Beispiel Konto-Nummer, Kontenbezeichnung, Buchungstag, Kostenstelle usw. festlegen. Darüber hinaus sind Angaben über den Entstehungsort der Eingabedaten, über den Beleg, auf dem die Eingabedaten niedergelegt sind sowie entsprechende Verarbeitungs- und Datenhinweise zu machen.

Bei der Gestaltung der Eingabedaten ist nochmals zu überprüfen, welche der verschiedenen Eingabemöglichkeiten für das zu bearbeitende Einsatzgebiet in Frage kommen. Hierbei sind entsprechende Überlegungen über Sicherheit der Eingabe, Geschwindigkeit der Datenerfassung, Geschwindigkeit der direkten Maschineneingabe und über spezifische Sicherheitsfaktoren anzustellen. Nach Möglichkeit sollte ein einfaches Verfahren zur Datenerfassung und Datensammlung in Einklang gebracht werden mit der Notwendigkeit, dem Computer Daten zu liefern, die in einer annehmbaren Form und Reihenfolge anfallen.

Von ganz besonderer Bedeutung ist die Gestaltung der *Datenerfassungsbelege*, d.h. also derjenigen Belege, von denen die Daten auf Datenträger übernommen werden. Nach wie vor gilt der Grundsatz, daß möglichst von den Urbelegen erfaßt werden soll. In vielen Fällen ist dies jedoch aus verschiedensten Gründen nicht möglich, so daß eigene Datenerfassungsbelege gestaltet werden müssen.

Bei der Gestaltung von Datenerfassungsbelegen sind eine Reihe von Grundsätzen zu beachten, wie z.B., daß die Reihenfolge der zu erfassenden Daten auf dem Datenerfassungsbeleg mit der Folge des Eintastens bei der Datenerfassung übereinstimmt. Darüber hinaus sollen die einzelnen Stellen und Felder auf einem Datenerfassungsbeleg entsprechend der Reihenfolge der Erfassung numeriert sein. Desweiteren gilt ein Großteil der Grundsätze für die Gestaltung eines guten Vordruckwesens auch für die Gestaltung von Datenerfassungsbelegen.

Je nach der gewählten Form der Dateneingabe sind die Eingabedatenträger entsprechend zu gestalten. Ähnliches gilt für die Gestaltung von Datensätzen auf Magnetbändern oder Magnetplatten.

```
┌──────────────────────────────────────────────────┐
│  Pers.-Nr.        _____                         │
│                                                    │
│  Name          _____   │
│                                                    │
│  Vorname       _____   │
│                                                    │
│  PLZ           _____                          │
│                                                    │
│  Wohnort       _____   │
│                                                    │
│  Geb. Datum _____                           │
│                                                    │
│  Geburtsort    _____   │
│                                                    │
│  Beruf         _____   │
│                                                    │
│  Eintritt       _____                         │
│                                                    │
│  Tätigkeit     _____   │
│                                                    │
│  Kostenstelle _____                             │
│                                                    │
│  Gehalt         _____                 │
│                                                    │
│  Hilfsmeldungen zur Eingabe                        │
└──────────────────────────────────────────────────┘
```

Abb. 95: Bildschirm zur Datenerfassung

Neben den genannten Maßnahmen zur Eingabegestaltung sind noch andere Punkte, wie z.B. Erarbeitung von geeigneten Schlüsselsystemen, Schaffung von *Sicherungsvorkehrungen* für die Dateneingabe, Schaffung von *Abstellplätzen* für die zu lagernden Datenträger usw. zu beachten.

10.6.3 Gestaltung der Dateien

Die Verwendung umfangreicher Dateien ist ein wesentliches Merkmal leistungsfähiger EDV-Konfigurationen. Die Art, mit der auf eine Datei *Bezug genommen werden kann,* bestimmt sich im wesentlichen nach der Art des Speichermediums, nach der Organisation der Sätze innerhalb der Datei und nach Feldern innerhalb eines Satzes. Eine Datei selbst besteht in der Regel aus einer sehr großen Anzahl von Datensätzen, die nach bestimmten logischen Merkmalen gebildet wird. Während zum Beispiel eine Artikeldatei alle Artikel eines Unternehmens umfaßt, enthält der Artikel-Stammsatz alle Daten, die einen einzelnen Artikel spezifizieren, wie z.B. Satzart, Artikel-Nummer, Artikel-Bezeichnung, Artikel-Bestand nach Mengen und Wert usw. Grundsätzlich sind die einzelnen Sätze innerhalb einer Datei nach gleichen Kriterien aufgebaut und beanspruchen einen bestimmten Platz, z.B. 400 Bytes. Die einzelnen Datensätze wiederum sind in sog. Felder unterteilt, die man mit den früher verwendeten Lochkartenfeldern vergleichen kann.

Da die in den Dateien enthaltenen Daten ständigen Änderungen unterliegen, muß die Dateiverwaltung und Dateipflege besonders organisiert sein. Bei der Umstellung eines Arbeitsgebietes müssen die benötigten Dateien auf dem neuesten Stand sein.

Zwei Begriffe einer Datei sind von Bedeutung, und zwar *Residenz* und *Organisation*.

Unter *Residenz* versteht man den Datenträger, auf dem Daten gespeichert worden sind. Bei der Auswahl des externen Speichers muß die *Organisation* betrachtet werden. Unter Organisation ist die Zugriffsmethode bzw. das Zugriffsverfahren zu verstehen, mit denen zu einem Datensatz zugegriffen werden kann. Bei den Zugriffsmethoden wird entweder jeweils ein Satz im Arbeitsspeicher zur Verfügung gestellt oder der im Speicher verarbeitete Satz auf den externen Speicher übertragen. Dazu gehören bei den Standardoperationen meist noch Sonderfunktionen z.B. die Steuerung des Zugriffsarms bei der Platte, das Vor- bzw. Zurücksetzen eines Magnetbandes.

Der Anwender wählt je nach seinen Wünschen eine Organisation und die dazugehörige Zugriffsmethode. Diese Wahl hängt jedoch auch von den physikalischen Besonderheiten des entsprechenden Datenträgers ab, da mit verschiedenen Datenträgern häufig auch verschiedene Organisationsformen der Dateien und damit der Datenstruktur vorgegeben sind.

Bei der Auswahl von Verarbeitungs- und Speicherformen bzw. deren Organisation muß besonders auf folgende Punkte geachtet werden.

- *Bewegungshäufigkeit*, das bedeutet, wie oft wird zu den einzelnen Datensätzen zugegriffen? Wie oft werden sie ihrem Inhalt nach verändert?
- *Veränderungshäufigkeit*, d.h. wie häufig kommen neue Datensätze hinzu und wie häufig werden Datensätze aus der Datei gestrichen?
- *Umfang*, d.h., welchen Umfang hat die gesamte Datei? Wichtig ist jedoch auch die Frage nach dem Speichervolumen, das ständig im Zugriff sein muß.
- *Einsatzhäufigkeit*, die Art des Datenträgers hängt auch von der Häufigkeit der Benutzung ab.
- *Aktualität*; es muß festgestellt werden, wie aktuell die Daten sein müssen.
- *Erweiterung*; es ist zu überprüfen, in welchem Umfang die Datei in den nächsten Jahren ausgeweitet werden muß.

Bei der Organisation des externen Speichers muß zusätzlich beachtet werden, daß die Zahl der Zugriffe möglichst gering zu halten ist, freie Speicherplätze vermieden werden und genügend Platz für die Sicherung bzw. für das spätere Auffinden der Daten gelassen wird. Die Firma *IBM* hat in ihrem Organisationshandbuch folgende Checkliste zur Überprüfung der Dateiorganisation vorgeschlagen, die auch heute noch in den wesentlichen Punkten aktuell ist:

- Welchem Zweck soll die Datei dienen? Kurze schriftliche Beschreibung.
- Wie oft wird die Datei in Anspruch genommen?
- Wie oft muß zu den Daten zugegriffen werden?
- Wie können die Daten adressiert werden?
- Wie ist der Ordnungsnummernkreis organisiert?
- Fallen Zu- und Abgänge an?
- In welcher Zeit fallen wieviele Zu- und Abgänge an?
- Welche Daten *müssen* gespeichert werden?
- Wie werden die Daten dargestellt?
- Welche Daten bilden einen Satz?

- Welches Format hat dieser Satz?
- Welche Sätze können geblockt werden?
- Welches ist die optimale Anzahl der Sätze je Block?
- Wieviele Stellen innerhalb eines Satzes oder Blocks werden als Reserve vorgegeben?
- Welche Daten, Sätze, Blöcke bilden eine Datei?
- Wie ist die Datei sortiert?
- Muß die Datei für andere Arbeiten umsortiert werden?
- Wie groß ist der Speicherbedarf für die Datei?
- Wieviel Reserve-Speicherplatz muß vorgesehen werden?
- Welche externen Speichermedien stehen zur Verfügung?
- Welches Speichermedium ist für die gegebene Datei das geeignetste?
- Wie werden die Daten gesichert?
- Wie ist die Rekonstruktion der Datei möglich?
- Welche Daten sind insgesamt geplant?
- Auf welchen Speichermedien werden die Dateien gespeichert?
- Welche Dateien werden gleichzeitig gebraucht?
- Wie müssen diese Daten auf die Speichermedien verteilt werden, um optimal arbeiten zu können?
- Wie ist die Regenerierung der Datei möglich?

In der Praxis wird meist nur zwischen zwei *grundsätzlichen* Speicherungsformen unterschieden, der sequentiellen und der direkten Form.

Damit werden die echten Vorgänge innerhalb von Dateien bzw. ihrer Verarbeitung jedoch stark vereinfacht.

Nach Wedekind unterscheidet man vier klassische Speicherstrukturen. Dabei handelt es sich um die
- cartesischen Strukturen
- String-Strukturen
- gestreute Strukturen
- komplexe Strukturen.

Im folgenden Abschnitt sollen diese Strukturen, die im herkömmmlichen Sinn auch als Zugriffsverfahren bezeichnet werden, kurz dargestellt werden.

Cartesische Strukturen

Diese Datenstruktur ist nichts anderes als eine sequentielle Struktur von Daten. Dabei ist das Kriterium, daß die Daten in physischer Nachbarschaft liegen, also aufeinander folgen. Der Speicherplatzbedarf ist festgelegt.

String-Strukturen

Auch hier handelt es sich um eine sequentielle Speicherungsform. Der Speicherplatz ist jedoch nicht festgelegt, so daß die Probleme des Überlaufs oder der Platzverschwendung nicht bei dieser Speicherungsform auftreten. Das Auffinden von Daten geschieht mit Hilfe eines Zeigers. Er weist auf die Elemente hin und gibt den logischen Zusammenhang.

Gestreute Strukturen

Bei dieser Datenstruktur sind die Daten weder in einer sortierten Reihenfolge gespeichert, noch über einen Zeiger miteinander verknüpft. Vielmehr sind sie nach außen hin „ohne System" auf dem Datenträger gespeichert.

Zur Auffindung der Daten kann jedoch ein Schlüsselfeld angesprochen werden, das z.B. jedem Datensatz vorangestellt ist, oder ein Umrechnungsverfahren benutzt werden.

Invertierte Strukturen. Innerhalb der gestreuten Strukturen gibt es Verfahren, die den Anforderungen von Datenbanksystemen gerecht werden, die *invertierten Strukturen*. Bei den gestreuten Strukturen handelt es sich bereits um ein Zugriffsverfahren, bei dem der Inhalt wichtig ist, um die Adresse herauszufinden.

Der Nachteil des oben genannten Verfahrens ist jedoch die Schwierigkeit, nach verschiedenen *Kriterien* innerhalb eines Datenfeldes zuzugreifen. Bei invertierten Strukturen wird eine große Anzahl von Hilfsdaten benötigt, die im Arbeitsspeicher oder auf einem Datenträger sofort griffbereit sein müssen. Der Datensatz kann im Extremfall nur noch aus Schlüsseln bestehen.

Komplexe Strukturen

Ihre Besonderheit liegt in der Benutzung von mehreren Zeigern. Aus diesem Grunde sind diese Strukturen die Basis für Datenbanken. Der Zugriff kann gut über Schlüssel durchgeführt werden. Eine Verknüpfung von Datenelementen ist geradezu typisch für komplexe Strukturen. Eine Zentralisation der Datenspeicherung ist sinnvoll.

Datenverdichtung

Zur Beurteilung der Speichermethode ist der benötigte Speicherbedarf von entscheidender Bedeutung. Er wurde bei der Ist-Aufnahme der Daten und Dateien festgestellt.

Meist wurde bei gewachsenen Dateien, die noch aus den Ursprüngen der Lochkartentechnik entstanden sind, keine besonderen Methoden angewandt, um den Speicherbedarf zu verringern.

Eine Verschlüsselung der Daten führt unter bestimmten Voraussetzungen nicht zu den gewünschten Ergebnissen. Wedekind weist in seinem Buch „Systemanalyse" auf drei Methoden der Datenverdichtung hin, nämlich die
– Datenkompression durch Tabellen.
– Datenkompression durch Algorithmen.
– Datenkompression durch Einführung einer variablen Satzlänge.

Mit Hilfe dieser Methoden kann in besonderen Fällen bis zu 80 % des bisher vorgesehenen Speicherplatzes gespart werden.

Dateiverwaltung

Die Dateiverwaltung wird zum überwiegenden Teil von Programmen übernommen. Das ist vor allen Dingen dann eine Selbstverständlichkeit, wenn es sich um moderne Mehrbenutzersysteme handelt, bei denen der Benutzer weder organisatorisch noch räumlich die Möglichkeit hat, seine Datenspeicher selbst zu verwalten. Grundsätzlich gehören folgende Verwaltungsarbeiten zur Dateiverwaltung:

- Einrichtung einer Datei,
- Kontrolle der Zugriffs- bzw. des Berechtigungsnachweises,
- Katalogisierung der Dateien auf zentralen Speichern, damit die Datei lokalisiert werden kann,
- Kontrolle des Freigabedatums zur Freigabe und Wiederbenutzung des Datenträgers,
- Löschen der Datei.

Die Dateiverwaltungsprogramme gehören mit zum Betriebssystem und können daher innerhalb der vom Hersteller angebotenen Software bezogen werden. Das neue Datenschutzgesetz erfordert sowohl vom Softwarehersteller als auch vom Anwender eine Überarbeitung und Verbesserung der Dateiverwaltung.

Lfd. Nr.	Bezeichnung	Herkunft		Datenart		Datenform				ANZ Stellen	ANZ Bytes
		E	P	N	AN	U	P	A	B		
1	Sachnummer		x	x			x			8	} 6
2	Variantennummer		x	x			x			2	
3	Auftragsnummer		x	x			x			5	3
4	Auftragsschlüssel		x	x		x				1	1
5	Verfügbarkeitstermin		x	x			x			3	2
6	Soll-Liefertermin		x	x			x			3	2
7	Bestätigter Liefertermin		x	x			x			3	2
8	Bestelldatum		x	x			x			3	2
9	Auftragsmenge		x	x			x			7	4
10	Soll-Menge		x	x			x			7	4
11	Mengeneinheit		x	x		x				1	1
12	Mengenbasis		x	x		x				1	1
13	Abruf-Teilmenge		x	x			x			7	4
14	Gelieferte Menge		x	x			x			7	4
15	Anzahl der Liefermengen		x	x		x				2	2
16	Datum der letzten Lieferung		x	x			x			3	2
17	Datum der Erinnerung		x	x			x			3	2
18	Lieferantennummer		x		x	x				5	5
19	Lieferpreis		x	x			x			7	4
20	Mengenbasis zum Lieferpreis		x	x		x				1	1
21	Sachbearbeiter Schlüssel		x	x		x				1	1
22	Lagerort		x		x	x				5	5
	(Frei)										7
	Satzlänge										65

Herkunft
E = Daten resultieren aus externen Eingaben
P = Daten werden programmtechnisch ermittelt

Datenart
N = numerisch
AN = alphanumerisch

Datenform
U = ungepackt
P = gepackt
A = Plattenadresse
B = binär

Abb. 96: Beispiel für den Aufbau eines Datensatzes über Bestellungen

10.6.4 Gestaltung der Abläufe

Der Entwurf der Datenverarbeitungsabläufe erfordert einige Erfahrung und eine Zusammenarbeit zwischen Systemanalytiker und Programmierer. Er beschäftigt sich im wesentlichen mit der *logischen Reihenfolge* der durchzuführenden manuellen und automatisierten Arbeiten, mit ihrer Aufgliederung in einzelne Maschinendurchläufe sowie mit der Darstellung der erforderlichen Verarbeitungsregeln.

Der Entwurf der Verarbeitungsabläufe selbst erfolgt in der Regel in mehreren Phasen. Zunächst erstellt man einen sog. *Grob-Ablaufplan*, der den Datenverarbeitungsablauf in seinen Grundzügen aufzeigt. Diese Grobdarstellung kann dann in detaillierte *Einzelarbeitsabläufe* aufgeteilt werden, die nach Maschinendurchläufen bzw. Verarbeitungsperioden gegliedert werden können.

Ein Hilfsmittel zur Darstellung der Datenverarbeitungsabläufe sind die sog. Datenflußpläne. Sie zeigen den Fluß der Daten durch ein informationsverarbeitendes System und bestehen im wesentlichen aus genormten Sinnbildern für das Bearbeiten, für die Datenträger sowie aus Sinnbildern für Flußlinien. Datenflußpläne dürfen nicht mit sog. Programmablaufplänen verwechselt werden; darauf wurde bereits hingewiesen. Grundsätzlich ist es auch möglich, sog. *Ein-/Ausgabediagramme zu verwenden.*

10.7 Programmvorgabe

Als Ergebnis aller systemanalytischen Arbeiten kann die Erstellung einer sog. *Programmvorgabe* bezeichnet werden. Diese ist vor allen Dingen dann notwendig, wenn in einem Unternehmen eine strikte Aufgabenabgrenzung zwischen Systemanalytiker und Programmierer gegeben ist. Ist dies nicht der Fall, d.h. arbeiten Systemanalytiker und Programmierer bereits im Rahmen der Systemanalyse zusammen oder wenn, vor allen Dingen bei kleineren Betrieben, systemanalytische und programmtechnische Arbeiten in einer Person vereinigt sind, so kann auf eine eigentliche Programmvorgabe verzichtet werden. In solchen Fällen münden die spezifischen systemanalytischen Arbeiten unmittelbar in die Programmiertätigkeit ein.

Als Programmvorgabe kann man eine detaillierte Zusammenstellung der während der Systemanalyse erstellten Unterlagen verstehen, die als Ausgangspunkte für die Programmierung dienen. Die Programmvorgabe stellt also die gesamte Soll-Konzeption dar, die nun in Programmiersprachen umgesetzt wird. Es ist eigentlich einleuchtend, daß eine solche Programmiervorgabe peinlich genau erstellt und eindeutig sein muß, da sie das Verbindungsglied zwischen Systemanalytiker und Programmierer darstellt.

In den einzelnen Betrieben sind verschiedene Formen der Programmvorgaben üblich. Sie hängen zum Teil auch von den einzelnen Maschinentypen ab, auf denen die konzipierten Datenverarbeitungsverfahren ablaufen sollen. Grundsätzlich beinhaltet eine Programmvorgabe alle die Punkte, die als systemanalystische Arbeiten im Rahmen des Entwurfs der Soll-Konzeption genannt wurden. Schon aus diesem Grunde ist es wichtig, all die hierbei erarbeiteten Ergebnisse in schriftlicher Form niederzulegen, so daß sie ohne Schwierigkeiten zu einer Programmvorgabe zusammengefaßt werden können.

Auf der Grundlage der Programmvorgabe erfolgt die Durchführung der Programmierung und das Austesten der entsprechenden Programme.

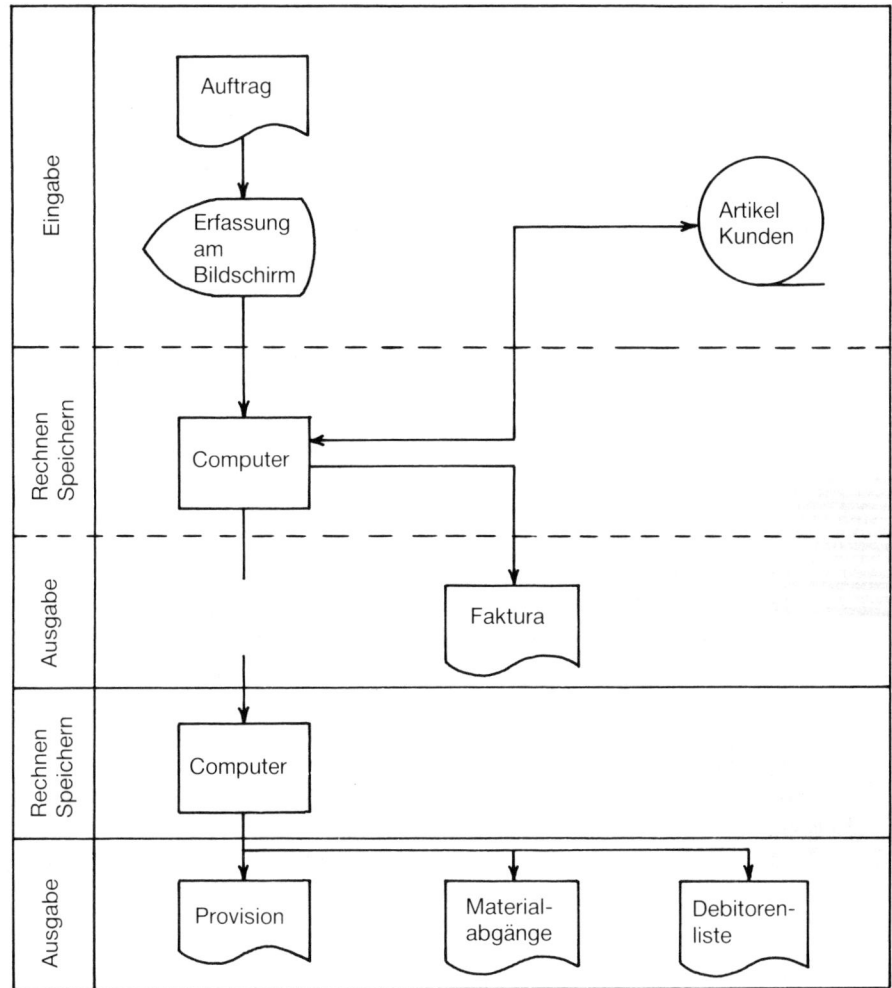

Abb. 97: Programm für Fakturierung und Verkaufsabrechnung (Ein- und Ausgabediagramm)

10.8 Umstellung

Auf der Grundlage der ausgetesteten Programme kann die Einführung eines neuen Datenverarbeitungsverfahrens erfolgen. Die *Umstellung* als solche muß sorgfältig vorbereitet sein und nach Möglichkeit auf der Grundlage eines Umstellungsplanes erfolgen, der nicht nur die notwendigen Umstellungsvorbereitungen, sondern auch Rangfolge und Termine sowie die eigentlichen Umstellungsmaßnahmen beinhaltet.

Zu den vorbereitenden *Umstellungsmaßnahmen* gehören beispielsweise Auswahl bzw. Schulung des Personals, Raumplanung, Druck der benötigten Formulare, Ausarbeitung von entsprechenden Bedienungs- und Programmhandbüchern usw.

Besonders der Schulung des Personals ist bei der Neueinführung von Datenverarbeitungssystemen besondere Beachtung zu schenken. Sie kann sich nicht nur auf die Schulung des spezifischen Datenverarbeitungspersonals, sondern auch auf die Schulung der Mitarbeiter in den entsprechenden Benutzerabteilungen, für die zukünftig Datenverarbeitungsabläufe durchgeführt werden, beziehen. Art und Intensität der Schulungsmaßnahmen richten sich u.a. auch nach dem Stand der Datenverarbeitung, die ein Betrieb erreicht hat. Bei Neuinstallation wird in der Regel ein umfangreicherer Schulungsaufwand notwendig sein als bei der stufenweisen Übertragung einzelner Arbeitsgebiete auf eine bereits seit längerer Zeit vorhandene Datenverarbeitungsanlage.

Die eigentliche Umstellung des neu konzipierten Arbeitsgebietes beginnt in der Regel mit einem Übertrag der bisher vorhandenen Dateien. Will man beispielsweise eine Anlagenbuchhaltung mit Hilfe einer EDV-Anlage durchführen, so ist es zunächst einmal notwendig, den bisherigen Dateibestand, d.h. die in den zurückliegenden Zeiten angefallenen Ergebnisse der Anlagenbuchhaltung auf das System zu übertragen. Zu diesem Zweck ist es manchmal erforderlich, den alten Datenbestand auf eigene Dateiumstellungsbelege zu übernehmen, die vor ihrer Eingabe in das Datenverarbeitungssystem sorgfältig überprüft werden müssen, damit nicht von vornherein entsprechende fehlerhafte Daten eingegeben werden können.

In der Regel erfordert die Umstellung der Dateien auf ein neu konzipiertes Verfahren einen ganz erheblichen Zeitaufwand, der vielfach in den einzelnen Betrieben Schwierigkeiten verursacht. Aufgabe des Systemanalytikers hierbei ist es, alle Umstellungsarbeiten zu koordinieren, evtl. auftretende Fehler zu beseitigen und enge Verbindung zwischen den Benutzerabteilungen und den Datenverarbeitungsstellen zu halten.

Die Umstellung selbst kann auf verschiedene Art und Weise erfolgen. Man kann das neue Datenverarbeitungsverfahren zunächst einmal versuchsweise oder gleich voll anwenden. Bei verschiedenen Arbeitsgebieten, z.B. der Lohn- und Gehaltsbuchhaltung ist es oftmals auch ratsam, sog. *Parallelläufe* durchzuführen, d.h. die Lohn- und Gehaltsbuchhaltung sowohl nach den bisher verwendeten Verfahren als auch nach dem neu konzipierten Datenverarbeitungsverfahren ablaufen zu lassen, wobei die bei beiden Verfahren erzielten Ergebnisse sorgfältig zu überprüfen sind.

Die Entscheidung, welches Umstellungsverfahren angewendet wird, hängt nicht nur von der Qualität der systemanalytischen und programmtechnischen Vorbereitungsarbeiten, sondern auch vielfach von der Bedeutung des umzustellenden Arbeitsgebietes ab. Als Faustregel kann man sagen, daß Arbeiten aus dem Rechnungswesen in der Regel nicht direkt, sondern entweder versuchsweise oder in Parallelläufen umgestellt werden sollen, um jedes Fehlerrisiko auszuschalten.

Strategie Charakteristika	nach Datenfluß	nach Schwierigkeits- grad	nach Maschinenaus- lastung
Methode	Beginn der Arbeit bei d. Quelle des Daten- flusses, schrittweises Weitergehen	leichte Auf- gaben zuerst, schwere später	zeitlich lange Aufgaben zuerst
Vorteile	Systematik	schnell brauch- bare Ergebnisse	schnelle Maschinenaus- lastung
Nachteile	relativ spät brauch- bare Ar- beitsergeb- nisse	unsystematisch, nachträgliche Änderungen notwendig	unsystematisch, Änderungen später erfor- derlich

Abb. 98: Umstellungsmethoden

10.9 Dokumentation

Die systemanalytischen Arbeiten beinhalten auch die Ausarbeitung und Zusammenstellung der sog. Dokumentation.

Unter einer Dokumentation versteht man die systematische Kodifizierung und Zusammenfassung von Unterlagen wie z.B. Bedienungsanweisungen, Dateibeschreibungen usw., die geeignet sind, einem sachverständigen Dritten in angemessener Zeit einen detaillierten Einblick in Aufbau und Ablauf eines DV-Verfahrens für ein bestimmtes DV-Anwendungsgebiet zu ermöglichen.

Die Dokumentation soll das neu konzipierte und in Anwendung befindliche Datenverarbeitungsverfahren beschreiben. Sie soll jederzeit umfassende und aktuelle Auskünfte über die Wirkungsweise eines in Anwendung befindlichen Datenverarbeitungssystems geben.

Eine Dokumentation soll darüberhinaus auch die Beweiskraft für den ordnungsgemäßen Ablauf und die ordnungsgemäße Arbeitsweise eines Programmes in der Vergangenheit darstellen.

Eine ausreichende Dokumentation ist ein notwendiger Bestandteil eines jeden DV-Systems, unabhängig davon, welche Anwendungsgebiete es betrifft.

Die Unternehmensleitung bedarf der Dokumentation, um gegebenenfalls die Richtigkeit der aus den einzelnen DV-Anwendungsgebieten stammenden Ergebnisse und Informationen nachvollziehen zu lassen.

Für interne und externe Revisionsorgane, wie z.B. interne Revision, Wirtschaftsprüfer, vereidigte Buchprüfer usw. ist eine umfassende Dokumentation eine unabdingbare Voraussetzung, um ihre Revisionsaufgaben erfüllen zu können.

Die Mitarbeiter aus dem Datenverarbeitungsbereich sowie aus den DV-anwendenden Fachabteilungen bedürfen aus vielerlei Gründen einer aussagefähigen Dokumentation. So z.B. um DV-Abläufe richtig steuern und bedienen zu können, als Nachschlagewerk über das eingesetzte DV-System, zur Durchführung der Pflege von Programmen usw.

Die Dokumentation soll sowohl der Verständigung zwischen Programmierern und Anwendern als auch zwischen DV-Spezialisten untereinander dienen.

Eine umfassende und aktuelle Dokumentation erleichtert auch die Einarbeitung neuer Mitarbeiter und verhindert die Konzentration des „Programmwissens" auf eine Person.

Für computergestützte Buchführungen im weiteren Sinne ist eine Dokumentation zwingend vorgeschrieben.

Nach den Grundsätzen ordnungsmäßiger Speicherbuchführung (GoS) muß die Verfahrensdokumentation nach Umfang und Form so gestaltet werden, daß sie es einem sachverständigen Dritten ermöglicht, neben der Einzelfallprüfung auch eine Verfahrensprüfung vorzunehmen. Eine Buchführung wäre nicht ordnungsgemäß, wenn die erforderliche Dokumentation fehlt.

In Abschnitt 29 der Einkommensteuerrichtlinien 1987 wird u.a. auf die GoS verwiesen und erwähnt, daß den dort niedergelegten allgemeinen Anforderungen an die Dokumentation und Prüfbarkeit eine grundsätzliche Bedeutung für jede Buchführung auf Datenträgern zukommt.

In dem vom Fachausschuß für moderne Abrechnungssysteme erarbeiteten „Grundsätze ordnungsmäßiger Buchführung bei computergestützten Verfahren und deren Prüfung" (FAMA 1/1987) wird u.a. festgestellt, daß der Aufbau und die Pflege der zum Verständnis der Buchführung erforderlichen Dokumentation zu einer unabdingbaren Voraussetzung zur Erfüllung der Grundsätze ordnungsmäßiger Buchführung (GoB) wird.

Die GoB verlangen danach eine Dokumentation, deren Umfang und Detaillierungsgrad davon abhängig ist, inwieweit die ausgedruckte Buchführung aus sich heraus verständlich ist.

Die Verfahrensdokumentation gehört, soweit sie zum Verständnis der Buchführung erforderlich ist, zu den Arbeitsanweisungen und sonstigen Unterlagen nach § 257 Abs. 1 Nr. 1 HGB bzw. § 147 Abs. 1 Nr. 1 AO und ist 10 Jahre aufzubewahren.

Zwischenzeitlich liegen mehrere Gerichtsurteile vor, die den Bereich der Dokumentation betreffen.

Die Grundaussage der entsprechenden Urteile läßt sich derart zusammenfassen, daß das Vorhandensein einer aussagefähigen Dokumentation für Anwenderprogramme als unabdingbar angesehen wird.

Fehlt die Dokumentation oder ist sie von erheblicher Fehlerhaftigkeit, so wurde dem Anwender in verschiedenen Urteilen das Recht zugestanden, das entsprechende Programm und u.U. sogar eine mit der Anwendersoftware gekaufte Hardware zurückzugeben.

Ergänzend sei erwähnt, daß die Notwendigkeit einer Dokumentation auch aus dem Bundesdatenschutzgesetz abgeleitet werden kann.

Eine der gesetzlich vorgeschriebenen Aufgaben eines Datenschutzbeauftragten ist die Überwachung der ordnungsgemäßen Anwendung der Programme, mit deren Hilfe personenbezogene Daten verarbeitet werden.

Zur Erfüllung dieser Aufgabe benötigt der Datenschutzbeauftragte jedoch eine aussagefähige Dokumentation.

Über Inhalt und erforderlichen Umfang einer Dokumentation gibt es noch keine für alle Anwendungsbereiche der EDV verbindlichen Vorschriften.

Nach Textziffer 6. der Grundsätze ordnungsmäßiger Speicherbuchführung (GoS) müssen jedoch aus der Verfahrensdokumentation Aufbau und Ablauf des Abrechnungsverfahrens vollständig ersichtlich sein.

Sie kann verbal, z.B. durch Arbeitsanweisungen, graphisch, z.B. durch Ablaufpläne, und/oder tabellarisch, z.B. durch Entscheidungstabellen gestaltet sein.

Die Verfahrensdokumentation muß sich insbesondere erstrecken auf:

- sachlogische Beschreibung des EDV-Abrechnungsverfahrens im Sinne von Anweisungen an die EDV-Programmierung; diese muß folgende Problembereiche behandeln:
  - Aufgabenstellung;
  - Beschreibung der Dateneingabe;
  - Regelung der Datenerfassung;
  - Verarbeitungsregeln einschließlich Kontrollen und Abstimmungsverfahren;
  - Fehlerbehandlung;
  - Beschreibung der Datenausgabe;
  - Datensicherung;
  - Sicherung der ordnungsgemäßen Programmanwendung.

- Anweisungen zur Regelung der Kommunikation des EDV-Abrechnungsverfahrens mit dem Gesamtsystem der Buchführung, wie z.B. die manuelle Vor- bzw. Nachbehandlung von Daten an den Schnittstellen zu anderen Abrechnungsverfahren.
- Beschreibung des Freigabeverfahrens, mit dem die Übereinstimmung der Anweisungen mit den Funktionen der EDV-Programme festgestellt wurde.

Änderungen des Abrechnungsverfahrens sind in der Dokumentation so zu vermerken, daß die zeitliche Abgrenzung einzelner Verfahrensversionen ersichtlich sind.

Auch in der Stellungnahme FAMA 1/1987 sind unter Abschnitt B.III. 2.2 (8) in etwa die gleichen Anforderungen zum Inhalt der Verfahrensdokumentation wie in den GoS niedergelegt.

In dieser Stellungnahme wird ausdrücklich darauf hingewiesen, daß die Angaben über den Inhalt einer Verfahrensdokumentation nicht als Aufzählung von Bestandteilen einer Verfahrensdokumentation, sondern als Aufzählung der von einer Verfahrensdokumentation zu liefernden Informationen zu interpretieren sind.

Von besonderer Bedeutung ist, daß jede Änderung eines Datenverarbeitungsverfahrens auch sofort in der Dokumentation ihren Niederschlag findet, damit sich die Dokumentation immer auf dem neuesten Stand befindet.

Um einen reibungslosen Änderungsdienst zu gewährleisten, sind meist spezifische organisatorische Maßnahmen erforderlich.

Beim Einsatz von Standardsoftware sollte darauf geachtet werden, daß diese ausreichend dokumentiert und die Dokumentation im Preis enthalten ist.

Hingewiesen sei auch auf Bemühungen von verschiedenen Vereinigungen, Richtlinien über Inhalt und Aufbau einer Dokumentation von EDV-Systemen zu erarbeiten.
So wurden z.B. Grundsätze ordnungsmäßiger EDV-Dokumentation (GoDVD) im Rahmen der Grundsätze ordnungsmäßiger Datenverarbeitung (GoDV) entwickelt.[1]

10.10 Kosten-Nutzen-Betrachtungen und Kontrolle

Kosten-Nutzen-Betrachtungen

Die Systemanalyse hat keinen Sinn, wenn nicht eine abschließende, umfassende Wirtschaftlichkeitsberechnung durchgeführt wird. In der Praxis wird häufig auf Wirtschaftlichkeitsbetrachtungen (Kosten-Nutzen) verzichtet, weil Unkenntnis über die Methoden vorherrscht.

Kosten-Nutzen-Betrachtungen sind Verfahren der Wirtschaftlichkeits- und Investitionsrechnung. In der Praxis wird zwischen statischen und dynamischen Verfahren unterschieden.

Statische Verfahren nehmen Durchschnittswerte an und beachten nicht die zeitlichen Unterschiede.

Dynamische Verfahren werden über die gesamte Nutzungsdauer eines Projektes verteilt gerechnet.

In der Praxis bilden bereits die Ergebnisse einer fachlichen und technischen Vorstudie die Grundlage für die Untersuchung des Kosten-Nutzens. Diese soll Aufschluß über den Aufwand und den Nutzen des neuen Verfahrens geben.

Die direkte Wirtschaftlichkeitsanalyse stellt alle feststellbaren Kosten und errechenbaren sowie abschätzbaren Einsparungen in einem bestimmten Zeitraum gegenüber. Diese Methode ist demnach ein dynamisches Verfahren.

Die indirekte Wirtschaftlichkeitsanalyse basiert auf nicht quantifizierbaren Vor- und Nachteilen. Der Nutzen und die Nachteile eines Verfahrens werden ohne einen bestimmten Zeitraum im Punkteverfahren ermittelt. Diese Methode ist demnach ein statisches Verfahren.

Diese beiden traditionellen Methoden der Wirtschaftlichkeitsfeststellung dienen dazu, in der Entscheidungsphase unter den betrachteten Lösungsalternativen diejenige herauszufinden, die den maximalen Gewinn ausweist.

---

1 Vgl. Schuppenhauer, R., Grundsätze für eine ordnungsgemäße Datenverarbeitung, Düsseldorf 1982

Kosten - Nutzen - Betrachtung

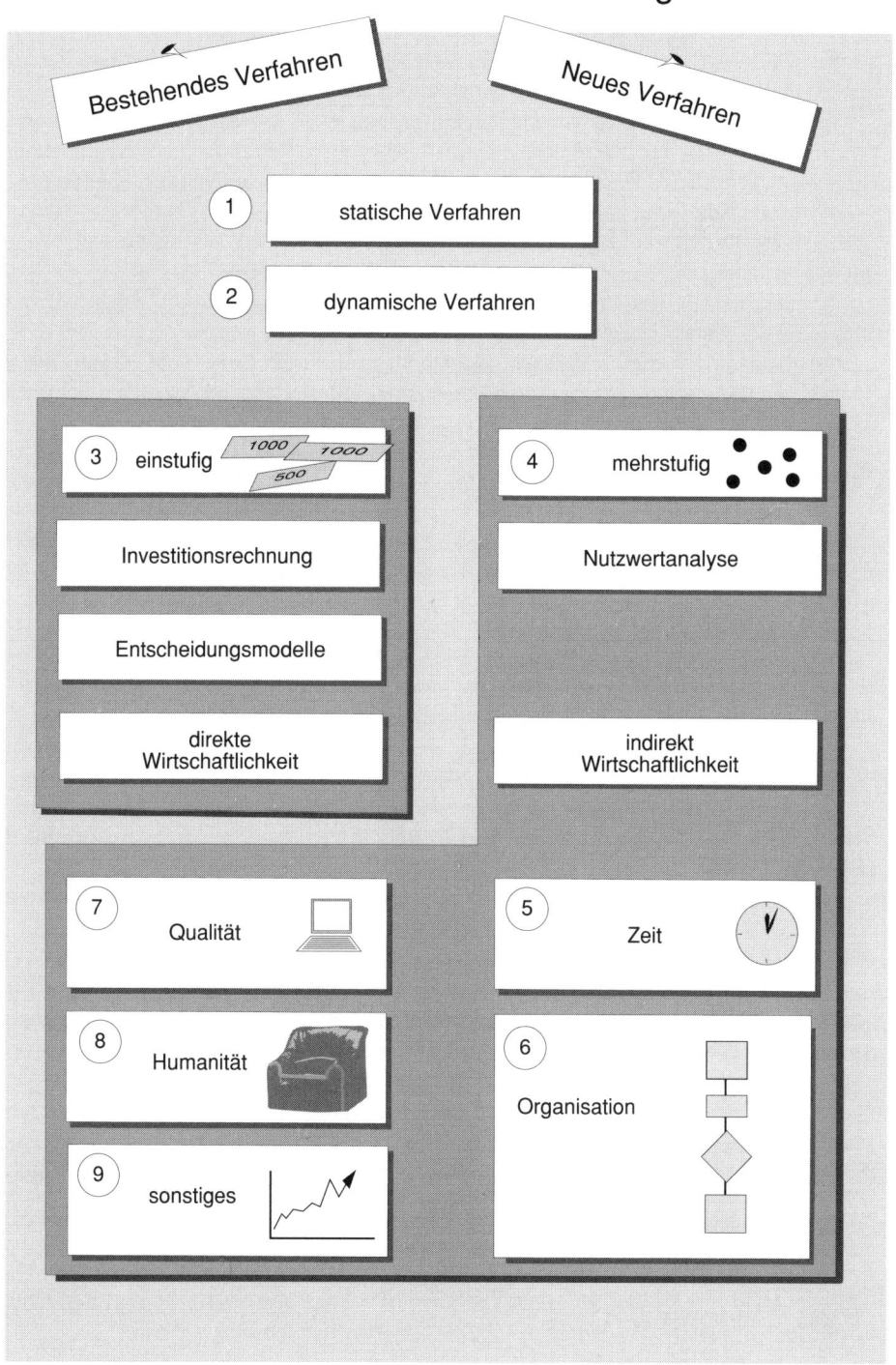

297

Somit sind beide Verfahren nur auf ein Teilziel des Unternehmens ausgerichtet. Neben dieser Beschränkung auf nur ein Teilziel kommt hinzu, daß nicht alle auf dieses Teilziel einwirkenden Faktoren berücksichtigt werden können. Es werden nur diejenigen Faktoren berücksichtigt, die zum Zeitpunkt der Analyse in Geldwerten erfaßbar sind.

Aus diesem Grunde und gerade bei der Einführung neuer Systeme der Bürokommunikation sowie zum Beispiel der Fabrikautomation reichen diese Verfahren heute nicht mehr aus. Die Wirtschaftlichkeit oder auch der Nutzwert eines Verfahrens muß in mehreren Stufen gesehen und die Analyse entsprechend durchgeführt werden.

Monentäre Kosten können auf der Basis der herkömmlichen Wirtschaftlichkeitsbetrachtungen, wie zum Beispiel in einer Amortisationsrechnung, erfolgen.

Aber nicht nur die Kosten eines neuen Verfahrens, sondern auch die Leistung (Effizienz) muß in ihrem Nutzen einer kritischen Betrachtung unterzogen werden.

Entsprechend der wirtschaftlichen Zielsetzung muß sich heute eine Kosten-Nutzen-Betrachtung auch auf weitere Faktoren beziehen. Die Bewertung der Wirtschaftlichkeit erfolgt an den Kriterien:

a) Kosteneinsparungen und
b) Nutzen

für die Faktoren:

○ Zeit

Erfolgt mit dem neuen Verfahren eine schnellere Erledigung der Aufgabe/Tätigkeit? Wieviel aktueller werden die gewonnenen Informationen? Treten Verbesserungen in der Geschwindigkeit des Arbeitsablaufes ein? Kann die Lagerumschlagshäufigkeit verbessert werden?

○ Organisation

Ist ein höherer/besserer Nutzen durch den Einsatz des neuen Verfahrens oder durch andere Methoden erzielbar? Wird durch das neue Verfahren die Transparenz des Arbeitsablaufes verbessert?

○ Qualität

Wird durch den Einsatz eines neuen Verfahrens die Qualität der Tätigkeit verbessert? Kann zum Beispiel durch statistische oder graphische Aufbereitung der Informationswert für den betroffenen Mitarbeiter verbessert werden? Wird die Fehlerhäufigkeit durch den Einsatz des neuen Verfahrens minimiert? Wieviel genauer werden die Informationen?

○ Humanität

Kann durch den Einsatz des neuen Verfahrens die Akzeptanz gefördert und das Arbeits- oder Betriebsklima verbessert werden? Ist das neue Verfahren bediener- und anwenderfreundlich?

○ sekundäre Erträge

Beeinflussen weitere Erträge indirekt oder direkt die Wirtschaftlichkeit des neuen Verfahrens? Verbessert der Einsatz des neuen Verfahrens das Image des Unternehmens? Kann durch den Einsatz des neuen Verfahrens ein höherer Marktanteil gewonnen werden?

Projektkontrolle

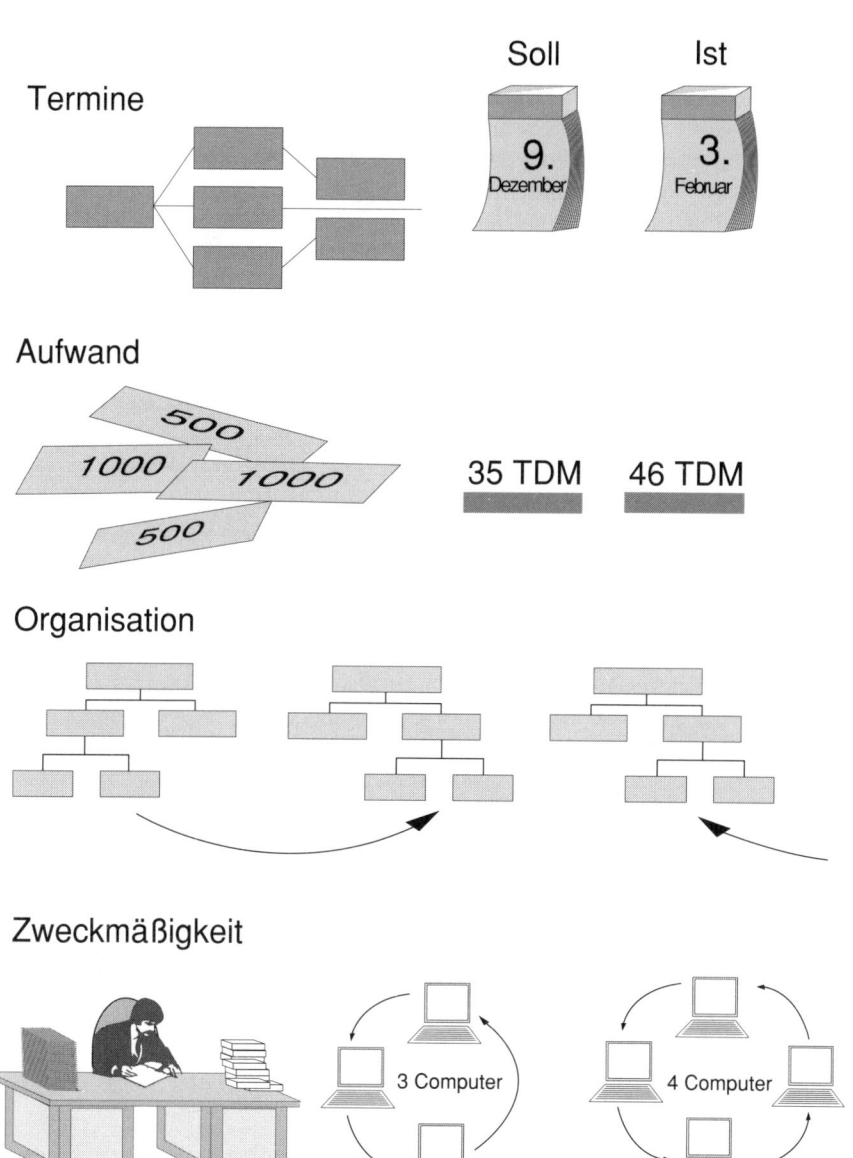

Termine

Soll   Ist

9. Dezember   3. Februar

Aufwand

500
1000
1000
500

35 TDM   46 TDM

Organisation

Zweckmäßigkeit

3 Computer   4 Computer

Kontrolle

Systemanalyse und Systementwurf sind nicht beendet, wenn nicht eine Kontrolle durchgeführt wird. Eine Projektkontrolle ist allerdings dann nicht möglich, wenn keine Projektplanung vorgelegen hat. Aus diesem Grunde ist die Projektplanung, die mit der geplanten Systemanalyse beginnt und mit dem Systementwurf endet, die Voraussetzung für einen Soll-Ist-Vergleich. Die Projektkontrolle umfaßt alle Elemente der Planung. Sie sollte bereits nach der Zielsetzung beginnen und sollte auch in jedem Teilbereich durchgeführt werden. Folgende Bereiche gehören zur Projektkontrolle:

Überprüfung der Einhaltung des Terminplans. Dazu kann die Netzplantechnik eingesetzt werden, denn sie zeigt sehr deutlich die Termine, den kritischen Weg und auch die benötigte Zeit.

Auch ein Vergleich des Aufwandes mit dem geplanten Aufwand in jeder Phase des Projektes, aber natürlich besonders am Ende des Projektes ist für die Projektkontrolle notwendig. Weiterhin müssen das Organigramm, die Aufgaben und die aufbau- und ablauforganisatorischen Abhängigkeiten überprüft und nötigenfalls auch korrigiert werden.

Besonders wichtig ist allerdings die Überprüfung der Zweckmäßigkeit des eingeplanten und beschafften Computersystems zur Bewältigung der vorgesehenen Arbeiten. Es ist also die Frage zu stellen, ob das eingesetzte System das geeignete Hilfsmittel ist, und es ist zu überprüfen, ob hier Korrekturen anzubringen sind, sei es im Bereich der Verbesserung der Programme, sei es im Bereich der Verbesserung der Bedienung oder aber auch der technischen Ausstattung.

FRAGEN ZU KAPITEL 10:

1. Welche Hauptbereiche umfaßt die Systemanalyse?
2. Was versteht man unter Datenverarbeitung außer Haus?
3. Welche Methoden der Aufnahme des Ist-Zustandes gibt es?
4. Welche Vor- oder Nachteile hat die Interviewmethode?
5. Welche Zwecke sollen mit der Aufnahme des Ist-Zustandes erreicht werden?
6. Was versteht man unter einer Rahmenkonzeption?
7. Welche Hauptbereiche umfaßt die Konzeption von EDV-Systemen?
8. In welche Abschnitte wird die Gestaltung der Ausgaben unterteilt?
9. Was versteht man unter einer direkten Wirtschaftlichkeitsanalyse?
10. Welche Umstellungsmaßnahmen sind zur Realisierung eines EDV-Systems erforderlich?

11 Grundlagen des Personalsystems

11.1 Funktionen

Die Bewältigung von Datenverarbeitungsaufgaben erfordert ein nach vielfachen Kriterien ausgebildetes Fachpersonal. Ein Blick in den Stellenteil bedeutender überregionaler Tageszeitungen zeigt, wie weit die Spanne der Anforderungen reicht, die an das Datenverarbeitungspersonal gestellt werden. Gleichzeitig läßt eine Durchsicht der Stellenangebote und Stellenannoncen erkennen, daß es bisher noch keine vollkommen einheitlichen Berufsbezeichnungen für das in der Datenverarbeitung tätige Personal gibt.

Die schnelle Verbreitung der EDV in den letzten Jahren und die damit verbundene Vielfalt der Ausbildungsmöglichkeiten für EDV-Personal hat vielmehr dazu geführt, daß es eine relativ große Zahl von EDV-Tätigkeiten und EDV-Berufsbezeichnungen ohne genaue Festlegung bzw. Abgrenzung der Tätigkeitsinhalte gibt.

Eine nähere Analyse von Personalannoncen führt zu der Erkenntnis, daß einerseits gleichartige Stellenanforderungen unter verschiedenen Berufsbezeichnungen zusammengefaßt und andererseits unter den gleichen Stellenbezeichnungen verschiedenartige Stellenaufgaben und -anforderungen ausgedrückt werden. Dies zeigt, daß, je nach Bedarf und betrieblicher Eigenart, Betriebsgröße und hierarchischer Gliederung, in einem Unternehmen Funktionen der Datenverarbeitung sowohl unterschiedlich ausgeführt bzw. verteilt werden, als auch auf einen Mitarbeiter mehrere Aufgaben konzentriert sein können.

Viele der heute gängigen Bezeichnungen für Datenverarbeitungstätigkeiten wurden bereits zur Zeit der ersten EDV-Generation geprägt. Zwischenzeitlich ist jedoch nicht nur ein Umstrukturierungsprozeß innerhalb der Datenverarbeitungstätigkeit erfolgt, sondern es sind auch die Anforderungen an das Datenverarbeitungspersonal wesentlich gestiegen.

Da es bisher mit Ausnahme des Datenverarbeitungskaufmanns nur wenige staatlich anerkannte Berufsbezeichnungen gibt, etwa im Sinne von typischen Berufsbildern wie z.B. Industriekaufmann, Großhandelskaufmann, Gehilfe in wirtschafts- und steuerberatenden Berufen, haben in jüngster Zeit mehrere Organisationen versucht, das berufliche Aufgabenfeld des in der Datenverarbeitung tätigen Personals zu normieren.

Auch bei EDV-Herstellern sind entsprechende Ansätze zu registrieren.

Im Rahmen dieser Bemühungen wird nicht nur versucht, *einheitliche Berufsbezeichnungen* unter Angabe von spezifischen Aufgabenzuordnungen zu schaffen, sondern darüber hinaus ein auf Ausgeprägtheitsgraden aufgebautes *Persönlichkeits-, Anforderungs- und Intelligenzprofil* des der jeweiligen Berufsbezeichnungen zugeordneten Datenverarbeitungspersonals zu erarbeiten. In Anbetracht der Vielfalt von Datenverarbeitungsaufgaben und vor allen Dingen im Hinblick auf die jeweils unterschiedlichen innerbetrieblichen Gegebenheiten sind derartige Versuche jedoch nur als Leitlinien zu betrachten, zumindest so lange, bis keine allgemeinverbindlichen Berufsbilder entwickelt worden sind.

Ein Großteil der bisher durchgeführten Untersuchungen über EDV-Personal hatte überwiegend die empirische Feststellung der in der Praxis vorherrschenden Berufsbezeichnungen und die Zuordnung von Tätigkeitsschwerpunkten zum Inhalt.

Bezüglich der Zuordnung einzelner DV-Tätigkeitsschwerpunkte zu diesen Berufstypen gibt es nach wie vor erhebliche Toleranzgrenzen.

Im Rahmen spezifischer Überlegungen über das Datenverarbeitungspersonal spielen auch die Fragen der Abgrenzung von Datenverarbeitung und Organisation sowie der organisatorischen Gliederung und Einordnung der Datenverarbeitungsfunktion im Rahmen des Gesamtunternehmens eine Rolle. Auf diese Punkte soll jedoch nicht näher eingegangen werden. Hingewiesen sei lediglich, daß in verschiedenen Unternehmen eine Trennung zwischen der sog. konventionellen oder allgemeinen Organisation und der EDV-Organisation unter einheitlicher oder verschiedener Leitung erfolgt. Die zweckorientierte Gliederung und der hierarchische Einbau von Abteilungen, die sich mit Datenverarbeitung beschäftigen, ist jedenfalls von großer Bedeutung für die erfolgreiche Durchführung der Datenverarbeitungsfunktionen.

Unabhängig von den in einem Unternehmen gewählten Berufsbezeichnungen und der Einordnung und Gliederung von Organisation und Datenverarbeitung sollte in jedem Falle eine klare Aufgaben-, Kompetenz- und Verantwortungsabgrenzung des in der Datenverarbeitung tätigen Personals angestrebt werden.

Zwischenzeitlich befaßt sich eine ganze Reihe von Institutionen mit der Ausbildung von Datenverarbeitungsfachleuten. Folgende Ausbildungsinstitutionen seien genannt:
- Hochschulen. Sie bilden z.B. Dipl.-Informatiker, Dipl.-Wirtschaftsinformatiker, Dipl.-Ingenieure (Fachrichtung Informatik) aus.
- Berufsakademien. Aus diesen Ausbildungswegen seien Programmierer, Mathematisch-technische Assistenten, Betriebswirt DV und Wirtschaftsassistent beispielhaft genannt.
- Fachschulen. Sie bieten ein breites Ausbildungsspektrum z.B. für Programmierer, Systemanalytiker, Wirtschaftsinformatiker, DV-Kaufleute, DV-Techniker usw. an.
- Hardwarehersteller und Softwarehäuser. Sie unterhalten oftmals eigene Schulungszentren, in denen nicht nur eigene Mitarbeiter, sondern auch Personal von Kunden sowie weitere Personengruppen zu teilweise spezifischen DV-Berufen ausgebildet werden.
- Fernkursinstitute. Sie bieten eine breite Palette von Ausbildungslehrgängen auf dem Gebiet der Datenverarbeitung an.

Außerhalb der Hochschulen gibt es nicht nur eine große Zahl von Berufsbezeichnungen in der Datenverarbeitung, sondern auch verschiedene Prüfungsrichtlinien und Prüfungsordnungen, nach denen die Ausbildung von Datenverarbeitungsfachleuten durchgeführt wird.

Nach Twiehaus[1] ist hier wie folgt zu unterscheiden:
- bundesweit anerkannte Berufsbilder mit IHK-Prüfung,
- regional anerkannte Berufsbilder mit IHK-Prüfung,
- Bildungsgänge mit Firmenzertifikaten.

---

1 Twiehaus, I., Berufsbilder und Anforderungen in der Datenverarbeitung im Wandel, in: Office Management Heft 8/1984, S. 660.

In der Kategorie der bundesweit anerkannten Berufsbilder mit IHK-Abschluß ist lediglich der Datenverarbeitungskaufmann und neuerdings der Wirtschaftsinformatiker einzuordnen.

In der Bundesrepublik Deutschland wurde im Jahre 1969 das Berufsbild des Datenverarbeitungskaufmannes geschaffen. Die Ausbildungszeit beträgt bis zu drei Jahre. Sowohl der Ausbildungsinhalt als auch die Lehrabschlußprüfung sind genau geregelt.

Der Datenverarbeitungskaufmann soll nicht nur im Bereich der Datenverarbeitung, sondern auch in denjenigen kaufmännischen Abteilungen eingesetzt werden, die mittelbar oder unmittelbar von Datenverarbeitungsabläufen berührt werden. Das Berufsbild des Datenverarbeitungskaufmannes sieht grundsätzlich drei Spezialisierungsmöglichkeiten vor, nämlich die Ausbildung
– zum Datenverarbeitungssachbearbeiter;
– zum Programmierer oder
– zum Operator.

Der Datenverarbeitungskaufmann wird sowohl in spezifischen Bereichen der Datenverarbeitung als auch zur Bewältigung von verschiedenartigsten betrieblichen Funktionen eingesetzt.

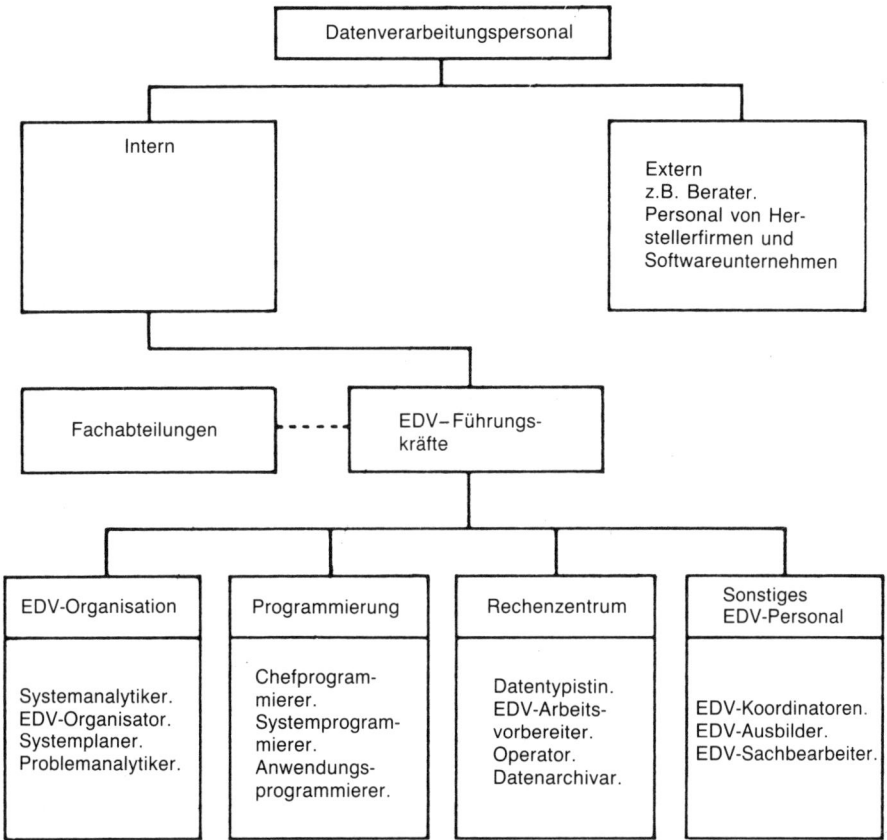

Abb. 99: EDV-Personal aus der Sicht des Anwenders

Von Bedeutung ist besonders die Tätigkeit des Datenverarbeitungskaufmannes als *Daten-verarbeitungssachbearbeiter*. Hier stellt er die Verbindung zwischen dem Datenverarbeitungs-sektor und den einzelnen Fachabteilungen, deren Aufgaben mit Hilfe einer EDV-Anlage gelöst werden, her. In dieser Eigenschaft ist der Datenverarbeitungskaufmann u.a. innerhalb der Datenzulauf- und Datenablauf-Organisation im weitesten Sinne eingesetzt. In dieser Funktion ist er für eine ordnungsgemäße und termingerechte Anlieferung der einzugebenden Daten sowie für die zielgerichtete Verteilung der vom Computer erstellten Vordrucke und Listen verantwortlich.

Nach der Verordnung über die Prüfung zum anerkannten Abschluß „Geprüfter Wirtschaftsinformatiker/Geprüfte Wirtschaftsinformatikerin" soll ein Wirtschaftsinformatiker folgende Aufgaben wahrnehmen:

1. Analyse und Überarbeitung von Organisationskonzepten sowie Entwicklung und Einführung von Anwendersoftware in der Datenverarbeitungs(DV)-Anwendungsorganisation in vorwiegend betriebswirtschaftlich orientierten Aufgabenbereichen.
2. Entwurf, Erstellung und Pflege komplexer Programme für DV-Anwendungen in vorwiegend betriebswirtschaftlich orientierten Aufgabenbereichen.
3. Verbindungsaufgaben zwischen DV-Bereich und Anwendern.

Bezüglich der Zulassung zu der von der IHK abzunehmenden Prüfung sind relativ strenge Zulassungsvoraussetzungen vorhanden.

Für die Durchführung von Lehrgängen, die zur Prüfung als Wirtschaftinformatiker führen sollen, wurden vom Bundesinstitut für Berufsbildung umfangreiche Lehrgangsempfehlungen ausgearbeitet.

Sie sehen insgesamt 2 600 Unterrichtsstunden zu je 45 Minuten vor, die folgende Hauptfächer, die zugleich Prüfungsfächer sind, enthalten:

1. Wirtschaftsfächer
   Allgemeine Betriebswirtschaftslehre
   Betriebsorganisation
   Industrielles Rechnungswesen
2. Datenverarbeitung
   Datenverarbeitungsorganisation
   Programmierung
3. Ergänzungsfächer
   Mathematik/Statistik
   Fachenglisch
   Rechtslehre
   Zusammenarbeit im Betrieb
   Volkswirtschaftslehre.

Von den Fächern Fachenglisch, Rechtslehre und Volkswirtschaftslehre ist eines alternativ als Wahlpflichtfach auszuwählen.

Außerdem ist eine fächerübergreifende Fallstudie Bestandteil der Prüfung.

Nach den Ausführungen von Twiehaus gibt es ca. 35 Berufsbilder auf dem Gebiet der Datenverarbeitung in Länderhoheit. Noch vielfältiger seien die nicht staatlich geprüften Bildungslehrgänge, die von privaten Institutionen oder Ausbildungsstätten der Wirtschaft eingerichtet sind.

Sieht man einmal davon ab, daß die Berufstypen der Hardware- und Vertriebsspezialisten vorwiegend bei Herstellern von EDV-Anlagen bzw. bei Softwareunternehmen vorzufinden sind, so kann man das EDV-Personal aus der Sicht des Anwenders in folgende 4 große Gruppen unterteilen:

- Personal in der EDV-Organisation;
- Personal in der Programmierung;
- Personal im Rechenzentrum;
- Beratende EDV-Berufe.

11.1.1 Personal in der EDV-Organisation

Für die im Bereich der EDV-Organisation (Systemanalyse) in einem Unternehmen tätigen Mitarbeiter werden in der Praxis verschiedene Bezeichnungen, wie z.B. Betriebsorganisator, Problemanalytiker, EDV-Organisator, Systemanalytiker, Systemplaner, EDV-Analytiker usw. verwendet. Hinter all diesen Berufsbezeichnungen verbirgt sich in mehr oder minder großem Umfang eine Tätigkeit auf dem Gebiet der Systemanalyse. Wie bereits dargestellt, versteht man hierunter die Analyse von innerbetrieblichen Systemen sowie die Entwicklung und Umstellung von Konzeptionen, die mit Hilfe von automatisierten Datenverarbeitungsanlagen durchgeführt werden. Für die Bewältigung dieses Aufgabenkreises wird in zunehmendem Maße die Bezeichnung *Systemanalytiker* verwendet. An mehreren Ausbildungsinstituten werden Systemanalytiker ausgebildet. Das SIB (Schweiz. Institut für Betriebsökonomie und höhere kaufmännische Bildung) führt z.B. solche Kurse durch, die mit dem Diplom als EDV-Analytiker abschließen.

Ein Systemanalytiker hat, nach einer Aufgabenbeschreibung eines großen Unternehmens, im wesentlichen folgende Hauptaufgaben:

- Aufnahme und kritische Würdigung des Ist-Zustandes unter Abstimmung der Interessen und Forderungen der entsprechenden Fachbereiche;
- Entwicklung einer Gesamtkonzeption in Zusammenarbeit mit den Fachbereichen und in Abstimmung mit der Unternehmensleitung;
- Erarbeitung von Soll-Konzeptionen und der zu ihrer Verwirklichung erforderlichen organisatorischen Maßnahmen, wie z.B. Entwicklung von Soll-Abläufen, Aufbau der Ausgabe- und Eingabedaten;
- Auswahl von verwendbaren Datenverarbeitungsaggregaten sowie von Peripheriegeräten;
- Organisation der Arbeitsdurchführung unter Beachtung einer gezielten Information aller Betroffenen über die gewählten Systeme;
- Einführungsmaßnahmen für neue Verfahren und Systeme;
- Planung und Fortentwicklung von Systemen für die Datenerfassung, Datenein- und -ausgabe, Datenübertragung und Datenverarbeitung.

Wie bereits betont, mündet die Tätigkeit eines Systemanalytikers in eine sog. Programmvorgabe, die alle wesentlichen Angaben für zukünftig zu entwickelnde Systeme enthält. Diese Programmvorgabe ist Ausgangspunkt für die Arbeit des Programmierers.

Vorwiegend in kleineren Betrieben wird die Funktion der Systemanalyse manchmal auch von Programmierern voll wahrgenommen.

Vereinzelt wird zwischen dem sog. *Problemanalytiker* und dem *Systemanalytiker* unterschieden. Der Problemanalytiker beschäftigt sich vorwiegend mit der Aufnahme des Ist-Zustandes und der Entwicklung zukünftiger Anforderungen, die an ein EDV-System gestellt werden. Der Systemanalytiker hingegen befaßt sich daran anschließend mit der Realisierung und ständigen Fortentwicklung von Systemen für Datenerfassung, Datenausgabe, Datenübertragung und Datenverarbeitung sowie mit der Auswahl der erforderlichen Datenverarbeitungsaggregate.

An dieser Stelle sei jedoch nochmals darauf hingewiesen, daß die Gegebenheiten in den einzelnen Unternehmungen sehr unterschiedlich sind und daß jeweils in personeller und funktioneller Hinsicht Situationen gegeben sein können, die verschiedene Schwerpunkte der Tätigkeit erforderlich machen. Für die Durchführung der vorher genannten Hauptaufgaben eines Systemanalytikers werden vielfach auch Organisatoren herangezogen, die als EDV-Organisatoren bezeichnet werden.

Generell fordert eine Tätigkeit im Rahmen der Systemanalyse, gleichgültig unter welcher Berufsbezeichnung sie stattfindet, Kenntnisse auf dem Gebiet der Organisation, der Betriebswirtschaftslehre, der Programmierung und der allgemeinen Datenverarbeitung. Von diesem Personenkreis werden ein gutes Vorstellungs-, Konzentrations- und Auffassungsvermögen sowie logisch-kombinative Denkfähigkeit erwartet. Die Tätigkeit auf dem Gebiet der Systemanalyse beschäftigt sich also im wesentlichen mit der Systementwicklung und der Systemeinführung.

11.1.2 Personal in der Programmierung

Das Aufgabengebiet der in der Programmierung tätigen Mitarbeiter richtet sich u.a. auch danach, inwieweit systemanalytische Aufgaben zusätzlich übernommen werden. Wird von den in der EDV-Organisation tätigen Personen eine Programmvorgabe erstellt, so ist diese von den Programmierern in eine Computersprache zu übersetzen. Vereinfacht ausgedrückt bedeutet das, daß ein Programmierer die Programme schreibt, die der Computer auszuführen hat.

Im Programmierbereich fallen grundsätzlich zwei Hauptaufgaben an; nämlich die sog. *Systemprogrammierung* und die sogenannte *Anwendungsprogrammierung*. Dementsprechend kann man zwischen Systemprogrammierern und Anwendungsprogrammierern unterscheiden, wobei in größeren Betrieben noch ein sog. *Chefprogrammierer* vorhanden ist.

Ein Chefprogrammierer hat im wesentlichen folgende Funktionen zu erfüllen:
- Verantwortliche Leitung der gesamten Programmierarbeit;
- Erstellung, Führung und Überwachung des Programmier-Terminplanes;
- Verteilung der Programmieraufgaben an die einzelnen Programmierer;
- Koordinierung und Überwachung der gesamten Programmierung;
- Erstellung von Programmierrichtlinien, z.B. im Rahmen der normierten Programmierung;
- Programmierung von sehr schwierigen Programmieraufgaben;

- Überwachung der Programmpflege, Steuerung von Programmänderungen;
- Überwachung der Programmdokumentation;
- Beratung und Unterstützung der einzelnen Programmierer;
- Information und Schulung der Programmierer;
- Überwachung und Beurteilung der Programmierleistung;
- Beratung und Unterstützung der Systemanalyse.

Einem *Systemprogrammierer* obliegen hauptsächlich die nachfolgend genannten Aufgaben:
- Erstellung von spezifischen Betriebssystemen bzw. deren Anpassung an die Software-Entwicklung, Funktionsprüfung und Bereinigung von Systemfehlern;
- Pflege der verwendeten Betriebssysteme;
- Aufbau und Verwaltung von Programmbibliotheken;
- Kontakt zu Herstellerfirmen bei Systemkorrekturen;
- Ausarbeitung von Richtlinien für die Benutzung des Hauptspeichers und der peripheren Einheiten, sofern nicht vom Chefprogrammierer wahrgenommen;
- Führung der Dokumentation;
- Unterstützung der Anwendungsprogrammierer;
- Überwachung von Testläufen.

Hauptaufgabe der *Anwendungsprogrammierer* ist es, Programmabläufe für die vorgegebenen Problemstellungen (Benutzerprogramme) auszuarbeiten. Hierbei werden Programmablaufpläne entwickelt, die Codierung der Programme vorgenommen und die maschinelle Umwandlung der Programme überwacht.

Weiterhin sind die ausgearbeiteten Programme zu testen und zu dokumentieren. Bei Änderungen müssen die Programme fortentwickelt werden und schließlich sind Bedienungsanleitungen für die Maschinenbediener zu erstellen.

Anschließend sei darauf hingewiesen, daß die Verteilung der einzelnen Programmieraufgaben sehr stark von der Anzahl der in der Programmierung beschäftigten Personen und der Qualifikation der einzelnen Programmierer abhängig ist.

11.1.3 Personal im Rechenzentrum

Der Begriff des Rechenzentrums muß unter personellen Aspekten etwas weiter gefaßt werden. Er umschließt alle Arbeiten, die sich mit der zentralen Datenerfassung, mit der Planung, Vorbereitung und Durchführung der einzelnen Datenverarbeitungsaufgaben, mit der Maschinenbedienung und der Archivierung befassen. Entsprechend dieser Aufgabenstellung haben sich verschiedene Berufe wie z.B. *Datentypistin, EDV-Produktionsleiter, Leiter des Rechenzentrums, EDV-Arbeitsvorbereiter, Systemoperator, Operator, Hilfsoperator* und *Datenarchivar* herausgebildet. Die Verteilung der im Rahmen des Rechenzentrums anfallenden Arbeiten auf die einzelnen Personengruppen hängt auch hier wiederum sehr stark von der Größe des Betriebes, dem zur Verfügung stehenden Fachpersonal, der vorhandenen Maschinenausstattung sowie den durchzuführenden EDV-Aufgaben ab.

Die Hauptaufgabe einer *Datentypistin* besteht darin, die in einen Computer einzugebenden Daten mit Hilfe von Datenerfassungsgeräten auf Datenträger zu übertragen bzw. sie direkt zu erfassen. Die maschinelle Erfassung der Belege erfolgt nach spezifischen Anweisungen, wie z.B. Lochanweisungen. Darüber hinaus sortieren die Datentypistinnen die zu erfassenden Belege, füllen verschiedene Laufzettel, die der Kontrolle der erfaßten Daten dienen, aus, stellen die jeweiligen Programme im Erfassungssystem ein und nehmen bestimmte Kontrollen auf Vollständigkeit und Richtigkeit der angelieferten Belege vor.

Die Bedienung der Datenverarbeitungsanlagen sowie der Peripheriegeräte erfolgt durch den *Operator*. Er übernimmt im wesentlichen folgende Hauptfunktionen:
- Betriebsbereitmachen der Anlagen nach entsprechenden Arbeitsanweisungen, wie z.B. Vorschub einstellen, Formulare einspannen usw.;
- Eingabe der Programme und Überwachung der Durchführung des Programmlaufes;
- Bedienung der Maschinenaggregate;
- Führung des Maschinenlogbuches;
- Überwachung aller Einrichtungen, die der Energie- und Klimaversorgung dienen;
- Entgegennahme und Weiterleitung der Verarbeitungsergebnisse;
- Feststellung von Fehlern in der Datenverarbeitung;
- Planung von Wartungsmaßnahmen;
- Aussortierung beschädigter Datenträger;
- Bedienung von Zusatzmaschinen.

In größeren Betrieben wird die gesamte Arbeitsvorbereitung für die Datenverarbeitungsabläufe durch eigene EDV-Arbeitsvorbereiter vorgenommen. Sie übernehmen die entsprechenden Programme von der Programmierung, erstellen Steuerkarten, stellen Maschinenbelegungspläne auf und sorgen für einen rationellen Einsatz der einzelnen Aggregate. Ferner erstellen sie oftmals entsprechende Bedienungsunterlagen für die Operatoren.

In kleineren Betrieben werden die Funktionen der EDV-Arbeitsvorbereitung vielfach auch von den Operatoren mit übernommen.

Bei größeren Betrieben mit einem erheblichen Datenanfall wird die Funktion der Datenarchivierung durch eigene Fachkräfte, die man *Datenbibliothekare* nennt, vorgenommen. Sie erledigen folgende Hauptaufgaben:
- Erstellung und Verwaltung des Bestandes an Magnetbändern und Magnetplatten;
- Ausgabe der für die Verarbeitung benötigten Datenträger;
- Anbringung von Kennsätzen auf Magnetbändern und Magnetplatten;
- Verwaltung und Aufbewahrung von Programmen;
- Aufbewahrung und Sicherung der Betriebssysteme;
- Aufbewahrung der verwendeten Formulare;
- Durchführung von Maßnahmen zur Datensicherung;
- Aufbewahrung und Anpassung von Bedienungsanweisungen;
- Führung von Programmlisten.

Bei der Besprechung der Funktionen des Datenverarbeitungspersonals ist noch darauf hinzuweisen, daß einige der genannten Funktionen auch von Führungskräften übernommen werden, wie z.B. dem Leiter der Datenverarbeitungsabteilung. Er plant, koordiniert und überwacht alle mit der Datenverarbeitung zusammenhängenden Aufgaben, führt nach Bedarf Sonderaufgaben, wie z.B. Durchführung von Wirtschaftlichkeitsanalysen, Beratung der Unternehmensführung in allen Fragen der Datenverarbeitung und des Einsatzes von Datenverarbeitungsanlagen usw. durch.

11.1.4 Beratende EDV-Berufe

Viele Unternehmen bedienen sich neben betriebseigenen EDV-Fachkräften auch noch externer Spezialisten. Hierbei kann es sich um Wirtschaftsprüfer, Steuerberater, Unternehmensberater, freischaffende Programmierer usw. handeln. Derartige externe Fachkräfte werden vor allen Dingen dann herangezogen, wenn Probleme zu bewältigen sind, zu deren Lösung die *Erfahrungen* und *Kenntnisse* des eigenen Personals nicht ausreichen.

Die externen Berater arbeiten meistens *auftragsgebunden* und stellen ihre speziellen Fachkenntnisse dem Unternehmen für eine bestimmte Zeit zur Verfügung. So ist es z.B. denkbar, daß ein neu entwickeltes Finanzprogramm von einem Wirtschaftsprüfer oder Steuerberater

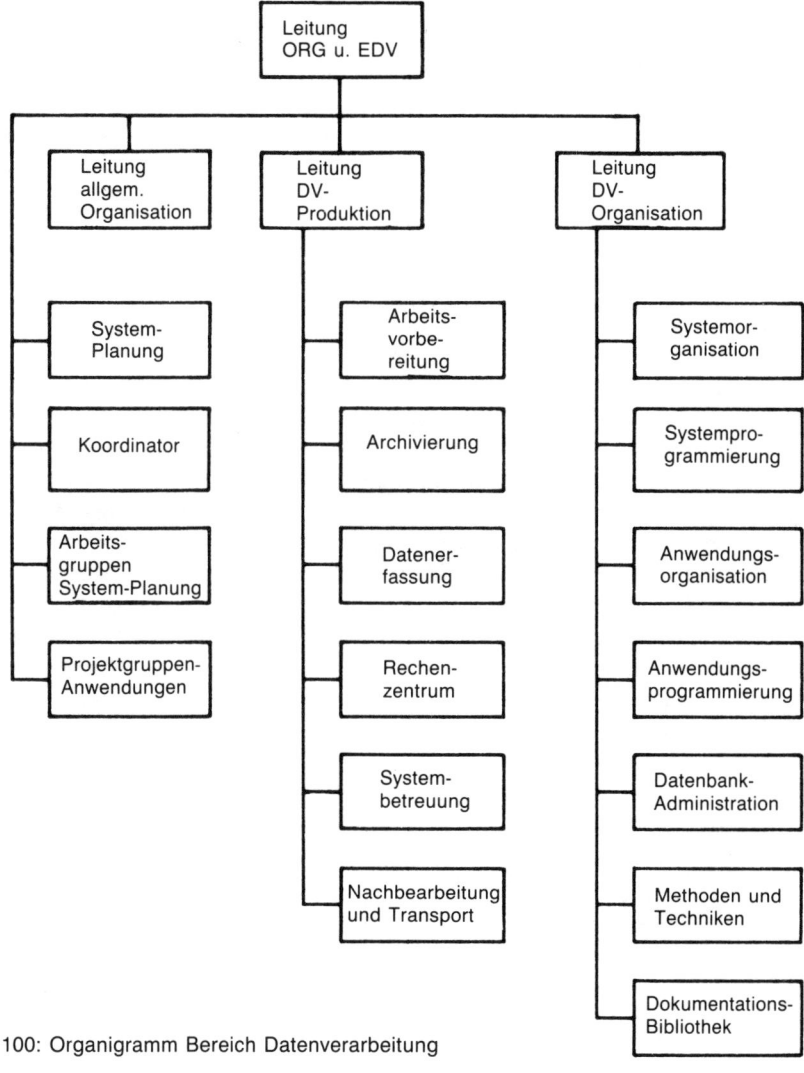

Abb. 100: Organigramm Bereich Datenverarbeitung

auf die Einhaltung der Grundsätze ordnungsmäßiger Buchführung und Bilanzierung überprüft wird. Unternehmensberater können in vielen Arbeitsgebieten, wie z.B. bei der Durchführung von Systemanalysen, bei der Erarbeitung oder Adaption von Programmpaketen, bei der Entwicklung von Betriebssystemen oder zur Durchführung von Programmiermaßnahmen eingesetzt werden.

Der Vorteil beim Einsatz von externen Beratern liegt meistens darin, daß sie über sehr breite und überbetriebliche Erfahrungen verfügen bzw. sich auf bestimmte Arbeitsgebiete spezialisiert haben. Sie unterstützen und entlasten das betriebseigene Fachpersonal und können bei richtiger Einsatzweise erhebliche Einsparungen erreichen. Allerdings muß bei der Auswahl von externen Beratern besondere Sorgfalt angewendet werden.

Vor allen Dingen bei Klein- und Mittelbetrieben, die mit der Datenverarbeitung beginnen und deshalb weder über die erforderlichen Erfahrungen noch über entsprechende Fachkräfte verfügen, ist es empfehlenswert, beim Anfangsstadium externe Berater hinzuzuziehen und deren Erfahrungen in vollem Umfang zu nützen. Auf dem EDV-Beratungssektor gibt es eine große Zahl von leistungsfähigen Unternehmensberatungsgesellschaften und Unternehmensberatern mit einem vielfältigen Dienstleistungsangebot, das bei richtiger Auswahl und Nutzung für die einzelnen Betriebe erhebliche Vorteile mit sich bringt.

11.2 Schulung des EDV-Personals

Die elektronische Datenverarbeitung ist ein relativ junges Wissensgebiet, das sich in der zurückliegenden Zeit geradezu stürmisch entwickelt hat und das in einer ständigen Weiterentwicklung begriffen ist. Das Wissen auf dem EDV-Fachgebiet ändert sich deshalb im Vergleich zu anderen Fachbereichen relativ schnell. Dies bedingt eine ständige *Aus-* und *Weiterbildung* des EDV-Personals. Die Erstellung und Durchführung eines Schulungsplanes, der ständig den sich ändernden Gegebenheiten angepaßt wird, ist deshalb eine absolute Notwendigkeit.

Die Schulung des EDV-Personals sollte neben dem permanenten Studium der einschlägigen Fachliteratur besonders durch den Besuch von Seminaren und Kursen erfolgen. Derartige Seminarveranstaltungen werden sowohl von EDV-Herstellern als auch von überbetrieblichen Veranstaltungsinstitutionen in großer Zahl durchgeführt. Bei größeren Unternehmen ist meist eine betriebseigene Schulungsabteilung vorhanden, deren Schulungsprogramme ganz besonders auf die betrieblichen Ausbildungsbedürfnisse abgestimmt werden können (s. Abb. 106).

Bei der Unmenge von Fachliteratur in Form von Büchern oder Zeitschriftenartikeln und dem überaus großen Veranstaltungsangebot an externen Weiterbildungskursen auf dem Datenverarbeitungssektor ist die zweckorientierte Auswahl von besonderer Bedeutung, um die Schulung so effektiv wie möglich zu gestalten.

Schulungsmaßnahmen müssen sowohl *problembezogen* als auch *personalbezogen* in systematischer Weise durchgeführt werden. Dies bedeutet, daß alle Mitarbeiter eines Unternehmens, die entweder direkt oder indirekt mit der EDV in Berührung stehen, entsprechend der von ihnen zu vollziehenden Aufgaben geschult werden müssen. Der Wissensstoff wiederum muß dem Teilnehmerkreis möglichst *adäquat* sein. Unter diesen Gesichtspunkten ist es not-

Wissensgebiet \ Teilnehmer	Geschäftsführung	Führungskräfte	Projektleiter	Chefprogrammierer	Programmierer	Systemanalytiker	Operator	Datentypistinnen	Fachabteilungen	Andere Mitarbeiter			
Betriebswirtschaftliche Grundlagen													
EDV-Grundwissen													
Datenerfassungsgeräte und Datenerfassungsmethoden													
Speichermedien und Dateiorganisation													
Datenfernverarbeitung													
Maschinenbedienung													
Betriebssysteme													
Programmiersprachen													
Programmiertechnik													
Entscheidungstabellentechnik													
Analysetechnik													
Verschlüsselung													
Systemanalyse													
Datensicherung													
Archivierung													
Dokumentationstechnik													
Gesamtüberblick über den EDV-Einsatz in einem Arbeitsgebiet													
Spezielle Umstellungsunterweisung													

Abb. 101: Schulungsplan

wendig, z.B. für die Unternehmensleitung, für Führungskräfte, für Sachbearbeiter in den einzelnen Fachbereichen, für Systemanalytiker, für Programmierer, für Operatoren und die Datentypistinnen spezifische Aus- und Weiterbildungsveranstaltungen durchzuführen. Der hierbei zu vermittelnde *Wissensstoff* kann sich entsprechend dem Aufgabenkreis der zu schulenden Mitarbeiter z.B. auf eine allgemeine Einführung in die EDV, auf die Systemanalyse, auf die Grundlagen der Programmierung, auf Programmiersprachen, auf bestimmte fachbereichsbezogene EDV-Anwendungen, auf Betriebssysteme usw. erstrecken.

Dem EDV-Personal sollte für die Absolvierung von Schulungskursen genügend Zeit zur Verfügung stehen. Darüber hinaus sollte darauf geachtet werden, daß das durch Schulungsmaßnahmen erworbene Wissen an andere Mitarbeiter im Betrieb weitergegeben wird. Generell ist es zu empfehlen, die Effizienz einzelner Schulungsmaßnahmen, vor allen Dingen dann, wenn diese Schulungen außer Haus durchgeführt werden, regelmäßig zu überprüfen und den Schulungsplan flexibel zu halten.

Aus- und Weiterbildungsveranstaltungen können durch Erfahrungsaustauschgespräche mit anderen EDV-Anwendern sowie durch den Besuch von Messen und Ausstellungen vervollständigt werden. Generell wird die Qualität von EDV-Systemen vom Wissens- und Ausbildungsstand des EDV-Personals entscheidend beeinflußt.

Abschließend sei nochmals darauf hingewiesen, daß Bezeichnungen und Aufgabenbereiche des in der Datenverarbeitung tätigen Personals von Betrieb zu Betrieb teilweise stark variieren. In den zurückliegenden Ausführungen wurde versucht, die in der Praxis gebräuchlichsten Berufsbezeichnungen und ihre wichtigsten Aufgabenbereiche in einem großen Rahmen darzustellen. Diese Darstellung kann deshalb nicht als allgemeingültig, sondern nur als Versuch einer überblickartigen Systematisierung angesehen werden.

Einheitliche Berufsbilder haben sich mit Ausnahme des Datenverarbeitungskaufmannes, noch nicht durchgesetzt. Trotzdem sind heute Bemühungen zu beobachten, die EDV-Berufe zu normieren und einheitliche Berufsbilder zu schaffen. Über Zahl und Bezeichnung dieser Berufe gehen die Meinungen jedoch auseinander.

In der Praxis werden zur Bearbeitung großer EDV-Projekte meist EDV-Projektgruppen gebildet. Für die Übertragung der Lohn- und Gehaltsabrechnung auf ein EDV-System können einer solchen Projektgruppe, der in der Regel ein Projektleiter vorsteht, z.B. Personen aus der Fachabteilung, also Lohnbuchhalter, Systemanalytiker und Programmierer angehören. Die verschiedenartige Zusammenstellung der Projektgruppe soll gewährleisten, daß die bei einer EDV-Konzeption zu beachtenden vielfältigen Gesichtspunkte und Interessen berücksichtigt sowie die Fähigkeiten und Erfahrungen der Projektmitglieder genutzt werden.

Die Projektgruppen lösen sich nach Abschluß ihrer spezifischen Tätigkeiten wieder auf.

312

FRAGEN ZU KAPITEL 11:

1. In welchen betrieblichen Einsatzbereichen kann der Datenverarbeitungskaufmann tätig sein?
2. Welche EDV-Berufsbezeichnungen sind Ihnen bekannt?
3. Welche Hauptaufgaben führt ein Systemanalytiker aus?
4. Welche Hauptaufgaben nimmt ein Systemprogrammierer wahr?
5. Welche Funktionen führt der Leiter der EDV aus?
6. Was versteht man unter einem Projektteam und welche Aufgaben führt es aus?
7. Welche Hauptfunktionen hat ein Operator?
8. Welche Funktionen führt ein Datenarchivar aus?
9. Welche Vorteile bietet der Einsatz von externen Beratern?
10. Nach welchen Kriterien soll ein Schulungsplan erstellt werden?

12 Datenschutz

Datenschutzfunktionen sind insbesondere nach dem Erlaß von einschlägigen Gesetzen zu einem komplexen und umfassenden Aufgabengebiet innerhalb der Datenverarbeitung geworden, das sich im wesentlichen auf die Einrichtung und Einhaltung von Datenschutzvorkehrungen sowie mit technischen und organisatorischen Maßnahmen zur Sicherung von Datenbeständen und Datenverarbeitungsabläufen bezieht.

So muß z.B. sichergestellt werden, daß kein Verlust oder keine unerwünschte bzw. unberechtigte Verarbeitung von Datenbeständen erfolgt, daß die Daten bei der Verarbeitung nicht verfälscht werden, daß die Daten reproduzierbar sind und daß der Datenzugriff nur berechtigten Personen möglich ist.

Generell versteht man unter Datenschutz den Schutz der Privatsphäre gegen den Mißbrauch von Daten über Personen (personenbezogene Daten). Datensicherung ist die Summe aller Vorkehrungen und Maßnahmen, mit denen Datensicherheit erreicht werden kann.

Datensicherheit ist die technisch / organisatorische Aufgabe, Dateien und Datenverarbeitung zu sichern.

Das Gesetz zum Schutz vor Mißbrauch personenbezogener Daten bei der Datenverarbeitung (Bundesdatenschutzgesetz – BDSG) ist mit seinen wesentlichen Bestimmungen zum 1. 1. 1978 in Kraft getreten. Die Vorschriften über Datensicherungsmaßnahmen zur Gewährleistung des Datenschutzes (§ 6 und Anlage zu § 6 Abs. 1 Satz 1 BDSG) sind seit 1. 1. 1979 gültig.

Zwischenzeitlich haben alle Bundesländer eigene Datenschutzgesetze erlassen. Diese gelten vorwiegend für die Landesbehörden. In den Landesdatenschutzgesetzen wird darüber hinaus die Datenschutzaufsicht für die Datenverarbeitung im wirtschaftlichen Bereich geregelt.

Das BDSG beschäftigt sich mit dem Datenschutz der Bundesbehörden und der freien Wirtschaft und ist als Rahmengesetz anzusehen.

Neben diesen Gesetzen des Bundes und der Länder gibt es noch sog. bereichsspezifische Datenschutzvorschriften, wie etwa Kirchengesetze über den Datenschutz, Melderechtsrahmengesetz usw. Nachfolgend wird nur auf einige Vorschriften des BDSG eingegangen.

In Anbetracht der komplexen Materie wird im übrigen auf Spezialliteratur über Datenschutz und Datensicherung verwiesen.

Das BDSG ist in 6 *Abschnitte* unterteilt, von denen der erste Abschnitt allgemeine Vorschriften, insbesondere Legalitätsdefinitionen enthält. Kernstück des Gesetzes bilden die Abschnitte II bis IV. Der II. Abschnitt behandelt die Datenverarbeitung der öffentlichen Stellen, also der Behörden und Verwaltungen (§§ 7 bis 21 BDSG), während die Abschnitte III und

IV die Datenverarbeitung privater Stellen regeln. Dabei unterscheidet das Gesetz zwischen der *Datenverarbeitung für eigene Zwecke* (§§ 22 bis 30 BDSG) und der *geschäftsmäßigen Datenverarbeitung* für fremde Zwecke (§§ 31 bis 40 BDSG). Da die Verarbeitung von Personaldaten in der Regel durch Betriebe, in denen die Arbeitnehmer beschäftigt sind, d.h. also für eigene Zwecke geschieht, ist im folgenden dem hierfür maßgebenden III. Abschnitt des Gesetzes besondere Aufmerksamkeit zu schenken.

Die Vorschriften des IV. Abschnitts (geschäftsmäßige Datenverarbeitung privater Stellen für fremde Zwecke) gliedern sich in drei Bereiche:
– Datenverarbeitung zum Zwecke der Übermittlung an andere, z.B. Adreßverlage und Auskunfteien;
– Verarbeitung zu anonymisierten Daten, z.B. Meinungsforschungsinstitute;
– Datenverarbeitung als Dienstleistung, z.B. Service-Rechenzentren.

Im Abschnitt VI. des BDSG sind Straf- und Bußgeldvorschriften enthalten.

12.1 Gegenstand des Datenschutzes

Das BDSG strebt eine grundlegende Neuordnung des Rechtes zum Schutz der Privatsphäre vor Mißbräuchen bei der Datenverarbeitung auf Bundesebene an. Es wird versucht, diese Problematik in den schutzrelevanten Bereichen des öffentlichen und privaten Lebens ohne Rücksicht auf die bei der Datenverarbeitung angewendeten Methoden zu regeln. Leider unterliegen jedoch wesentliche Bereiche von Bund und Ländern nicht dem BDSG.

Das BDSG schützt personenbezogene Daten (Nr. 1), die von Behörden oder sonstigen öffentlichen Stellen, von natürlichen oder juristischen Personen, Gesellschaften oder anderen Personenvereinigungen des privaten Rechts für eigene Zwecke oder geschäftsmäßig für fremde Zwecke in Dateien (Nr. 2) gespeichert, verändert, gelöscht oder aus Dateien übermittelt werden.

Einer Beeinträchtigung schutzwürdiger Belange der Betroffenen durch den Mißbrauch personenbezogener Daten bei ihrer

Speicherung (NR 3)
Übermittlung (NR 4)
Veränderung (NR 5)
Löschung (NR 6)

soll entgegengewirkt werden.

Der Anwendungsbereich des BDSG wird allgemein dadurch eingeschränkt, daß nur personenbezogene Daten, die in Dateien verarbeitet werden, dem Gesetz unterliegen.

Für personenbezogene Daten, die nicht zu Übermittlung an Dritte (DR 7) bestimmt sind und in nicht automatisierten Verfahren verarbeitet werden, gilt lediglich § 6 BDSG. Für deren Verarbeitung müssen technische und organisatorische Maßnahmen getroffen werden.

Personenbezogene Daten, die durch Unternehmen oder Hilfsunternehmen der Presse, des Rundfunks oder des Films ausschließlich zu eigenen publizistischen Zwecken verarbeitet werden, sind nicht geschützt. Für deren Verarbeitung müssen ebenfalls technische und organisatorische Maßnahmen nach § 6 Abs. 1 BDSG getroffen werden.

Sonderregelungen gelten u.a. auch für die Übermittlung von sog. freien Daten (Namen, Titel, akademische Grade, Geburtsdaten, Beruf, Branchen- oder Geschäftsbezeichnung, Anschrift, Rufnummer).

Sofern diese Daten listenmäßig oder in sonstiger Form zusammengefaßt sind und kein Grund zur Annahme besteht, daß dadurch schutzwürdige Belange der Betroffenen beeinträchtigt werden, dürfen sie übermittelt werden.

Die Verarbeitung personenbezogener Daten, die geschützt sind, ist nur zulässig, wenn:

- das BDSG oder eine andere Rechtsvorschrift dies erlaubt oder
- der Betroffene grundsätzlich schriftlich eingewilligt hat.

Generell unterliegen die Datenverarbeitungsmitarbeiter dem Datengeheimnis. Es ist ihnen untersagt, geschützte, personenbezogene Daten unbefugt zu einem anderen als dem zur jeweiligen Aufgabenerfüllung gehörenden Zweck zu bearbeiten, bekanntzugeben, zugänglich zu machen oder sonst zu nutzen. Diese Verpflichtung besteht auch nach Beendigung ihrer Tätigkeit fort.

Der genannte Personenkreis ist bei Aufnahme seiner Tätigkeit entsprechend zu verpflichten.

Grundsätzlich hat *jeder* nach Maßnahme des BDSG ein Recht auf:

- Auskunft über die zu seiner Person gespeicherten Daten;
- Berichtigung der zu seiner Person gespeicherten Daten, wenn sie unrichtig sind;
- Sperrung der zu seiner Person gespeicherten Daten, wenn sich weder deren Richtigkeit noch deren Unrichtigkeit feststellen läßt oder nach Wegfall der ursprünglich erfüllten Voraussetzungen für die Speicherung;
- Löschung der zu seiner Person gespeicherten Daten, wenn ihre Speicherung unzulässig war oder – wahlweise neben dem Recht der Sperrung – nach dem Wegfall der ursprünglich erfüllten Voraussetzungen für die Speicherung.

12.2 Wichtige Begriffe im BDSG

Das BDSG definiert die wichtigsten im Gesetz verwendeten Begriffe. In den zurückliegenden Ausführungen wurden diese Begriffe numeriert.

Obwohl diese Begriffe in ihrer Definition teilweise vom üblichen Sprachgebrauch abweichen, sind sie für die Ausführung des Gesetzes von Bedeutung.

Nr. 1:   *Personenbezogene* Daten sind Einzelangaben über persönliche oder sachliche Verhältnisse einer bestimmten oder bestimmbaren natürlichen Person (Betroffener).

Personenbezogene Daten müssen zunächst einer natürlichen Person, z.B. Privatperson, Einzelkaufleute, „Arbeitnehmer" zugeordnet werden können. Nicht unter Datenschutz fallen deshalb die Daten von juristischen Personen, z.B. Aktiengesellschaft sowie von Personenvereinigungen, z.B. OHG oder KG.

Grundsätzlich sind Einzelangaben Daten, die den Betroffenen bestimmen oder bestimmbar machen, wie z.B. Sozialversicherungsnummer, Personalnummer, Geburtsdatum, Zeugnisnoten, Krankheit, charakterliche Eigenschaften, Werturteile usw.

Die Einzelangaben können persönliche oder sachliche Verhältnisse, z.B. Einkommen, Eigentum usw. betreffen.

Nr. 2:   Eine *Datei* ist eine gleichartig aufgebaute Sammlung von Daten, die nach bestimmten Merkmalen erfaßt und geordnet, nach anderen bestimmten Merkmalen umgeordnet und ausgewertet werden kann, ungeachtet der dabei angewendeten Verfahren. Akten und Aktensammlungen fallen nicht unter den Begriff der Datei, es sei denn, daß sie durch automatisierte Verfahren umgeordnet und ausgewertet werden können.

Für die Anwendbarkeit des Dateibegriffes kommt es zunächst nicht darauf an, nach welchen Verfahren die Daten verarbeitet werden.

Gleichartig aufgebaut ist eine Sammlung von Daten dann, wenn sich diese entweder auf einem Datenträger, z.B. Karteikarten, Lochkarten usw. oder auf mehreren gleichartigen Datenträgern befindet. Die Daten müssen hierbei nach einer bestimmten Ordnung, wie z.B. nach Personalnummern gespeichert sein, wobei die Sammlung noch nicht unmittelbar geordnet sein muß; sie muß jedoch nach bestimmten Merkmalen geordnet werden können.

Unter Dateien sind also nicht nur reine Computerdateien sondern auch sog. Karteien, Lochkartensammlungen, Randlochkarteien oder auch Sammlungen von Wechseln und Schecks usw. zu verstehen.

Nr. 3:   *Speichern* ist das Erfassen, Aufnehmen und Aufbewahren von Daten auf einem Datenträger zum Zwecke ihrer weiteren Verwendung.

Nr. 4:   *Übermitteln* ist das Bekanntgeben gespeicherter oder durch die Datenverarbeitung unmittelbar gewonnener Daten an Dritte in der Weise, daß die Daten durch die speichernde Stelle weitergegeben oder zur Einsichtnahme namentlich zum Abruf bereitgehalten werden.

Nr. 5:   *Verändern* ist das inhaltliche Umgestalten gespeicherter Daten.

Nr. 6:   *Löschen* ist das Unkenntlichmachen gespeicherter Daten.

Nr. 7:   *Dritter* ist jede Person oder Stelle außerhalb der speichernden Stelle, ausgenommen der Betroffene oder diejenigen Personen und Stellen, die als speichernde Stelle im Auftrag tätig werden.

Nr. 8:   *Speichernde* Stelle ist jede der in § 1 Abs. 2 Satz 1 BDSG genannten Personen oder Stellen, die Daten für sich selbst speichert oder durch andere speichern läßt.

Das BDSG beschäftigt sich auch mit der Sperrung von Daten. Gesperrte Daten sind mit einem entsprechenden Vermerk zu versehen; sie dürfen nicht mehr verarbeitet, insbesondere übermittelt oder sonst genutzt werden. Die Sperrung selbst kann auf verschiedene Art und Weise bewirkt werden, z.B. durch Anlage einer Sperrdatei.

12.3 Datenverarbeitung nicht öffentlicher Stellen für eigene Zwecke

Von besonderer Bedeutung für die Wirtschaft sind die Vorschriften des III. Abschnittes des BDSG. Sie beschäftigen sich mit der Datenverarbeitung nicht öffentlicher Stellen für private Zwecke, also z.B. für ein Unternehmen, das mit Hilfe einer eigenen EDV-Anlage im Rahmen der Lohn- und Gehaltsabrechnung oder der Finanzbuchhaltung personenbezogene Daten verarbeitet.

Nachfolgend sollen die wichtigsten Vorschriften dieses Abschnittes des BDSG kurz dargestellt werden. Unter Beachtung des in § 22 des BDSG genannten Anwendungsbereiches ist grundsätzlich das Speichern und Verändern personenbezogener Daten im Rahmen der Zweckbestimmung eines Vertragsverhältnisses oder vertragsähnlichen Vertrauensverhältnisses mit dem Betroffenen oder soweit es zur Wahrung berechtigter Interessen der speichernden Stelle erforderlich ist und kein Grund zur Annahme besteht, daß dadurch schutzwürdige Belange des Betroffenen beeinträchtigt werden, zulässig.

Ein Vertragsverhältnis liegt z.B. dann vor, wenn bei Einstellung eines Arbeitnehmers für den Arbeitgeber die Pflicht zur Durchführung der Lohn- und Gehaltsabrechnung besteht. Die hierzu erforderlichen Daten dürfen gespeichert und entsprechend dem Vertragsverhältnis verändert werden.

Vertragsähnliche Rechtsbeziehungen können z.B. bei Einstellungsverhandlungen entstehen.

Die Speicherung von personenbezogenen Daten in nicht automatisierten Verfahren ist zulässig, soweit die Daten unmittelbar aus allgemein zugänglichen Quellen entnommen sind.

Auch die Übermittlung personenbezogener Daten ist im Rahmen der Zweckbestimmung eines Vertragsverhältnisses oder vertragsähnlichen Vertrauensverhältnisses oder soweit es zur Wahrung berechtigter Interessen der übermittelnden Stelle oder eines Dritten oder der Allgemeinheit erforderlich ist und dadurch schutzwürdige Belange des Betroffenen nicht beeinträchtigt werden, zulässig. Wenn ein Arbeitnehmer z.B. im Rahmen der bargeldlosen Gehaltsauszahlung seine Kontonummer angibt, so ist deren Übermittlung an die auszahlende Bank zulässig.

Der Betroffene ist darüber zu benachrichtigen, wenn erstmals zu seiner Person Daten gespeichert werden, es sei denn, daß er auf andere Weise Kenntnis von der Speicherung erlangt hat.

Der Betroffene kann Auskunft über die zu seiner Person gespeicherten Daten verlangen.

Werden die Daten automatisch verarbeitet, kann der Betroffene Auskunft auch über die Personen und Stellen verlangen, an die seine Daten regelmäßig übermittelt werden. Er soll die Art der personenbezogenen Daten, über die Auskunft erteilt werden soll, näher bezeichnen. Grundsätzlich wird die Auskunft schriftlich erteilt.

Die Vorschriften über die Auskunfterteilung gelten nicht, soweit

– das Bekanntwerden personenbezogener Daten die Geschäftszwecke oder Ziele der speichernden Stelle erheblich gefährden würde und berechtigte Interessen des Betroffenen nicht entgegenstehen;

– die zuständige öffentliche Stelle gegenüber der speichernden Stelle festgestellt hat, daß das Bekanntwerden der personenbezogenen Daten die öffentliche Sicherheit oder Ordnung gefährden oder sonst dem Wohl des Bundes oder eines Landes Nachteile bereiten würde;
– die personenbezogenen Daten nach einer Rechtsvorschrift oder ihrem Wesen nach, namentlich wegen der überwiegenden berechtigten Interessen einer dritten Person, geheimgehalten werden müssen;
– die personenbezogenen Daten unmittelbar aus allgemein zugänglichen Quellen entnommen sind;
– die personenbezogenen Daten deshalb gesperrt sind, weil sie aufgrund gesetzlicher, satzungsmäßiger oder vertraglicher Aufbewahrungsfristen nicht gelöscht werden dürfen.

Für die Auskunft kann grundsätzlich ein Entgelt verlangt werden, das über die durch die Auskunftserteilung entstandenen, direkt zurechenbaren Kosten nicht hinausgehen darf.

Wenn durch besondere Umstände die Annahme gerechtfertigt wird, daß personenbezogene Daten unrichtig oder unzulässig gespeichert werden, oder in denen die Auskunft ergeben hat, daß diese zu berichtigen bzw. zu löschen sind, so kann kein Entgelt für die Auskunftserteilung verlangt werden.

Personenbezogene Daten sind zu berichtigen, wenn sie unrichtig sind.

Personenbezogene Daten sind zu sperren, wenn ihre Richtigkeit vom Betroffenen bestritten wird und sich weder die Richtigkeit noch die Unrichtigkeit feststellen läßt. Sie sind ferner zu sperren, wenn ihre Kenntnis für die Erfüllung des Zweckes der Speicherung nicht mehr erforderlich ist.

Personenbezogene Daten können gelöscht werden, wenn ihre Kenntnis für die Erfüllung des Zweckes der Speicherung nicht mehr erforderlich ist und kein Grund zur Annahme besteht, daß durch die Löschung schutzwürdige Belange des Betroffenen beeinträchtigt werden.

Sie sind zu löschen, wenn ihre Speicherung unzulässig war oder wenn es der Betroffene bei gesperrten Daten, deren Kenntnis für die Erfüllung des Zweckes der Speicherung nicht mehr erforderlich ist, verlangt.

Daten über gesundheitliche Verhältnisse, strafbare Handlungen, Ordnungswidrigkeiten sowie religiöse oder politische Anschauungen sind zu löschen, wenn ihre Richtigkeit von der speichernden Stelle nicht bewiesen werden kann.

12.4 Der Datenschutzbeauftragte

Natürliche oder juristische Personen, die Datenverarbeitung für eigene Zwecke oder geschäftsmäßig Datenverarbeitung für fremde Zwecke durchführen, haben einen Datenschutzbeauftragten zu bestellen, wenn bei automatisierter Datenverarbeitung mindestens 5 oder bei der herkömmlichen Verarbeitung von personenbezogenen Daten mindestens 20 Arbeitnehmer ständig beschäftigt sind. Dies bedeutet, daß bei der Ermittlung dieser Grenzen sämtliche Arbeitnehmer zu berücksichtigen sind, die Datenverarbeitungsaufgaben ausführen. Hierzu gehören z.B. bei automatisierten Verfahren nicht nur Systemanalytiker und Programmierer sondern auch Mitarbeiter, die mit der Erfassung und Veränderung von Daten beschäftigt sind.

Ein Datenschutzbeauftragter muß die zur Durchführung seiner Aufgaben erforderliche Fachkunde und Zuverlässigkeit besitzen. Bei Anwendung seiner Fachkunde auf dem Gebiet des Datenschutzes ist er weisungsfrei, darf in Erfüllung seiner Aufgaben nicht benachteiligt, sondern muß vielmehr von den Leitungsorganen unterstützt werden.

Der Datenschutzbeauftragte ist der obersten Geschäftsleitung unmittelbar zu unterstellen. Es ist nicht erforderlich, daß ein Datenschutzbeauftragter Arbeitnehmer des Unternehmens ist. Vielmehr ist es möglich, auch einen externen Sachverständigen zum Datenschutzbeauftragten zu bestellen.

Die Hauptaufgabe des Datenschutzbeauftragten besteht darin, die Ausführung des BDSG sowie andere Vorschriften über den Datenschutz sicherzustellen. Er hat insbesondere:

— eine Übersicht über die Art der gespeicherten personenbezogenen Daten und über die Geschäftszwecke und Ziele, zu deren Erfüllung die Kenntnis dieser Daten erforderlich ist, über deren regelmäßige Empfänger sowie über die Art der eingesetzten automatisierten Datenverarbeitungsanlagen zu führen;
— die ordnungsmäßige Anwendung der Datenverarbeitungsprogramme, mit deren Hilfe personenbezogene Daten verarbeitet werden sollen, zu überwachen;
— die bei der Verarbeitung personenbezogener Daten tätigen Personen durch geeignete Maßnahmen mit den Vorschriften des BDSG sowie anderer Vorschriften über den Datenschutz, bezogen auf die besonderen Verhältnisse in diesem Geschäftsbereich und die sich daraus ergebenden besonderen Erfordernisse für den Datenschutz vertraut zu machen.

In der Literatur gibt es eine Reihe von Vorschlägen, wie die Aufgaben des Datenschutzbeauftragten im weitesten Sinne erfüllt werden können und welche Eigenschaften bzw. welches Wissen er aufweisen sollte.

12.5 Maßnahmen zur Datensicherung nach dem BDSG

Der Begriff „Datensicherung" wird im BDSG nicht ausdrücklich verwendet. Im § 6 des Gesetzes, der für jede Verarbeitung personenbezogener Daten in Dateien sowohl mittels automatisierten als auch mittels nicht automatisierten Verfahren gilt, ist jedoch auf die Durchführung von technischen und organisatorischen Maßnahmen verwiesen, die als Datensicherungsfunktionen zu bezeichnen sind.

Datensicherungsmaßnahmen sind nur erforderlich, wenn ihr Aufwand in einem angemessenen Verhältnis zum angestrebten Schutzzweck steht. Dies bedeutet, daß diejenigen Sicherungsmaßnahmen von einem Betrieb zu treffen sind, die als notwendig erachtet werden, wobei die Beweislast beim Unternehmen selbst liegt, und zwar sowohl im Hinblick auf Art als auch im Hinblick auf Umfang von entsprechenden Maßnahmen.

Für die Verarbeitung personenbezogener Daten in automatisierten Verfahren werden in der Anlage zu § 6 Abs. 1 Satz 1 BDSG ergänzend 10 Maßnahmen zur Datensicherung genannt, die für die Praxis von großer Bedeutung sind und auf die nachfolgend kurz eingegangen wird.

12.5.1 Zugangskontrolle

Unbefugten ist der Zugang zu Datenverarbeitungsanlagen, mit denen personenbezogene Daten verarbeitet werden, zu verwehren.
Folgende Maßnahmen der Zugangskontrolle sind denkbar:

- Closed-Shop-Betrieb;
- Einführung von Besucher- bzw. Berechtigungsausweisen;
- Exakte Festlegung der Zugangsberechtigung zu DV-Räumen;
- Spezifische Schlüsselregelungen;
- Bauliche Maßnahmen wie z.B. Einbau von Schleusen usw.

12.5.2 Abgangskontrolle

Personen, die bei der Verarbeitung personenbezogener Daten tätig sind, sind daran zu hindern, daß sie Datenträger unbefugt entfernen.
Folgende Maßnahmen der Abgangskontrolle sind denkbar:

- Aufbewahrung der Datenträger in spezifischen Sicherheitsschränken;
- Erstellung eines Datenarchivs;
- Regelmäßige Durchführung von Datenträgerbestandskontrollen;
- Führung von exakten Aufzeichnungen über die Ausgabe von Datenträgern;
- Erarbeitung von Regelungen über die Vernichtung von Datenträgern sowie über die Anfertigung von Duplikaten usw.

12.5.3 Speicherkontrolle

Die unbefugte Eingabe in den Speicher sowie die unbefugte Kenntnisnahme, Veränderung oder Löschung gespeicherter personenbezogener Daten ist zu verhindern.
Folgende Maßnahmen der Speicherkontrolle sind denkbar:

- Erstellung von Richtlinien für die Organisation von Dateien;
- Anfertigung von Protokollen über die Benützung von Dateien;
- Verwendung von Benutzerkennziffern für den Aufbau und den Zugriff zu Dateien und Programmen usw.

12.5.4 Benutzerkontrolle

Die Benutzung von Datenverarbeitungssystemen, aus denen oder in die personenbezogene Daten durch selbsttätige Einrichtungen übermittelt werden, durch unbefugte Personen ist zu verhindern.

Folgende Maßnahmen der Benutzerkontrolle sind denkbar:

- Erarbeitung von sog. Identifikationsschlüsseln;
- Zuordnung einzelner Ein- und Ausgabestationen zu entsprechenden Identifikationsmerkmalen;
- Anlage von Protokollen im Hinblick auf die Benützung von Datenstationen;
- Erarbeitung von Richtlinien zur Benutzerberechtigung usw.

12.5.5 Zugriffskontrolle

Es ist zu gewährleisten, daß die Benutzung eines Datenverarbeitungssystems Berechtigten durch selbsttätige Einrichtungen ausschließlich auf die ihrer Zugriffsberechtigung unterliegenden personenbezogenen Daten zugreifen können.

Folgende Maßnahmen der Zugriffskontrolle sind denkbar:

- Erarbeitung von Richtlinien für den Datenzugriff;
- Programmtechnische Überprüfung des Zugriffs auf Daten;
- Zeitliche und funktionelle Begrenzung der Zugriffsmöglichkeiten;
- Anlage von Protokollen usw.

12.5.6 Übermittlungskontrolle

Es ist zu gewährleisten, daß überprüft und festgestellt werden kann, an welche Stellen personenbezogene Daten durch selbsttätige Einrichtungen übermittelt werden können.

Folgende Maßnahmen der Übermittlungskontrolle sind denkbar:

- Aufstellung derjenigen Stellen, an die Daten übermittelt werden;
- Protokollierung von Datenübermittlungen;
- Erarbeitung von spezifischen Abruf- und Übermittlungsprogrammen mit entsprechender Dokumentation usw.

12.5.7 Eingabekontrolle

Es ist zu gewährleisten, daß nachträglich überprüft und festgestellt werden kann, welche personenbezogenen Daten zu welcher Zeit von wem in Datenverarbeitungssysteme eingegeben worden sind. Dieses Ziel kann im wesentlichen durch eine Protokollierung der Eingaben erreicht werden.

12.5.8 Auftragskontrolle

Es ist zu gewährleisten, daß personenbezogene Daten, die im Auftrag bearbeitet werden, nur entsprechend den Weisungen des Auftraggebers verarbeitet werden können.
Folgende Maßnahmen der Auftragskontrolle sind denkbar:

- Sorgfältige Festlegung von Aufgaben, Kompetenzen und Verantwortung zwischen Auftragnehmer und Auftraggeber;
- Laufende Kontrolle der Arbeit des Auftragnehmers durch den Auftraggeber;
- Sorgfältige Auswahl des Auftragnehmers usw.

12.5.9 Transportkontrolle

Es ist zu gewährleisten, daß bei der Übermittlung personenbezogener Daten, sowie beim Transport entsprechender Datenträger, diese nicht unbefugt gelesen, verändert oder gelöscht werden können.
Folgende Maßnahmen der Transportkontrolle sind denkbar:

- Verschlüsselung von Daten;
- Durchführung von Vollständigkeits- und Richtigkeitsprüfungen;
- Beachtung spezifischer Versandvorschriften usw.

12.5.10 Organisationskontrolle

Die innerbehördliche oder innerbetriebliche Organisation ist so zu gestalten, daß sie den besonderen Anforderungen des Datenschutzes gerecht wird.
Folgende Maßnahmen zur Organisationskontrolle sind denkbar:

- Funktionstrennung zwischen den DV-Mitarbeitern;
- Durchführung des sog. Vier-Augen-Prinzips;
- Erarbeitung von aussagefähigen und umfassenden Dokumentationsunterlagen;
- Erarbeitung eines EDV-Organisationshandbuches;
- Erarbeitung von Richtlinien für organisatorische Maßnahmen usw.

Abschließend sei betont, daß es in der Praxis eine Vielzahl von Datensicherungsmaßnahmen gibt, die geeignet sind, die Einhaltung der Vorschriften des BDSG zu gewährleisten. Ergänzend sei auch darauf hingewiesen, daß die Notwendigkeit der Datensicherung generell und nicht nur speziell im Hinblick auf Datenschutz gesehen werden muß.

Zusammenfassend kann ausgeführt werden, daß Datenschutz und Datensicherung heute mehr denn je zu einem vielschichtigen und umfassenden Problemkreis innerhalb des weiten Bereiches der Datenverarbeitung geworden sind. Die Vorschriften des BDSG, die in den zurückliegenden Ausführungen nur überblickartig und in einigen Teilbereichen behandelt werden konnten, haben weitreichende Konsequenzen für die Unternehmen mit sich gebracht. Sie bedürfen in vielen Fällen der betriebsindividuellen Ausgestaltung und zukünftig in wesentlichen Punkten auf der Basis praktischer Erfahrungen der konkretisierenden Interpretation bzw. gesetzlichen Fortentwicklung.

Generell gilt jedoch, daß im Hinblick auf Datenschutz und Datensicherung auch die besten Richtlinien und die perfektesten Maßnahmen relativ wenig nützen, wenn sie nicht von dem verantwortungsbewußten Handeln der Mitarbeiter getragen werden.

12.6 Überwachungsmaßnahmen, Straf- und Bußgeldvorschriften

Für die Überwachung des Datenschutzes sind Kontrollorgane vorgesehen. Die Aufgaben der nach Landesrecht zuständigen Aufsichtsbehörden unterscheiden sich in wesentlichen Punkten danach, ob im Einzelfall Datenverarbeitung für eigene oder für fremde Zwecke durchgeführt wird.

Wenn personenbezogene Daten von privaten Unternehmen für eigene Zwecke verarbeitet werden, so wird die nach Landesrecht zuständige Aufsichtsbehörde tätig, wenn ein Betroffener begründet darlegt, daß er bei der Verarbeitung seiner personenbezogenen Daten in seinem Rechte verletzt worden ist oder wenn der Datenschutzbeauftragte die Aufsichtsbehörde anruft.

Soweit personenbezogene Daten geschäftsmäßig für fremde Zwecke verarbeitet werden, sind die Aufgaben der Aufsichtsbehörde insofern erweitert, als sie zusätzlich zu den bereits genannten Aufgaben ein Anmelderegister führen.

Die Aufsichtsbehörden haben relativ weitgehende Rechte. Ihnen sind grundsätzlich die notwendigen Auskünfte zu erteilen. Sie sind außerdem berechtigt, Prüfungen und Besichtigungen vorzunehmen.

Grundsätzlich wird mit Freiheitsstrafe mit bis zu einem Jahr oder mit Geldstrafe bestraft, wer unbefugt geschützte personenbezogene Daten, die nicht offenkundig sind, übermittelt, verändert, abruft oder sich aus in Behältnissen verschlossenen Dateien beschafft.

Erfolgen diese unbefugten Handlungen gegen Entgelt oder in der Absicht, sich oder einen anderen zu bereichern oder einen anderen zu schädigen, so wird eine Freiheitsstrafe bis zu zwei Jahren oder eine Geldstrafe verhängt.

Das BDSG sieht auch Ordnungswidrigkeiten vor, die mit Geldbußen bis zu DM 50 000, – geahndet werden können. Ordnungswidrig handelt z.B., wer vorsätzlich oder fahrlässig einen Datenschutzbeauftragten nicht oder nicht rechtzeitig bestellt.

12.7 Novellierung des Bundesdatenschutzgesetzes

Schon seit längerer Zeit sind Bemühungen im Gange, das seit 1978 geltende Bundesdatenschutzgesetz dem zwischenzeitlich aufgetretenen technologischen Fortschritt auf dem Gebiet der automatisierten Datenverarbeitung anzupassen, in der Praxis aufgetretene Auslegungsfragen zum Datenschutzrecht soweit als möglich zu klären und das BDSG somit insgesamt neu zu fassen.

Zum Zeitpunkt der Drucklegung der 5. Auflage dieses Buches liegt ein weiterer Entwurf zur Neufassung des BDSG vor, den die zuständigen parlamentarischen Gremien bis dato jedoch noch nicht abschließend beraten bzw. noch nicht beschlossen haben.

Ein wesentlicher Ausgangspunkt für die notwendige Novellierung des BDSG ist das sog. Volkszählungsurteil des Bundesverfassungsgerichts vom 15. Dezember 1983 zum Volkszählungsgesetz 1983 (BVerfGE 65,1 ff.)

In diesem Urteil hat das Bundesverfassungsgericht u.a. festgestellt:
- unter den Bedingungen der modernen Datenverarbeitung wird der Schutz des einzelnen gegen unbegrenzte Erhebung, Speicherung, Verwendung und Weitergabe seiner persönlichen Daten von dem allgemeinen Persönlichkeitsrecht des Artikels 2 Abs. 1 in Verbindung mit Artikel 1 Abs. 1 des Grundgesetzes umfaßt. Das Grundrecht gewährleistet somit die Befugnis des einzelnen, grundsätzlich über die Preisgabe und Verwendung seiner persönlichen Daten zu bestimmen.
- Einschränkungen dieses Rechts auf sog. informationelle Selbstbestimmung sind nur im überwiegenden Allgemeininteresse zulässig. Sie bedürfen einer verfassungsgemäßen gesetzlichen Grundlage, die dem rechtsstaatlichen Gebot der Normenklarheit entsprechen muß. Bei seinen Regelungen hat der Gesetzgeber ferner den Grundsatz der Verhältnismäßigkeit zu beachten. Auch hat er organisatorische und verfahrensrechtliche Vorkehrungen zu treffen, welche der Gefahr einer Verletzung der Persönlichkeitsrechte entgegenwirken.

Das Bundesverfassungsgericht hat in diesem Urteil wichtige Anforderungen an den Datenschutz vorgegeben und insbesondere festgestellt, daß der Datenschutz die Wahrung des Rechts auf informationelle Selbstbestimmung und seine Abgrenzung gegenüber einem höherrangigen Allgemeininteresse beinhalten muß.

Nach dem derzeitigen Entwurf zur Novellierung soll auch künftig an der bisherigen Grundkonzeption des BDSG festgehalten werden. Insbesondere soll sein Anwendungsbereich nach wie vor auf in Dateien gespeicherte personenbezogene Daten beschränkt bleiben. Auch die bisher gültigen technischen und organisatorischen Maßnahmen (siehe Ziffer 12.5.1 – 12.5.10) sind im Entwurf unverändert übernommen.

Entsprechend der Begründung im Entwurf zur Neufassung soll das BDSG im wesentlichen wie folgt weiterentwickelt werden:

a) Verstärkung der Zweckbindung bei der Verarbeitung und Nutzung personenbezogener Daten sowohl im öffentlichen als auch im nichtöffentlichen Bereich, enumerative Festlegung der Ausnahmen,

b) Verstärkung der Rechte der Betroffenen sowohl im öffentlichen als auch im nichtöffentlichen Bereich, insbesondere durch
   - erweiterte Auskunftsrechte,
   - Unentgeltlichkeit der Auskunft,
   - Löschungsrechte,
   - Widerspruchsrecht bei Werbung,
   - verschuldensunabhängigen Schadenersatzanspruch,
c) Festlegung der Zulässigkeitsvoraussetzungen für automatisierte Abrufverfahren,
d) Ausweitung der Befugnisse des Bundesbeauftragten für den Datenschutz,
e) Ausweitung der Befugnisse der Aufsichtsbehörden,
f) Regelungen für die Medien
g) Regelungen der Datenverarbeitung für Zwecke der wissenschaftlichen Forschung.

Im Entwurf zur Neufassung des BDSG ist auch ein neuer Aufbau des Gesetzes vorgesehen, um die Zahl der Verweisungen zu reduzieren.

FRAGEN ZU KAPITEL 12:

1. Was versteht man unter ,,personenbezogenen Daten''?
2. Was versteht man unter sog. freien Daten, unter welchen Umständen dürfen sie übermittelt werden?
3. Erläutern Sie den Begriff ,,Datei'', wie er im BDSG umschrieben wird.
4. Nennen Sie die vier ,,Grundrechte'' nach dem BDSG.
5. Unter welchen Voraussetzungen müssen Daten nach dem BDSG gesperrt werden?
6. Unter welchen Voraussetzungen ist bei Datenverarbeitung nicht öffentlicher Stellen für private Zwecke die Speicherung von personenbezogenen Daten möglich?
7. Nennen Sie die Aufgaben eines Datenschutzbeauftragten.
8. Wer kann zum Datenschutzbeauftragten ernannt werden?
9. Was versteht man unter einer Zugriffskontrolle?
10. Welche Maßnahmen sind zur Organisationskontrolle denkbar?

Anhang

BASIC

Elemente der BASIC-
Programmanweisungen

Programmanweisung

Jedes Programm, mit dem die Arbeit des Computers gesteuert wird, besteht aus einzelnen *Programmanweisungen*, die nicht länger als eine Zeile sein sollen. Sie setzen sich zusammen aus einer Anweisungsnummer, einem BASIC-Programmbefehl und einem Text bzw. einem mathematischen Term. Leerstellen können eingefügt werden, um die Lesbarkeit zu verbessern; sie werden vom System ignoriert.

Beispiele: 10 INPUT   A,B
20            $X = 2 * A + 3 * B**2$
30 PRINT   ''Das Ergebnis ist:''

40 PRINT   X

System-Befehle

NEW	löscht ein BASIC-Programm im Arbeitsspeicher endgültig
LIST	listet ein Programm (es bleibt im Speicher)
LIST 2000 – 3000	listet das Programm von Zeile 2000 bis 3000
RUN	startet ein im Arbeitsspeicher befindliches Programm
60 PRINT X	speichert die Anweisung PRINT X als Zeile mit der Nummer 60
60	löscht die Zeile 60
SAVE ''OTTO''	speichert ein im Arbeitsspeicher befindliches Programm auf einem externen Speicher unter dem Namen ''OTTO''
LOAD ''VERA''	lädt ein Programm mit dem Namen ''VERA'' von einem externen Speicher (Diskette) in den Arbeitsspeicher

Benutzung von Variablen

Realvariable	A, ..., Z, AØ, ..., Z9, AA, ..., ZZ
Stringvariable	A$, ..., Z$, AØ$, ..., Z9$, AA$, ..., ZZ$
Feldvariable (indiz. Var.)	z.B. A(5), A$(6), B(7,8), Z(X − 3)

Rechen- und Vergleichsanweisungen

numerische Operatoren	+ − * / ↑ oder * *
Vergleichsoperatoren	< > = < = > = < >
Verkettungsoperator (für Strings)	+

Mathematische Standardfunktionen

ABS(X)	[x]	Absolutwert von x: $x = \begin{cases} x \text{ für } x > 0 \\ 0 \text{ für } x = 0 \\ -x \text{ für } x < 0 \end{cases}$
INT(X)	[x]	größter ganzzahliger Wert der kleiner oder gleich x ist
SQR(X)	$\sqrt{x}$	Quadratwurzel von x
COS(X)		Cosinusfunktion
SGN(X)		Signumfunktion: $sgn\, x = \begin{cases} -1 \text{ für } x < 0 \\ 0 \text{ für } x = 0 \\ +1 \text{ für } x > 0 \end{cases}$
SIN(X)		Sinusfunktion
TAN(X)		Tangensfunktion
ATN(X)		Arcustangensfunktion
EXP(X)		Exponentialfunktion zur Basis e = 2, 71828 ...
LOG(X)		natürlicher Logarithmus
RND(X)		Zufallszahl aus]0; 1[

Dateneingabe

− über Tastatur

INPUT X, Y — Das Programm wartet, bis zwei Daten für X und Y eingegeben werden.

− über Datenliste

DATA 0, 8, 15, 1.3 — Definition einer Datenliste

READ B, C — liest die nächsten zwei Werte aus der Datenliste und ordnet sie B und C zu.

RESTORE — die folgende READ-Anweisung beginnt mit dem Lesen beim ersten Datenelement der Liste

Datenausgabe über den Bildschirm

PRINT X	gibt den Wert von X aus
PRINT X, Y; TAB(30); Z	gibt den Wert von X, Y und Z formatiert aus (Formatsteuerung durch Komma, Strichpunkt und TAB)
PRINT USING	Formatsteuerung durch Maske

Wertzuweisung

X = 1.4	1.4 wird nach X übertragen
Y = Y + 10	der Wert von Y wird um 10 erhöht, Ergebnis in Y
A = SQR (B↑2 + C ↑ 2)	A erhält den Wert von $\sqrt{B^2 + C^2}$

Programmablaufsteuerung

GOTO 50	unbedingter Sprungbefehl zur Zeile 50
STOP	unterbricht das Programm (Fortsetzung mit CONT)
END	Programmende
IF A = B THEN Anweisung oder Zeilennummer	Wenn A = B ist, wird das Programm mit der Anweisung oder Zeile, sonst in der nächsten Zeile fortgesetzt.
IF X = Y THEN 20	Wenn X = Y ist, wird zur Zeile 20 verzweigt
FOR A = 1 TO 20 STEP 3	Wiederholungsanweisung mit Zähler und Dreierschritt
PRINT A	
NEXT A	
ON Z GOTO 100	setzt bei Z = 1 in Zeile 100 fort
GOSUB 500	startet ein Unterprogramm in Zeile 500
RETURN	Rückkehr zur Anweisung, die der vorausgehenden GOSUB-Anweisung folgt
ON Z GOSUB 100	startet nur bei Z = 1 das Unterprogramm in Zeile 100

Vereinbarungen

REM SIMPELPROGRAMM	dient der Kommentierung
DIM F(5), A$(20)	legt Indexbereich für die Felder fest
DEF FNF(y) = B*Z↑2+A	Funktion

Stringverarbeitung

A$ = ''NIEMAND''	Wertzuweisung an A$
B$ = B$ + ''DM''	fügt das Zeichen DM an den bisherigen Inhalt von B$ an (Stringverkettung)

PRINT MID$ (A$, 5, 6)	gibt den Teilstring von A$ aus, der ab der Stelle 5 beginnt und 6 Zeichen lang ist
entsprechend:	
PRINT LEFT$ (A$, 5)	gibt die linken 5 Zeichen von A$ aus
PRINT RIGHT$ (A$, 6)	gibt die rechten 6 Zeichen von A$ aus
PRINT LEN (A$)	gibt die Länge (Anzahl der Zeichen) von A$ aus

Dateiverarbeitung

OPEN	eröffnet eine Datei
abhängig vom BASIC-Dialekt	
CLOSE	
abhängig vom Dialekt	schließt die Datei

Literaturverzeichnis

I. Ausgewählte Bücher

Acker, H.B., ,,Organisationsanalyse'', 9. Aufl. Bad Homburg v.d.H.

Alteneder, A. ,,Keine Angst vor dem Computer'' Aarau, Stuttgart 1984

Amkreuz, C. ,,Wörterbuch der Datenverarbeitung'' 2. Aufl., Köln 1984

AWV Arbeitsgemeinschaft für wirtschaftliche Verwaltung e.V. ,,Begriffe aus der Text- und Informationsverarbeitung und ihre Definitionen'' Baden-Baden, o.J.

Balzert, H. ,,Software – Ergonomie in Theorie und Praxis'' Berlin, New York 1985

Bangert, V. ,,Computer-Grundwissen'' München 1984

Becker, M. ,,EDV-Wissen für Anwender'' Zürich, 1982

Bernecker/Büch/Freudenthal/Schaefer ,,So arbeiten Führungskräfte mit dem Personalcomputer effectiv'' Landsberg, 1984

Biethahn, J. ,,Einführung in die EDV für Wirtschaftswissenschaftler'' 3. Aufl., Wien 1985

Braune/Streck, ,,Praktische Methoden der Bilanzanalyse und Bilanzkritik mit dem Personalcomputer'', Landsberg, 1984

Brenneis, F.J./Roth, W./Schultheiss, R.R., ,,EDV für das gesamte Rechnungswesen, 3. Aufl., Stuttgart 1975

Brenneis, F.J., ,,Tendenzen der EDV-Wirtschaftlichkeitsanalyse von EDV-Systemen, in: Jahrbuch der EDV-Akademie II'', Stuttgart – Wiesbaden 1973

Brepohl, Klaus ,,Lexikon der neuen Medien'' Köln, 1985

Busch, Ulrich ,,Konzeption betrieblicher Informations- und Kommunikationssysteme'' Bielefeld, 1983

Diemer, W.R., ,,Organisation/EDV'', Frankfurt/M. 1980

,,EDV-Kennzahlen, Praxisbezogenes Instrumentarium zur Beurteilung der EDV-Wirtschaftlichkeit'', Hrsg. Schweizerische Vereinigung für Datenverarbeitung, Bern, 2. Aufl. Bern 1981

End, W., ,,Softwareentwicklung'', München, 4. Aufl. 1984

Fellbaum, Klaus/Hartlep, Rainer ,,Lexikon der Telekommunikation'' Berlin, 1983

Fischbach, F., ,,Allgemeine Grundlagen der EDV'', 6. Aufl. Lochham 1981

Fischer, G., ,,Theorien und Systeme der Mensch – Computer – Kommunikation'', Berlin, New York, 1985

Futh, H., ,,Rationalisierung der Datenverarbeitung'', München 1981

Ganzhorn, K.E./Schulz, K.M./Walter, W., ,,Datenverarbeitungssysteme, Aufbau und Arbeitsweise'', Heidelberg 1981

Gerken, W. ,,Grundlagen systematischer Programmentwicklung'', Mannheim, Wien, Zürich, 1985

Gottlog, Max Peter ,,Was Führungskräfte von Mikroprozessoren wissen müssen'', Landsberg, 1983

Grob, H./Reepmeyer, J. ,,Einführung in die EDV'', München, 1984

Grochla, E./Breithardt, J./Lippold, H./Reindl, E./Weber, H., ,,Handbuch der Textverarbeitung'', Landsberg 1983

Hamann, G. ,,Datenverarbeitung mit COBOL'', Stuttgart, 1985

Hambeck, ,,Einführung in das Programmieren in COBOL'', 3. Aufl. 1981

Hansen, H.R./Maier, B., ,,Grundzüge der Datenverarbeitung und Anwendungsprogrammentwicklung'', München 1980

Helber, C., ,,Entscheidungen bei der Gestaltung optimaler EDV-Systeme'', München 1981

Horváth, (Hrsg.), ,,Controlling und automatisierte Datenverarbeitung'', Wiesbaden 2. Aufl.

Jamin, K., Schaetzing, E.E., Spitschka, H., ,,Organisation und Datenverarbeitung in Hotellerie und Gastronomie'', München, 2. Aufl., 1982

Jamin, K., Roos, J., Spitschka, H., ,,Organisation und Datenverarbeitung'', Bad Homburg, 1984

Jamin, Klaus ,,Computer-Lexikon'' München, 1984

Jamin, Klaus/Marx, Norbert ,,Computer-Tagebuch'' München, 1985

Jantzen, Werner/Friedemann, Jan C. ,,Personalcomputer-Einsatz im Verkauf'', Landsberg, 1985

Jantzen, Werner/Gerstendörfer, Reinhold, ,,Personalcomputer-Einsatz im Einkauf'', Landsberg, 1985 1978

Kenniston, W., Lord, jr., ,,So arbeiten Sie problemlos mit Ihrem IBM-Personalcomputer'', Landsberg, 1984

Kerner, H./Bruckner, G., ,,Rechnernetzwerke'', Wien 1981

Krallmann, H., ,,Lokale und öffentliche Netze'', Berlin, Heidelberg, New York, Tokyo, 1984

Krallmann, Hermann, ,,Verträglichkeitsanforderungen an integrierte Büroinformations- und -kommunikationssysteme'', Bielefeld, 1984

Littmann, H.E., ,,Handbuch der modernen Datenverarbeitung'', Loseblattsammlung, Stuttgart

Löbel, G./Schmid, H./Müller, P., ,,Lexikon der Datenverarbeitung'', 9. Aufl., München 1985

Ludewig, J., ,,Sprachen für die Programmierung'', Mannheim, Wien, Zürich, 1985

Marx, Norbert, ,,Mit dem PC/Host zum ,Office for the future' '' Berlin, 1984

Mcgilton, H./Morgan, R., ,,Einführung in das UNIX-System'' Hamburg, 1984

Moos, L., ,,Zahlensysteme'', München 6. Aufl., 1981

Moos, L., ,,Struktur und Arbeitsweise von Datenverarbeitungsanlagen, Eine Einführung'', 2. Aufl., Erlangen 1981

Müller, P./Löbel, G., ,,EDV-Taschenlexikon'', 12. Aufl. Landsberg 1984

Müller, P., ,,Lexikon der Datenverarbeitung'', 9. Aufl. Landsberg 1985

Müller, Peter, ,,EDV-Taschenlexikon'', 12. Aufl., Landsberg 1984

Müller, Peter ,,Microcomputer – Lexikon'' Landsberg, 1984

Nenner, Dieter ,,Das Macintosh-Arbeitsbuch''

Nenner, Dieter ,,Managen mit LISA und anderen leistungsfähigen PC-Systemen'' Landsberg, 1984

Pest, Werner ,,Harware-Auswahl leicht gemacht'' Haar, 1981

Picot, Arnold/Reichwald, Ralf ,,Bürokommunikation 1. Kommunikationstechnik und Anwender; Bürokommunikation 2. Kommunikationstechnik und Nutzerverhalten; Bürokommunikation 3. Kommunikationstechnik und Organisation; Bürokommunikation 4. Kommunikationstechnik und Öffentliche Verwaltung; Bürokommunikation 5. Kommunikationstechnik und Wirtschaftlichkeit; Bürokommunikation 6. Kommunikationstechnik und Aufgabe; Bürokommunikation 7. Kommunikationstechnik und Sekretariat; Bürokommunikation – Leitsätze für den Anwender''; München, 1984, 1985

Plate, J. ,,Betriebssystem CP-M'' München, 1984

Pusch, E./Gipp, W., ,,Einführung EDV'', 3. Aufl. München 1981

Sawusch, Mark ,,1001 Anwendungen für Ihren persönlichen Computer'' Landsberg, 1982

Schnupp, P./Müller, K. ,,UNIX, Programmieren mit Kommandos'' München, 1985

Schroeder, C. ,,Einführung in die EDV'' Köln, 1984

Schware, Robert ,,Lotus 1-2-3 im Unternehmen'' Landsberg, 1985

Seibt, D./Szyperski, N./Hasenkamp, U. ,,Angewandte Informatik'' Braunschweig, 1985

Tenzer, Gerd ,,Büroorganisation – Bürokommunikation'' Heidelberg, 1984

Wolters, M., ,,Der Schlüssel zum Computer'', Düsseldorf

Wolters, Martin F. ,,Der Schlüssel zur Computer-Praxis, zur Computer-Hardware, zur Computer-Software, zur Computer-Orgware'' Hamburg 1984

Wundram, ,,Datenschutz im Betrieb'', 2. Aufl., Bielefeld 1981

334

II. Ausgewählte Zeitungen und Zeitschriften (verschiedene Ausgaben)

BIT Berichte, Informationen, Tatsachen über moderne Unternehmens- und Verwaltungspraxis
Chip
Computer-Magazin
Computer Persönlich
Computer-Zeitung
Computer-Woche
com (Siemens)
Datenverarbeitung in Steuer, Wirtschaft und Recht
Datenschutz und Datensicherung
Für Sie gelesen – in betriebswirtschaftlichen Zeitschriften
IBM-Nachrichten
Online/ADI-Nachrichten
Zeitschrift für Organisation
Computer und Recht

III. Sonstige Veröffentlichungen

Jamin, K., ESV-Unterrichtstransparente zur Einführung in die elektronische Datenverarbeitung, Teil I,
    II, III, IV, V, VI, Bielefeld 1980-86

Weitere ESV-Arbeitstransparente zum Thema:

Mathematische Grundlagen der Datenverarbeitung (0900)
Einführung in die Lochkartentechnik (0901)
Aufbau und Arbeitsweise einer EDV-Anlage (0902)
Datenein- und -ausgabe (0903)
Programm und Speicher (0904)
Betriebssysteme — Betriebsarten (0905)
BASIC (0906)
PASCAL (0907)
Personalcomputer (0908)
Büro-Kommunikation (0940)
Data Processing (0915), englischsprachige Mappe zur Einführung in die elektronische Datenverarbeitung

Stichwortverzeichnis

342